KB037660

하마터면
부동산 상식도 모르고
집 살 뻔했다

하마터면 부동산 상식도 모르고 집 살 뻔했다

김종선·서영철·진변석 지음

청약, 전·월세, 상가,
토지, 경매, 계약, 재건축까지
알면 돈이 되는 부동산 상식사전

팬덤북스

차례

Chapter 1
부동산 초보자를 위한 득이 되는 부동산 7가지 기초 상식

Chapter 2
내 집 보증금을 지켜주는 29개 절대지식

Chapter 4
기존 주택을 매입해 내 집 마련을 할 때 필요한 16가지 절대지식

Chapter 5
재개발, 재건축, 소규모주택정비사업으로 내 집 마련할 때, 반드시 알아 두어야 할 13가지 필수지식

Chapter 6
내 집 마련 계약 전·후에 알아 두어야 할 15가지 절대지식

Chapter 7
수익성 부동산 투자를 위해 반드시 알아야 할 26가지 절대지식

Chapter 8
토지투자 성공을 위한 20가지 필수지식

Chapter 9
시세보다 저렴한 부동산 할인매장 활용을 위한 19가지 절대지식

Chapter 10
내 가게 보증금을 지키는 상가건물임대차보호법의 12가지 핵심 지식

Chapter 1

부동산 초보자를 위한 득이 되는 부동산 7가지 기초 상식

01 내 집 마련이라면 가장 중요한 것은 지역 선택!

02 부동산 살 때와 팔 때, 둘 다 시점이 중요하다!

03 통계는 과거일 뿐, 미래는 모른다!

04 공신력 있는 통계정보, 이곳을 활용하자!

05 내 집 마련을 위한 쏠쏠한 정보, 여기서 찾아 보자!

06 스마트폰으로 여는 부동산 월드 맛보기

07 똑같은 부동산이 없듯, 정해진 가격도 없다!

내 집 마련이라면 가장 중요한 것은 지역 선택!

부동산을 선택하는 기준은 다양합니다. 단순하게 수익성 부동산, 토지, 주택으로만 분류해도 선택기준이 수십 가지가 넘습니다. 자, 여기서 대상을 주택으로만 좁혀 놓고 볼 때 가장 중요한 선택 기준은 어떤 것일까요?

저점 여부는 내 집 마련 선택 기준이 될 수 없다?

"집값이 너무 많이 올랐기 때문에 실수요자라면 조금 더 기다렸다 가격이 조정되는 시점에 매입하는 전략이 좋아 보인다."라는 언론 보도를 어렵지 않게 접하곤 합니다. 조금이라도 저렴한 가격에 내 집 마련을 꿈꾸는 주택수요자들 입장에서 보면 정말 귀에 쏙 들어오는 조언이 아닐 수 없습니다. 그러나 이런 조언을 듣고 실제로 내 집 마련에 성공한 주택수요자들은 거의 없을 것입니다. 지금 주택 시장이 저점국면인지 아니면 고점국면인지 어떻게 알 수 있을까요? 부동산 전문가는 물론 경제 전문가들조차 언론들이 앞 다퉈 저점매수를 자신 있게 권하는 시점이 저점국면인지, 고점국면인지 그것도 아니면 회복국면인지, 그것도 아니면 저점을 향해 하락하는 과정인지 진단하기 어려운 것이 현실입니다. 그렇기 때문에 내 집 마련을 위한 의사결정의 기준이 저점인지 여부가 되어서는 안 됩니다. 저점 매입을 주장했다 수없이 내 집 마련 기회를 놓쳐 버렸던 인생선배들의 후회를 결코 되풀이해서는 안 되는 것이죠.

내 집 마련의 기준이 '우량지역 여부'가 되어야 하는 이유는?

저점매수 가능 여부가 내 집 마련의 기준이 아니라면 어떤 것이 내 집 마련의 기준이 될 수 있을까요? 바로 지역입니다. 지역을 수익성 부동산에서 말하는 입지라 생각하시면 쉽게 이해가 됩니다. 우량지역, 비우량지역을 투기의 관점에서만 바라보는 경향이 있습니다. 특히 언론들이 그런 모습을 보이곤 합니다. 그러나 지역은 죄가 없습니다. 지역을 우량지역으로 만들기도 하고 때로는 비우량지역으로 만들기도 하는 주체가 바로 사람이기 때문이죠.

내 집 마련은 무조건 지역이 기준이 되어야 하고 이때 선택해야 하는 지역은 우량지역이어야 합니다. 왜 우량지역이어야 할까요? 부동산 경기침체기에는 가격이 하락하죠. 이때 우량지역일수록 가격하락폭이 작습니다. 그만큼 위기에 강하다는 뜻이죠. 반대로 가격이 상승하는 부동산 활황기에는 비우량지역에 비해 가격상승폭이 압도적으로 크죠. 내 집 마련이 투기를 위한 것은 아니지만 투자로서의 성격을 갖고 있는 것은 분명합니다. 거주 목적의 주택도 결국 언젠가는 처분해야 하는 자산이기 때문이죠. 그래서 거주의 편리성, 미래 자본수익이라는 점에서 볼 때 내 집 마련의 기준은 우량지역이냐 아니냐가 되어야 하는 것입니다.

짤TIP

강남불패! 너무 익숙한 표현이죠. 강남을 불패의 투자대상으로 만드는 힘은 무엇일까요? 투기꾼들이 앞 다퉈 투기를 해서일까요? 아니면 그외 강남만 갖고 있는 차별적인 장점이 있어서일까요? 투기적 요소가 없을 수는 없겠지만 그보다는 강남만이 자랑하는 특별한 장점 때문이라고 보는 것이 더 현실적인 것 같습니다. 뛰어난 자족기능, 대중교통망, 각종 생활편의시설 등 우량지역이 갖춰야 할 조건들을 두루 갖추고 있는 곳이 바로 강남이기 때문입니다. 그렇다면 강남불패는 언제까지 이어질까요? 아마도 강남과 엇비슷한 경쟁력을 갖춘 지역이 나올 때까지는 어려울 것 같습니다. 역대 정부들이 '강남급 신도시'를 강조하면서 공급한 신도시 가운데 강남을 대체하거나 강남 수준에 도달한 곳은 단 한 곳도 없었습니다. 앞으로도 크게 달라질 것 같지는 않습니다. 당분간 강남불패 현상이 사라지지 않을 것이라는 뜻입니다.

부동산 살 때와 팔 때, 둘 다 시점이 중요하다!

부동산은 언제 구입하고 처분해야 하는 것일까요? 과연 최적의 구입시점과 처분시점이라는 것이 있기는 한 것일까요? 안타깝지만 이 질문에 정답은 없습니다. 물론 통계적으로는 "그때 팔았어야 했어"라든지 "그때 구입했어야 했어"라는 식의 진단은 할 수 있습니다. 이미 지나온 과거이기 때문에 분명한 데이터가 있기 때문이죠. 하지만 '부동산을 살 것이냐'와 같은 현재시점의 매입 의사결정이나 '언제 처분하는 것이 좋을까'와 같은 미래 특정시점과 관련된 의사결정에 참고할 수 있는 객관적 데이터는 존재하지 않습니다. 수없이 많은 사람들이 부동산을 사고팔고 훗날 희비가 엇갈리는 이유도 바로 이것 때문입니다.

언제 살 것인가?

주식시장에 이런 말이 있습니다. "무릎에 사서 어깨에 팔아라." 부동산 시장에 흔히 통용되는 우스갯소리 같은 표현도 있습니다. "남들이 사려고 할 때 팔고, 팔려고 할 때 사라." 두 표현에는 모두 언제 부동산을 매입해야 하는지에 대한 정답이 담겨 있습니다. 언제 부동산을 구입하면 좋을까요? 이 질문에 필자들은 이렇게 대답하곤 합니다. "당신이 구입해야 할 필요성을 느낄 때가 바로 최적의 구입시점입니다."라고.

이와 같은 답을 하는 이유는 실수요자인 경우와 투자목적인 경우 서로 다른 접근방법이 필요하기 때문입니다. 실수요자라면 주택이 되었든 수익성 부동산이 되었든, 토지가 되었든 무조건 좋은 입지를 자랑하는 우량지역에 입지하고 있는 부동산을 선택해야 합니다. 반면 투자자라면 적정 투자시점을 찾는 것이 더 중요합니다. 이때 함께 고려해야 하는 변수들이 있습니다. 대부분 이 변수들을 매입시점을 선택하는 진짜 중요한 포인트라고 생각하죠. 대표적으로 대출금리, 기준금리, 부동산 규제 강화여부, 지가변동률, 건축허가 착공물량, 아파트 입주물량, 아파트 전세가격지수와 매매가격지수 추이, 경매낙찰가율, 상가임대가격 추이, 상가 공실률 추이 등이 있습니다. 단, 주의할 점이 있습니다. 이런 변수들이 긍정적인 신호를 보일 때가 구입시점이 아니라는 것입니다. 오히려 그 반대인 경우 즉, 현재 부동산시장 상태가 좋지 않다는 분명한 신호를 보이는 때가 적정 매수시점을 고민해야 하는 시점입니다.

제 아무리 부동산을 잘 구입했더라도 잘 팔지 못하면 헛수고가 될 수 있습니다. 적정 매도시점을 찾는 것이야말로 자본이익을 실현하는 가장 중요한 핵심 포인트이기 때문입니다. 그렇다면 언제 처분하는 것이 좋을까요? 부동산시장이 활성화되어 있어 누구라도 부동산을 매입하려고 하는 시점이 바로 최적의 매도시점입니다. 앞다퉈 부동산을 매입하려는 사람들이 많다는 것은 그만큼 부동산시장에 거품이 끼었다는 뜻입니다. 거품이 끼었다는 것은 무엇을 의미할까요? 부동산시장이 이미 정점을 찍었거나 조만간 정점을 찍고 본격적으로 하락국면에 진입할 것이라는 하게 된다는 것을 의미합니다. 그렇기 때문에 최적의 처분시점은 부동산시장이 호황국면에 있을 때라고 볼 수 있는 것입니다.

짤TIP

부동산시장이 침체국면에 있을 때 매입을 하는 것이나 활황국면인 상태에서 처분을 하는 것 모두 선뜻 실천하기 어려운 황금률이라고 할 수 있습니다. 하지만 바로 이런 이유로 소수의 사람들만이 저렴하게 매입해 고가에 처분할 수 있죠. 이런 점에서 볼 때 부동산은 가장 기본적인 원칙을 충실하게 지키는 사람들에게만 성공의 문을 허락하는 투자대상이라고 할 수 있습니다.

통계는 과거일 뿐, 미래는 모른다!

많은 분야에서 통계를 읽으면 미래를 예측할 수 있다고들 합니다. 일정한 패턴을 보이는 경우가 많기 때문에 통계적으로 유의미한 규칙성만 포착한다면 얼마든지 예측이 가능할 수 있기 때문입니다. 이런 이유 때문일까요? 부동산시장의 미래를 종종 통계적으로 예측하고자 하는 시도를 하게 됩니다. 하지만 안타깝게도 부동산 통계는 과거를 보여주는 거울일 뿐 미래를 보여주는 창이 되지는 못합니다. 왜 그럴까요?

부동산은 살아 숨 쉬는 생물과 같다!

부동산은 생물과 같습니다. 다양한 경제변수들의 변동에 따라 반응합니다. 이렇게 변동한다는 것은 KB국민은행의 '월간 선도 50지수' 추이를 통해서도 확인할 수 있습니다. '월간 선도 50지수'란 KB국민은행이 매년 12월 기준 시가총액 상위 50개 단지의 아파트를 선정하여 시가총액 변동률을 지수화한 지표입니다. 한 마디로 대한민국을 대표하는 아파트 단지들의 가격변동을 보여주는 지표라고 할 수 있는 것이죠. '월간 선도 50'지수 추이를 보면 시간의 흐름에 따라 지속적으로 변동하는 것을 확인할 수 있습니다.

월간 선도 50지수 추이

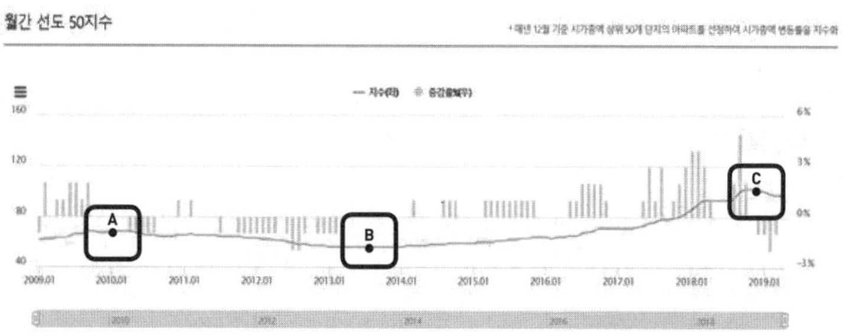

자료 : KB국민은행(www.kbstar.com)

통계는 과거를 보여줄 뿐 미래를 보는 창은 아니다.

예를 들어 A시점이 부동산 경기변동 과정에서 어떤 국면에 있는지 A시점에서는 정확히 알 수는 없습니다. 다만, A시점(현재) 부동시장에서 가격하락현상이 나타나고 있는지 아니면 가격 상승현상이 나타나고 있는지 혹은 조정국면에 진입하고 있는지만 데이터를 통해 분석할 수 있을 뿐이죠. 즉, A시점에서는 B시점에 이르러 A시점에 비해 가격이 하락할 것인지, C시점에 이르러서는 큰 폭의 가격상승 현상이 발생하게 될 것인지를 정확히 예측하는 것은 불가능합니다. 이처럼 데이터를 가공해 획득할 수 있는 통계자료는 이미 지나온 과거자료라는 한계가 있기 때문에 미래 부동산시장의 움직임을 예측하는 것에는 분명한 한계가 있는 것입니다. 그럼에도 불구하고 언론들은 종종 통계자료만 가지고 미래 부동산시장을 단정하는 경우가 종종 있습니다. 언론들이 연말연초만 되면 부지런히 부동산시장의 향방을 예상하지만 정작 정확도는 높지 않은 이유도 바로 과거 자료인 통계자료에 지나치게 의존하기 때문입니다.

짤TIP

PIR(price to income ratio)은 연평균소득으로 집값을 나눠서 구한 것으로 가구소득 대비 주택가격 비율을 나타내는 것입니다. PIR이 8이라면 가구소득을 한 푼도 사용하지 않고 모았을 때 내 집 마련하는 데 8년이 소요된다는 뜻입니다.

공신력 있는 통계정보, 이곳을 활용하자!

풍부한 정보는 부동산 활동에 가장 중요한 요소라고 할 수 있습니다. 그만큼 각종 부동산 관련 의사결정을 하는 데 있어 실패위험을 줄여지기 때문이죠. 따라서 다양한 부동산 정보를 획득하기 위해 KB국민은행이나 한국감정원 홈페이지를 자주 방문하는 것이 좋습니다.

KB국민은행 홈페이지

KB국민은행은 신뢰성 있는 부동산 정보를 제공합니다. 특히, 방대한 주택시장 데이터를 보유하고 있는 것으로 유명하죠. 다음은 KB국민은행 홈페이지 화면입니다. 여기서 부동산을 클릭하면 다양한 정보를 확인할 수 있습니다.

KB국민은행 홈페이지 화면

자료 : KB국민은행(www.kbstar.com)

부동산을 클릭하면 다음과 같은 부동산 화면이 보입니다. 여기서 매물/시세, 분양, 경매, 대출, 뉴스/자료실, 상권분석 등을 클릭해 필요한 정보들을 찾아볼 수 있습니다.

KB부동산 화면

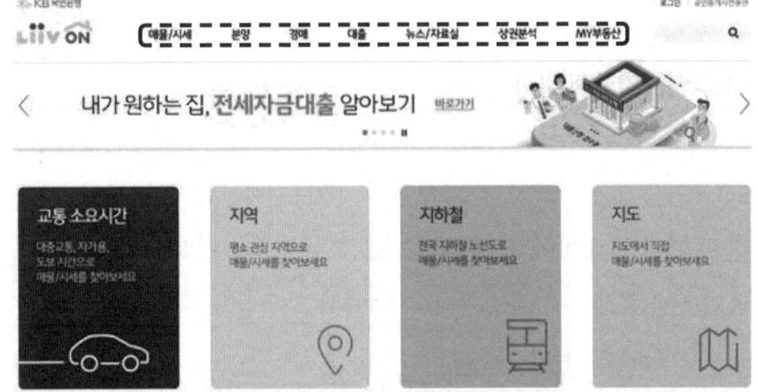

자료 : KB국민은행(www.kbstar.com)

주택가격과 관련된 장기 데이터를 확인하고 싶다면 뉴스/자료실 → 통계리포트 → 월간KB주택가격동향을 클릭합니다. 그러면 장기 시계열 자료를 확인할 수 있습니다.

장기 시계열

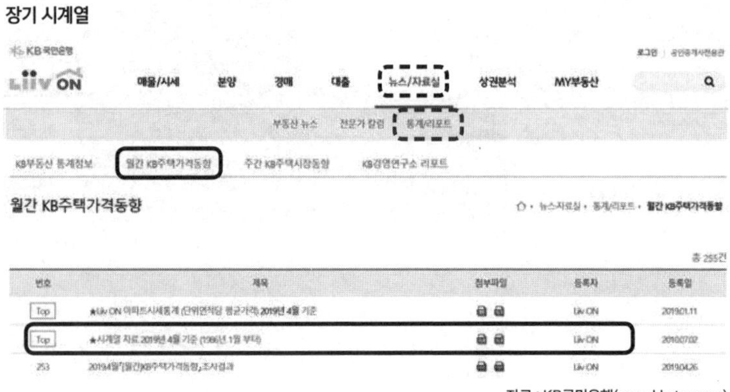

자료 : KB국민은행(www.kbstar.com)

한국감정원 홈페이지

한국감정원에서도 유용한 부동산 정보를 확인할 수 있습니다. 다음은 한국감정원 홈페이지 화면입니다. 한국감정원 홈페이지에서 부동산 정보를 확인하려면 '주요업무'를 클릭하시면 됩니다. '주요업무'를 클릭해봅시다.

한국감정원 홈페이지 화면

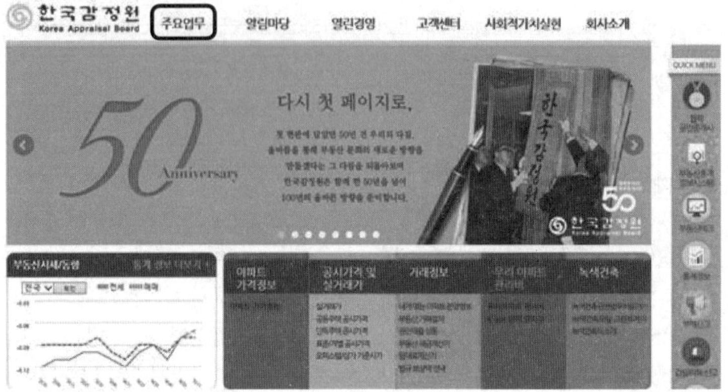

자료 : 한국감정원(www.kab.co.kr)

'주요업무'를 클릭하면 한국감정원이 제공하고 있는 유용한 부동산 정보들을 확인할 수 있습니다. 여기서 특히 부동산조사·통계 메뉴를 활용하는 것이 많은 도움이 됩니다.

한국감정원 주요업무 메뉴 화면

한국감정원
Korea Appraisal Board
주요업무 열린마당 열린경영 고객센터 사회적가치실현 회사소개

주요업무
한국감정원에서 수행하는 업무에 대한 소개입니다.

부동산가격 공시
오피스텔 및 상업용 건물 기준시가 조사
감정평가 타당성 조사
평가서검토 및 사전표본기준가격조사
부동산조사 · 통계
부동산거래 관리시스템 운영
부동산거래 전자계약시스템 운영
보상수탁
도시재생사업
녹색건축 관련업무
공동주택 관리정보(K-apt)
리츠감독 지원업무
부동산 연구
시세정보

자료 : 한국감정원(www.kab.co.kr)

한국감정원 부동산조사·메뉴 화면

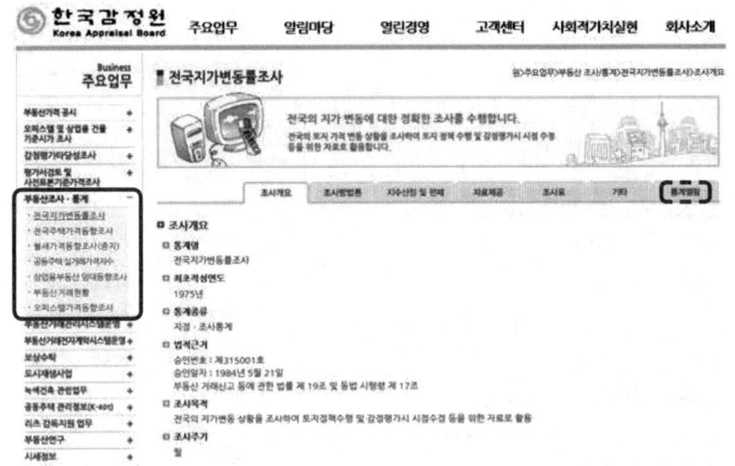

자료 : 한국감정원(www.kab.co.kr)

토지, 주택, 상업용부동산 자료까지 제공하고 있으니 부동산과 관련된 전반적인 자료를 꼼꼼하게 제공하고 있는 셈입니다. 각각의 자료를 확인하고 싶다면 우측에 있는 '통계열람'을 클릭하면 됩니다. 다음은 '통계열람'을 클릭한 후 보이는 화면입니다.

한국감정원 부동산 통계정보 화면

자료 : 한국감정원(www.kab.co.kr)

짤TIP

부동산 실거래가를 확인할 수 있는 국토교통부 실거래가 공개시스템(http://rt.molit.go.kr/)또한 평소 챙겨두하면 유익한 웹사이트입니다.

국토교통부 실거래가 공개시스템

아파트, 연립/다세대, 단독/다가구, 오피스텔, 분양/입주권, 상업/업무용, 토지 등 모든 부동산 거래의 실거래가 자료를 확인할 수 있는데다 공신력까지 있기 때문에 부동산 거래에 앞서 꼭 활용하시기를 추천합니다.

내 집 마련을 위한 쏠쏠한 정보, 여기서 찾아 보자!

내 집 마련은 쉽지 않습니다. 계획할 때는 쉬운데 막상 실행에 옮기려고 하면 어디서부터 시작할지 눈앞이 캄캄해지는 경우도 많죠. 그래서 내 집 마련에 도움이 될 쏠쏠하고 알찬 지식과 정보를 제공해주는 웹사이트를 알려드립니다.

주택청약 정보 사이트는 이곳이 정답!

새 아파트를 분양받아 내 집 마련을 꿈꾸는 사람들이라면 반드시 알아두어야 할 웹사이트가 있습니다. 아파트투유 APT2you(https://www.apt2you.com/)입니다. 청약안내, 청약정보, 청약조회 등 청약과 관련된 모든 정보를 제공하고 있는 사이트인 만큼 분양을 받아 내 집 마련을 계획하고 있다면 그 어떤 사이트보다 유용할 것입니다.

아파트투유 홈페이지 화면

* 단, 2020년 2월부터는 한국감정원 참조

자료 : 아파트투유(https://www.apt2you.com/)

부동산 경매 · 공매 정보는 이곳에서!

법원 부동산 경매나 공매 같은 일종의 부동산 할인매장을 통해 시세보다 저렴하게 부동산을 매입하고 싶다면 경매나 공매를 활용하는 것이 도움이 됩니다. 이 때 활용할 수 있는 사이트들이 있습니다. 공매는 한국자산관리공사(www.kamco.or.kr)가 운영하는 온비드(www.onbid.or.kr)를 활용하면 됩니다.

온비스 홈페이지 화면

자료 : 온비드(www.onbid.or.kr)

법원 부동산 경매는 대한민국법원 법원경매정보(www.courtauction.go.kr)를 활용하면 됩니다. 무료이고 자세한 정보를 확인할 수 있어 매우 유용합니다.

대한민국 법원 법원경매정보 홈페이지 화면

자료 : 법원경매정보(www.courtauction.go.kr)

한편, 법원 부동산 경매관련 정보를 유료로 제공하는 곳들도 있습니다. 법원경매정보(www.courtauction.go.kr)에는 없는 기본적인 권리분석 서비스를 제공하는 등 편리성이 돋보인다는 장점이 있습니다. 다음은 대표적인 유료 부동산경매정보 제공업체들입니다.

☞ 태인법원경매정보(www.taein.co.kr)
☞ 지지옥션(www.ggi.co.kr)
☞ 한국법원경매정보(http://www.courtauction.co.kr)
☞ 굿옥션(www.goodauction.com)
☞ 스피드옥션(http://www.speedauction.co.kr)
☞ 하우스인포(http://www.houseinfo.co.kr)

금융상품 정보 확인은 여기서!

주택 관련 대출이 필요할 때 꼭 알고 있어야 할 아주 유용한 웹사이트가 있죠. 바로 주택도시기금(http://nhuf.molit.go.kr)입니다. 주택전세자금이나 주택구입자금 및 기타 주택자금대출에 관련된 정보들을 확인할 수 있습니다. 뿐만 아니라 청약관련 정보도 확인할 수 있으니 꼭 챙겨두어야 하지 않을까요?

주택도시기금 홈페이지 화면

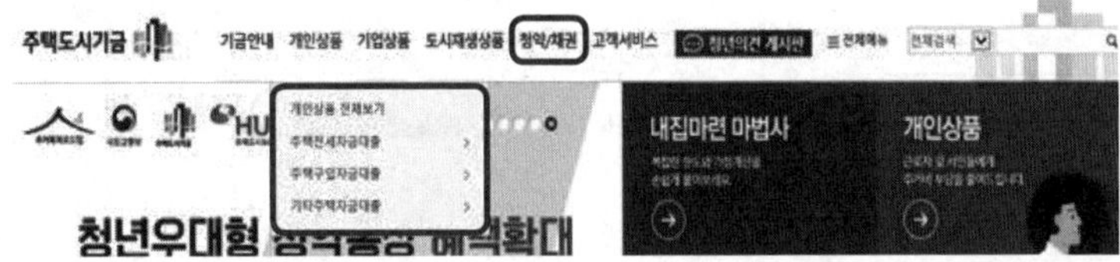

자료 : 주택도시기금(http://nhuf.molit.go.kr)

보금자리론, 모기지론 등 서민들에게 매우 친숙한 한국주택금융공사(https://www.hf.go.kr) 역시 반드시 챙겨야 합니다. 모기지론 등 장기주택담보대출을 시중은행에 비해 저리로 취급하고 있는 것은 물론 전세자금보증, 중도금보증, 주택연금 등도 취급하고 있습니다.

한국주택금융공사 홈페이지 화면

자료 : 주택금융공사(https://www.hf.go.kr)

전국은행연합회(https://www.kfb.or.kr) 홈페이지 역시 알아두면 유용한 웹사이트입니다. 특히, 대출을 받고자 하는 경우 그렇습니다. 대출을 위한 신용조회에 따른 신용등급의 불이익 문제를 걱정할 필요가 없다는 장점이 있기 때문입니다. 각 은행들의 대출상품을 종합적으로 비교할 수 있기 때문에 담보대출을 받고자 하는 경우 꼭 활용해야 할 사이트입니다.

전국은행연합회 홈페이지 화면

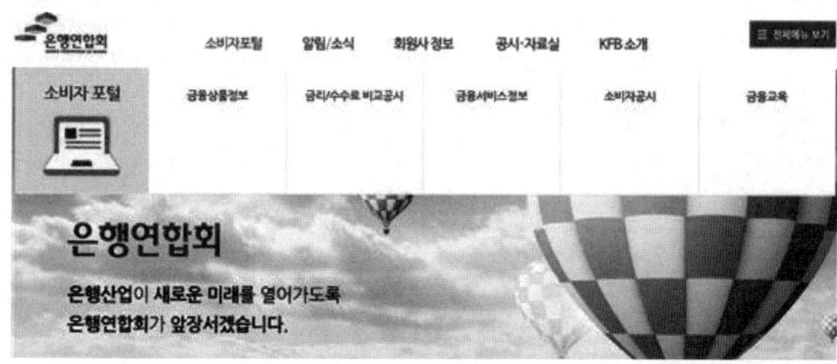

자료 : 전국은행연합회(https://www.kfb.or.kr)

등기사항전부증명서 확인, 셀프등기는 대법원 인터넷등기소가 딱이다!

부동산 거래를 하기에 앞서 거래하고 있는 상대방이 진짜 소유자인지, 부동산에 별 다른 문제는 없는지 등을 확인하기 위해 반드시 점검해야 할 것이 '등기사항전부증명서'입니다. 이 등기사항전부증명서를 편리하고 간편하게 열람/발급받을 수 있는 사이트가 대법원 인터넷등기소입니다. 뿐만 아니라 부동산 거래 후 셀프등기를 하고 싶은 경우 역시 대법원 인터넷등기소를 활용하면 편리하죠.

대법원 인터넷등기소 홈페이지 화면

자료 : 대법원 인터넷등기소(http://www.iros.go.kr)

부동산 포털사이트

이런 저런 부동산 정보들을 전문적으로 제공하는 부동산 포털사이트 역시 유용한 정보들을 얻을 수 있습니다. 평소 자주 들러서 부동산 내공을 키워두면 부동산 거래에 많은 도움이 됩니다.

주요 부동산 포털사이트

- ☞ 부동산114(www.r114.com)
- ☞ 닥터아파트(www.drapt.com)
- ☞ 부동산써브(http://www.serve.co.kr)
- ☞ 조인스랜드 부동산(joinsland.joins.com)

짤TIP

인터넷 포털사이트들도 다양하고 깊이 있는 부동산 정보들을 제공하고 있습니다. 네이버 부동산(land.naver.com), 다음부동산(realty.daum.net) 등이 대표적인데요. 아무래도 인터넷 포털사아트이기 때문에 다양한 강점들(예를 들면 지도와 연계해 보다 생동감 있는 정보를 제공)이 있습니다.

스마트폰으로 여는 부동산 월드 맛보기!

스마트폰만 있으면 거의 모든 경제생활을 해결할 수 있는 스마트 시대를 살고 있습니다. 부동산과 관련된 다양한 정보들을 스마트폰만 있으면 언제 어디서나 찾고 활용할 수 있는 시대가 되었다는 뜻이죠. 가장 핫한 앱들을 소개하겠습니다.

직방

'좋은 집구하는 기술'이라는 모토로 아파트(매매, 전월세, 신축분양), 빌라, 투룸+, 원룸(전월세), 오피스텔/도시형생활주택(전월세)과 관련된 정보를 꼼꼼히 제공해주고 있습니다.

직방 앱 화면

자료 : 직방 앱

직방은 웹사이트(https://

www.zigbang.com)도 별도로 운영하고 있으니 참고하시기 바랍니다.

다방

다방 앱 화면

자료 : 다방 앱

"원룸, 투·쓰리룸, 오피스텔, 아파트까지 내가 원하는 방, 다방에 다 있다!"를 모토로 전·월세 매물과 분양정보, 각종 부동산 관련 꿀팁 들을 제공하는 앱입니다.

한방

한방 앱 화면

자료 : 한방 앱

"대한민국 부동산의 중심, 한방"을 모토로 한국공인중개사협회가 제공하는 알찬 정보들이 가득한 앱입니다. 한방은 현재 대한민국 개업 공인중개사들이 사용하고 있는 '한국부동산거래정보망'의 부동산매물정보를 실시간으로 제공하고 있다는 특징이 있습니다. 그렇기 때문에 다양한 방식(매물종류별, 지도검색, 지역으로 검색, 매물 맞춤조건 검색, 단지 검색, 공인중개사 찾기, 지하철역 주변 검색)으로 다양한 종류의 매물(아파트, 연립·다세대, 단독·다가구, 오피스텔, 사무실, 상가, 상가주택, 전원주택, 숙박, 펜션, 건물, 창고, 공장, 재개발·재건축, 분양권 등) 정보들을 제공하고 있습니다.

참고로 한방부동산(http://www.karhanbang.com)이라는 웹사이트를 통해서도 다양한 부동산 서비스를 제공하고 있으니 참고하시기 바랍니다.

저렴한 임대주택을 알아보고 있다면 LH공사의 임대분양정보를 제공하는 임대분양정보 앱이 유용합니다. 한편, LH공사가 공급하는 토지, 주택, 상가 등에 대한 다양한 정보를 찾고 있다면 LH청약센터 앱이 안성맞춤입니다.

임대분양정보 앱 화면

LH청약센터 앱 화면

똑같은 부동산이 없듯, 정해진 가격도 없다!

세상에 똑 같은 부동산은 없습니다. 같은 아파트 같은 층, 같은 면적, 같은 향이라 할지라도 서로 똑같은 아파트는 없죠. 그렇기 때문에 가격도 서로 다르기 마련입니다. 비슷한 아파트가 서로 다른 가격에 매매되고 입지나 개별조건에서 별 차이가 없는 것 같은데도 거래가격이 큰 차이가 나는 토지, 수익성 부동산도 많습니다. 부동산 가격 자체가 정해진 하나의 가격이 없다는 의미입니다.

부동산 가격은 경제원리로는 설명할 수 없는 2%가 존재한다.

부동산 가격은 경제원리로는 설명하기 어려운 측면이 분명 있습니다. 보통 경제학은 재화의 가격에 일물일가의 법칙(一物一價의 法則)이 성립한다고 설명합니다. 그런데 부동산 가격에는 일물일가의 법칙이 잘 적용되지 않습니다. 어나 좀 더 엄밀히 말하면 거의 성립되지 않습니다. 아파트를 예로 들어보죠. 같은 단지 내 동일 향, 동일

면적형, 동일 층인 아파트라는 공통점에도 불구하고 서로 다른 가격으로 거래가 됩니다. 상가도 다르지 않습니다. 분명 동일 건물 내 구분상가인데도 서로 다른 가격에 임대 혹은 매매가 이루어지는 경우가 비일비재합니다. 일물일가의 법칙이 잘 들어맞지 않음을 보여주는 것이 아닐 수 없습니다.

그렇기 때문에 부동산 거래 통계자료에 나와 있는 것과 동일하거나 비슷한 가격에 과도하게 집착하는 것은 바람직하지 않습니다. 어제 가격은 오늘 가격이 적정한지 검증하는 여러 가지 수단 가운데 하나일 뿐이라는 유일한 변수는 아니라는 것을 명심해야 합니다.

부동산 가격을 움직이는 보이지 않는 힘은 부동산 심리다!

통계는 마음이 없습니다. 부동산 통계도 마찬가지입니다. 하지만 아이러니하게도 통계에는 사람의 심리가 담겨 있습니다. 부동산 통계는 특히 그렇습니다. 그렇기 때문에 부동산 통계에 담겨 있는 심리는 잘 읽어야 합니다. 부동산은 제 아무리 실수요 목적으로 구입한다 할지라도 본질적으로 투자목적을 배제할 수는 없습니다. 그런데 어떤 대상이 되었든 투자목적을 갖고 있는 한 투자심리에 영향을 받게 되어 있습니다.

부동산시장이 합리적이고 이성적이라면 부동산 가격에 영향을 미치는 변수들이 변할 경우 그 변화의 정도에 맞춰 가격도 변동해야 합니다.

한국감정원 부동산 통계정보 화면

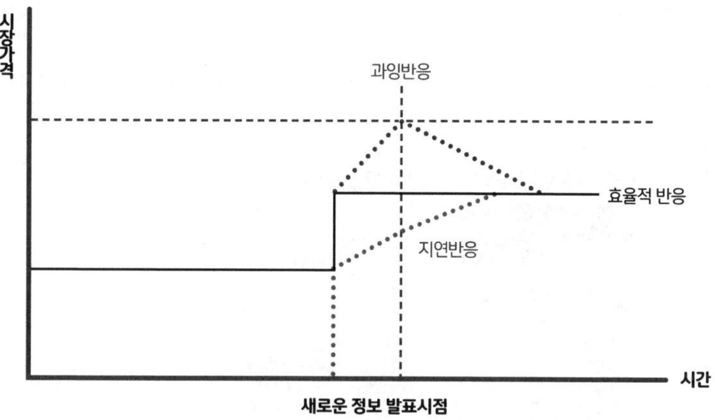

그러나 실제로는 그렇지 않습니다. 종종 변수들이 변한 것보다 과잉반응하거나 지연반응하는 모습을 보이죠. 이렇게 과잉반응이나 지연반응이 발생하도록 하는 것이 바로 심리입니다. 이 심리가 부동산 수요를 위축시키기도 하고 과열현상을 일으키기도 하는 것입니다. 그렇기 때문에 통계적으로 부동산시장이 어떤 상황을 지나고 있는지를 진단할 때 단순히 언론이나 정책당국, 경제연구소 등 연구기관 등이 발표하는 통계자료에 매몰되기보다 부동산중개사무소나 주변 부동산 수요자들의 시장에 대한 인식이나 구입 의사를 탐색하는 것이 중요합니다.

짤TIP

부동산 시세확인을 위해 유용한 앱들이 있습니다. 한국감정원 부동산정보 앱, KB부동산 Liv on 앱입니다.

한국감정원 부동산정보 앱

KB부동산 Liv on

Chapter 2

내 집 보증금을 지켜주는 29개 절대지식

임대차 계약 절차를 머릿속에 그려 보자!

임대차 계약은 계약 체결의 형태에 따라 크게 당사자가 공인중개사의 도움 없이 직접 계약을 체결하는 경우와 공인중개사의 중개를 통해 계약을 체결하는 경우로 구분할 수 있습니다. 보통 당사자가 공인중개사의 도움 없이 직접 계약을 체결하는 경우에만 주의를 기울이면 된다고 착각하곤 하는데요. 실제로는 모든 임대차 계약을 체결하는 경우(특히 임차인의 입장이라면) 세심하게 준비를 하는 것이 중요하답니다.

요즘은 과거와 비교할 때 많이 줄어들기는 했지만 여전히 의외로 많은 사람들이 보통 2년 이상은 거주하게 될 소중한 내 집 마련에 최선을 다하지 않는 경우가 많습니다. 여기서 최선을 다하지 않는다는 의미는 이것저것 꼼꼼히 따져보지 않고 모바일이나 인터넷과 같은 '손품팔기'나 공인중개사 혹은 친구·직장동료·지인 등 주위 사람들의 의견을 지나치게 신뢰해 한두 번 집을 보고나서 덥석 계약을 체결하는 경우가 많다는 뜻입니다.

이렇게 계약을 체결하다 보면 기분에 들뜨거나 잠깐 보았을 때는 발견하지 못했던 이런 저런 문제요인들을 간과하기 쉽습니다. 그렇기 때문에 전세나 월세로 이사를 해야 하는 경우 또한 임대차 계약과정 전반에 대한 충분한 이해와 검토가 필요한 것이죠. 다음은 임대차 계약과정을 이해하기 쉽게 그림으로 나타낸 것입니다.

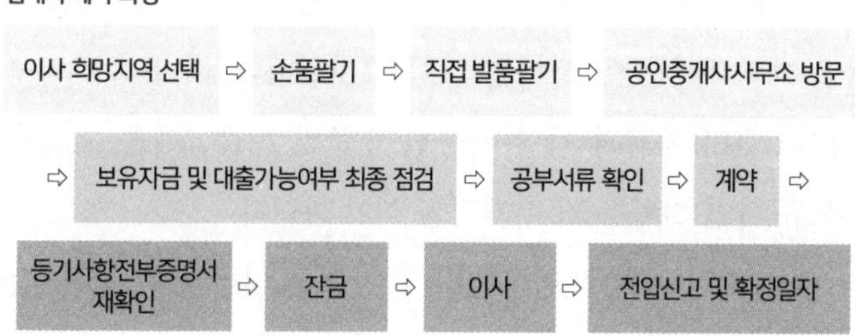

제대로 된 전셋집이나 월셋집을 구하기 위해서는 우선 이사 희망지역을 잘 선택해야 합니다. 이 과정에서 자신의 경제형편에 적합한 이사지역을 선택할 수 있죠.

이사 희망지역에 대한 선택이 완료되었다면 이제 좀 더 범위를 좁혀 인터넷이나 모바일로 해당지역에 대한 손품팔기를 해야 합니다. 가격, 생활편의시설, 학군, 대중교통망, 행정관청 등 꼭 생활에 밀접한 시설들이 얼마나 잘 갖춰져 있는지, 아파트, 단독주택, 연립/다세대주택, 원룸, 오피스텔, 셰어하우스 등 다양한 주거형태가 어떻게 구성되어 있는지 등도 살펴 보아야 합니다.

위 과정이 어느 정도 마무리되었다면 이제 직접 발품을 팔아야 하는 단계입니다. 손품을 팔아 알아낸 정보를 직접 발로 밟아보면서 확인하는 과정이죠. 이 과정을 통해 글이나 사진을 통해 확인한 정보들을 검증할 수 있습니다.

직접 발품을 팔아 어느 정도 검증이 마무리되었고 그 결과 마음에 든다면 공인중개사 사무소를 방문해 실제 전세/월세 매물을 확인하고 마음에 드는 매물을 확정하는 단계가 됩니다. 이때 주의할 것이 있는데요. 마음에 든다는 이유만으로 혹은 놓치기 아까운 전세/월세 매물이라는 이유만으로 자신이 감당하기 벅찬 전세/월세 매물을 계약해서는 안 된다는 것이 그것입니다. 이 유혹을 뿌리치고 자신의 보유자금과 감당 가능한 수준의 대출금액을 고려한 후 공부서류 확인 절차를 거쳐 계약을 해야 합니다.

그 다음 절차는 매우 단순합니다. 잔금을 치루기 전 등기사항전부증명서를 다시 한 번 확인한 후 잔금을 치루고 이사와 전입신고 및 확정일자를 받으면 마무리 되니까요. 노파심에 한 가지 말씀드리자면 확정일자는 전입신고를 위해 주민센터에 방문했을 때 전세·월세 계약서에 받으시면 됩니다.

아주 단순하죠? 독자 여러분도 위와 같은 임대차 계약과정을 기억하시기만 하면 단순하지만 확실하게 전세/월세 계약을 마무리할 수 있을 것입니다.

짤TIP

같은 날 임차인의 전입신고가 이루어지고 은행의 근정당권이 설정될 경우 항상 근저당권이 우선합니다. 그렇기 때문에 적어도 잔금일의 다음 날까지는 절대로 안심해서는 안 됩니다. 불안하시다면 잔금일 다음 날 다시 등기사항전부증명서를 발급해보는 것을 추천합니다.

지금 계약하는 사람이 진짜 집주인인지 확인하기!

이사철마다 우리는 부동산 임대차와 관련된 속상한 소식들을 접하곤 합니다. 가짜 집주인에게 속아 피 같은 전세보증금을 하루아침에 날리고 길거리에 나앉게 되었다는 소식인데요. 정말 안타까운 것은 손해보게 될 전세보증금을 찾을 수 있는 길이 요원하다는 것이죠.

사실 작심하고 임차인을 속여 임대보증금을 편취하고자 하는 사기꾼들이 도처에 널려 있는 것은 아니죠. 만약 그렇다면 전세로 이사 갈 집을 구하는 주택수요자들은 정말 드뭅니다. 그럼에도 불구하고 지금 내가 계약하고 있는 집주인이 진짜 집주인인지 아니면 사기꾼인지 확인하는 것은 매우 중요합니다. 가능성은 높지 않지만 만에 하나 지금 내 앞에 있는 사람이 진짜 집주인이 아닌 내 전세보증금을 노리고 있는 사기꾼이라면 자칫 전 재산이 될 수도 있는 피 같은 내 전세보증금을 날리고 말테니까요.

다행이 IT·모바일 기술의 발달에 힘입어 이제는 임차인들도 가짜 집주인(임대인)들을 걸러낼 수 있는 방법이 있습니다. 신분증 확인이 가능하기 때문입니다. 이 방법을 활용하기만 하면 스스로 소중한 내 전세보증금을 지킬 수 있으니 그야말로 알아두면 크게 도움이 되는 꿀팁입니다.
신분증 진위 확인을 통해 가짜 집주인(임대인)을 골라낼 수 있는 방법은 다음과 같습니다.

전화로 확인하기

행정안전부가 제공하는 주민등록증 진위확인 ARS전화를 이용하는 것입니다. 국번 없이 1382로 전화를 한 후 안내하는 대로 주민등록증상의 주민등록번호와 발급일자를 입력하기만 하면 됩니다. 제일 간단한 방법이죠.

ARS	1382

가령 주민등록번호가 991212-1987654이고 발급일자가 2016년 12월 20일이라면 주민등록번호 9912121987654를 입력한 후 발급일자인 20161220을 입력하기만 하면 진위여부를 즉시 확인할 수 있습니다.

인터넷 '정부24' 홈페이지에서 확인하기

인터넷 '정부24' 홈페이지에서도 주민등록증 진위확인이 가능합니다. 이를 위해서는 우선 공인인증서를 발급받아야 합니다. 인터넷 뱅킹이나 모바일 뱅킹을 이미 사용하고 계실 것이라고 생각하고 공인인증서에 대한 설명은 생략하고 넘어가겠습니다.

정부24 홈페이지 첫 화면

자료 : 정부24(www.gov.kr)

'정부24' 홈페이지에 접속하셨으면 제일 먼저 우측 상단의 민원서비스를 클릭하세요. 그러면 다음과 같은 창이 보이실 거예요. 여기서 확인서비스 옆의 '+'를 클릭하세요. 그럼 더 많은 확인서비스가 보입니다. 그래도 당황하지 마세요.

민원서비스 클릭 후 화면

자료 : 정부24(www.gov.kr)

확인서비스 옆의 + 클릭 후 보이는 화면

확인서비스

인터넷 발급문서 진위확인

온라인으로 발급된 문서를 수령한 기관/개인이 문서의 진위여부를 확인할 수 있는 서비스입니다.

인감증명발급 사실확인

발급기관, 일자, 주민번호, 문서확인번호로 인감증명 발급 사실을 확인하는 서비스입니다.

본인서명발급 사실확인

발급기관, 일자, 주민번호, 문서확인번호로 본인서명 발급 사실을 확인하는 서비스입니다.

주민등록 등·초본 발급 진위확인

시군구 및 읍면동(주민센터) 민원실에 직접 방문하여 발급받은 주민등록 등초본의 진위여부를 확인할 수 있는 서비스입니다.

주민등록 등·초본 발급내역 확인

이해관계인(소송 수행 및 채권채무관계 등)의 주민등록 등초본 발급내역을 확인할 수 있는 서비스입니다.

주민등록증 진위확인/잠김해제

주민등록증 기재사항과의 일치여부로 진위 확인하거나, 5회 이상 입력오류 시 잠김을 해제할 수 있는 서비스 입니다.

주민등록증 발급상황조회

주민등록증 발급 신청, 제작 및 교부 등 발급상황 전 과정을 조회할 수 있는 서비스입니다.

세대주 확인

온라인 전입신고 시 세대원이 신청한 전입신고에 대해 세대주가 확인을 하는 서비스입니다.

시공자 확인

건축주가 신청한 '구내 정보통신공사 사용전검사'에 대해 시공자 대표가 확인을 하는 서비스입니다.

양수인 확인

양도인이 신청한 '권리의무이전인가'에 대해 양수인이 확인하는 서비스 입니다.

중점관리지정업체 확인

행정안전부 자원관리과에서 담당하고 있는 전시동원 지정업체의 승인된 관리자가 확인하는 서비스 입니다.

전자본인서명 확인-법정대리인 동의

미성년자, 한정치산자의 전자본인서명 확인 민원사무에 대한 법정대리인이 동의하는 서비스 입니다.

자료 : 정부24(www.gov.kr)

아래 창에서 색 띠로 체크되어 있는 주민등록증 진위확인/잠김해제를 클릭해주세요.

그러면 다음과 같은 창이 나타나게 됩니다. 이제 거의 다 끝나가는군요. 이제 빨간색 점선으로 표시된 주민등록증 진위확인을 클릭하시면 됩니다.

주민등록증 진위확인/잠김해제 클릭 후 화면

주민등록증 진위확인/잠김해제

주민등록증 진위확인/잠김해제

○ 공인인증서로 사용자 확인 후 서비스 이용가능

- 인터넷에 의한 주민등록증 진위확인은 공인인증서로 본인확인을 하신 후 사용하실 수 있으며 전화자동응답시스템(ARS,국번없이 1382번)에서 도 전화로 누구나 주민등록증의 진위를 확인할 수 있습니다.
- 주민등록증진위확인 오류로 잠김(Lock)발생시 "주민등록 잠김해제"로 본인이 직접 해제 가능합니다.

※ 5회 입력오류 발생 시 주민등록증 잠김.

※ 암호화 프로그램의 설치여부를 묻는 '보안경고' 창이 나타나면 '예'를 선택하여 주십시오.

자료 : 정부24(www.gov.kr)

이제 공인인증서가 필요합니다. 공인인증서에 인증서를 불러 인증서암호를 입력하세요.

주민등록증 진위확인 클릭 후 화면

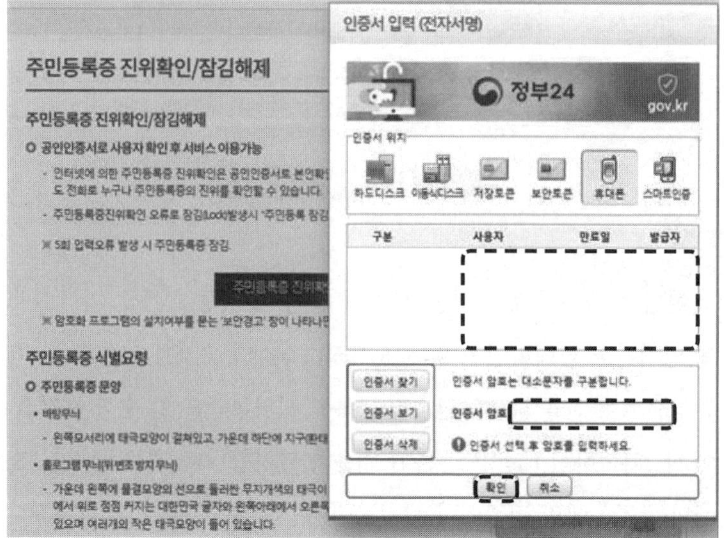

자료 : 정부24(www.gov.kr)

인증서 암호를 모두 입력한 후 하단의 확인을 클릭하면 다음과 같은 창이 나타나게 됩니다.

공인인증서 암호 입력 후 확인을 클릭하면 보이는 화면

주민등록증 진위확인

주민등록증 진위확인 서비스

- 5회 입력오류 발생 시 주민등록증이 잠김상태가 되며, 주민등록증 잠김해제에서 본인이 직접 해제할 수 있습니다.

※ 표시는 필수 입력사항입니다.

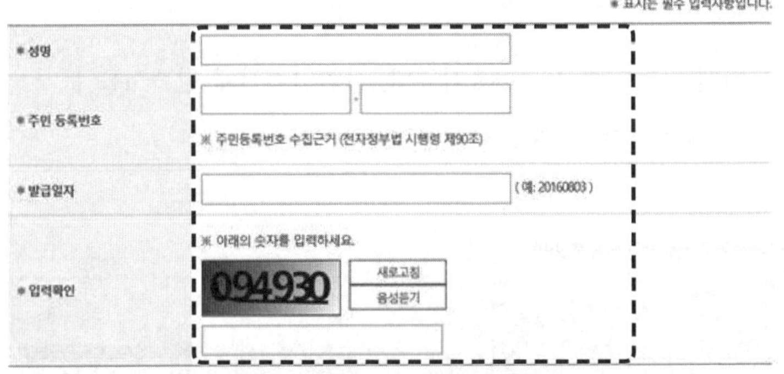

※ 성명	
※ 주민 등록번호	- ※ 주민등록번호 수집근거 (전자정부법 시행령 제90조)
※ 발급일자	(예: 20160803)
※ 입력확인	※ 아래의 숫자를 입력하세요. 094930 새로고침 음성듣기

본 웹사이트에 게시된 정보는 프로그램이나 그 밖의 기술적 장치를 이용하여 무단으로 사용할 수 없으며,
이를 위반시 관련법령에 의해 처벌될 수 있음을 알려드립니다.

자료 : 정부24(www.gov.kr)

여기서 확인하고자 하는 사람의 성명, 주민등록번호, 발급일자를 입력하고 입력확인을 위해 표시되는 6자리 숫자를 입력한 후 최종적으로 확인을 클릭하면 주민등록증 진위확인을 할 수 있는데요. 이 때 "입력하신 내용은 등록된 내용과 일치합니다."라는 문구가 표시되는 경우에만 집주인이 사기꾼이 아닌 경우라고 보고 계약하시면 됩니다. 이 외에 다른 문구가 나타날 경우에는 무조건 계약을 하지 말아야 합니다.

모바일로 확인하기

모바일로도 주민등록증 진위확인을 할 수 있습니다. '정부24' 애플리케이션을 이용하시면 되니까요. 안드로이드 폰은 구글의 'Play 스토어'를 아이폰은 '앱스토어'에서 '정부24' 애플리케이션을 다운로드하시면 됩니다. 참고로 말씀드리자면 '정부24' 의 예전 이름은 '민원24'이었습니다. 구글 'Play스토어'에서 '정부24' 애플리케이션을 검색해서 다운로드하는 절차를 간단히 설명할게요. 구글 'Play 스토어'에 접속해서 '정부24' 혹은 주민등록증 진위확인을 검색하세요. 그러면 다음과 같은 검색결과를 확인할 수 있는데요. 여기서 '정부24' 애플리케이션을 선택해 다운로드 받은 후 실행하세요.

모바일 Play스토어 애플리케이션을 활용해 주민등록증 진위 확인하기

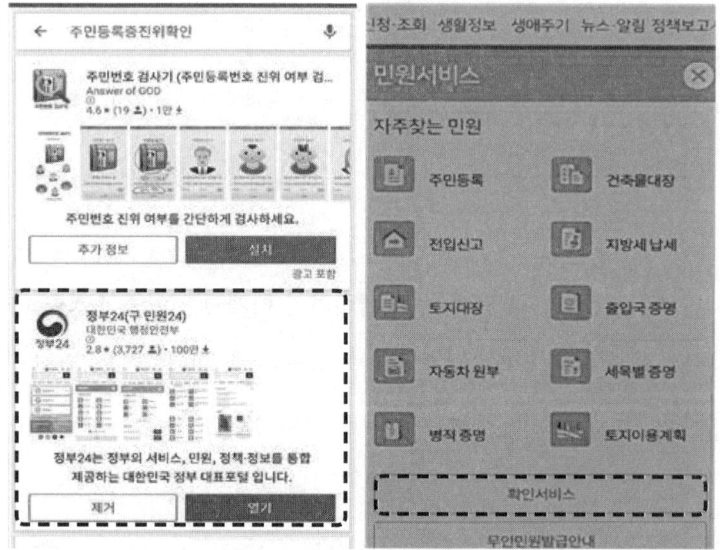

애플리케이션을 실행한 후 하단 두 번째 확인서비스를 클릭하세요.

확인서비스를 클릭하세요. 그러면 주민등록증진위확인/잠김해제 메뉴가 보이는데요. 다시 클릭하시면 주민등록증 진위확인 메뉴가 나타나는데 클릭해주세요.

확인서비스 클릭 후 보이는 창

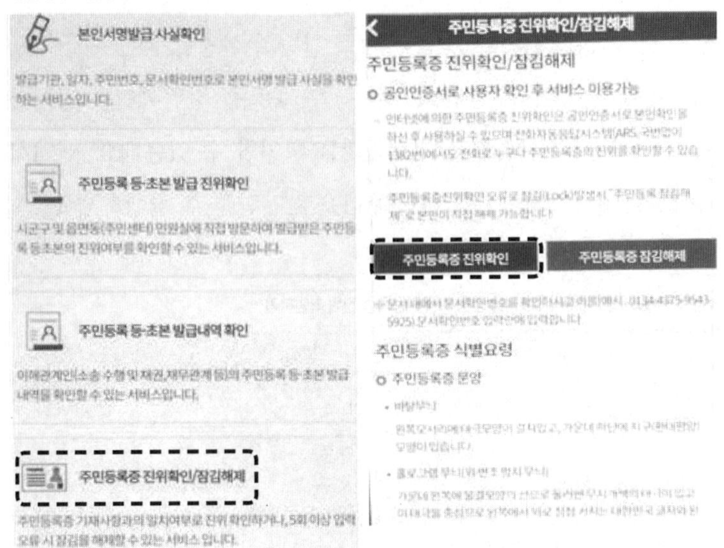

주민등록증진위확인 메뉴를 클릭하면 이제 공인인증서 창이 나타나는데요. 여기서 공인인증서를 선택한 후 비밀번호를 입력합니다.

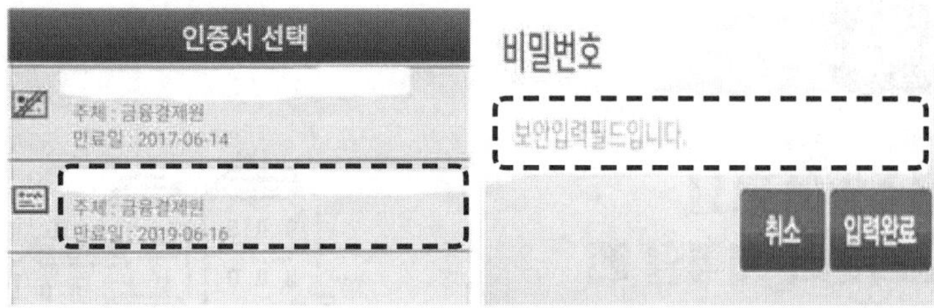

공인인증서 선택과 암호입력 창

이제 마지막 절차만 남았는데요. 인터넷 '정부24' 홈페이지와 동일합니다.

확인하고자 하는 사람, 즉 계약하기 위해 내 앞에 있는 사람이 제시한 주민등록증이 진짜인지 여부를 확인하기 위해 성명, 주민등록번호, 발급일자를 순서대로 입력한 후 마지막으로 확인을 클릭하시면 됩니다.

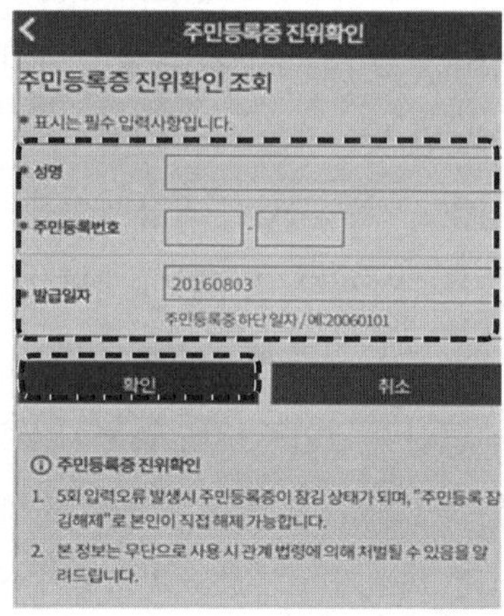

공인인증서 암호입력 후 창

확인을 클릭한 후 나타난 문구가 "입력하신 내용은 등록된 내용과 일치합니다."라면 일단 내 앞에 있는 사람이 신분증을 위조한 사기꾼은 아니라고 생각하셔도 된답니다.

즉, 등기사항전부증명서나 여타 공부서류만 꼼꼼하게 살펴본 후 계약하면 된다는 뜻이죠.

집주인이 아닌 대리인과 계약할 때 주의할 점!

임대차계약을 체결하는 경우 계약을 공인중개사 사무소에서 하든 아니면 당사자들 끼리 직접 하던 대부분 집주인과 전세나 월세로 집을 구하는 사람이 직접 계약을 체결하게 됩니다. 그런데 늘 그런 것은 아닙니다. 집주인이 아닌 사람과 임대차 계약을 체결하는 경우도 종종 있기 때문이죠.

그런데 말이죠. 집주인을 대신해 임대차 계약을 체결하는 경우 역시 크게 두 가지로 구분해 볼 수 있습니다. 첫 번째는 집주인이 너무 바쁘거나 사정상 참석하기 어려워 공인중개사 사무소에 계약을 위임한 경우입니다. 두 번째는 집주인의 가족이 집주인을 대신해 계약하는 경우입니다. 보통 집주인인 남편이나 아내를 대신해 그 남편이나 아내가 계약하는 경우도 있고 집주인이 고령의 어머니 혹은 아버지인 경우 그 자녀가 대신 계약하는 경우도 있으며 집주인인 일가친척이나 형제·자매를 대신해 그 일가친척이나 형제·자매가 대신 계약하는 경우도 있죠. 위에서 제시한 두 가지 경우 모두 임대인을 대신하여 대리인과 계약을 체결하는 경우죠. 하지만 주의해야 할 점은 조금씩 다릅니다.

먼저 임대인을 대신해 공인중개사와 계약을 체결하는 경우입니다. 공인중개사법 제33조(금지행위)의 6호는 "중개의뢰인과 직접 거래를 하거나 거래당사자 쌍방을 대리하는 행위"를 금지하고 있습니다. 이를 해석하면 공인중개사는 거래 당사자 모두를 대리할 수는 없지만 어느 한쪽은 대리할 수 있다는 것을 의미가 됩니다. 여기서 주의할 점이 한 가지 있습니다. 분명히 공인중개사는 집주인을 대리할 수 있습니다만 이 경우 역시 집주인에게서 법적으로 유효한 대리권을 부여받았는지는 임차인이 별도로 확인해야 한다는 점이 그것입니다.

그렇다면 공인중개사가 합법적으로 집주인을 대리해서 계약을 체결하고 있다는 것을 어떻게 확인할 수 있을까요? 아주 간단합니다. 먼저 공인중개사에게 집주인의 인감도장이 날인된 위임장과 집주인의 인감증명서를 보여 달라고 하세요. 그 다음 계약서에 위임장과 인감증명서를 첨부하면 됩니다. 그런 일이 없겠지만 만일 공인중개사가 이를 거부한다면 계약을 체결하지 않으시면 됩니다.

다음으로 가족이나 일가친척이 집주인을 대리해 계약을 체결하는 경우입니다. 이 경우는 집주인이 아내 혹은 남편, 아버지, 어머니, 아들, 딸이라는 이유로, 형제·자매라는 이유로, 또는 해당 집주인을 대리하는 가족 혹은 일가친척이 공인중개사와 안면이 있다는 이유만으로 확인해야 할 서류들을 확인하지 않고 대충 넘어가는 경우가 많아 특히 주의가 필요하다고 할 수 있습니다. 기본적으로 확인해야 할 서류는 공인중개사가 집주인을 대리해야 하는 경우와 동일합니다. 집주인이 남편인데, 아내인데, 아버지인데, 어머니인데, 자녀인데, 형제자매인데, 일가친척인데 그런 것까지 확인할 필요가 있겠느냐는 말에 결코 흔들려서는 안 됩니다. 무슨 일이 있어도 합법적으로 집주인을 대리해서 계약을 체결하고 있다는 것을 집주인의 인감도장이 날인된 위임장과 집주인의 인감증명서를 통해 확인해야 합니다.

이런 절차를 거친 후 가능하다면 계약하기에 앞서 집주인과 전화통화를 하는 것이 좋습니다. 계약에 필요한 사항 예를 들면 잔금 때는 집주인이 꼭 참석해야 달라는 내용이나 전세보증금, 월세보증금과 차임(월세)과 관련된 내용 및 여타 계약조건 들을 간략하게 확인하시면 보다 안전하게 대리인과 계약을 체결할 수 있을 것이기 때문입니다.

짤TIP

대리인이 적법한 대리권을 수여받아 임대차계약을 체결하고 있는지 여부는 집주인의 인감도장이 날인된 위임장과 인감증명서를 통해 확인할 수 있는데요. 이 때 인감증명서가 적법하게 발급된 것인지를 '정부24' 홈페이지나 애플리케이션의 '인감증명발급 사실확인'을 통해 확인할 수 있으니 대리인과 계약할 때마다 꼭 확인해 보세요!

[전세보증금+근저당권의 합계액] ≥ 시세의 70%이면 계약을 피하는 것이 좋다!

전세나 월세로 이사를 해야 하는 임차인들은 이사철마다 적정 전세가 혹은 적정 월세가 때문에 고민이 많습니다. 시세보다 저렴하게 세를 얻는다면야 너무 다행이겠지만 그 반대인 경우에는 적어도 2년 동안은 속을 끓이면서 살아야 하기 때문입니다.

먼저 적정 시세보다 비싸게 월세로 이사한 경우라면 남보다 비싸게 2년 동안 월세를 지불해야 하기 때문에 매월 지출되는 월세가 상당한 경제적 부담이 될 것입니다. 뿐만 아니라 시세보다 비싸게 월세로 이사한 경우라면 계약 중간에 사정이 생겨 급히 이사를 가야만 하는 상황이 발생해도 자신과 동일한 조건으로 임차인을 찾는 것이 매우 어렵거나 불가능할 수 있죠. 꼭 이사를 가야한다면 유일한 방법은 적정 시세로 월세를 놓고 그 차액을 자신이 부담하는 것밖에 없을 것입니다. 그것이 아니라면 방법은 꼼짝없이 계약서에 쓰인 임대차 기간을 채우는 것밖에 없을 것입니다.

전세 역시 적정 시세로 계약해야 하는 것이 중요합니다. 전세는 월세와 달리 매월 지출하는 비용은 없죠. 게다가 전세보증금은 계약기간이 만료되면 돌려받을 수 있는 돈이라는 인식이 강합니다. 많은 사람들이 기꺼이 시세보다 비싸게 전세보증금을 지불하는 이유라고 할 수 있습니다. 하지만 전세보증금 역시 절대로 시세보다 높게 지불해서는 안 됩니다. 왜 그럴까요?

첫째, 집값이 하락할 경우 전세가격도 하락할 것이기 때문에 계약 만료시점에 전세보증금을 돌려받지 못할 가능성이 높기 때문입니다. 집주인들이라고 해서 전세보증금을 언제든 찾을 수 있는 예금의 형태로 은행에 맡겨 놓았다 계약만료가 되면 반환해주는 경우는 극히 드뭅니다. 보통의 경우라면 여러분의 전세보증금은 다음 임차인이 지불하는 전세보증금으로 반환받게 되는 구조라는 것을 잊으시면 안 됩니다.

둘째, 경기가 침체국면이거나 주변지역에 공급물량이 크게 늘어나게 되면 전세가격이 하락할 수 있습니다. 이런 경우 역시 시세보다 높게 전세계약을 체결했다면 제 때 전세보증금을 반환받지 못할 가능성이 매우 높습니다. 정상적인 시세대로 전세계약을 체결해 살던 임차인조차도 제 때 전세보증금을 반환받지 못하는 상황에 처할 수 있기 때문입니다.

적정 전세가 판단 기준

[전세보증금 + 대출금]	≥	집값(시세)

그렇다면 적정 전세가를 어떻게 확인할 수 있을까요? 여러 가지

방법이 있을 수 있겠지만 전세로 이사하고자 하는 집값(시세)과 전세보증금에 대출금을 더한 금액을 비교하는 것을 권장합니다. 이때 전세보증금과 대출금을 합한 가액이 집값(시세)의 70% 보다 작거나 같아야 합니다. 물론 70%라는 것이 정해진 규칙이나 법칙은 아닙니다. 그럼에도 불구하고 70%라는 비율을 권장하는 이유는 먼저 여러 가지 사정으로 집값이나 전세가격이 하락하는 경우가 있을 수 있고, 다른 한편으로 집주인의 개인적 사정으로 인해 전세로 거주하고 있는 집이 경매에 붙여지는 경우가 있을 수 있기 때문입니다.

위 두 가지 경우 가운데 어떤 상황이 발행하더라도 전세 임차인 입장에서 볼 때 계약이 만료된다 해도 제 때 자신의 전세보증금을 돌려받지 못할 가능성이 매우 높아지는 것은 피할 수 없을 것입니다. 우리가 언론을 통해 자주 접하게 되는 역전세난 혹은 깡통전세 현상이 나타날 것이기 때문입니다.

그렇기 때문에 전세 매물이 귀하다는 이유만으로 시세보다 높은 가격으로 전세를 구하는 실수를 해서는 결코 안 되는 것이죠.

짤TIP

등기사항전부증명서상에 설정되는 은행의 대출금은 집주인이 대출받은 금액이 설정되는 것은 아닙니다. 시중은행들은 집주인이 대출받은 금액의 1.2배를 설정하곤 합니다. 예를 들어 1억 원을 대출받았다면 채권최고액이라는 이름으로 1억 2천만 원이 설정되는 것이죠. 그렇다면 임차인 입장에서 진짜 대출금은 얼마로 보는 것이 좋을까요? 생각할 것도 없이 1억 2천만 원이라고 생각하시면 됩니다. 아시겠죠?

전세, 월세, 실제 거래가격 정보 확인하기!

위에서 절대 시세보다 비싸게 전세나 월세 계약을 체결하면 안 된다고 주장했습니다. 그런데 임차인 입장에서 볼 때 도대체 어떤 것이 시세인지 정확히 파악하는 것은 정말 힘들죠. 이런 분위기 때문일까요? 실제로 매매가격에 대한 실거래가를 찾아 볼 생각을 하는 분들은 많아도 전세나 월세 실거래가를 찾아보려고 하는 분들은 그렇게 많지 않은 것 같은데요 더러는 전세나 월세 실거래가 자료를 구할 수 있다는 것조차 전혀 모르고 있는 경우도 있는 것 같습니다.

물론 현재 전세나 월세로 나와 있는 매물들의 시세가 어떤지는 부동산 포털사이트나 모바일 부동산 애플리케이션을 통해서도 얼마든지 확인할 수 있습니다. 그러나 그것은 어디까지나 현재 매물로 나와 있는 가격일 뿐이지 실제로 거래된 가격은 아니죠. 그렇기 때문에 실제 거래가 이루어진 좀 더 정확한 거래자료를 확인하는 것이 중요한데요. 이 때 도움이 되는 사이트가 바로 '국토교통부 실거래가 공개시스템'입니다.

국토교통부 실거래가 공개시스템

전·월세 실거래가를 확인하기 위해서는 우선 '국토교통부 실거래가 공개시스템'에 접속해야 합니다. 다음은 국토교통부가 운영하는 실거래가 공개시스템 홈페이지입니다. 전·월세 실거래가 자료를 확인하기 위해서는 메뉴 상단 오른쪽에 있는 '실거래가 자료제공'을 클릭해야 합니다. 그럼 클릭해 볼까요?

국토교통부 실거래가 공개시스템 홈페이지

자료 : 국토교통부 실거래가 공개시스템(rt.molit.go.kr)

실거래가 자료제공을 클릭하니 조건별 검색을 할 수 있는 창이 나타납니다. 여기서 실거래가 구분을 클릭해서 전·월세를 선택하면 되는데요. 참고로 전·월세 자료는 아파트, 연립·다세대, 단독·다가구로 구분해서 제공되고 있습니다. 또한, 전국 모든 지역의 전·월세 실거래가 자료를 모두 제공하고 있는 것은 아니라는 점은 기억해두시기 바랍니다.

한편, 국토교통부 실거래가 공개시스템에서 제공되고 있는 아파트·연립/다세대주택·단독/다가구주택의 전·월세 실거래가 자료는 계약일을 기준으로 수집된 자료들이라서 현재 시점의 실거래가와는 다소 차이가 있을 수 있습니다. 즉, 약간의 시차가 존재한다는 뜻이죠. 그럼에도 불구하고 전·월세 실거래가 자료는 전세나 월세 가격이 어떤 방향으로 얼마나 움직이고 있는지를 보여주는 지표로서 매우 유용하다고 할 수 있습니다.

계속해서 조건별 검색 창에서 참고하고자 하는 계약일자를 지정합니다. 이어서 실거래가 구분에서 아파트, 연립·다세대주택, 단독·다가구주택 가운데 하나를 선택하신 후 알아보고자 하는 지역을 시·도 → 시·군·구 → 읍·면·동 → 면적 → 금액선택의 순서로 입력하세요. 이때 면적은 지정하지 않아도 됩니다. 또한, 금액선택은 월세금과 보증금 가운데 택할 수 있는데요. 역시 아무거나 지정해도 큰 문제는 없으니 선택하는 데 부담을 가질 필요는 없습니다. 자, 여기까지 입력이 완료되었으면 마지막으로 다운로드를 클릭해 자료를 다운로드 받으셔서 열심히 활용하시기만 하면 됩니다.

<그림 11> 국토교통부 실거래가 공개시스템 홈페이지

조건별 검색 국토교통부 실거래가 공개시스템을 이용하시면 쉽고 편리하게 이용하실 수 있습니다.

〈조건별 자료제공 이용시 유의사항〉

□ 본 서비스에서 제공하는 정보는 법적인 효력이 없으므로 참고용으로만 활용하시기 바라며, 외부 공개시에는 반드시 신고일 기준으로 집계되는 공식통계를 이용하여 주시기 바랍니다.

□ 신고정보가 실시간 변경, 해제되어 제공시점에 따라 공개건수 및 내용이 상이할 수 있는 점 참고하시기 바랍니다.

□ 본 자료는 계약일 기준입니다. (※ 7월 계약, 8월 신고건 → 7월 거래건으로 제공)

• 주택매매 거래는 부동산 거래신고 등에 관한 법률 제3조에 따라 계약일로부터 60일 이내 신고토록 하고 있습니다.

□ 시도별 자료제공 계약일자 범위를 최대 1년으로 개선하였으니 이용에 참고하시기 바랍니다.

자료 : 국토교통부 실거래가 공개시스템(rt.molit.go.kr)

짤TIP

전·월세는 매매에 비해 사전에 정확한 시세를 확인하기가 어렵습니다. 전세나 월세 매물의 많고 적음에 따라 쉽게 시세가 변동되기 때문이죠. 이런 점에서 볼 때 KB부동산 같이 공신력이 있거나 부동산114 같은 부동산 포털, 직방, 다방 같은 부동산 애플리케이션을 활용해 그때 그때 매물로 나와 있는 전세·월세 물량의 정도를 점검하는 것이 좋습니다.

이사 나갈 때를 고려해서 전세·월세를 구해야 한다?

이사철만 되면 집을 구해야 하는 세입자들의 고민도 깊어지게 되죠. 집주인들은 보증금이나 월세를 인상하려고 하고 임차인들은 현재 상태에서 계약을 연장하거나 집주인이 요구하는 보증금이나 월세보다 더 저렴한 집을 찾아 이사를 가야하기 때문이죠. 서울에서 경기도나 인천 등 수도권으로 이사를 가는 임차인들이 많은 가장 주된 이유도 바로 저렴한 집을 찾기 위해서라고 볼 수 있습니다. 그런데 말이죠. 가진 돈이 충분하지 않은 현실 때문에 좀 더 저렴한 전세나 월세를 찾는 것이 최우선 고려요인이 될 경우 즉, 가격이 가장 중요한 요인이 될 경우 훗날 그것에 기초한 선택을 크게 후회할 수도 있다는 사실을 아시나요?

가격이 집을 구하는 가장 중요한 요소가 될 경우 자칫 가격에 매몰됨으로써 적절한 전세 혹은 월세를 구하지 못할 가능성이 매우 높습니다. 가격에 매몰될 경우 이사 가야 할 시점이 다가오면 다가올수록 더욱 더 가격에만 집착할 가능성이 높기 때문이죠. 물론 저렴한 가격에 초점을 맞추는 것이 잘못된 것은 아닙니다. 문제는 저렴한 가격에 매몰될 경우 더 중요한 요소들을 간과하기 쉽다는 것입니다.

예를 들어 저렴한 전세나 월세를 찾아다니다 결국 다소 생활이 불편한 곳, 대중교통 접근성이 비교적 편리하지 않은 곳, 직주근접성이 떨어지는 곳을 선택할 경우 많은 불편과 경제적 손실을 감수해야만 합니다. 하지만 더 큰 문제는 전세나 월세 계약이 만료된 후 이사를 가야하는데 자신이 거주하고 있는 집이 세가 나가지 않아 이사를 가지 못하는 상황에 처할 가능성이 있다는 점입니다. 전세보증금이나 월세가 저렴하다는 것 외에 다른 지역에 비해 생활이 불편하거나 대중교통 접근성이 떨어지고, 직주근접성이 떨어지는 지역이라면 그렇지 않은 지역에 비해 보다 세입자 구하기가 어렵지 않을까요?

그렇기 때문에 임차인은 항상 전세나 월세를 구할 때 당장 전세보증금이나 월세라는 가격 요인에 초점을 맞추기보다 계약이 만료된 후 얼마나 신속하게 이사 갈 수 있는 곳인지에 초점을 맞추는 것이 바람직하다고 할 수 있는 것이죠. 그렇다면 어떤 곳이 이사 갈 때 유리한 곳일까요? 여러 가지가 있을 수 있겠지만 요즘 트렌드를 보면 직주근접성과 대중교통 접근성을 확보한 곳을 손꼽을 수 있습니다.

직주근접성이란 직장에 접근하기 편리한 정도를 말하는 개념이고 대중교통 접근성은 굳이 자가용을 이용하지 않더라도 대중교통을 이용해 직장이나 각종 쇼핑·문화·의료 등 생활편의시설에 얼마나 편리하게 접근할 수 있느냐를 의미하는 개념인데요. 이런 요건을 완벽하게 갖춘 곳이라면 최상이겠지만 현실적으로 충분한 자금이 없는 임차인이라면 가급적 일정 수준 이상 직주근접성과 대중교통접근성을 확보한 곳을 선택하는 것이 중요하다고 볼 수 있습니다.

짤TIP

지금 당장 직주근접성이나 대중교통 접근성이 떨어지는 지역이라 할지라도 장차 직주근접성이나 대중교통 접근성이 확충될 것으로 예상되는 지역이라면 적어도 현재 시점에서는 전세·월세를 비교적 저렴한 가격으로 구할 수 있습니다. 물론 계약 만료시점에는 어렵지 않게 이사를 갈 수도 있죠. 열심히 손품·발품을 팔기만 하면 누구든 이런 곳을 찾을 수 있습니다.

내 집 보증금을 챙기기 위해 건축물대장을 손쉽게 열람하는 방법!

전세나 월세계약을 할 때 등기사항전부증명서라는 것을 반드시 챙겨야 한다는 것을 모르는 분은 아마 없을 것입니다. 그만큼 임대차 계약을 체결하기에 앞서 내 보증금을 지키기 위해 가장 신중하게 점검해야 할 사항이 바로 등기사항전부증명서라는 인식이 뿌리내렸다고 볼 수 있죠. 하지만 등기사항전부증명서를 제대로 챙겼다고 해서 내 보증금을 안전하게 지키기 위해 할 수 있는 모든 것을 다했다고 볼 수는 없다는 사실을 아는 분들은 그리 많지 않은 것 같아 안타깝습니다. 무슨 말이냐고요? 등기사항전부증명서 외에 반드시 챙겨야 할 서류가 하나 더 있다는 말씀을 드리는 것입니다. 무슨 서류냐고요? 바로 건축물대장입니다.

건축물대장을 왜 확인해야 하는지는 먼저 건축물대장을 간단하게 확인할 수 있는 방법을 알려드린 후 곧이어 설명하도록 하겠습니다. 건축물대장은 '정부24' 홈페이지나 '정부24'애플리케이션에서 손쉽게 확인할 수 있는데요. 여기서는 '정부24' 홈페이지에서 건축물대장을 확인하는 방법을 설명하도록 하겠습니다. 우선 '정부24'홈페이지에 접속하세요. 그다음 왼쪽 아래 건축물대장을 클릭하세요.

정부24 홈페이지

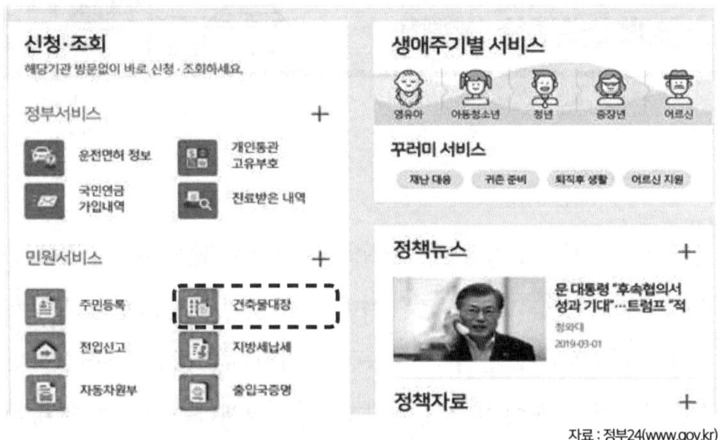

자료 : 정부24(www.gov.kr)

'정부24' 홈페이지는 다양한 서비스를 제공하고 있는데요. 건축물대장 등·초본 발급(열람) 신청을 할 수 있는 방법은 인터넷, 방문, FAX, 우편, 모바일이 있습니다. 이 중에서 편리한 방법은 아무래도 인터넷과 모바일이 아닐까요?

아, 한 가지 더 알려드려야 할 것이 있는데요. '정부24' 홈페이지에서 제공하는 모든 민원서비스를 이용하고 싶다면 회원가입 하실 것을 추천 드립니다. 비회원인 경우 '정부24' 홈페이지에서 제공하고 있는 서비스 가운데 본인확인이 필요한 주민등록등본(초본)교부, 전입신고, 납세증명서 외 약 1,500여 종에 대한 신청이 제한되기 때문이죠.

다만, 건축물대장 등·초본 발급, 토지(임야) 대장등본교부 등은 본인 확인이 필요하지 않기 때문에 비회원 자격으로도 얼마든지 신청할 수 있답니다. 필자는 비회원 자격으로 건축물대장 열람과정을 설명하도록 하겠습니다.

'정부24' 홈페이지에서 건축물대장을 클릭하면 다음과 같은 창이 나타납니다. 이 창의 중간부분에 있는 신청하기를 클릭하세요. 그러면 로그인 여부를 묻는 창이 나타납니다.

건축물대장 열람 신청을 위한 화면

민원안내 및 신청

건축물대장 등·초본 발급(열람) 신청

신청방법	인터넷, 방문, FAX, 우편, 모바일	처리기간	즉시(근무시간 내 3시간)
수수료	발급(1건당)500원, 열람(1건당)300원, 인터넷 발급(열람)시 무료	신청서	건축물대장등.초본발급 및 열람신청서 신청작성예시
구비서류	있음 (하단참조)	신청자격	누구나 신청 가능

기본정보

- 이 민원은 건축물대장의 발급 또는 열람을 하기 위해서 신청하는 민원사무입니다(다만, 평면도의 경우 건축물 소유자의 동의 등을 얻어야 발급이 가능하므로 직접 방문하여야 합니다)

자료 : 정부24(www.gov.kr)

자, 로그인 여부를 묻는 창이 보이시죠? 여기서 비회원신청을 클릭해 볼까요?

로그인 화면

로그인

공인인증서 | 아이디

신청/발급/확인을 위한 공인인증서 로그인

공인인증서 로그인 | 공인인증서 등록 | 비회원신청

※회원가입 없이 민원 신청/발급 가능합니다.

자료 : 정부24(www.gov.kr)

비회원신청을 선택했더니 본인인증이 필요한 서비스를 신청·발급할 경우 공인인증서 로그인이 필요하다는 안내 창이 생성된 것을 볼 수 있습니다. 그래도 흔들림 없이 비회원신청을 하세요.

비회원 로그인 여부를 묻는 화면

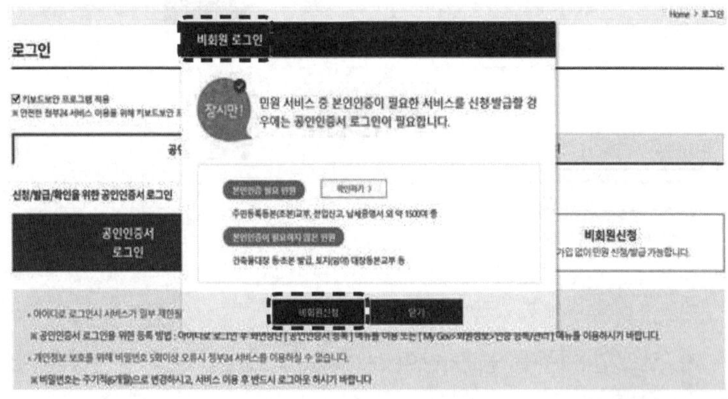

자료 : 정부24(www.gov.kr)

비회원신청을 클릭했더니 '개인정보 수집 및 고유식별정보 수집 이용 동의' 창이 나타납니다. 개인(내국인)에 체크되어 있는지 확인한 후 우선 개인정보 수집 및 이용에 대한 안내 부분 아래에 있는 '위 내용에 동의합니다.'에 표시를 하세요.

개인정보 수집 및 고유식별정보 수집 이용 동의 화면

비회원 신청

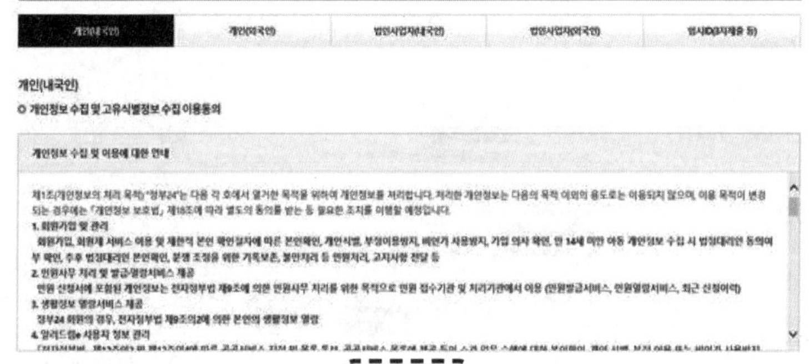

자료 : 정부24(www.gov.kr)

그러고 나서 마우스를 밑으로 조금 더 내리면 '고유 식별정보 수집에 대한 안내'가 나오는데 그 밑에 있는 '위 내용에 동의합니다.'에 다시 한 번 체크를 해주세요. 계속해서 마우스를 밑으로 이동시켜 보면 이제 '비회원 신청 정보입력' 창이 보이게 됩니다.

비회원 신청 정보입력 창에 이름과 주민등록번호, 주소를 입력한 후 입력확인란에 보이는 숫자를 그대로 입력한 후 확인을 클릭하세요.

비회원 신청 정보입력 화면

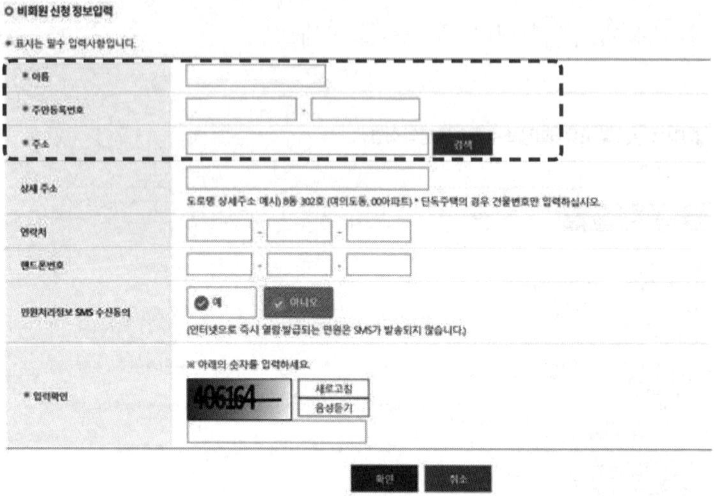

○ 비회원 신청 정보입력

* 표시는 필수 입력사항입니다.

* 이름	
* 주민등록번호	-
* 주소	검색
상세 주소	도로명 상세주소 예시) 8동 302호 (여의도동, 00아파트) * 단독주택의 경우 건물번호만 입력하십시오.
연락처	- -
핸드폰번호	- -
민원처리정보 SMS 수신동의	예 아니오 (인터넷으로 즉시 열람·발급되는 민원은 SMS가 발송되지 않습니다.)
* 입력확인	※ 아래의 숫자를 입력하세요. 406164 새로고침 음성듣기

확인 취소

자료 : 정부24(www.gov.kr)

이제 건축물대장 등·초본 발급(열람)신청 창이 생성된 것을 확인할 수 있습니다.

건축물대장 등·초본 발급(열람) 신청 화면

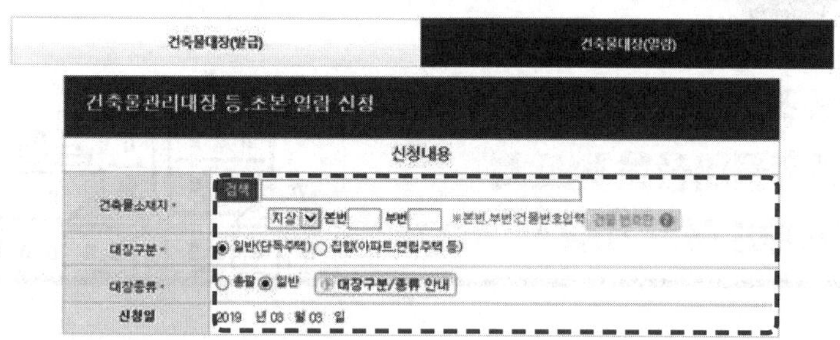
건축물대장 등·초본 발급(열람) 신청

건축물대장(발급)	건축물대장(열람)

건축물관리대장 등.초본 열람 신청

신청내용	
건축물소재지 *	검색 / 지상 본번 부번 ※본번,부번:건물번호입력
대장구분 *	◉ 일반(단독주택) ○ 집합(아파트,연립주택 등)
대장종류 *	○ 총괄 ◉ 일반 대장구분/종류 안내
신청일	2019 년 08 월 03 일

• 여러 건물 신청할 경우 민원바구니에 담으면 한번에 결제할 수 있습니다.
• 임시 저장은 회원은 일주일동안, 비회원은 브라우저 종료시까지 보관됩니다.
• 여러 동(호)를 가진 건축물인 경우 아래 '민원신청하기'버튼을 클릭 후 나타나는 팝업에서 동(호)를 선택하세요.

민원신청하기 민원바구니담기 임시저장 취소

자료 : 정부24(www.gov.kr)

마지막으로 건축물대장(열람)을 위해 건축물소재지, 대장구분, 대장종류를 설정하고 민원신청하기를 클릭하기만 하면 건축물대장을 열람할 수 있습니다. 이렇게 건축물 대장까지 열람함으로써 보다 분명하게 내 보증금을 안전하게 지킬 수 있게 되었습니다.

짤TIP

건축물 대장 열람은 모바일 '정부24' 애플리케이션서도 가능합니다. 절차는 인터넷과 동일하다고 보시면 되는데요. 단, 한 가지 명심하셔야 할 부분이 있습니다. 모바일에서는 건축물대장 발급이 안 됩니다.

내 집 보증금을 챙기기 위해 건축물대장을 반드시 챙겨야 하는 이유?

건축물 대장은 스마트폰이나 인터넷만 접속할 수 있다면 언제 어디서든 손쉽게 열람할 수 있다는 것을 알았는데요. 그렇다면 건축물대장을 꼭 발급받아야 하는 이유는 과연 무엇일까요?

당연히 내 보증금을 지키기 위해서입니다. 특히, 연립/다세대주택이나 다가구주택인 경우 더욱 건축물대장을 발급받아 확인하는 것이 내 보증금을 지키기 위해 꼭 필요하다고 할 수 있습니다. 우선 건축물대장이 어떤 것인지 잘 모르는 분들이 있을 것 같아 예시로 건축물대장을 살펴 보겠습니다. 그림을 보면 건축물 대장은 대지면적이나 건폐율, 용적률은 공법상 용도지역이나 지구, 구역 및 주용도는 물론 각 층별 용도와 면적, 소유자와 관련된 정보까지 제공해 준다는 것을 확인할 수 있죠.

건축물대장 예시

일반건축물대장(갑)

(2쪽 중 제1쪽)

고유번호 2817710300-1	민원24접수번호 20190303 -	명칭	호수/가구수/세대수 0호/0가구/0세대
대지위치 시 구 동	지번 [illegible]	도로명주소 시 구 로	

※대지면적 ㎡	연면적 253.78㎡	※지역	※지구	※구역
건축면적 101.39㎡	용적률 산정용 연면적 202.78㎡	주구조 철근콘크리트조	주용도 점포, 제1종근린생활시설	층수 지하 1층/지상 2층
※건폐율 %	※용적률 %	높이 m	지붕 스라브	부속건축물
※조경면적 ㎡	※공개 공지·공간 면적 ㎡	※건축선 후퇴면적 ㎡	※건축선 후퇴거리 m	

건축물 현황					소유자 현황			
구분	층별	구조	용도	면적(㎡)	성명(명칭) 주민(법인)등록번호 (부동산등기용등록번호)	주소	소유권 지분	변동일 변동원인
주1	지1층	철근콘크리트조	점포	48.08	*****	시 구 동	1/1	소유권이전
주1	1층	철근콘크리트조	점포	101.39				
주1	2층	철근콘크리트조	제1종근린생활시설(휴게음식점)	101.39		-이하여백- ※ 이 건축물대장은 현소유자만 표시한 것입니다.		
주1	옥탑	철근콘크리트조		[illegible]				

이 등(초)본은 건축물대장의 원본 내용과 틀림없음을 증명합니다.

점선으로 표시된 부분이 보이시죠? 바로 이 부분이 임차인들이 건축물 대장을 통해 반드시 확인해야 할 부분입니다. 여기서 무엇을 확인하고 어떤 것이 중요한지 어떻게 확인하느냐고요? 그림의 건축물대장은 상가건물입니다. 그렇기 때문에 각 층별로 용도와 면적만 보이는데 뭐가 중요한 것인지 모르겠다는 반응이 당연합니다.

하지만 연립·다세대주택이나 다가구주택이라면 저 부분 가운데 '층별' 항목이 달라질 수 있습니다. 예를 들어 A라는 세입자가 전세로 K 다세대주택 101호를 계약했습니다. 현관문에 101호로 표시되어 있는데다 계약서도 그렇게 작성했기 때문에 아무 의심 없이 101호에 전입신고를 하고 전세계약서에 확정일자까지 받아 놓았습니다. 그런데 실제로 A씨가 전세로 계약한 K다세대주택은 건축물대장상 101호가 아닌 201호로 기재되어 있었습니다. 이런 상태에서 집주인이 문제가 생겨 전세로 살고 있는 집이 경매가 된다면 A씨는 어떻게 될까요?

전세보증금을 전혀 보호받을 수 없게 됩니다. 왜 그럴까요? 소유자와 관련된 내용은 등기사항전부증명서를 기준으로 판단하게 되지만 위 사례의 건물 호수 같은 건물 자체와 관련된 사항은 건축물대장을 기준으로 판단하기 때문입니다. 다시 말해 사례의 A씨는 101호가 아닌 건축물대장을 기준으로 201호에 전입신고를 하고 계약서에 확정일자를 받았어야 하는 것입니다. 그랬다면 주택임대차보호법에서 규정하는 대항력을 취득해 전세보증금을 보호받을 수 있었을 것입니다. 이런 이유로 소중한 내 전세보증금을 지키기 원한다면 임대차 계약을 하기 전에 반드시 건축물 대장을 확인해야만 하는 것입니다.

짤TIP

공동주택(아파트, 연립·다세대주택)인 경우의 건축물대장은 집합건축물대장을 확인하면 되고 단독주택·다가구주택·상가주택인 경우의 건축물대장은 일반건축물대장을 확인하면 됩니다.

등기사항전부증명서는 계약일, 잔금일, 전입신고 다음 날 각각 확인하자!

진정한 소유자인지 여부를 확인하기 위해서라면 반드시 등기사항전부증명서를 확인해야 합니다. 공인중개사사무소를 통해 임대차 계약을 체결하는 경우라면 계약할 때, 잔금을 치룰 때 공인중개사 사무소에서 임차인을 대신해 등기사항전부증명서를 발급받아 소유자 등 여타 권리관계에 변동이 있었는지 여부를 꼼꼼하게 살펴본 후 그 내용을 임차인에게 알려주죠.

하지만 당사자가 공인중개사의 임대차 중개 없이 직접 임대차 계약을 체결하는 경우라면 임차인이 직접 등기사항전부증명서를 발급받아 소유자나 소유권을 제한하는 사항 등 권리관계를 확인해야 합니다. 물론 이 경우에도 대부분 계약 날, 잔금 치루는 날까지만 등기사항전부증명서를 확인합니다. 여기까지는 한 번이라도 임대차 계약을 해 본 경우라면 누구나 아는 내용일 것입니다. 자, 그럼 여기서 한 가지 질문을 하겠습니다.

등기사항전부증명서를 계약할 때, 잔금을 치룰 때 발급받아 권리관계 변동이 있었는지를 확인하기만 하면 그것으로 충분할까요?

답은 NO입니다.

왜 그럴까요?

잔금을 치른 이후 권리관계에 변동이 생길 경우 임차인이 보호받지 못할 가능성이 매우 높기 때문입니다. 어떻게 그런 일이 가능할까요?

주택임대차보호법에서 그 이유를 찾을 수 있습니다. 우리 주택임대차보호법 제3조에 따르면 임차인이 인도(이사)와 주민등록(전입신고)를 마친 때에는 그 다음 날부터 제 삼자에 대하여 효력(대항력)을 갖는다고 명시하고 있습니다. 이 말은 예를 들어 같은 날 전입신고와 은행의 근저당권이 동시에 설정되었을 경우 은행의 근저당권이 앞서고 세입자의 전세보증금은 후순위가 되어 피해를 보게 될 수 있다는 의미가 됩니다.

주택임대차보호법 제3조(대항력 등) ① 임대차는 그 등기(登記)가 없는 경우에도 임차인(賃借人)이 주택의 인도(引渡)와 주민등록을 마친 때에는 그 다음 날부터 제삼자에 대하여 효력이 생긴다. 이 경우 전입신고를 한 때에 주민등록이 된 것으로 본다.

그렇다면 위와 같은 상황을 사전에 확인해 대처할 수 있는 방법은 어떤 것이 있을까요? 번거롭더라도 잔금을 치른 다음 날 다시 한 번 등기사항전부증명서를 발급받아 잔금을 치른 어제와 변동이 있었는지를 확인하는 것입니다.

번거로움은 잠깐입니다. 하지만 전세보증금을 손해 보거나 자칫 통째로 날려 버릴지도 모른다는 불안한 상황에 처한다면 그 충격파는 오랫동안 계속될 수밖에 없을 것입니다. 그러니 번거럽더라도 잔금을 치룬 다음 날 혹은 시간이 있을 때 반드시 한 번 더 등기사항전부증명서를 확인해 보실 것을 권장합니다.

짤TIP

등기사항전부증명서는 굳이 등기소나 법원을 방문하지 않더라도 대법원인터넷등기소(www.iros.go.kr)나 인터넷등기소 애플리케이션(안드로이드 폰은 구글 Play스토어에서, 아이폰은 앱스토어에서 다운로드 받으면 됨)을 통해 손쉽게 확인할 수 있습니다. 또한, 굳이 등기사항전부증명서를 발급 받을 필요까지는 없습니다. 열람만 해도 권리관계 변동유무는 얼마든지 확인할 수 있으니까요.

‘중개대상물확인설명서’를 꼼꼼하게 확인하자!

집주인과 세입자가 당사자끼리 직접 전세나 월세 계약을 체결하는 경우에는 임차인 스스로 모든 것을 하나하나 세심하게 따져본 후 계약을 해야만 합니다. 이에 비해 공인중개사의 중개를 거쳐 전세나 월세 계약을 체결하는 경우에는 당사자끼리 직접 계약하는 경우에 비해 임차인이나 임대인의 수고를 크게 덜 수 있습니다.

특히, 집 상태와 관련된 문제에 관해서라면 공인중개사의 조력을 받아 계약을 체결하는 경우 더욱 그렇습니다. 공인중개사사무소에서 계약을 체결하는 경우 의무적으로 작성해 집주인과 세입자에게 교부하는 ‘중개대상물확인설명서’ 덕분입니다.

대부분 ‘중개대상물확인설명서’를 그저 공인중개사사무소에서 주는 서류 가운데 하나로 치부하곤 합니다만 실제로는 매우 중요한 서류입니다. 특히 임차인에게는 더욱 그렇죠.

그 이유는 ‘중개대상물확인설명서’에 기재되는 내용을 통해 확인할 수 있습니다. ‘중개대상물확인설명서’는 공인중개사가 중개대상물에 관한 정보를 작성해 거래 당사자들에게 제공하는 서류입니다. 임대차 계약인 경우에는 집주인과 세입자에게, 매매계약인 경우에는 매도자와 매수자에게 각각 제공하죠.

'중개대상물확인설명서'는 집주인과 세입자에게 해당 주택의 내부·외부 시설물의 상태나 입지, 소재지, 용도, 면적, 구조 등은 물론 소유권 등 권리관계에 관한 사항, 토지이용계획, 환경조건과 관리에 관한 사항등을 전반적으로 망라하여 작성된다는 특징이 있습니다. 그렇기 때문에 꼼꼼하게 작성된 '중개대상물확인설명서'만 있으면 추후 집주인과 주택의 상태, 파손 등과 같은 예기치 못한 분쟁이 발생할 경우 황당한 상황을 미연에 방지할 수 있죠.

중개대상물확인설명서 중 일부

⑩내부·외부 시설물의 상태 (건축물)	수 도	파손여부	[ ] 없음 [√] 있음(위치 : **다용도실 수도꼭지**)	
		용 수 량	[ ] 정상 [√] 부족함(위치 : **개수대**)	
	전 기	공급상태	[ ] 정상 [√] 교체필요(교체할 부분: **안방 스위치**)	
	가스(취사용)	공급방식	[ ] 도시가스 [√] 그 밖의 방식(**프로판 가스**)	
	소 방	단독경보형감지기	[ ] 없음 [√] 있음(수량 : 3 개)	※ 「화재예방, 소방시설 설치·유지 및 안전관리에 관한 법률」 제8조 및 같은 법 시행령 제13조에 따른 주택용 소방시설로서 아파트(주택으로 사용하는 층수가 5개층 이상인 주택을 말한다)를 제외한 주택의 경우만 작성합니다.
	난방방식 및 연료공급	공급방식	[ ] 중앙공급 [√] 개별공급	시설작동 [ ] 정상 [√] 수선필요(**공급밸브**)
		종 류	[ ] 도시가스 [ ] 기름 [ ] 프로판가스 [ ] 연탄 [√] 그 밖의 종류(**전기, 태양광**)	
	승강기	[√] 있음 ([√] 양호 [ ] 불량) [ ] 없음		
	배 수	[ ] 정상 [√] 수선필요(**발코니**)		
	그 밖의 시설물	**가정자동화시설 설치**		
⑪벽면 및 도배상태	벽 면	균 열	[ ] 없음 [√] 있음(위치 : **안방 외벽**)	
		누 수	[√] 없음 [ ] 있음(위치 : **누수 없음을 매도인(임대인)이 확인**)	
	도 배	[ ] 깨끗함 [√] 보통임 [ ] 도배필요		
⑫환경조건	일 조 량	[ ] 풍부함 [ ] 보통임 [√] 불충분 (이유 : **건너편 삼성프라자빌딩**)		
	소 음	[ ] 미미함 [√] 보통임 [ ] 심한편임	진 동	[ ] 미미함 [√] 보통임 [ ] 심한편임

자료 : 한국공인중개사협회, '중개대상물확인·설명서 (주거용) 작성방법

사례의 '중개대상물확인설명서'를 보면 다용도실 수도꼭지 파손과 개수대 용수량 부족, 안방스위치 교체필요, 난방 공급밸브 수선필요, 발코니 배수 수선필요가 있음을 확인할 수 있습니다. 사실 모

든 공인중개사들은 정확한 팩트에 기반한 증거, 자료들을 기초로 자신이 중개하는 중개대상물에 대한 설명을 거래당사자인 임차인과 임대인에게 해주야 할 의무가 있습니다. 이를 위반하면 자격정지처분을 받을 수 있죠. 그렇기 때문에 공인중개사들은 위 그림과 같이 꼼꼼한 '중개대상물확인설명서' 작성을 위해 집주인들에게 주택 상태와 관련된 자료를 꼼꼼하게 요청하는 것이죠.

그렇기 때문에 세입자들은 무조건 공인중개사사무소에 꼼꼼하게 '중개대상물확인설명서'를 작성해줄 것을 요청해야 합니다. 세입자 자신이 '중개대상물확인설명서'를 꼼꼼히 챙긴다는 인상을 주면 줄수록 보다 더 꼼꼼하게 작성된 '중개대상물확인설명서'를 제공받을 수 있을 것입니다. 이것이야말로 추후에 있을지도 모를 집주인과의 분쟁을 예방할 수 있는 가장 확실한 방법이 아닐까요?

짤TIP

공인중개사사무소에서 전세·월세계약을 체결하면 중개대상물확인설명서 외에 공제증서라는 서류도 함께 제공받는데요. 이 공제증서는 해당 주택을 중개한 공인중개사가 고의·과실로 거래당사자에게 손해를 입히게 될 경우 그 손해를 보상받을 수 있도록 보장해주는 장치입니다. 따라서 전세·월세 계약일이 공제증서 유효기간 내에 있는지도 꼭 살펴 보시고, 혹여 계약일에 공제증서를 제공받지 못했다면 잔금일에는 꼭 받아두세요.

보증금이 부족할 때는 주택도시기금 전·월세보증금 대출을 활용하자!

전세 혹은 월세로 이사를 해야 하는 상황인데 정작 자금이 부족하다면 어떻게 해야 할까요? 그냥 포기해야 할까요? 아니면 부모님이나 형제·자매에게 도움을 청해야 할까요? 그것도 아니면 친구나 지인들에게 손을 벌려야 할까요? 아닙니다. 이런 경우라면 전세·월세자금대출을 먼저 알아보시는 것이 좋습니다.

전세·월세자금은 크게 주택도시기금에서 지원해주는 것과 시중은행에서 대출해주는 것이 있는데요. 이 중에서 특히 주택도시기금에서 취급하고 있는 전·월세자금대출에 주목할 필요가 있습니다. 저리로 대출받을 수 있는데다 다양한 상품이 있기 때문이죠.

주택도시기금에서 지원하고 있는 전·월세자금대출은 총 6가지가 있습니다. 중소기업취업청년 전월세보증금대출, 청년전용 보증부월세대출, 청년전용 버팀목전세자금, 주거안정월세대출, 신혼부부전용 전세자금, 버팀목전세자금 등 입니다.

주택도시기금 홈페이지

자료 : 주택도시기금(nhuf.molit.go.kr)

중소기업 취업 청년을 위한 전·월세보증금 대출

중소기업에 재직중인 자 또는 중소기업진흥공단, 신용보증기금 및 기술보증기금의 청년창업지원을 받은 사람으로 대출신청일 현재 대출대상주택을 임차하고자 임차보증금 2억 원 이하의 주택임대차 계약을 체결하고 임차보증금의 5% 이상을 지불한 경우가 대출대상이 될 수 있는데요.

중소기업 취업청년 전월세보증금 대출

중소기업에 취업한 청년들에게 저리의 중소기업 취업청년 전월세보증금 대출해드립니다.

- 대출대상 | 대출신청일 기준 중소기업에 재직중인 자 또는 중소기업진흥공단, 신용보증기금 및 기술보증기금의 청년창업 지원을 받은 자
- 대출금리 | 연 1.2%
- 대출한도 | 1억원
- 대출기간 | 최초 2년(4회 연장, 최장 10년 이용가능)

자료 : 주택도시기금(nhuf.molit.go.kr)

이 외에도 첫째, 대출신청일 현재 민법상 성년인 세대주 또는 예비세대주여야하고, 둘째, 대출신청일 현재 세대주로서 세대주를 포함한 세대원 전원이 무주택이어야 하며, 셋째, 대출신청인과 배우자의 합산 총소득이 5천만 원 이하여야 하며(외벌이가구 또는 단독세대주일 경우 3천 5백만 원 이하) 근로소득의 경우, 1개월이상 재직하여 온전한 한 달치 이상의 소득이 존재해야 하고, 넷째, 대출신청일 기준 중소·중견기업에 재직중인 자 또는 중소기업진흥공단, 신용보증기금 및 기술보증기금의 보증 또는 창업자금 지원을 받은 자 중 만 34세(병역법에 따라 현역으로 병역 의무를 마친 경우 만 39세) 이하여야 한다는 조건을 충족해야 합니다.

한편, 모든 주택이 대출대상이 되는 것은 아닌데요. 대출 대상주택이 되기 위해서는 임차 전용면적이 85㎡ 이하인 주택(85㎡ 이하 주거용 오피스텔 포함)이라는 요건을 충족해야 하고, 대출한도는 1억 원이며 대출기간은 2년이고 4회 연장이 가능해 최장 10년이며 상황방법은 만기일시상환입니다. 대출금리는 정말 파격적입니다. 연 1.2%(고정금리)라는 초저금리가 적용되고 대출기간 4년 이후부터는 일반 버팀목전세자금대출금리가 적용됩니다.

청년전용 보증부월세대출

청년전용 보증부월세대출의 대출대상이 되기 위해서는 대출신청일 현재 만 34세 이하 청년 단독세대주로서 대출 대상주택 임차보증금 5천만 원 이하 & 월세 60만 원 이내의 임대차계약을 체결하고 임차보증금의 5% 이상을 지불한 사람으로 첫째, 대출신청일 현재 세대주로서 무주택자(예비세대주 포함) 다음 각 호의 요건을 모두 충족하는 자 둘째, 연소득 합산 총소득이 2천만 원 이하라는 요건을 모두 충족하는 경우입니다.

청년 전용 보증부 월세대출

청년들에게 저리로 전월세보증금 및 월세를 대출해드립니다.

- **대출대상** | 연소득 2천만원 이내인 만 34세 이하 청년 단독세대주(예비세대주 포함)
- **대출금리** | 보증금 연 1.8%, 월세금 연 1.5%
- **대출한도** | 보증금 35백만원, 월세금 960만원(월 40만원 이내)
- **대출기간** | 2년(4회 연장, 최장 10년 이용가능)

자료 : 주택도시기금(nhuf.molit.go.kr)

대상주택이 되기 위해서는 임차 전용면적이 60㎡이하인 주택(60㎡이하 주거용 오피스텔 포함)이라는 요건을 충족해야 하며 대출한도는 대출금액(보증금 대출+월세금 대출)이 임대차계약서 상 임차보증금의 80% 이내 (보증금 3천 5백만 원, 월세금 960만 원[월 40만 원 이내])여야 합니다. 단, 보증금 대출금은 전세금액의 70% 이내입니다.
대출기간은 2년 만기일시상환(4회 연장하여 최장 10년 가능)이며, 대출금리는 보증금 1.8%, 월세 1.5% 조건이 적용됩니다. 역시 파격적인 조건이라는 것을 알 수 있습니다.

청년전용 버팀목전세자금

청년전용 버팀목전세자금 대출대상이 되기 위해서는 대출 신청일 현재 만 19세 이상~만 25세 미만 청년 단독세대주로서 대출 대상 주택 임차보증금 5천만 원 이하의 임대차계약을 체결하고 임차보증금의 5%이상을 지불한 상태에서 대출 신청일 현재 세대주로서 무주택자(예비세대주포함)여야 하며, 연소득 합산 5천만 원 이하여야 하며, 근로소득의 경우, 1개월 이상 재직하여 온전한 한 달치 이상의 소득이 존재해야 한다는 요건을 충족해야 합니다.

대출 한도는 3천 5백만 원 한도(전세 계약서상 임차보증금의 80% 이내)이고, 대출 대상주택은 임차 전용면적이 60㎡ 이하인 주택(60㎡이하 주거용 오피스텔 포함)입니다.

대출기간은 2년(4회 연장하여 최장 10년 가능)이고, 주택도시보증공사 전세금안심대출 보증서를 받을 경우 최대 2년 1개월(4회 연장하여 최장 10년 5개월 가능)입니다.

청년전용 버팀목 전세자금

전세자금이 부족한 청년들에게 청년전용 버팀목 전세자금을 대출해 드립니다.

- 대출대상 | 만19세이상 만25세미만 청년(단독 세대주)
- 대출금리 | 연 2.3%~2.7%
- 대출한도 | 35백만 원(임차보증금의80%)
- 대출기간 | 최초 2년(4회연장, 최장 10년 이용가능)

자료 : 주택도시기금(nhuf.molit.go.kr)

대출금리는 재미있는 구조를 갖추고 있습니다. 소득구간에 따라 적용되는 대출금리가 다릅니다.

소 득	임차보증금
	5천만 원 이하
~ 2천만 원 이하	2.3%
2천만 원 초과 ~ 4천만 원 이하	2.5%
4천만 원 초과 ~ 5천만 원 이하	2.7%

자료 : 주택도시기금(nhuf.molit.go.kr)

대출금 상환방법은 일시상환 또는 혼합상환이 가능합니다. 혼합상환이란 대출기간 중 원금일부(10%)를 나누어 갚고 잔여원금을 만기에 일시상환하는 방식입니다.

주의할 것은 대출 신청시기를 유념해야 한다는 것입니다. 신규대출신청인 경우에는 잔금지급일과 주민등록등본상 전입일 중 빠른 날짜로부터 3개월 이내이고, 추가대출인 경우에는 주민등록등본 상 전입일로부터 1년 이상, 기존대출실행일로부터 1년 이상 경과하고 계약갱신일로부터 3개월 이내이어야 한다는 점을 기억해두셔야 합니다.

주거안정월세대출

주거안정월세대출의 대출 대상은 우대형과 일반형으로 구분할 수 있는데 일반형은 취업준비생, 희망키움통장 가입자, 근로장려금 수급자, 사회초년생, 자녀장려금 수급자 등이 해당되고

일반형은 부부합산 연소득 5천만 원 이하 자 중 우대형에 해당하지 않는 자가 대상입니다.

주거안정월세대출

월세 부담으로 고민인 청년들에게 청년전용 주거안정 월세자금을 대출해 드립니다.

- **대출대상** 우대형 취업준비생, 희망키움통장 가입자, 근로장려금 수급자, 사회초년생, 자녀장려금 수급자
  일반형 부부합산 연소득 5천만원 이하 자 중 우대형에 해당하지 않는 자
- **대출금리** 우대형 연 1.5%
  일반형 연 2.5%
- **대출한도** 총 960만원 이내
- **대출기간** 최초 2년(4회 연장, 최장 10년 이용가능)

자료 : 주택도시기금(nhuf.molit.go.kr)

대출금리는 우대형이 연 1.5% (국토교통부 고시금리[변동금리])이고 일반형은 연 2.5% (국토교통부 고시금리[변동금리])이고 대출한도는 매월 최대 40만 원씩 2년간 총 960만 원 한도로 대출이 가능합니다. 대출 대상주택은 형태상 제한은 없고(단, 무허가건물 등 불법 건물과 고시원은 대출 불가), 임차보증금 1억 원 이하 및 월세 60만 원 이하여야 하며 임차전용면적이 85㎡ 이하(도시지역이 아닌 읍 또는 면 지역은 100㎡ 이하)여야 합니다.

한편, 대출기간은 2년 만기일시상환방식(2년 단위로 총 4회 연장, 최장 10년까지 가능)이며 기한연장 시 1회차는 상환 및 금리 가산 없이 처리되고, 2회 연장시부터 대출 잔액 기준 25%(우대형은 10%) 상환 또는 0.1%p 가산 금리적용(상환 또는 금리변경을 못하는 경우 기한연장 불가)을 하게 됩니다.

신혼부부전용 전세자금

신혼부부전용 전세자금대출의 대출대상은 대출 신청일 현재 세대주로서 대출 대상주택 임차보증금이 2억 원 이하(단, 수도권[서울, 경

기, 인천]은 3억 원 이하, 2자녀 이상 가구일 경우 각 3억, 4억 이하)이고, 전용면적 85㎡이하(수도권을 제외한 도시지역이 아닌 읍, 또는 면 지역은 100 ㎡이하)인 주택을 임대차계약해 임차보증금으로 5%이상을 지불한 경우입니다. 물론 대출 신청일 현재 세대주로서 세대주를 포함한 세대원 전원이 무주택자여야 하고, 대출 신청인과 배우자의 연소득 합산액이 6천만 원 이하여야 하죠. 단, 근로소득의 경우, 1개월이상 재직하여 온전한 한 달치 이상의 소득이 존재해야 합니다. 또한, 신혼가구여야 하는데 이때 신혼가구란 혼인관계증명서 상 혼인기간이 5년 이내인 가구 또는 결혼 예정자와 배우자 예정자로 구성될 가구를 말합니다.

신혼부부전용 전세자금

전세자금이 부족한 신혼부부에게 신혼부부 전용 전세자금을 대출해 드립니다.

- 대출대상 | 부부합산 연소득 6천만원 이하 무주택자
- 대출금리 | 최저 연1.2%부터~
- 대출한도 | 지역별 임차보증금의 80%(수도권 2억원 / 수도권외 1.6억원 이내)
- 대출기간 | 최조 2년(4회 연장, 최장 10년 이용가능)

자료 : 주택도시기금(nhuf.molit.go.kr)

장기전세주택 입주자격 : 소득기준

연소득	대상주택			
	5천만 원 이하	5천만 원 초과 ~1억 원	1억 원 초과~ 1.5억 원 이하	1.5억 원 초과
~2천만 원 이하	연 1.2%	연 1.3%	연 1.4%	연 1.5%
2천만 원 초과 ~ 4천만 원 이하	연 1.5%	연 1.6%	연 1.7%	연 1.8%
4천만 원 초과 ~ 6천만 원 이하	연 1.8%	연 1.9%	연 2.0%	연 2.1%

자료 : 주택도시기금(nhuf.molit.go.kr)

대출기간은 2년(4회 연장하여 최장 10년 가능)이며, 주택도시보증공사 전세금안심대출 보증서가 있을 경우 최대 2년 1개월(4회 연장하여 최장 10년 5개월 가능)이고 상환방법은 일시상환 혹은 혼합상환이 가능합니다. 단, 기한 연장을 하게 될 경우 기한 연장 시 마다 최초 대출금의 10%이상 상환 또는 상환불가 시 연 0.1% 가산 금리가 적용됩니다.

버팀목전세자금

버팀목전세자금 대출 대상은 대출 신청일 현재 세대주로서 대출 대상주택 임차보증금이 2억 원 이하(단, 수도권[서울, 경기, 인천]은 3억 원 이하, 2자녀 이상 가구일 경우 각 3억, 4억 이하)이고, 전용면적이 85㎡이하(수도권을 제외한 도시지역이 아닌 읍, 또는 면 지역은 100㎡이하)이면서 임대차계약을 체결하고 임차보증금으로 5%이상을 지불한 경우입니다. 단, 대출 신청일 현재 세대주를 포함한 세대원 전원이 무주택자이어야 하고, 대출 신청인과 배우자의 연소득 합산액이 5천만 원 이하(단, 혁신도시 이전 공공기관종사자, 2자녀 이상 가구 또는 타 지역으로 이주하는 재개발 구역 내 세입자인 경우 6천만원 이하인 자)라는 요건을 충족해야만 버팀목전세자금 대출을 받을 수 있습니다. 대출금리는 연소득과 보증금에 따라 차등 적용됩니다.

버팀목 전세자금대출 금리

연소득	대상주택		
	5천만 원 이하	5천만 원 초과~ 1억 원 이하	1억 원 초과
~2천만 원 이하	연 2.3%	연 2.4%	연 2.5%
2천만 원 초과 ~ 4천만 원 이하	연 2.5%	연 2.6%	연 2.7%
4천만 원 초과 ~ 6천만 원 이하	연 2.7%	연 2.8%	연 2.9%

자료 : 주택도시기금(nhuf.molit.go.kr)

이처럼 주택도시기금은 다양한 전세·월세자금 대출을 운영하고 있는 만큼 자신이 해당 상품을 이용할 수 있는 대상에 해당되는지를 평소 꼼꼼히 파악해 둔다면 필요할 때 요긴하게 자금을 활용할 수 있을 것입니다.

짤TIP

주택도시기금의 전세·월세자금 대출은 상품에 따라 대출대상이나 조건이 달리지게 됩니다. 또한, 청년전용 버팀목 전세자금 대출의 경우처럼 우대금리와 추가우대금리를 적용받을 수 있는 경우도 있으니 이를 꼼꼼히 살펴보는 것이 좋습니다. 뿐만 아니라 금리도 소득수준이나 보증금의 규모 등에 따라 차등적용이 되고 있는 만큼 일반적인 전세자금 대출에 앞서 먼저 문의해보는 것이 좋습니다.

절차를 알아 두면 주택도시기금 전·월세보증금대출도 어렵지 않다!

중소기업청년 전월세보증금 대출절차는 다음의 그림과 같이 크게 5단계를 거치게 됩니다.

중소기업취업청년 전월세보증금대출 절차

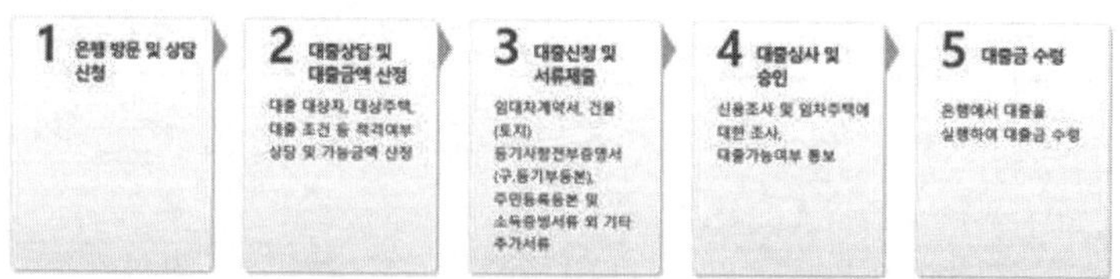

자료 : 주택도시기금(nhuf.molit.go.kr)

대출신청을 위한 준비 서류는 중소기업 취업청년인 경우와 청년 창업자인 경우 조금씩 다릅니다. 먼저 중소기업 취업청년인 경우 소속기업의 사업자등록증(사본), 고용보험 피보험자격 이력내역서(피보험자용), 소속기업이 발급한 국세청 기준 주업종코드 확인자료(홈택스 출력화면 등) 등을 준비하면 됩니다.

다음으로 청년창업자인 경우에는 중소기업진흥공단, 신용보증기금 또는 기술보증기금에서 청년 창업 관련 보증 또는 대출을 지원받은 내역서가 필요하고 그 외에 버팀목전세대출을 신청하기 위해 필요한 서류가 필요합니다. 한편, 중소기업취업청년 전월세보증금 대출을 취급하는 금융기관으로는 우리은행, KB국민은행, IBK기업은행, NHBank, 신한은행 등이 있습니다.

청년전용 보증부월세대출

청년전용 보증부월세대출의 절차는 중소기업취업청년 전월세보증금대출 절차와 마찬가지로 5단계를 거치게 됩니다.

청년전용 보증부월세대출 절차

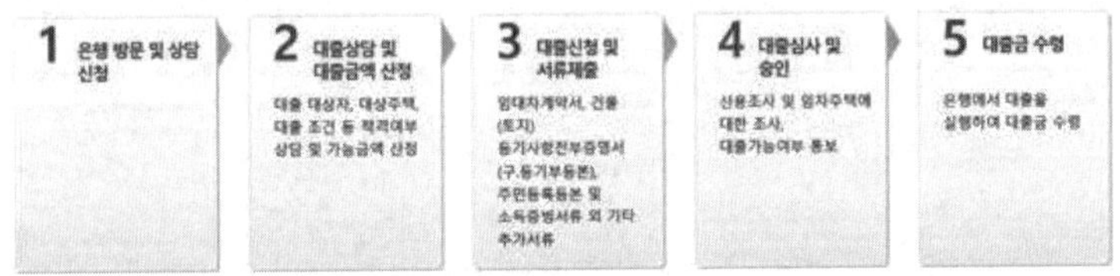

자료 : 주택도시기금(nhuf.molit.go.kr)

준비 서류로는 확정일자부 임대차 계약서, 임차 보증금의 5%이상을 납입한 영수증, 주민등록등본(최근 5개년 주소변동 이력이 포함된 1개월 이내 발급분) 및 필요 시 주민등록초본, 가족관계증명서 등(1개월 이내 발급 분), 대상주택 등기사항전부증명서, 소득확인서류로서 원천징수영수증, 소득 금액 증명원, 신고사실없음 "사실증명원"(무소득

자) 등(단, 재직기간 1년 미만인 근로 소득자의 경우 급여통장 사본 등 제출)과 재직확인서류로 건강보험자격득실확인서, 사업자 등록 증명원 등이 있으며 기타 필요시 요청하는 서류가 있습니다.

한편, 청년전용 보증부월세대출을 취급하는 금융기관에는 중소기업청년 전월세보증금 대출과 마찬가지로 우리은행, KB국민은행, IBK기업은행, NHBank, 신한은행 등이 있습니다.

청년전용 버팀목전세자금

청년전용 버팀목전세자금 대출절차 역시 총 5단계로 위 두 상품과 동일하기 때문에 별도의 그림을 생략하겠습니다. 청년전용 버팀목전세자금 대출을 위한 준비 서류에는 확정일자부 임대차 계약서, 임차 보증금의 5%이상을 납입한 영수증, 주민등록등본(최근 5개년 주소변동 이력이 포함된 1개월 이내 발급분) 및 필요 시 주민등록초본, 가족관계증명서 등(1개월 이내 발급 분)과 대상주택 등기사항전부증명서 및 소득확인서류로 원천징수영수증, 소득 금액 증명원, 신고사실없음 "사실증명원"(무소득자) 등(단, 재직기간 1년 미만인 근로 소득자의 경우 급여통장 사본 등 제출)이 필요하며, 재직확인서류로 건강보험자격득실확인서, 사업자 등록 증명원 등 및 기타 필요시 요청하는 서류가 있습니다.

이 상품을 취급하는 금융기관 역시 위에서 소개한 상품들과 마찬가지로 우리은행, KB국민은행, IBK기업은행, NHBank, 신한은행 등이 있습니다.

주거안정월세대출

주거안정월세대출 절차 역시 위 상품들과 동일합니다. 총 5단계로 세분되죠. 주거안정월세대출을 위한 준비 서류로는 확정일자부 임대차계약서와 다음의 신청 대상에 따라 아래의 ①, ②, ③, ④, ⑤ 서류 중 하나가 필요합니다.

① 취업준비생 : 최종학교 졸업증명서
② 희망키움통장 가입자 : 주소지 관할 지자체에서 확인한 희망키움통장 유지확인서(1개월 이내 확인분)
③ 근로장려금 수급자 : 주소지 관할 세무서가 발급한 근로장려금 사실증명원 (1개월 이내 발급분)
④ 사회초년생 : 근로자 확인서류 및 급여총액 확인서류
⑤ 자녀장려금 수급자 : 주소지 관할 세무서가 발급한 자녀 장려금 수급 사실증명원(1개월 이내 발급분)

또한, 주거급여 비수급자 확인서(지자체 확인분. 단, 행정정보공유이용시스템을 활용한 비수급자 확인 가능시에는 확인서 징구 생략), 주민등록등본(1개월 이내 발급분) 및 필요시 주민등록초본, 가족관계증명서 등(1개월 이내 발급분)이 필요하며 대상주택 등기사항전부증명서 외에 소득확인서류로 원천징수영수증, 소득금액증명원, 신고사실없음 "사실증명원"(무소득자) 등이 필요하고, 재직확인서류로 건강보험자격득실확인서, 사업자등록증명원 등과 실명확인증표(주민등록증 등) 및 기타 필요시 요청하는 서류를 준비하면 됩니다.

취급하는 금융기관은 다른 상품들과 동일하게 우리은행, KB국민은행, IBK기업은행, NHBank, 신한은행입니다.

신혼부부전용 전세자금대출

신혼부부전용 전세자금대출 역시 대출절차는 다른 상품들과 동일하게 5단계를 거치게 되는데요. 대출을 위한 준비서류에는 확정일자부 임대차 계약서, 임차 보증금의 5%이상을 납입한 영수증, 주민등록등본(최근 5개년 주소변동 이력이 포함된 1개월 이내 발급분) 및 필요 시 주민등록초본, 가족관계증명서 등(1개월 이내 발급 분) 그리고 대상주택 등기사항전부증명서, 소득확인서류로 원천징수영수증, 소득 금액 증명원, 신고사실없음 "사실증명원"(무소득자) 등(단, 재직기간 1년 미만인 근로 소득자의 경우 급여통장 사본 등 제출)과 재직확인서류로 건강보험자격득실확인서, 사업자 등록 증명원 등이 있으며 기타 필요 시 요청하는 서류는 별도로 제출하면 됩니다. 취급하는 금융기관은 다른 상품들과 동일하게 우리은행, KB국민은행, IBK기업은행, NHBank, 신한은행입니다.

버팀목전세자금

버팀목전세자금 역시 다른 상품들과 마찬가지로 5단계절차를 거치게 됩니다. 대출을 위한 준비 서류로는 확정일자부 임대차 계약서, 임차 보증금의 5%이상을 납입한 영수증, 주민등록등본(최근 5개년 주소변동 이력이 포함된 1개월 이내 발급분)과 필요 시 주민등록초본, 가족관계증명서 등(1개월 이내 발급 분) 그리고 대상주택 등기사항전부증명서 및 소득확인서류로 원천징수영수증, 소득 금액 증명원, 신고사실없음 "사실증명원"(무소득자) 등(단, 재직기간 1년 미만인 근로 소득자의 경우 급여통장 사본 등 제출), 재직확인서류로 건강보험자격득실확인서, 사업자 등록 증명원 등과 기타 필요시 요청하는 서류를 제출하면 됩니다. 취급하는 금융기관은 다른 상품들과 동일하게 우리은행, KB국민은행, IBK기업은행, NHBank, 신한은행입니다.

짤TIP

주택도시기금의 전세·월세자금대출은 이용절차나 준비서류가 대동소이합니다. 그렇기 때문에 조금만 신경쓰신다면 어렵지 않게 준비하실 수 있으실 것입니다. 또한, 어려운 부분이 있다면 언제든 전화로 상담을 하면 되는 만큼 적극적으로 대출가능 상품을 찾아보시는 노력을 기울이는 것이 좋습니다.

전세자금대출을 받을 때 신경 써야 할 몇 가지!

전세자금대출은 전세로 이사하고자 하는 세입자가 채무자입니다. 실제로 대출신청도 세입자가 하죠. 그래서 전세자금대출을 세입자 혼자 신청하기만 하면 받을 수 있다고 착각하는 경우도 많습니다. 하지만 이는 심각한 문제를 불러일으킬 수 있는 착각입니다.

전세자금대출은 세입자가 채무자인 것은 분명하지만 집주인의 협조가 필요합니다. 집주인이 맞는지, 전세자금 대출이 진행되고 있는 것을 인지하고 있는지를 확인해주어야 하는 것은 물론 전세자금대출을 받아도 그 돈은 집주인에게 입금되어야 하기 때문에 입금받을 집주인의 통장사본 제출에도 집주인의 조력이 필요하죠. 계약하기 전에 전세자금대출을 신청할 것이라는 점과 그 과정에 필요한 조력을 받을 수 있는지에 대해 충분히 설명하고 양해를 구하는 것이 매우 중요합니다.

손품을 팔자!

대출은 꼼꼼하게 알아볼수록 더 좋은 조건으로 받을 수 있죠. 전세자금대출 역시 대출의 한 종류입니다. 따라서 인터넷 혹은 모바일에서 손품을 많이 팔면 팔수록 더 저렴한 금리, 더 좋은 조건의 전세자금대출을 찾을 수 있는 가능성도 그만큼 높아지죠. 시중금융기관에서 전세자금대출을 알아 보게 될 경우 가급적 우리가 은행이라고 알고 있는 곳(보통 제1금융권이라고 합니다)을 최우선적으로 고려하는 것이 좋습니다. 아무래도 대출금리가 저렴하기 때문이죠. 이에 비해 새마을금고나 신협, 저축은행 같은 제2금융권들은 대출금리가 제1금융권에 비해 높습니다. 경제적으로 더 부담이 된다는 뜻이죠. 그렇다면 제2금융권은 배제하고 무조건 제1금융권만 알아보는 것이 좋을까요? 절대 그렇지 않습니다. 제1금융권에 비해 제2금융권의 전세자금대출이 금리는 높지만 대출조건이 제1금융권에 비해 덜 까다로워 전세자금대출을 받기 더 용이하기 때문입니다. 그러니 자신의 필요자금이나 상환능력을 꼼꼼하게 계산해 유리한 쪽을 선택하는 것이 중요하다고 할 수 있습니다.

무조건 서두르기보다 꼼꼼하고 확실하게 준비하는 것이 중요!

대출을 받으려는 자금수요자들은 평소에 비해 많이 서두르는 경향을 보입니다. 전세자금대출을 받는 경우 역시 크게 다르지 않죠. 대출신청을 하기 위해 은행을 방문했는데 정작 전세계약서, 계약금

영수증, 현재 재직중인 직장의 재직증명서, 소득을 증빙하는 서류, 주민등록등본·초본, 가족관계증명서, 신분증, 도장 등 전세자금대출을 신청한 금융기관이 요구한 중요한 서류를 챙겨오지 않은 경우도 비일비재하고, 전세계약서에 확정일자를 받지 않은 것을 까맣게 잊은 채 대출신청을 하려고 하는 경우도 있습니다. 사실 대부분 전입신고를 하면서 계약서에 확정일자를 받는다는 상식 때문에 확정일자를 먼저 받을 수 없을 것이라고 착각하는 경우가 많은데 전세자금대출을 받기 위해서라면 전입신고 없이도 전세계약서에 확정일자를 받을 수 있으니 걱정할 필요가 없습니다. 이런 잘못된 지식이나 작은 착각들이 모여 전세자금대출을 받고자 하는 세입자를 더 서두르게 만들고 그래서 종종 난처한 상황이 조성된다는 것을 결코 간과해서는 안 됩니다.

전세자금대출 절차를 미리 숙지해두자!

전세자금대출을 처음 신청하는 경우 절차가 매우 복잡하고 어렵게 느낄 수밖에 없습니다. 전세계약 체결을 하는 것은 물론 임대인의 동의도 받아야 하고 이런저런 준비해야 할 서류도 많기 때문입니다. 그렇기 때문에 전세자금대출을 신청하기에 앞서 전세자금대출 신청 프로세스가 어떻게 되는지 미리 그려 보는 것이 좋습니다. 언제 어떤 것을 하고 무엇이 필요하며 언제 최종적으로 전세자금대출 신청 절차가 마무리 될 수 있을지 보다 손쉽게 파악할 수 있을 것이기 때문이죠. 일반적으로 전세자금대출은 '공인중개사 사무소 방문

→ 전세 집 알아보기 → 은행을 방문해 자신이 받을 수 있는 전세자금대출의 종류와 금액 알아보기 → 전세계약 체결 전 집주인에게 전세자금대출 사전 동의구하기 → 전세계약 체결 → 은행을 방문해 전세자금대출 신청 → 은행이 집주인에게 전세자금대출 관련 인지 여부 확인 → 보증기관의 보증서 발급 → 은행이 세입자 동의 후 집주인에게 전세자금 송금'의 절차를 거치게 됩니다.

이 과정을 미릿속에 미리 숙지해 두면 전세자금대출도 그리 어렵지 않을 것입니다.

짤TIP

대출모집인이라 불리는 사람들이 있습니다. 은행과 계약을 체결한 후 대출받을 사람들을 모으는 것을 업으로 삼고 있는 사람들을 말하는데요. 간혹 대출모집인을 사채업자로 오해하고 있는 분들이 있습니다. 대출모집인은 사채업자가 아니라 대출수요자에게 적합한 맞춤형 대출상품을 추천해주고 대출업무를 무료로 대행해주기까지 하는 만큼 전세자금대출 신청자체를 어렵게 느끼는 경우라면 이들의 도움을 받는 것도 좋은 선택이 될 수 있습니다. 다만, 일명 브로커로 불리는 불법 대출모집인들도 있기 때문에 적법하게 허가를 받아 활동하는 대출모집인인지를 확인하는 것이 필요합니다. 이 경우 대출모집인 통합조회시스템(http://www.loanconsultant.or.kr)을 활용하시면 됩니다.

보증금을 올리거나 내릴 때 월세 증감 기준도 주택임대차보호법만 알면 OK!

전·월세 계약을 체결한 이후 세입자가 사정이 생겨 보증금을 조금 내리고 월세를 올리는 것을 원하는 경우가 있습니다. 이럴 경우 세입자가 주택임대차보호법의 관련 규정을 정확히 알고 있다면 혹시 있을지도 모르는 집주인과 얼굴을 붉히게 되는 상황을 사전에 예방할 수 있을 것입니다. 자, 그럼 지금부터 주택임대차보호법의 관련 규정을 살펴 보시죠.

주택임대차보호법 제7조의2(월차임 전환 시 산정률의 제한)
보증금의 전부 또는 일부를 월 단위의 차임으로 전환하는 경우에는 그 전환되는 금액에 다음 각 호 중 낮은 비율을 곱한 월차임(月借賃)의 범위를 초과할 수 없다. <개정 2010. 5. 17., 2013. 8. 13., 2016. 5. 29.>

1. 「은행법」에 따른 은행에서 적용하는 대출금리와 해당 지역의 경제 여건 등을 고려하여 대통령령으로 정하는 비율
2. 한국은행에서 공시한 기준금리에 대통령령으로 정하는 이율을 더한 비율[전문개정 2008. 3. 21.]

주택임대차보호법에 따른 월차임 전환시 산정률 제한

주택임대차보호법은 월차임 전환시 산정률을 제한하고 있습니다. 즉, 보증금의 전부 또는 일부를 월 단위의 차임으로 전환하는 경우 비율을 정해 그 범위를 초과해서는 안 되도록 규정해놓고 있다는 뜻입니다. 그런데 주택임대차보호법은 월차임 전환시 적용하게 될 비율을 주 대통령령으로 정한다고 규정해 놓고 있군요. 참고로 여기서 대통령령이란 주택임대차보호법 시행령을 의미하는데요. 그래서 다시 한 번 대통령령을 찾아 보아야 할 것 같습니다. 다음은 대통령령(주택임대차보호법시행령)입니다.

주택임대차보호법시행령 제9조(월차임 전환 시 산정률)
① 법 제7조의2제1호에서 "대통령령으로 정하는 비율"이란 연 1할을 말한다.
② 법 제7조의2제2호에서 "대통령령으로 정하는 이율"이란 연 3.5퍼센트를 말한다. <개정 2016. 11. 29.>
[전문개정 2013. 12. 30.]
[제2조의2에서 이동, 종전 제9조는 제16조로 이동 <2013. 12. 30.>]

대통령령을 보니 연 1할과 연 3.5%인 것이 확인됩니다. 그럼 이 비율을 다시 주택임대차보호법으로 가져가서 적용하면 됩니다. '주택임대차보호법 제7조의2 제1호'는 '대통령령으로 정하는 비율'이고 대통령령에 따르면 '대통령령으로 정하는 비율이란 연 1할'이라고 했으니 1할이 됩니다.

다음으로 '주택임대차보호법 제7조의2 제2호'는 한국은행에서 공시한 기준금리에 대통령령으로 정하는 이율을 더한 비율이라고 규정했고 대통령령(주택임대차보호법시행령)은 '대통령령으로 정하는 이율이란 연 3.5%'라고 했으니 기준금리가 1.75%라고 할 때 여기에 3.5%를 더하면 월차임 전환시 산정률은 5.25%가 됩니다.

최종적으로 다시 주택임대차보호법으로 돌아가서 보니 위 두 가지 방법으로 계산된 것 가운데 작은 것을 적용하여 월차임 전환시의 산정률을 정해야 한다고 했으니 5.25%를 적용하면 됩니다. 예를 들어 세입자가 보증금 1,000만 원을 돌려받고 대신 월세를 내는 식으로 임대차계약을 변경한다면 이 경우 세입자가 월세로 내야 하는 금액은 일반적으로 1,000만 원의 1부인 연 100만 원이 아니라 연 52만 5천 원(1,000만 원×5.25%)이 되는 것이죠. 월세로 환산하면 집주인에게 매월 4만 3,750원을 월세로 지불하면 됩니다.

짤TIP

말이 안 통하는 집주인도 가끔 있습니다. 그래서 주택임대차보호법의 규정에도 불구하고 막무가내로 그 이상 월세를 요구하는 경우 세입자들이 그 요구를 거절하기 쉽지 않은 것이 현실입니다. 이런 경우 일단 지불하신 후 추후 계약만료 시 초과 지불한 금액을 되돌려 받으시는 것도 방법이 될 수 있습니다. 주택임대차보호법에 따르면 '보증금의 전부 또는 일부를 월 단위의 차임으로 전환하는 경우에는 그 전환되는 금액에 다음 각 호 중 낮은 비율을 곱한 월차임(月借賃)의 범위를 초과할 수 없다.'라고 규정하고 있으니까요.

부동산 중개수수료 아끼려다 더 큰 손실을 볼 수 있다!

전세나 월세로 집을 얻을 때 당연하지만 왠지 모르게 아깝게 생각되는 지출항목이 있습니다. 바로 중개수수료입니다. 우리가 보통 복비라고 지칭하는 것이죠. 어쩌면 집을 구하는 세입자나 집을 세놓는 임대인들이 생각하기에 별로 큰일을 한 것 같지 않은데 해준 일에 비해 너무 많은 보수를 받는다는 생각을 해서 그런 것 일수도 있겠지만 그런 생각은 분명 과한 측면이 있습니다.

부동산 중개수수료는 낭비되는 지출이 아니다.

부동산 중개수수료는 안전하고 확실하게 부동산 거래를 해달라는 의미에서 지불하는 보수입니다. 그렇기 때문에 사고 없이 안전하게 계약을 마무리하고 이사를 하게 되면 그것으로 만족해야 하는 성격의 지출이라고 볼 수 있죠.

부동산 중개수수료를 아끼기 위해 집을 구하는 세입자와 세를 놓으려는 집주인이 직접 임대차 계약을 체결했는데 권리관계에 하자가 있음에도 불구하고 이를 정확하게 체크하지 못해 보증금을 떼일까봐 노심초사하는 경우나 계약서를 꼼꼼하게 작성하지 않아 이런 저런 사소한 다툼이 끊이지 않는 경우라면 이것이야말로 작은 지출을 아끼려다 더 큰 비용을 지불하는 것이 아니고 무엇이겠습니까!

중개수수료는 지불할 만한 가치를 갖는다.

공인중개사는 부동산 거래를 업으로 삼고 있는 전문가입니다. 따라서 집주인이나 세입자가 놓치기 쉬운 작은 것들부터 추후 큰 문제가 될 수 있는 부분에 이르기까지 세심하게 살피고 정확하게 계약이 체결될 수 있도록 노력하게 됩니다. 이런 이유로 전세·월세 보증금 대출을 받고자 하는 경우 반드시 공인중개사가 작성한 계약서가 필요합니다. 이는 적어도 부동산 계약과 관련해서는 금융기관에서도 공인중개사를 공신력 있는 전문가로 인정하고 있다는 뜻이죠.

한편, 공인중개사사무소를 통해 전세·월세계약을 체결한 경우 계약 만기가 도래하기 전부터 계약의 연장 혹은 새로운 집을 찾아보는 과정에서 크고 작은 도움을 받을 수 있습니다. 아무래도 자신의 사무소에서 계약을 체결한 적 있는 고객이 그렇지 않은 고객에 비해 더 우대를 받기 쉬울 테니까요. 실제로 공인중개사사무소와 좋은 관계를 유지한 덕분에 좋은 가격에 내 집 마련에 성공한 경우도 정말 많습니다. 그러니 중개수수료는 지불할 만한 충분한 가치가 있음을 생각하는 것이 좋습니다.

짤TIP

부동산 중개수수료는 거래금액 × 상한요율 이내에서 결정하도록 되어 있습니다. 예를 들어 전세거래금액이 1억 원이라고 할 경우 상한요율인 3%를 적용한 30만 원을 무조건 지불해야 하는 것은 아니고 그 금액 안에서 공인중개사와 거래당사자인 집주인과 세입자가 협의하여 결정하면 된다는 뜻이죠.

부동산 중개수수료 계산하기!

부동산거래를 많이 해보지 않은 사람들 입장에서 볼 때 부동산중개수수료를 계산하는 것도 쉬운 일은 아닐 것입니다. 부동산의 종류나 거래 유형에 따라 받아야 되는 수수료율과 한도금액이 서로 다르기 때문이죠. 하지만 굳이 우리가 자세한 계산방법을 모른다고 해도 애플리케이션이나 인터넷사이트를 통해 얼마든지 중개수수료를 계산해 볼 수 있기 때문에 그렇게 어렵게 느낄 필요는 없습니다. 물론 직접 계산하는 방법을 안다면 그것만큼 간단한 것은 없을 테지만요.

부동산중개수수료는 공인중개사법에 명확하게 규정되어 있습니다. 그래서 우리가 복비라고 부르는 중개수수료를 법정수수료라고도 부르는 것이죠. 그렇다면 우리가 거래를 할 때 거래를 중개한 공인중개사에게 지급하는 보수 즉, 중개수수료에 관한 기준은 어떻게 될까요? 다음은 공인중개사법에서 중개보수 등에 대해 규정하고 있는 내용입니다.

공인중개사법 제32조(중개보수 등)

① 개업공인중개사는 중개업무에 관하여 중개의뢰인으로부터 소정의 보수를 받는다. 다만, 개업공인중개사의 고의 또는 과실로 인하여 중개의뢰인간의 거래행위가 무효·취소 또는 해제된 경우에는 그러하지 아니하다. <개정 2014. 1. 28.>

② 개업공인중개사는 중개의뢰인으로부터 제25조제1항의 규정에 의한 중개대상물의 권리관계 등의 확인 또는 제31조의 규정에 의한 계약금등의 반환채무이행 보장에 소요되는 실비를 받을 수 있다. <개정 2014. 1. 28.>

③ 제1항에 따른 보수의 지급시기는 대통령령으로 정한다. <신설 2014. 1. 28.>

④ 주택(부속토지를 포함한다. 이하 이 항에서 같다)의 중개에 대한 보수와 제2항에 따른 실비의 한도 등에 관하여 필요한 사항은 국토교통부령이 정하는 범위 안에서 특별시·광역시·도 또는 특별자치도(이하 "시·도"라 한다)의 조례로 정하고, 주택 외의 중개대상물의 중개에 대한 보수는 국토교통부령으로 정한다. <개정 2008. 2. 29., 2008. 6. 13., 2013. 3. 23., 2014. 1. 28.>[제목개정 2014. 1. 28.]

공인중개사 보수는 일종의 법정수수료다!

공인중개사는 부동산 거래에 관한 중개를 하면 당연히 보수를 받을 권리가 있죠. 하지만 중개를 했다고 해서 항상 중개 보수를 받을 수 있는 것은 아닙니다. 공인중개사의 고의나 과실 때문에 거래가 무효·취소·해제된 경우에는 중개보수를 받을 수 없기 때문입니다.

한편, 중개보수는 주택과 주택 외의 중개대상물로 나누어 규정하고 있는데요. 주택의 중개부수는 국토교통부령이 정하는 범위 안에서 시·도 조례로 정하도록 되어 있고, 주택 이외의 중개대상물의 중개보수는 국토교통부령으로 정하도록 되어 있습니다. 자, 그럼 주택 임대차인 경우의 중개보수 기준을 살펴보겠습니다. 이를 위해서 먼저 국토교통부령이 정하는 범위를 살펴 보아야 하겠죠?

공인중개사법 시행규칙 제20조(중개보수 및 실비의 한도 등)
① 법 제32조제4항에 따른 주택의 중개에 대한 보수는 중개의뢰인 쌍방으로부터 각각 받되, 그 일방으로부터 받을 수 있는 한도는 매매·교환의 경우에는 거래금액의 1천분의 9이내로 하고, 임대차 등의 경우에는 거래금액의 1천분의 8이내로 한다. <개정 2014. 7. 29.>

국토교통부령에 따르면 주택임대차인 경우 중개보수의 한도는 거래금액의 1천분의 8 이내인 것을 확인할 수 있습니다. 그럼 이제 시·도조례를 살펴 보면 됩니다. 그런데 모든 시·도를 살펴 보는 것은 시간낭비가 될 수 있으니 대표적으로 서울특별시의 조례를 살펴 보도록 하겠습니다.

서울특별시 조례를 기준으로 본 주택임대차 중개보수

주택(주택의 부속토지, 주택분양권 포함)의 중개보수 요율
(서울특별시 주택중개보수에 관한 조례 제2조, 별표1)

('15.4.14시행)

거래내용	거래금액	상한요율	한도액	중개보수 요율 결정	거래금액 산정
임대차 등	**5천만 원 미만**	1천분의 5	20만 원	❖ 중개보수는 거래금액 × 상한요율 이내에서 결정 (단, 이때 계산된 금액은 한도액을 초과할 수 없음)	❖ 전세 : 전세금 ❖ 월세 : 보증금+(월차임액×100). 단, 이때 계산된 금액이 5천만 원 미만일 경우:보증금+(월 차임액 × 70)
	5천만 원 이상 ~ 1억원 미만	1천분의 4	30만 원		
	1억 원 이상 ~ 3억 원 미만	1천분의 3	없음		
	3억 원 이상 ~ 6억 원 미만	1천분의 4	없음		
	6억 원 이상	1천분의( ) 이내에서 협의		❖ 상한요율 1천분의 8 이내에서 개업공인 중개사가 정한 좌측의 상한요율 이내에서 중개의뢰인과 개업공인중개사가 협의하여 요율 결정함.	

오피스텔 중개보수 요율
(공인중개사법 시행규칙 제20조제4항)

('15.1.6시행)

적용대상	구분	상한요율	보수 요율 결정 및 거래금액 산정
전용면적 85㎡이하, 전용입식부엌, 전용수세식 화장실, 목욕시설 등을 모두 갖춘 경우	매매·교환	1천 분의 5	「주택」과 같음
	임대차 등	1천 분의 4	
위 외의 경우	매매·교환·임대차	1천 분의( ) 이내에서 협의	❖ 상한요율 1천 분의 9 이내에서 개업공인 중개사가 정한 좌측의 상한요율 이내에서 중개의뢰인과 개업공인중개사가 협의하여 요율 결정함.

※ 개업공인중개사는 「주택의 매매·교환 9억 원 이상」,「주택의 임대차 6억 원 이상」,「주택 이외 중개대상물의 매매·교환·임대차」에 대하여 각각 법이 정한 상한요율의 범위 안에서 실제로 받고자 하는 상한요율을 의무적으로 위 표에 명시하여야 함.

서울시 조례에 따르면 주택 임대차의 중개보수는 5단계인 것을 알 수 있습니다. 임대차 거래금액이 5천만 원 미만인 경우 상한요율은 5/1,000이지만 최고 한도액이 20만 원으로 규정되어 있어 20만 원을 초과해서 중개보수를 받을 수 없습니다. 임대차 거래금액이 5천만 원 이상~1억 원 미만은 상한요율이 3/1,000이지만 역시 최고 한도액이 30만 원으로 규정되어 있어 이를 초과해서 중개보수를 받을 수 없죠. 그러나 임대차 거래금액이 1억 원 이상~3억 원 이하는 상한요율만 3/1,000으로 규정되어 있고 한도는 따로 없습니다. 그래서 전세거래금액이 3억 원인 경우 중개보수는 최고 90만원까지 될 수 있죠. 임대차 거래금액이 3억 원 이상~6억 원 미만 역시 상한요율만 4/1,000로 규정되어 있을 뿐 별도로 한도액을 규정하지 않았기 때문에 전세 거래금액이 6억 원인 경우 중개보수는 최고 240만 원이 될 수 있습니다. 마지막으로 임대차 거래금액이 6억 원 이상인 경우에는 상한요율 8/1,000 범위 내에서 협의하여 결정하도록 하고 있습니다. 그래서 만약 전세 거래금액이 10억 원이고 협의를 통해 8/1,000의 요율을 적용하기로 했다면 중개보수는 최대 800만 원이 될 수 있는 것이죠.

월세는 중개보수 산정방식이 다르다!

전세인 경우는 전세보증금액에 수수료율을 적용하고 한도액이 정해져 있는 경우 최고 그 한도액까지만 수수료로 지불하면 됩니다. 그런데 월세는 중개보수 산정방식이 조금 다릅니다. 산정방식은 다음의 공식을 따르게 됩니다.

* 월세인 경우 거래금액 계산 : 보증금 + (월 차임액 × 100)
단, 이때 계산된 금액이 5천만 원 미만일 경우 : 보증금 + (월 차임액 × 70)

좀 더 이해하기 쉽게 사례를 통해 월세의 중개보수를 계산해 보죠.

i) 보증금 1,000만 원, 월세 30만 원인 월세, 요율은 상한요율을 적용한다고 가정.
거래금액은 1,000만 원 + 30만 원 × 100 = 4,000만 원
계산된 거래금액이 5,000만 원 미만이기 때문에 다시 계산해야 함.
새로운 거래금액은 1,000만 원 + 300,000 × 70 = 3,100만 원
⇒ 중개보수 계산 : 거래금액(3,100만 원) × 상한요율($\frac{5}{1000}$) = 15만 5,000원

ii) 보증금 5,000만 원, 월세 80만 원인 월세, 요율은 상한요율을 적용한다고 가정.

거래금액은 5,000만 원 + 80만 원 × 100 = 1억 3,000만 원

계산된 거래금액이 5,000만 원 이상이기 때문에 거래금액이 됨

⇒ 중개보수 계산 : 거래금액(1억 3,000만 원) × 상한요율($\frac{3}{1000}$) = 39만 원

오피스텔을 주택으로 사용하는 경우의 중개보수

오피스텔을 주거용으로 사용하는 경우 중개보수 계산 시 신중을 기해야 합니다. 일단 주거용도로 사용하는 오피스텔 가운데 전용면적이 85㎡이하이고 전용입식부엌과 전용수세식 화장실, 목욕시설 등을 모두 갖춘 경우 임대차 상한요율은 4/1,000이며 보수 요율 결정 및 거래금액 산정은 주택과 동일하다는 것을 꼭 기억해두시기 바랍니다. 그 이유를 사례를 통해 알아보겠습니다.

i) 주거용 오피스텔 가운데 요건 충족하는 오피스텔인 경우

보증금 1,000만 원, 월세 50만 원인 월세, 요율은 상한요율을 적용한다고 가정

거래금액은 1,000만 원 + 50만 원 × 100 = 6,000만 원

계산된 거래금액이 5,000만 원 이상이기 때문에 거래금액이 됨

⇒ 중개보수 계산 : 거래금액(6,000만 원) × 상한요율($\frac{4}{1000}$) = 24만 원

ii) 주거용이 아닌 일반 업무용 오피스텔인 경우

보증금 1,000만 원, 월세 50만 원인 월세, 요율은 상한요율을 적용한다고 가정

거래금액은 1,000만 원 + 50만 원 × 100 = 6,000만 원

계산된 거래금액이 5,000만 원 이상이기 때문에 거래금액이 됨

⇒ 중개보수 계산 : 거래금액(6,000만 원) × 상한요율($\frac{9}{1000}$) = 54만 원

사례의 경우처럼 동일한 거래금액이라 할지라도 주거용 오피스텔로 요건을 충족한 경우 업무용 오피스텔에 비해 중개보수가 매우 저렴합니다. 그러니 오피스테인 경우라면 특히 중개보수를 꼼꼼히 챙겨야 하지 않을까요?

짤TIP

직방, 다방 애플리케이션에서도 중개수수료를 쉽게 알아 볼 수 있습니다. 하지만 진짜 중요한 것은 계약할 때부터 정확하게 수수료를 정해야 한다는 것입니다. 그렇지 않을 경우 공인중개사는 상한 요율을 생각하고 집주인이나 세입자는 그 이하에서 깎으면 된다는 생각을 하게 됨으로써 얼굴을 붉히는 원인이 될 수 있다는 점을 명심하세요.

과도한 부동산 중개수수료를 요구하는 경우의 대처법!

부동산 중개수수료는 거래금액에 따라 법으로 상한요율과 한도액 혹은 상한요율을 정해 놓은 법정수수료 개념이라고 보면 됩니다. 그렇기 때문에 어떤 경우라도 법으로 정한 범위를 초과해서 중개수수료를 받는 것은 불법이죠. 물론 요즘은 이렇게 겁도 없이 법정수수료를 초과하는 중개보수를 요구하는 공인중개사는 매우 드문 것이 사실입니다. 하지만 안타깝게도 드물다는 것이지 완전히 근절되었다는 뜻은 아닙니다. 그래서 부동산 중개수수료를 꼼꼼히 계산하고 챙겨야 합니다.

공인중개사 사무소에서 상한 요율이나 한도액을 잘못 적용한 경우의 대처법

부동산 중개수수료는 거래금액에 따라 상한요율과 한도액이 정해져 있는 경우가 있고 상한요율만 정해져 있는 경우가 있습니다. 다음은 부산광역시 주택임대차 중개보수 기준입니다.

부산광역시 주택임대차의 중개보수

종별	거래금액	상한요율	한도액	비고
임대차 등	5천만 원 미만	5/1,000	20만 원	* 부가가치세 별도
	5천만 원 이상 ~ 1억 원 미만	4/1,000	30만 원	
	1억 원 이상 ~ 3억 원 미만	3/1,000		
	3억 원 이상 ~ 6억 원 미만	4/1,000		
	6억 원 이상	8/1,000		

위 기준에 따라 부산에서 공인중개사사무소에서 전세금액을 9천만 원으로 하는 전세계약을 체결한 경우 집주인과 세입자에게 중개수수료로 36만 원을 요구했다면 어떻게 해야 할까요? 최악의 경우라 할지라도 30만 원만 지불하면 됩니다. 한도액이 30만 원으로 명확하게 제시되어 있기 때문입니다. 그렇다면 왜 공인중개사는 36만 원을 요구했을까요? 9천만 원에 상한요율 4/1,000을 적용하면 36만원이 되기 때문이죠. 이런 경우라면 한도액을 초과했으니 그 이상은 지불할 수 없다고 분명히 의사표시를 하면 됩니다.

큰 차이가 없지만 지역에 따라 적용해야 하는 수수료율이 다를 수 있다.

서울의 경우와 달리 부산광역시는 상가주택에 대한 중개보수 수수료율 규정이 '상가면적이 큰 경우 상가요율로, 주택면적이 상가면적과 같거나 큰 경우 주택요율로 적용'하도록 되어 있습니다.

즉, 만일 부산광역시에 소재하는 상가주택으로 1층은 상가로, 2층~4층까지는 주택으로 이용되고 있다면 중개보수를 계산하기 위한 수수료율은 상가를 기준으로 적용하는 것이 아니라 주택을 기준으로 적용해야 한다는 것이죠. 이로 인해 상가주택인 경우라면 서울특별시와 부산광역시의 중개보수는 서로 다를 수 있다는 뜻이죠.

막무가내로 과도한 중개수수료를 요구하는 경우의 대처법

이런 경우라면 계약서를 작성한 공인중개사와 과도한 중개수수료를 요구한 사람이 동일인이지를 먼저 확인해 보는 것이 좋습니다. 공인중개사사무소에 게시되어 있는 공인중개사 자격증이나 중개사사무소등록증에는 사진이 있습니다. 이를 통해 확인할 수 있죠. 눈에 띄게 과도한 중개수수료를 요구했는데 자격증이나 사무소등록증에 있는 사진의 사람과 중개수수료를 요구하는 사람이 다른 사람이라면 자격증을 대여해 불법적으로 사무소를 운영하고 있는 경우는 아닌지 의심해 볼 필요가 있습니다. 무자격자인 사람이 공인중개사를 직원으로 고용해 공인중개사사무소를 운영하는 경우도 있을 수 있기 때문입니다.

만일 공인중개사사무소 내에 사진이 부착되어 있는 공인중개사 자격증이나 사무소등록증이 비치되어 있지 않다면 불안한 상황이라고 볼 수 있습니다. 분명히 공인중개사사무소에서 임대차 계약을 체결했음에도 불구하고 사기를 당할 수도 있기 때문입니다.

위 두 가지 경우가 아님에도 불구하고 과도한 중개수수료를 요구하는 경우라면 최후의 수단으로 중개수수료에 대한 세금계산서를 요구하면 됩니다. 만일 세금계산서를 발행해준다면 굳이 얼굴을 붉히고 언쟁을 벌일 이유가 없습니다. 영수증을 가지고 구청에 민원을 제기하면 법정수수료를 초과해 지불한 중개수수료를 돌려받을 수 있을 것이기 때문입니다.

짤TIP

과도한 중개수수료를 요구하는 경우 대부분 중개수수료에 대한 영수증을 발급해줄 것을 요청하기만 해도 최초 요구했던 법정수수료를 초과하는 금액을 포기한다는 점을 기억해 두시기 바랍니다. 한도를 초과하는 중개수수료를 받았을 경우 어떤 법적 문제가 발생할 것인지를 누구보다 잘 알고 있는 전문가가 바로 공인중개사이기 때문이죠.

역전세난, 깡통주택 걱정은 전세보증금 반환보증으로 극복하자!

전세계약이 만료되었음에도 불구하고 집주인으로부터 전세보증금을 돌려받지 못하는 경우처럼 속이 타들어가는 경우도 드물 것입니다. 집값이 떨어져서, 계약 당시보다 전세값이 하락해서 전세보증금을 돌려받지 못할 수도 있고 경매처럼 집주인의 개인적인 사정 때문에 전세보증금을 돌려받지 못하는 경우도 있을 수 있죠. 이런 상황을 대비하기 위해 필요한 것이 바로 전세보증금 반환보증입니다.

전세보증금 상환보증은 반환보증이 아니다?

집주인의 사정으로 전세계약이 만료되었음에도 불구하고 전세보증금을 돌려받지 못해 은행에서 전세자금으로 대출받은 융자를 상환하지 못할 때 임차인 대신 보증기관이 은행에 전세자금대출을 상환해주는 상품입니다. 그러나 이 상품은 단순히 보증기관이 집주인을 대신해 대출받은 전세자금을 은행에 상환해주는 상품이기 때문에 결국 세입자가 집주인에게서 전세보증금을 반환받아 보증기관에 상환해야만 합니다. 그렇기 때문에 특히 경매와 같이 집주인의 개인적인 사정 때문에 전세보증금을 반환받지 못하는 경우라면 낭패를 겪을 수 있다는 단점이 있습니다. 결국 상환보증은 반환보증이 아닌 것이죠.

주택도시보증공사의 전세보증금 반환보증을 고려해야 하는 이유!

주택도시보증공사의 전세보증금 반환보증은 말 그대로 전세보증금 반환을 보증해주는 것입니다. 다시 말해 집주인이 전세보증금을 돌려주지 못해도 주택도시보증공사가 세입자에게 대신 전세보증금을 내주고 집주인에게 전세보증금을 받는 구조인 것이죠.

주택도시보증공사의 전세보증금 반환보증

자료 : 주택도시보증공사(http://www.khug.or.kr)

그렇기 때문에 임차인은 전세보증금을 100% 안전하게 보호받을 수 있다는 장점이 있습니다. 따라서 진정한 의미에서 전세보증금을 보호받기 원한다면 주택도시보증공사의 전세보증금 반환보증을 이용하실 것을 강추합니다.

SGI서울보증의 전세금보장 신용보험

SGI서울보증의 전세금보장 신용보험은 주계약이 해지 또는 종료된 후 30일이 경과하였음에도 피보험자가 전세보증금을 반환받지 못한 때, 주택에 대하여 경매 또는 공매에 의한 임대차 기간 중의 배당 실시 후 세입자가 전세보증금을 반환받지 못한 때, 집주인이 전세보증금을 반환할 사유가 발생하였음에도 세입자가 전세보증금을 반환받지 못했을 때 보상하는 보험입니다. 보험계약자는 주택을 임차하는 세입자이며 보험기간은 임대차계약기간에 30일 가산한 기간으로 합니다. 또한, 보험가입금액은 세입자가 집주인에게 지급한 임대차 계약서상의 전세보증금액 또는 전세보증금액에 일정금액을 가산한 금액이 되는데요. 이때 주택유형이 아파트가 아닌 경우라면 전세보증금이 10억 원을 초과하면 보험가입이 안 된다는 것을 기억해두셔야 합니다. 보다 자세한 내용은 SGI서울보증 홈페이지(https://www.sgic.co.kr)를 통해 꼼꼼하게 확인한 후 가입하시면 됩니다.

짤TIP

전세가격이 급등하는 시기에 전세를 얻어 이사하는 경우라면 특히 전세보증금 반환보증 상품에 가입하는 것이 필요합니다. 전세가격 역시 순환 변동하는 경향을 보이기 때문입니다. 전세는 매매와 달리 세입자가 아닌 집주인의 형편에 전세보증금의 반환여부가 크게 좌우되기 때문에 더더욱 그렇습니다.

전·월세를 찾는다면, 꼭 챙겨 보아야 할 공공임대주택!

전세나 월세를 구하기 어렵다면 임대주택을 먼저 꼼꼼히 살펴 보는 것이 좋습니다. 임대주택이은 공공임대주택과 민간임대주택으로 구분할 수 있는데요. 이 중 특히 공공임대주택을 집중적으로 관심을 가져 볼 필요가 있습니다.

공공임대주택은 "국가 또는 지방자치단체, 한국토지주택공사, 주택사업을 목적으로 설립된 지방공사, 한국농어촌공사, 한국철도공사, 한국철도시설공단, 공무원연금공단, 제주국제자유도시개발센터(제주특별자치도에서 개발사업을 하는 경우만 해당한다), 주택도시보증공사, 한국자산관리공사와 같은 공공주택사업자가 국가 또는 지방자치단체의 재정이나 '주택도시기금법'에 따른 주택도시기금(이하 '주택도시기금'이라 한다)을 지원받아 건설, 매입 또는 임차하여 공급하는 임대 또는 임대한 후 분양전환을 할 목적으로 공급하는 주택을 말하는데요. 여기에는 영구임대주택, 국민임대주택, 행복주택, 장기전세주택, 분양전환공공임대주택, 기존주택매입임대주택, 기존주택

전세임대주택 등이 있습니다.

영구임대주택

저소득층의 주거안정을 위해 1989년 최초로 도입된 주거복지 성격의 임대주택입니다. 정부의 재정보조를 받아 무주택세대구성원인 기초생활수급자, 국가유공자·민주유공자·특수임무수행자와 그 가족, 보호대상 한부모가족, 북한 이탈주민, 장애인등록증이 교부된 자 등에게 전용 26.34㎡~42.8㎡ 규모의 주택을 시세의 30%라는 파격적인 조건에 공급하는 임대주택입니다. 한편, 입주자 모집공고일 현재 혼인기간이 5년 이내이고 기간 내 출산(임신중 또는 입양한 자 포함)하여 자녀가 있는 신혼부부이면서 무주택세대주 수급자인 경우에는 10% 우선공급을 하니 참고하시기 바랍니다.

국민임대주택

소득이 1~4분위인 무주택 저소득층의 주거안정을 위해 국가재정과 국민주택기금의 지원을 받아 저렴한 임대료로 30년이라는 장기간 임대하는 임대주택입니다. 국민임대주택에 입주하기 위해서는 소득요건과 자산요건을 모두 충족해야 하는데요. 소득요건은 입주자모집공고일 현재 전년도 도시근로자 가구당 월평균소득의 70% 이하여야 하고, 2018년 기준 자산 보유요건은 총자산 보유기준은 2억 4,400만 원, 자동차 보유기준은 2,545만 원입니다. 국민임대주택은 임대조건이 시세의 60~80% 수준으로 매우 매력적인 임대주택이라고 할 수 있습니다.

행복주택

행복주택은 대학생, 신혼부부, 취업을 한 사회초년생들을 위해 학교나 직장과 가까운 곳, 교통접근성이 편리한 시설이 잘 갖춰진 곳에 지어 저렴한 임대료를 납부하고 주거문제를 해결할 수 있도록 해주는 임대주택입니다. 임대조건은 시세의 60~80% 정도로 매우 매력적입니다.

행복주택의 입주자격은 다음과 같습니다.

첫째, 대학생은 대학에 재학 중이거나 다음 학기에 입·복학 예정인 혼인중이 아닌 무주택자나 취업준비생으로 대학 또는 고등학교를 졸업(또는 중퇴)한 지 2년 이내인 혼인중이 아닌 무주택자여야 합니다.

둘째, 청년은 만19세 이상 만39세 이하인 혼인중이 아닌 무주택자와 사회초년생이어야 합니다. 단, 이 때 사회초년생은 소득이 있는 업무에 종사한 기간이 총 5년 이내(소득이 있는 업무에 종사한 자, 퇴직한 후 1년이 지나지 않은 사람으로 구직급여 수급자격을 인정받은 사람, 예술인)인 혼인중이 아닌 무주택자여야 합니다.

셋째, 신혼부부는 혼인중이며 혼인기간이 7년 이내인 무주택세대구성원이어야 합니다. 예비신혼부부는 혼인을 계획중이며 입주전까지 혼인사실을 증명할 수 있으면 됩니다. 한편, 한부모가족은 만6세 이하 자녀를 둔 무주택세대구성원인 한부모가족이면 입주자격이 있습니다.

넷째, 고령자는 해당지역 거주하는 만65세 이상이고 무주택기간이 1년 이상인 무주택세대구성원이면 입주자격이 있습니다.

다섯째, 주거급여수급자는 해당지역에 거주하는 무주택기간이 1년 이상인 무주택세대구성원인 주거급여수급자면 입주자격이 있습니다.

여섯째, 산업단지근로자는 해당 산업단지 입주 또는 입주예정인 기업 및 교육·연구기관에 재직중인자면 입주자격이 있습니다.

이외에도 소득 및 자산요건을 동시에 충족해야 하는데 2019년 현재 기준은 다음과 같습니다.

행복주택 입주에 필요한 소득 및 자산요건

계층	소득	자산
대학생	· 본인 및 부모 월평균소득 합계가 전년도 도시근로자 가구당 월평균소득의 100%이하	· 본인 자산요건 이하 (총자산 7,500만 원, 자동차 미보유)
청년	· 해당세대 월평균소득 합계가 전년도 도시근로자 가구당 월평균소득의 100%이하 (본인 80%이하)	· 해당세대(본인이 세대주가 아닌 경우 본인) 자산요건 이하 (총자산 23,200만 원, 자동차 2,499만 원)
신혼부부 산업단지 근로자	· 해당세대 월평균소득 합계가 전년도 도시근로자 가구당 월평균소득의 100%이하	· 해당세대 자산요건 이하 (총자산 28,000만 원, 자동차 2,499만 원)
고령자	· 해당세대 월평균소득 합계가 전년도 도시근로자 가구당 월평균소득의 100%이하	· 해당세대 자산요건 이하 (총자산 28,000만 원, 자동차 2,499만 원)
주거급여 수급자	-	-

자료 : 한국토지주택공사(www.lh.or.kr)

장기전세주택

국가, 지방자치단체, 한국토지주택공사 또는 지방공사가 임대할 목적으로 건설 또는 매입하는 주택으로서 20년의 범위 내에서 전세계약의 방식으로 공급하는 임대주택입니다. 입주자격은 입주자 모집공고일 현재 무주택세대구성원으로서 소득기준과 자산기준을 충족하는 사람입니다. 먼저 소득기준은 다음과 같습니다.

장기전세주택 입주자격 : 소득기준

구분	대상주택
전용면적 60㎡이하	-무주택세대구성원으로서 전년도 도시근로자 가구당 월평균소득의 100% 이하인 자 -(50㎡미만)가구당 월평균소득의 50%이하인 자에게 우선공급 -(50~60㎡이하) 가구당 월평균 소득의 70%이하인 자에게 우선공급
전용면적 60㎡~85㎡이하	-무주택세대구성원으로서 전년도 도시근로자 가구당 월평균소득의 120% 이하인 자

자료 : 한국토지주택공사(www.lh.or.kr)

다음으로 2018년도 적용 자산기준을 보면 토지, 건물은 개별공시지가 과세표준액이 2억 1,550만 원 이하, 자동차는 2,850만 원(보건복지부장관이 정하는 차량기준가액)을 충족해야 합니다.

분양전환공공임대주택

전용면적 85㎡이하 규모의 임대주택으로 임대의무기간인 5년 혹은 10년이 경과하면 분양 전환되는 임대주택을 말합니다. 입주자격 조건은 입주자저축(청약저축 포함) 가입자인 무주택세대구성원(공급신청가능자는 주민등록표상 세대주, 세대주의 배우자 및 직계존비속에 한함)을 대상으로 순위·순차에 따라 공급을 합니다. 분양전환공공임대주택 역시 별도의 소득기준과 자산기준을 적용하고 있으니 참고하시기 바랍니다.

기존주택매입임대주택

도심 내 최저 소득계층이 현 생활권에서 현재의 수입으로 거주할 수 있도록 기존의 다가구주택 등을 매입하여 저렴하게 공급하는 임대주택을 말합니다. 입주자격은 일반가구와 공동생활가정, 긴급지원대상자로 세분되어 있습니다. 이 중 일반가구의 입주자격을 살펴보면 입주자선정기준일 현재 당해 사업대상지역에 주민등록이 등재되어 있는 무주택세대구성원 중 1순위로 생계, 의료급여수급자, 보호대상 한부모가족이, 2순위로 당해 세대의 월평균 소득이 전년도 도시근로자 가구당 월평균 소득의 50%이하인자, 장애인등록증이 교부된 자 중 당해세대 월평균소득이 전년도 도시근로자 가구당 월평균소득 이하인 자에게 입주자격이 주어집니다.

기존주택전세임대주택

기존주택전세임대는 무주택 저소득계층이 현 생활권에서 거주할 수 있도록 기존주택에 대해 전세계약을 체결한 후 저소득층에게 저렴하게 재임대하는 임대주택을 말합니다. 입주자격은 수급자 등, 부도 공공임대아파트 퇴거자, 보증 거절자, 긴급 주거지원 대상자, 주거 취약계층 주거지원, 공동생활가정(그룹 홈), 국가유공자, 즉시 지원 등의 경우로 세분됩니다. 보다 자세한 사항은 한국토지주택공사 홈페이지(www.lh.or.kr)에서 청약센터 → 분양·임대가이드 → 임대주택을 클릭하신 후 확인해두시기 바랍니다.

신혼희망타운

신혼희망타운은 육아와 보육에 특화하여 건설하고, 전량을 신혼부부 등에게 공급하는 신혼부부 특화형 공공주택인데요. 교육·건강·안전에 최적화된 주거서비스 공간 조성을 통한 최상의 보육환경을 조성해 주거복지로드맵에 따라서 2022년까지 총15만호(사업승인기준)를 공급할 예정입니다.

신혼희망타운 부대복리시설

자료 : 신혼희망타운(http://신혼희망타운.com/)

분양형과 임대형이 있으며 공급평형은 46㎡, 55㎡가 있습니다.

입주자 선정방식은 분양형인 경우와 임대형인 경우로 세분해 살펴볼 수 있습니다. 분양형의 입주자 선정방식은 1단계로 30%를 혼인 2년 이내 신혼부부, 예비 신혼부부 및 만 2세 이하(만3세 미만을 말함) 자녀를 둔 한부모 가족에게 가점제로 우선공급한 후 2단계로 70%를 1단계 낙첨자, 혼인 2년 초과 7년 이내 신혼부부 및 3세 이상 6세 이하(만3세 이상 만7세 미만을 말함) 자녀를 둔 한부모 가족에게 가점제로 공급합니다.

임대형은 행복주택과 국민임대로 세분되는데 세부 내용은 다음과 같습니다.

신혼희망타운 임대형 입주자격 순위

구분	내용	
	행복주택	국민임대
1순위	신청자 본인 또는 배우자의 거주지나 소득 근거지가 해당 주택건설지역 또는 연접지역인 분께 추첨제로 공급	혼인기간 중 자녀를 출산(임신·입양 포함)하여 자녀(태아포함, 미성년자로 한정)가 있는 분께 가점제로 공급
2순위	신청자 본인 또는 배우자의 거주지나 소득 근거지가 해당 주택건설지역이 동일 광역권으로 제1순위에 해당되지 않는 분께 추첨제로 공급	제1순위에 해당하지 않는 분께 가점제로 공급
3순위	제1순위 및 제2순위에 해당되지 않는 분께 추첨제로 공급	해당 없음
임대조건	주변 전세시세 대비 80%	주변 전세시세 대비 60~80%
거주기간	자녀가 없는 경우 6년, 자녀가 있는 경우 10년	-

자료 : 신혼희망타운(http://신혼희망타운.com/)

신혼희망타운 임대형 역시 임대조건이 파격적이라는 것을 알 수 있습니다. 따라서 신혼부부이거나 예비 신혼부부, 만 3세 미만 자녀를 둔 한부모 가족이라면 반드시 관심을 가져 보시는 것이 좋습니다.

짤TIP

한국토지주택공사(LH공사) 홈페이지와 친해지면 다양한 임대정보를 신속하게 확인한 후 자신에게 적합한 임대주택을 신청할 수 있습니다. 특히 LH공사 홈페이지 고객서비스를 적극 활용하기만 하면 임대주택 청약정보 신청은 물론 관심단지/지역등록, 임대주택 검색 등 다양한 정보를 얻을 수 있으니 평소에 가까이 하실 것을 강추합니다.

입주 후 분쟁 없는 임대차계약서 작성하기!

임대차계약을 체결하고 입주한 후 집주인과 분쟁이 발생하는 경우가 있습니다. 주로 수리나 내부 상태와 관련된 내용이라고 할 수 있는데요. 지출측면에서 볼 때 사소한 것인 경우도 있지만, 일정 수준 이상 경제적 부담이 수반되는 경우도 많기 때문에 계약서를 작성할 당시부터 훗날 발생할 수도 있는 분쟁을 고려해 꼼꼼하게 계약서를 작성하는 것이 정말 중요합니다.

물론 전세인 경우와 월세인 경우 지출과 관련된 일반적인 기준이 다소 다른 차이가 있습니다.

전세와 월세는 입주 후 지출비용 부담에 차이가 있다.

전세는 보통 입주 후 지출하게 되는 비용을 전세로 거주하는 세입자가 부담하는 경우가 많습니다. 이에 비해 월세인 경우에는 고의적인 파손 혹은 내용연수가 긴 주거용 장치나 시설이 아닌 이상 집주인이 부담하는 경우가 많죠.

지역에 따라 계약에 따라 다양하긴 하지만 가령 샤워기를 교체해야 하는 상황이라고 할 때 전세로 거주하는 세입자라면 자신이 비용을 지불해 샤워기를 교체하는 경우가 대부분인데 비해 월세로 거주하는 세입자는 집주인인 임대인에게 교체를 요청하는 경우가 많죠. 하지만 전세든 월세든 집주인이나 세입자 모두 각자의 입장에서 볼 때 자신이 부담해야 하는 비용이 맞는 것인지 애매한 경우가 발생할 수 있습니다. 이럴 때 흔히 분쟁이 발생하곤 합니다.

애매한 경우의 비용부담 주체를 특약사항에 미리 기재해 두자!

겨울에 보일러가 고장 나는 경우가 많습니다. 그러면 집주인에게 먼저 연락을 하죠. 보일러는 집에 부착되어 있는 중요한 난방장치이기 때문이죠. 그러면 집주인이 직접 보일러 업체에 연락을 취해 A/S를 요청하거나 세입자에게 보일러 회사에 A/S를 요청하라고 말하게 되죠. 여기까지는 큰 문제가 생길 여지가 별로 없습니다. 문제는 수리 후 비용이 예상외로 적게 나오거나 소모성 부품 교체 때문인 경우에 발생하죠. 집주인은 "비용이 크지 않으니 세입자가 부담하라"고 하거나 "세입자가 사용해서 수리한 것이니 당연히 세입자가 부담해야 하지 않느냐"는 논리를 내세우고 임차인인 세입자는 "보일러는 집안에 설치되어 있는 중요한 시설장치 이기 때문에 그 수리비용은집주인이 부담해야 하지 않느냐"는 논리를 내세우기 때문이죠.

임대차계약서 특약사항 예시

[특약사항]

상세주소가 없는 경우 임차인의 상세주소부여 신청에 대한 소유자 동의여부(□ 동의 □ 미동의)

※ 기타 임차인의 대항력·우선변제권 확보를 위한 사항, 관리비·전기료 납부방법 등 특별히 임대인과 임차인이 약정할 사항이 있으면 기재

-【대항력과 우선변제권 확보 관련 예시】 "주택을 인도받은 임차인은 ___년 ___월 ___일까지 주민등록(전입신고)과 주택임대차계약서상 확정일자를 받기로 하고, 임대인은 ___년 ___월 ___일(최소한 임차인의 위 약정일자 이틀 후부터 가능)에 저당권 등 담보권을 설정할 수 있다"는 등 당사자 사이 합의에 의한 특약 가능

자료 : 법무부

위와 같은 애매한 경우를 사전에 예방하기 위해서 필요한 것이 바로 임대차 계약서 특약사항에 비용부담의 주체를 계약당사자인 집주인과 세입자가 협의하여 기재해 두는 것입니다. 비용부담의 주체를 지출하게 될 금액을 기준으로 정할 수도 있고 지출항목으로 기준을 정할 수도 있습니다. 집주인과 세입자가 협의하여 결정하면 얼마든지 자유롭게 기준과 주체를 정할 수 있기 때문이죠. 계약이 만료되고 이사 나가는 그 순간까지 분쟁 없이 평온하게 거주하기 위해 임대차 계약서의 특약사항을 적극 활용하는 것이 어떨까요?

짤TIP

임대차 계약서상에 특약사항을 기재하는 것을 집주인은 탐탁지 않아 하는 경우가 많습니다. 그래서 거래를 중개하는 공인중개사의 역할이 중요하죠. 실제로 공인중개사가 특약사항의 필요성을 합리적으로 설명해주기만 하면 특별한 경우가 아닌 이상 집주인들도 대체로 그 필요성에 공감하기 때문입니다. 그러니 집을 보러 공인중개사사무소에 방문했을 때부터 특약사항과 관련된 대화를 사전에 충분히 나누실 것을 강추합니다.

전입신고와 확정일자로 보증금 철통 보호하기!

임대차 계약을 체결하면서 등기사항전부증명서를 철저하게 확인하고 건축물대장 등 공부서류도 꼼꼼하게 챙겨 보았습니다. 그리고 잔금을 치루기 전 등기사항전부증명서를 최종적으로 다시 한 번 확인했죠. 무사히 잔금까지 치루고 이사까지 순조롭게 마무리했습니다. 이제 모든 것이 다 끝난 것일까요? 결코 그렇지 않습니다. 중요한 한 가지가 빠져 있습니다. 바로 전입신고와 확정일자를 받아두는 것입니다. 두말할 필요 없이 전입신고와 확정일자는 정말 중요합니다. 그 이유는 주택임대차보호법을 통해 확인할 수 있죠.

주택임대차보호법에 따른 대항력 요건인 이사와 전입신고

주택임대차보호법은 주택의 임대차를 보호해주기 위한 특별법입니다. 이는 주택임대차보호법의 목적을 통해 잘 드러나고 있는데요. "주거용 건물의 임대차(賃貸借)에 관하여 '민법'에 대한 특례를 규정함으로써 국민 주거생활의 안정을 보장함을 목적으로 한다."라고 그 목적을 규정하고 있습니다. 하지만 제 아무리 주택임대차보호법이 주거용 건물의 임대차를 민법에 대한 특례를 규정하면서까지 보호를 해주고는 있지만 이런 보호를 받기위해서는 반드시 지켜야 하는 것이 있습니다. 바로 대항력을 갖춰야 한다는 점입니다.

주택임대차보호법 제3조(대항력 등)
① 임대차는 그 등기(登記)가 없는 경우에도 임차인(賃借人)이 주택의 인도(引渡)와 주민등록을 마친 때에는 그 다음 날부터 제삼자에 대하여 효력이 생긴다. 이 경우 전입신고를 한 때에 주민등록이 된 것으로 본다.

그렇다면 어떻게 하면 대항력을 갖출 수 있을까요? 주택임대차보호법에 따르면 주택의 인도와 주민등록을 마치기만 하면 됩니다. 이때 인도는 이사를 하는 것이 되고 주민등록은 전입신고를 의미합니다.

전입신고를 하지 않았다면?

아무리 계약을 체결하고 이사를 했더라도 전입신고를 하지 않았다면 주택임대차보호법상 임차인으로 보호받을 수 있는 방법은 없습니다. 그렇기 때문에 전입신고는 아무리 강조해도 지나치지 않은 것이라고 할 수 있습니다. 전입신고는 정말 간단합니다. 이사하는 날 잠깐만 시간을 내 주민센터를 방문하기만 하면 되니까요. 만일 이사하는 날이 주말이라면 월요일에 방문해야겠죠. 또 다른 방법으로 인터넷 전입신고와 확정일자를 받는 방법도 있습니다.

정부24와 대법원인터넷등기소 홈페이지

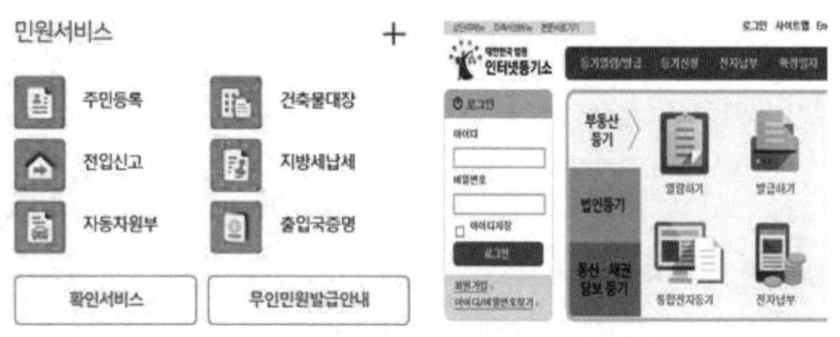

자료 : 정부24(www.gov.kr) 자료 : 대법원인터넷등기소(www.iros.go.kr)

한편, 전입신고와 확정일자를 인터넷을 이용해 편리하게 할 수 있는 방법도 있습니다. 전입신고는 정부24(www.gov.kr)에서, 확정일자는 대법원인터넷등기소(www.iros.go.kr)에서 할 수 있습니다. 단, 회원가입을 해야 하고 공인인증서가 필요하니 참고하세요.

확정일자를 받아두지 못했다면?

전입신고와 동시에 확정일자를 받아두지 않았다면 부동산 경매가 진행되어 배당을 받을 때 소액임차인에 대한 최우선변제금액 요건을 충족해 소액최우선변제금액을 배당받는 경우를 제외하면 현실적으로 후순위로 배당을 받거나 배당가능금액이 남아 있지 않을 경우 배당을 받을 수 없게 되는 문제가 발생할 수 있습니다. 그렇기 때문에 무조건 전입신고를 위해 주민센터를 방문할 때 반드시 임대차계약서를 함께 가지고 가서 확정일자를 받는 것이 중요합니다. 물론 인터넷을 통해서도 가능합니다. 만일 전입신고와 동시에 확정일자를 받지 못했다면 최대한 빨리 임대차계약서에 확정일자를 받아두시는 것이 좋습니다. 내 보증금을 지킬 수 있는 가장 확실한 방법이니까요.

짤TIP

정부24나 대법원인터넷등기소를 통해서도 각각 전입신고와 확정일자를 받을 수 있습니다. 하지만 회원가입이나 공인인증서가 필요하다는 점이 다소 불편하게 느껴질 수도 있습니다. 하지만 인터넷을 활용하면 여러모로 편리한 점이 있습니다. 예를 들어 정부24를 활용해 인터넷 전입신고를 하는 경우 '우편물 주소이전 서비스'나 '초등학교 배정정보 작성'을 할 수 있어 편리하니까요. 바쁘시다면 인터넷으로 전입신고와 확정일자를 받으세요!

임대차계약 후 마음이 변해 계약해지를 해도 손해 보지 않는 방법!

신중하고 꼼꼼하게 살집을 찾아보고 계약을 하는 경우도 있지만 계약에 앞서 우선 집을 좀 알아봐야겠다는 마음에 부동산사무소에 들렀다 마음에 드는 집이 있어 덜컥 계약을 하는 경우도 있습니다. 꼼꼼하게 이것 저것 따져본 후 살집을 계약했다고 해서 불만이 전혀 없는 경우도 매우 드물고, 살집을 알아 보러왔다 엉겁결에 임대차 계약을 체결했다고 해서 항상 계약에 대해 불만을 갖는 경우도 드물죠. 하지만 평균적으로 보면 신중하게 살집을 알아보고 계약을 체결한 경우가 그렇지 않은 경우에 만족도가 높은 것은 분명합니다.

엉겁결에 한 임대차계약이 문제다!

그래서 특히 엉겁결에 임대차계약을 체결할지도 모르는 상황(전세품귀현상이 발생하거나 전세가격 급등현상이 나타는 경우 등)이라면 계약할 때는 몰랐는데 계약을 하고나니 비로소 보이는 문제점들 때문에 고민하는 경우가 비일비재합니다.

이때부터 어떻게 하면 좋을지 고민이 시작됩니다. 큰틀에서 두 가지 방법을 놓고 선택을 고민하게 되죠.

첫 번째 고민은 아마도 "그냥 참고 살까?"와 관련된 내용일 것입니다.

두 번째 고민은 아마도 "다른 곳으로 이사 갈까?"와 관련된 내용일 것입니다.

이처럼 두 가지로 고민을 하게 되는 이유는 바로 임대차계약을 체결하면서 지불한 계약금 때문입니다. 위의 첫 번째 고민이라면 해결방법은 정말 단순합니다. 계약금의 손해를 감수하고 이사를 포기하면 되기 때문입니다. 간혹 마음씨 좋은 집주인을 만나 계약을 체결한 경우라면 계약금을 모두 돌려받는 행운이 있거나 일부라도 돌려받을 수도 있을 테지만 그런 경우는 매우 드물죠.

두 번째 고민이라면 당장 계약금 손해를 보지는 않겠죠. 하지만 살면서 마음이 불편할 수도 있고 계약만료 후 이사를 가야할 때 곤란한 상황에 처할 수도 있을 것입니다. 위 두 가지 고민 가운데 어떤 선택을 하던 속상한 일일 것입니다.

계약 후 임대차 계약을 해지해도 손해를 보지 않으려면?

자, 바로 이 부분에서 한 가지 짚고 넘어가야 할 부분이 있습니다. 위와 같은 상황을 사전에 예방할 수 있는 방법은 없을까요?

있습니다. 조금만 지혜롭게 계약을 한다면 위에서 언급한 어떤 고민도 할 필요가 없을 것이기 때문입니다. 어떻게 하면 그것이 가능할까요? 바로 임대계약서의 특약사항에 답이 있습니다. 혹시라도 마음이 변할 수도 있으니 특약사항란에 '24시간 내에 계약을 해지할 수 있다.'라는 항목을 기재해 두면 됩니다. 물론 거래를 중개하는 공인중개사사무소의 협조도 필요합니다. 특약사항란에 '24시간 내에 계약이 해지되는 경우 공인중개사는 임대인과 임차인에게 부동산중개수수료를 청구하지 않는다.'라는 내용도 기재해야하기 때문입니다. 이 조항을 기재하지 않을 경우 계약을 해지했지만 중개수수료는 부담해야 하기 때문입니다.

급하게 계약을 체결해야 한다면 위와 같은 방법을 적극 활용해 보실 것을 추천합니다.

짤TIP

24시간 내 손해 보지 않고 계약을 해지하는 특약사항을 꺼려하는 경우도 많습니다. 이런 경우라면 제 아무리 전세품귀 현상이 있더라도 서두르지 말고 계약을 진행하는 것이 좋습니다. 조금 지체되어 다른 전세 혹은 월세매물을 찾아야 하는 경우가 발생하더라도 계약이 만료될 때까지 마음고생을 하거나 불편을 감수해야 하는 경우나 계약 만료 후 제 때 이사를 못가는 난처한 상황만은 피해야 할 테니까요.

임대차계약을 연장할 때도 등기사항전부증명서를 확인하라!

임대차 계약의 만기가 다가오면 집주인이 되었든 세입자가 되었든 계약을 연장할 것인지 아니면 다른 집을 알아 볼 것인지를 논의하게 됩니다. 이때 현재 살고 있는 집이 마음에 들고 보증금이나 월세 인상이 있다할지라도 충분히 수긍이 가는 경우라면 임차인들은 임대차계약을 연장해 계속 거주하려고 할 것입니다.

임대차계약 연장 시 간과하기 쉬운 것은?

그런데 이런 경우에도 특별히 주의를 기울여야 할 것이 있습니다. 의외로 많은 분들이 그동안 무탈하게 거주하고 있었으니 별 문제가 없을 것으로 보고 아무렇지 않게 계약을 연장하는 경우가 많습니다. 심지어 등기사항전부증명서조차 떼어보지 않고 재계약을 하는 경우도 있습니다. 하지만 이렇게 재계약을 하는 것은 정말 바람직하지 않은 경우입니다. 가령 다음의 그림과 같은 상황이라고 가정해 보죠.

잔금 및 이사 ⇨ 가압류 혹은 (근)저당권 설정 ⇨ 재계약

처음 계약을 체결하고 잔금을 치룬 후 입주할 때까지 등기사항정부증명서상 권리관계에 전혀 문제가 없었던 경우였는데 그 이후 임차인(세입자) 모르게 가압류 내지는 근저당권, 저당권 등이 설정되었고 임차인은 이를 모르고 계약이 만료된 시점에 임대차계약을 연장한 경우입니다.

단순하지만 꼭 확인해야 할 것은?

만약 위와 같은 상황에서 집주인에게 어쩔 수 없는 사정이 생겨 집이 경매로 넘어가게 되면 아무 죄 없는 임차인이 예상치 못했던 손해를 입을 가능성이 높습니다.

계약을 연장하기에 앞서 등기사항전부증명서만 발급받거나 열람해 보면 이사한 이후 자신이 거주하고 있는 집에 어떤 권리관계 변동이 발생했는지 즉시 알 수 있습니다. 아주 단순하지만 자신의 보증금을 지키는 확실한 방법이죠. 다음을 보시죠.

잔금 및 이사 ⇨ 가압류 혹은 (근)저당권 설정 ⇨ 등기사항전부증명서 발급

⇨ 권리관계 변동유무 분석 ⇨ 이상 없음 ⇨ 재계약(계약연장)

별것 없어 보이지만 재계약(계약연장)시점에 등기사항전부증명서를 발급받거나 열람함으로써 자신의 보증금을 보다 확실하게 보호받을 수 있다면 단 몇 분이면 손쉽게 확인할 수 있는 권리관계변동을 확인해보는 것이 현명한 행동이지 않을까요?

짤TIP

임대차 계약을 연장할 때도 처음 계약할 때와 마찬가지로 공인중개사사무소의 도움을 받는 것이 좋습니다. 이런 경우 공인중개사사무소에 비용을 조금 지불해야 하지만 처음 계약할 때에 비해서는 상당히 저렴하니 큰 부담을 갖지 않으셔도 됩니다.

2년 미만으로 정한 전·월세의 계약기간은 임차인 의사에 따라 달라진다!

보통의 임대차계약은 2년입니다. 물론 전세에 비해 월세는 2년이 아닌 1년으로 계약을 하는 경우도 많죠. 하지만 대부분의 경우 2년 계약이 보편적입니다. 그런데 2년 미만으로 계약을 체결한 경우 집주인과 세입자 사이에 이런 저런 언쟁이나 얼굴을 붉히는 상황이 발생하곤 합니다. 집주인은 1년 계약을 했으니 이사를 가라고 하고 세입자는 2년은 살아도 되는 것 아니냐고 주장하기 때문이죠. 이런 경우 어떻게 해야 되는 것일까요?

2년 미만으로 정한 임대차, 계약기간을 정하지 않은 임대차의 계약기간은 2년으로 본다!

주택임대차의 계약기간과 관련해서는 원칙적으로 계약자유의 원칙이 적용되기 때문에 임대차계약서에 정한 내용을 따르는 것이 원칙입니다. 다만, 계약기간이 2년 미만인 경우가 문제가 되는데

이 경우 우리나라 주택임대차보호법은 '2년 미만으로 정한 기간은 2년으로 본다.'라고 함으로써 계약기간으로 2년을 보장하도록 규정하고 있음을 알 수 있습니다.

주택임대차보호법 제4조(임대차기간 등)
① 기간을 정하지 아니하거나 2년 미만으로 정한 임대차는 그 기간을 2년으로 본다.

1년으로 계약한 경우뿐만 아니라 계약기간을 따로 정하지 않은 임대차인 경우에도 주택임대차보호법상 임대차기간은 2년으로 본다고 규정하고 있습니다. 따라서 이 경우 역시 계약기간은 2년입니다.

임차인은 2년 미만으로 정한 기간을 주장할 수 있다.

집주인들은 1년 계약을 선호하지 않는 경우가 많습니다. 특히, 월세인 경우 더욱 그렇습니다. 월세계약인 경우 도배나 장판 등 수리비용을 집주인이 부담하는 경우가 대부분인데다 1년 계약인 경우 부동산중개수수료 역시 부담요인이라고 할 수 있기 때문이죠. 이에 비해 세입자들은 직장이나 학교 그 외 여러 가지 자신들의 실제적 필요에 따라 1년 계약을 하는 경우가 많습니다. 그래서 집주인이 1년 계약한 것을 2년이라고 주장하면 당황하기 쉽죠. 하지만 이런 경우에도 세입자들은 전혀 당황할 필요가 없습니다. 주택임대차보호법은 '다만, 임차인은 2년 미만으로 정한 기간이 유효함을 주장할 수 있다.'라고 규정함으로써 계약기간이 1년이 아니라 2년이라고 주장할 수 있는 권리는 오직 세입자에게만 있음을 확실히 하고 있기 때문입니다. 그렇기 때문에 세입자는 1년 계약을 했다면 그 계약기간이 만료되기 1개월 전까지만 계약해지 의사를 집주인에게 알려주기만 하면 계약해지가 가능합니다.

짤TIP

월세인 경우 세입자들은 집주인에게 월세를 제때 착실하게 지불하는 것이 중요합니다. 주택임대차보호법에 따르면 월세를 제때 지불하지 않는 세입자들, 좀 더 구체적으로 2기의 차임액에 달하도록 연체하는 세입자들에게는 묵시의 갱신이 적용되지 않기 때문이죠.

계약기간 중 임차인 사정으로 이사 가야 할 경우 중개수수료 부담은 누가?

부동산중개수수료는 임대차 거래금액에 비해 많아 보일수도 있고 작아 보일수도 있습니다. 거래 당사자인 집주인이나 세입자 입장에서 볼 때는 많아 보이는 것이 당연할 것이고 거래를 중개하는 공인중개사 입장에서는 작아 보이는 것이 당연하기 때문이죠. 어찌되었든 공인중개사는 부동산 거래를 중개하고 그 거래 당사자들로부터 부동산중개수수료를 받을 권리가 있습니다.

계약이 만료되어 세입자가 바뀌는 경우 부동산중개수수료의 부담주체는?

계약이 만료되어 세입자가 바뀌는 경우의 부동산중개수수료는 집주인과 새로 계약을 체결하고 이사 들어오는 세입자가 부담하게 됩니다. 이사 나가는 세입자는 부동산중개수수료를 부담하지 않아도 되는 것이죠. 그 이유는 부동산중개수수료라는 것이 계약당사자가 부담하는 것인데 이때 계약당사자는 집주인과 이사를 들어오는 세입자입니다. 다시 말해 이사 나가는 세입자는 새로운 계약의 당사자가 아니기 때문이죠. 그런데도 계약만료 2~3개월 전에 계약을 체결한다는 이유만으로 이사 나가는 세입자에게 부동산중개수수료를 부담하라고 요구하는 몰상식한 집주인이 가끔 있습니다. 이런 경우에는 단호하게 부담할 의무도 이유도 없음을 알려야 합니다.

계약기간 중 임차인 사정에 의해 세입자가 바뀌는 경우 부동산중개수수료의 부담주체는?

계약이 만료되어 이사 가는 경우에는 대부분 부동산중개수수료 부담 주체가 명확하죠. 집주인과 새로 이사를 들어오는 세입자가 부담하면 되니까요. 그렇다면 임차인의 사정으로 인해 중간에 이사를 나가는 경우는 어떻게 해야 될까요? 세입자 사정으로 이사를 가야 하는 상황이니까 세입자가 부담해야 할까요? 아니면 이 경우에도 집주인이 부담해야 할까요?

위와 같은 질문을 하게 되면 대부분 세입자 사정으로 이사를 가야하는 경우인 만큼 부동산중개수수료도 세입자가 부담하는 것이 맞을 것 같다는 대답을 합니다. 실제로 위와 같은 경우 세입자가 부담해야 한다는 의견을 제시하는 공인중개사사무소도 적지 않습니다. 과연 세입자가 부담해야 하는 것이 맞을까요?

아닙니다. 이 경우 역시 집주인이 부담하는 것이 맞습니다. 왜 그럴까요? 부동산중개수수료는 거래 당사자가 부담하게 되어 있습니다. 이때 거래 당사자가 누구일까요? 이사 나가는 세입자가 과연 새로운 임대차계약의 거래당사자가 될 수 있을까요? 절대 아니죠. 집주인과 새로 이사 들어오는 세입자가 거래당사자가 되어야 하는 것이 아닐까요? 계약서의 임대인란에 집주인이 기재되고 임차인란에는 세입자가 기재되는데요. 이때 임차인란에 기재되는 세입자는 새로 이사 들어오는 세입자가 되겠죠? 그러니 계약기간을 채우지 못하고 이사 나가는 세입자는 거래당사자가 아니고 따라서 부동산중개수수료를 부담하지 않아도 되는 것입니다.

다만, 임대차계약서의 특약사항에 '임차인의 사정으로 계약 기간 중에 이사를 가야하는 경우 부동산중개수수료는 임차인이 부담한다.'라는 특약사항을 기재해 둔 경우라면 이사 나가는 세입자가 부담해야 합니다.

짤TIP

늘 그런 것은 아니지만 공인중개사사무소는 집주인 입장에서 중개를 하는 경우가 많습니다. 아무래도 세입자는 뜨내기 성격의 고객인데 비해 집주인은 단골고객의 성격이 있기 때문이죠. 이런 부분을 미리 알아두고 공인중개사사무소를 방문하는 세입자라면 그렇지 않은 경우에 비해 계약서를 작성할 때 좀 더 꼼꼼하게 특약사항을 기재하지 않을까요?

세입자에게 일방적으로 유리한 묵시적 갱신!

집주인과 세입자 모두 계약기간이 거의 만료되었거나 이미 만료된 것도 모르고 그냥 지나치는 경우가 의외로 많습니다. 그래서 뒤늦게 부랴부랴 계약조건을 협의하고 새로운 조건에 맞춰 재계약을 체결하는 경우도 있습니다. 그러나 이런 경우 임차인 입장에서 볼 때 굳이 새로운 조건에 맞춰 재계약을 할 필요가 없습니다. 왜 그럴까요? 이런 경우 주택임대차보호법에 따라 이미 계약이 갱신된 것으로 보기 때문입니다.

묵시의 갱신
: 계약갱신의 거절이나 계약조건 변경 관련 통지를 하지 않은 경우

주택임대차보호법 제6조는 묵시의 갱신을 규정하고 있습니다. 이에 따르면 집주인이 계약에 따른 임대차기간이 끝나기 6개월 전부터 1개월 전까지의 기간에 세입자에게 계약을 연장하지 않겠다는 통지를 하지 않거나 보증금이나 월세를 변경하지 않으면 계약을 연장하지 않겠다는 통지를 하지 않았다면 종전의 계약기간이 끝나는 때 자동으로 전과 동일한 조건으로 임대차계약이 연장된 것으로 본다고 규정하고 있습니다.

주택임대차보호법 제6조(계약의 갱신)

① 임대인이 임대차기간이 끝나기 6개월 전부터 1개월 전까지의 기간에 임차인에게 갱신거절(更新拒絕)의 통지를 하지 아니하거나 계약조건을 변경하지 아니하면 갱신하지 아니한다는 뜻의 통지를 하지 아니한 경우에는 그 기간이 끝난 때에 전 임대차와 동일한 조건으로 다시 임대차한 것으로 본다. 임차인이 임대차기간이 끝나기 1개월 전까지 통지하지 아니한 경우에도 또한 같다.

② 제1항의 경우 임대차의 존속기간은 2년으로 본다. <개정 2009. 5. 8.>

③ 2기(期)의 차임액(借賃額)에 달하도록 연체하거나 그 밖에 임차인으로서의 의무를 현저히 위반한 임차인에 대하여는 제1항을 적용하지 아니한다.[전문개정 2008. 3. 21.]

묵시의 갱신 : 임차인이 계약갱신의 거절이나 계약조건 변경 관련 통지를 하지 않은 경우

집주인이 세입자에게 계약갱신의 거절이나 계약조건을 변경하지 않으면 계약을 갱신하지 않겠다는 통지를 임대차계약기간이 끝나는 1개월 전까지 하지 않았고 임차인도 임대차기간이 끝나기 1개월 전까지 계약갱신 혹은 거절의 통지를 하지 않았다면 역시 종전의 임대차기간이 끝나는 때에 전과 동일한 조건으로 계약이 갱신됩니다. 이는 묵시의 갱신이 되기 위해서는 임대인과 임차인 모두 계약기간 만료 1개월전까지 계약갱신의 거절 혹은 계약조건을 변경해야 계약을 갱신하겠다는 통지를 하지 않은 경우 발생하는 법정

계약갱신이라고 볼 수 있는 것입니다.

묵시의 갱신이 이루어진 경우 계약의 해지

주택임대차보호법에 따르면 묵시의 갱신이 이루어진 경우 임대차 존속기간은 2년으로 본다고 규정하고 있습니다. 그래서 새롭게 2년의 계약이 체결되었고 집주인과 세입자 모두 2년이라는 계약기간을 준수해야 하는 것으로 알고 있는 경우가 많죠. 하지만 이는 반만 맞는 이야기입니다. 즉, 임대인은 2년을 준수해야 하지만 임차인은 2년을 준수하지 않아도 되기 때문입니다. 다시 말해 묵시의 갱신이 이루어진 경우의 계약기간은 임차인에게 달려 있다고 보아도 무방합니다.

주택임대차보호법 제6조의2(묵시적 갱신의 경우 계약의 해지)
① 제6조제1항에 따라 계약이 갱신된 경우 같은 조 제2항에도 불구하고 임차인은 언제든지 임대인에게 계약해지(契約解止)를 통지할 수 있다. <개정 2009. 5. 8.>
② 제1항에 따른 해지는 임대인이 그 통지를 받은 날부터 3개월이 지나면 그 효력이 발생한다.

주택임대차보호법 제6조의 2에 따라 임차인은 언제든지 임대인에게 계약해지를 통지할 수 있고 임대인이 그 통지를 받은 후 3개월이 지나면 계약 해지의 효력이 발생하기 때문이죠. 그래서 묵시의 갱신이 이루어진 경우 계약기간은 2년 내에서 임차인의 뜻에 달려있다고 볼 수 있는 것입니다.

짤TIP

세입자가 아닌 집주인 입장에서 본다면 묵시의 갱신은 일방적으로 집주인에게 불리한 계약갱신이라고 볼 수 있습니다. 반대로 임차인에게는 유리한 계약연장이죠. 따라서 경기침체 등의 여파로 부동산 시장이 침체되고 그에 따라 임대료가 하락하는 경우가 아니라면 또는 굳이 이사를 가야하는 상황이 아니라면 세입자가 먼저 나서서 집주인에게 계약갱신 여부를 물어 볼 필요는 없습니다. 그냥 기다리면서 세입자에게 유리한 묵시의 갱신을 기다리는 것이 바람직한 것이 아닐까요?

집주인에게 돌려받아야 할 장기수선충당금을 꼭 챙기세요!

장기수선충당금이란 장기수선계획에 따라 아파트의 주요 시설의 교체 및 보수에 필요한 비용을 말합니다. 공동주택관리법에 따르면 관리주체는 장기수선계획에 따라 아파트의 주요 시설의 교체 및 보수에 필요한 장기수선충당금을 해당 주택의 소유자로부터 징수하여 적립해야 하며, 장기수선충당금 요율은 해당 아파트의 공용부분의 내구연한 등을 감안하여 관리규약으로 정하고, 적립금액은 장기수선계획에서 정하도록 하고 있습니다.

장기수선충당금 부담주체는 소유자

장기수선충당금의 부담주체는 주택의 소유자입니다. 이는 공공주택관리법 시행령 제31조에 명확히 규정되어 있습니다. 다음은 해당 내용입니다.

공동주택관리법 시행령 제31조(장기수선충당금의 적립 등)
⑦ 공동주택의 소유자는 장기수선충당금을 사용자가 대신하여 납부한 경우에는 그 금액을 반환하여야 한다.

공동주택관리법 시행령 제31조를 보면 장기수선충당금을 사용자가 대신 납부했다면 그 금액을 반환하도록 규정하고 있죠. 이 때 세입자가 바로 사용자가 되고 반환해야 하는 주체는 소유자가 되는 것입니다.

아파트 장기수선충당금은 관리비에 표시된다!

아파트의 장기수선충당금은 관리비에 포함되어 부과됩니다. 그렇기 때문에 아파트 관리비영수증을 보면 매월 얼마의 장기수선충당금이 부과되고 있는지를 손쉽게 확인할 수 있습니다.

관리비 납입영수증 장기수선충당금

관리비 납입영수증 (입주자용)

2019 년 1 월 2314 동 901 호 88.326㎡

일반관리비	33,020	전기	372 kwh	48,040
청소비	14,440	공동전기료		6,960
소독비	530	승강기전기		1,620
승강기유지비	1,480	TV수신료		2,500
수선유지비	4,020	동력전기료		4,350
장기수선충당금	9,500	수도	21 ㎥	12,420
건물보험료	900	하수도료		7,750
경비비	21,180	난방	1870 kwh	140,250
대표회의운영비	1,420	기본난방비		3,510
		공동난방비		4,850
		온수	10 ㎥	25,600
위탁관리수수료	580			

만약 영수증을 잃어버려서 장기수선충당금을 얼마나 납부했는지 모른다면 어떻게 하면 될까요? 관리사무소에 납부한 장기수선충당금을 확인해달라고 요청하시면 됩니다. 공동주태관리법 시행령 31조 ⑧항에 따르면 '관리주체는 공동주택의 사용자가 장기수선충당금의 납부 확인을 요구하는 경우에는 지체 없이 확인서를 발급해 주어야 한다.'라고 규정하고 있으니까요.

짤TIP

장기수선충당금이 인상되는 경우가 있습니다. 입주민 동의 없이 입주자대표회의의 결의로장기수선충당금을 인상하는 경우도 있는데 세입자도 인상된 만큼 납부해야 하는 것일까요? 그렇습니다. 장기수선계획의 조정에 따라 장기수선충당금이 변경된 경우 장기수선계획의 조정이 올바른 절차를 거쳐 완료된 것이라면 법에서도 추가적인 입주민의 동의까지 요구하지는 않고 있기 때문입니다.

계약이 만료되었음에도 불구하고 임대보증금을 반환받지 못하고 있다면?

임대차계약이 만료되었는데도 불구하고 집주인이 임대보증금을 돌려주지 못하는 상황이라 이사를 가지 못하고 있다면 어떻게 해야 할까요? 이런 경우 정말 답답합니다. 자녀 학교문제나 직장 발령 때문에 하루속히 이사를 가고 싶어도 갈 수 없을 테니까요.

집주인이 여유자금이 없어서 임대가 나가면 그때 돌려줄 테니 조금만 기다려달라는 부탁이라도 있었다면 그나마 다행이지만 그것도 아니고 기약 없이 무작정 기다리게 한다면 세입자 입장에서도 보증금을 지키기 위해 어떤 조치를 해야 합니다. 이런 때 주택임대차보호법에 따른 임차권등기명령제도가 도움이 됩니다.

임차권등기명령이란?

임차권등기명령은 전세권 등기나 전세자금대출의 경우와는 달리 집주인의 협조나 동의가 필요없습니다. 임대차계약이 만료되었음에도 불구하고 보증금을 반환받지 못하는 임차인이라면 누구나 임차주택의 소재지를 관할하는 법원에 신청할 수 있는 것이 임차권등기명령이기 때문입니다.

주택임대차보호법 제3조의3(임차권등기명령)
① 임대차가 끝난 후 보증금이 반환되지 아니한 경우 임차인은 임차주택의 소재지를 관할하는 지방법원·지방법원지원 또는 시·군 법원에 임차권등기명령을 신청할 수 있다.

임차권등기명령의 효과

임대차계약이 만료되었음에도 불구하고 보증금을 반환받지 못하는 경우라면 가장 큰 문제는 다른 곳으로 이사를 가지 못한다는 점일 것입니다. 보증금을 돌려받아야 새로 집을 얻어 임대차계약을 체결하고 이사를 갈 수 있기 때문이죠. 물론 여유자금이 있다할지라도 선뜻 다른 곳으로 이사하는 것은 쉽지 않습니다.
보증금을 돌려받지 못한 상태에서 다른 곳에 전입신고를 할 경우 주택임대차보호법에 따른 대항력을 상실해 자칫 경매라도 당하게 되면 보증금을 보호받을 수 없기 때문이죠. 그런데 임차권등기명령을 하게 되면 다른 곳에 전입신고를 해도 종전의 대항력을 유지할 수 있습니다. 다음은 주택임대차호보법에서 규정하고 있는 내용입니다.

주택임대차보호법 제3조의3 (임차권등기명령)

⑤ 임차인은 임차권등기명령의 집행에 따른 임차권등기를 마치면 제3조제1항·제2항 또는 제3항에 따른 대항력과 제3조의2제2항에 따른 우선변제권을 취득한다. 다만, 임차인이 임차권등기 이전에 이미 대항력이나 우선변제권을 취득한 경우에는 그 대항력이나 우선변제권은 그대로 유지되며, 임차권등기 이후에는 제3조제1항·제2항 또는 제3항의 대항요건을 상실하더라도 이미 취득한 대항력이나 우선변제권을 상실하지 아니한다. <개정 2013. 8. 13.>

임차권등기명령이 된 주택에 전입하면 안 되는 이유

만약 A라는 사람이 임차권등기명령이 된 주택인지 모르고 전세계약을 체결하고 이사를 했는데 집이 경매로 넘어갔다면 A는 주택임대차보호법에 따른 보호를 받을 수 있을까요? 보호받을 수 없습니다. 주택임대차보호법에 따르면 '임차권등기명령의 집행에 따른 임차권등기가 끝난 주택(임대차의 목적이 주택의 일부분인 경우에는 해당 부분으로 한정한다)을 그 이후에 임차한 임차인은 제8조에 따른 우선변제를 받을 권리가 없다.'라고 규정하고 있기 때문입니다. 그러니 혹여 임차권등기명령이 된 주택을 계약하고 싶다면 그 내용이 말소된 이후에 하거나 임차권등기명령의 당사자인 종전의 세입자 입회하에 계약서를 작성하는 것이 좋습니다.

짤TIP

임차권등기명령을 주저하는 임차인이 많습니다. 신청절차도 해보지 않은 법률적 절차이기 때문에 부담요인이기도 하고 비용도 소요되기 때문입니다. 하지만 임차권등기명령 절차는 의외로 다른 법률절차에 비해 어렵지 않습니다. 게다가 임차권등기명령을 위해 소요된 비용도 임대인에게 청구할 수 있습니다. 그러니 임대보증금을 반환받지 못하고 있는 경우라면 어려워하지 말고 임차권등기명령을 고려해 보는 것도 좋은 방법이 될 수 있다는 것을 기억해 두시기 바랍니다.

임대인에게 지불한 주택 월세는 세액공제도 받을 수 있다!

월세로 임대차계약을 체결한 세입자는 일정한 요건을 충족하는 경우 집주인에게 매달 지불한 월세에 대한 세액공제를 받을 수 있습니다. 과중한 주거비부담에 시달리는 월세임차인을 위한 배려라고 할 수 있죠. 그렇다면 어떤 요건을 충족하면 월세에 대한 세액공제를 받을 수 있을까요?

국민주택규모의 주택을 월세로 임차해야 한다.

지불한 월세에 대한 세액공제를 받기 위해서는 가장 기초적이지만 주택을 월세로 임차해야 합니다. 2018년도 연말정산을 기준으로 할 때 주택의 범위에는 아파트, 다가구주택, 단독주택 등 일반적인 주택 외에 주거용 오피스텔과 고시원도 포함됩니다. 또한, 월세로 임대차 계약을 체결하고 월세를 지불했다고 해도 국민주택규모(전용면적 85㎡) 요건을 충족해야 합니다. 또한, 임대차계약서상의 주소지와 주민등록표등본상의 주소지가 동일해야만 월세 소득공제를 받을 수 있습니다.

무주택 세대주여야 한다!

월세세액공제는 주거비 부담에 시달리는 서민을 위한 세액공제입니다. 따라서 월세세액공제를 받기 위해서는 과세기간 종료일 현재 무주택 세대주(단독세대주 및 월세액 세액공제, 주택마련저축, 주택임차차입금 원리금상환액 및 장기주택저당차입금 이자상환액 공제를 받지 않는 경우에는 세대원도 가능)라는 요건을 충족해야만 합니다. 이 때 임대차 계약은 해당 거주자 또는 해당 거주자의 기본공제 대상자가 체결한 것이어야 합니다.

소득조건을 충족해야 한다!

2018년도 연말정산 기준 월세 세액공제 대상자는 과세기간 종료일 현재 무주택 세대주 요건을 충족하면서 해당 과세기간의 총급여액이 7천만 원 이하인 근로소득자(해당 과세기간의 종합소득금액이 6천만 원을 초과하는 사람은 제외)여야 합니다. 단, 이때 소득은 월세 세액공제를 받는 근로소득자인 세대주만 총급여 요건을 충족하면 됩니다. 즉, 배우자의 총급여는 관련이 없고 맞벌이인 경우에도 부부를 합산해 총급여 요건인 7천만 원을 적용하는 것은 아닙니다.

소득에 따라 세액공제율이 다르다!

해당 과세기간의 총급여액이 5,500만 원 이하(종합소득금액이 4천만 원 초과자 제외)인 근로자는 세액공제율이 12%(2018.1.1.이후 지출분부터)입니다. 이에 비해 5,500만 원~7천만 원 이하인 근로자(단, 근로소득을 포함한 종합소득금액이 6천만 원 초과시 제외)는 세액공제율이 10%입니다.

짤TIP

Q) 월세세액공제를 받기 위해 제출해야 하는 서류는 어떤 것이 있을까요?

A) 임대차계약서, 주민등록표등본, 현금영수증, 계좌이체 영수증 및 무통장입금증 등 주택 임대인에게 월세액으로 지급하였음을 증명할 수 있는 서류 등입니다.

Q) 월세 세액공제는 월세로 지급한 금액이면 모두 가능한가요?

A) 750만 원을 한도로 세액공제 받을 수 있습니다.

Q) 자영업자도 월세 세액공제를 받을 수 있나요?

A) 성실사업자와 성실신고확인대상자 중 성실신고확인을 받은 경우 월세세액공제를 받을수 있습니다. 무주택세대주이고 국민주택규모 주택을 월세로 임차한 경우이면서 소득요건을 충족하면 됩니다. 종합소득금액 6천만 원 이하인 경우와 4천만 원 이하인 경우에 따라 세액공제율이 각각 10%, 12%로 차등적용됩니다. 세액공제신청은 종합소득과세표준을 확정·신고하는 5월에 하면 됩니다.

Chapter 3

분양을 통한 새 집 장만을 위해 무조건 도움이 되는 14가지 필수지식

01 새 집을 분양받기 위해 꼭 필요한 주택청약종합저축!
02 청년이라면 놓치지 말아야 할 청년 우대형 주택청약종합저축!
03 나의 청약점수는 몇 점일까? 청약가점제 알아 보기!
04 분양신청 하기 전에 알아 두자 : 조정대상지역
05 분양신청 하기 전에 알아 두자 : 투기과열지구
06 분양신청 하기 전에 알아 두자 : 투기지역
07 분양받기에 앞서 중도금 집단대출이 가능한지 점검하자!
08 분양광고 맹신금지!
09 분양공고에서 챙겨 보아야 할 것들!
10 모델하우스에서 챙겨 보아야 할 것들!
11 분양가상한제란?
12 믿을 수 있는 시공사인지부터 확인하자!
13 분양가격에 거품이 있는지 진단하기!
14 학교, 병원, 생활편의시설과 각종 기반시설 유무를 직접 따져 보라!

새 집을 분양받기 위해 꼭 필요한 주택청약종합저축!

주택을 분양받기 원한다면 무조건 주택청약종합저축에 가입하는 것이 좋습니다. 주택청약종합저축은 국내에 거주하는 국민인 개인 또는 외국인 거주자(재외국민, 외국국적동포 포함)라면 연령에 관계없이 누구나 가입이 가능합니다. 다만, 전 금융기관을 통하여 주택청약종합저축, 청년 우대형 주택청약종합저축, 청약저축, 청약예금, 청약부금 중 1인 1계좌만 보유 가능합니다.

가입할 때 필요서류는 ?

주택청약종합저축에 가입하기 위해서는 따라 준비해야 할 서류가 있습니다. 바로 실명확인증표인데요. 각각의 조건에 따른 실명인증표를 정리하면 다음과 같습니다.

조건에 따른 실명확인증표

구분	실명확인증표
국내거주 대한민국 국민	주민등록증, 운전면허증, 여권 등
국내에 거소가 있는 재외국민	재외국민용 주민등록증
국내에 거소가 있는 외국국적동포	외국국적동포 국내거소신고증
외국인 거주자	외국인등록증

자료 : KB국민은행(www.kbstar.com)

저축상품인 만큼 따져 반드시 챙겨야 할 금리조건!

가입기간에 따라 금리가 차등 적용됩니다. KB국민은행을 기준으로 가입기간에 따른 금리를 살펴보면 최저 연 0%에서 최고 연1.8% 수준인 것을 알 수 있습니다.

주택청약종합저축 금리조건

가입기간	적용이자율
1개월 이내	무이자
1개월 초과 ~ 1년 미만	연 1.0%
1년 이상 ~ 2년 미만	연 1.5%
2년 이상	연 1.8%

자료 : KB국민은행(www.kbstar.com)

납입방법은 어떻게 ?

주택청약종합저축은 가입일로부터 입주자로 선정된 날까지 납입할 수 있는데요. 분양전환되지 않는 임대주택 입주자로 선정된 경우는 계속 납입할 수 있습니다. 납입금액은 매월 약정납입일(신규 가입일 해당일 또는 전환가입일 해당일)에 2~50만 원 이하의 금액을 10원 단위로 납입이 가능합니다. 단, 입금하려는 금액과 납입 누계액의 합이 1,500만 원 이하인 경우 50만 원을 초과하여 입금이 가능합니다(1,500만 원이 될 때까지 한 번에 입금도 가능하다는 뜻이죠). 이 때 주의할 것은 월저축금이 매월 약정납입일을 초과하여 입금되면 연체일수가 발생하게 되며 국민주택 청약 시 순위발생이 지연될 수 있다는 점인데요. 이렇게 될 경우 인기지역 청약할 때 매우 불리하게 작용되니 주의하셔야 합니다. 이 외에도 선납으로 입금한 경우 해당월의 약정납입일이 도래해야 해당금액이 인정되고, 민영주택에 청약하는 경우라면 연체·선납일수를 고려하지 않고, 납입된 잔액을 예치금으로 인정한다는 점도 기억해 두시면 좋습니다.

청약자격 발생조건은?

청약자격 발생조건은 좀 복잡하다고 느껴질 수 있는데요. 그렇다 할지라도 잘 챙겨 두실 것을 권합니다. 청약자격 발생조건은 크게 국민주택에 청약하는 경우, 민영주택에 청약하는 경우로 구분할 수 있고 다시 정부정책에 따른 규제여부에 따라 세분 적용되고 있습니다. 다음의 표는 각각의 경우에 따른 청약자격 발생조건을 정리한 것이니 참고하시기 바랍니다.

국민주택에 청약하는 경우의 청약자격 발생조건

구분	1순위	2순위
청약과열지역/ 투기과열지구(①)	입주자모집공고일 현재 기준으로 가입 후 24개월 경과 및 납입인정회차 24회차 이상	1순위에 해당되지 아니한 자(청약저축 또는 주택청약종합저축[청년 우대형 포함] 보유자만 청약가능)
위축지역(②)	입주자모집공고일 현재 기준으로 가입 후 1개월 경과 및 납입인정회차 1회차 이상	1순위에 해당되지 아니한 자 (청약저축 또는 주택청약종합저축[청년 우대형 포함] 보유자만 청약가능)
수도권 (①,②제외)	입주자모집공고일 현재 기준으로 가입 후 12개월 경과 및 납입인정회차 12회차 이상. 단, 시·도지사가 24개월/24회차 범위 내에서 변경 가능	1순위에 해당되지 아니한 자 (청약저축 또는 주택청약종합저축[청년 우대형 포함] 보유자만 청약가능)
수도권외 (①,②제외)	입주자모집공고일 현재 기준으로 가입 후 6개월 경과 및 납입인정회차 6회차 이상. 단, 시·도지사가 12개월/12회차 범위 내에서 변경가능	1순위에 해당되지 아니한 자 (청약저축 또는 주택청약종합저축[청년 우대형 포함] 보유자만 청약가능

-납입인정금액은 회차별 입금금액중 최대 10만원까지만 인정
-연체를 할 경우 회차에 대한 납입인정이 지연되어 순위발생이 늦어질 수 있음

자료 : KB국민은행(www.kbstar.com)

다음으로 민영주택에 청약하는 경우에는 입주자모집공고일 현재 잔액이 신청하려는 면적의 지역별 민영주택 청약예치기준금액 이상이고 아래의 가입기간을 충족하게 되면 해당 청약순위가 발생하게 됩니다.

민영주택 순위발생자격

구분	1순위	2순위
청약과열지역/투기과열지구(①)	가입 후 24개월 경과	1순위에 해당되지 아니한 자 (청약예·부금 또는 주택청약종합저축[청년 우대형 포함]보유자만 청약 가능)
위축지역(②)	가입 후 1개월 경과	1순위에 해당되지 아니한 자 (청약예·부금 또는 주택청약종합저축[청년 우대형 포함]보유자만 청약 가능)
수도권(①,②제외)	가입 후 13개월 경과 단, 시·도지시가 24개월 범위 내에서 변경 가능	1순위에 해당되지 아니한 자 (청약예·부금 또는 주택청약종합저축[청년 우대형 포함]보유자만 청약 가능)
수도권외(①,②제외)	가입 후 6개월 경과. 단, 시·도지시가 1개월 범위 내에서 변경 가능	1순위에 해당되지 아니한 자 (청약예·부금 또는 주택청약종합저축[청년 우대형 포함] 보유자만 청약 가능
-투기과열지구/청약과열지역에서 공급되는 주택인 경우 주택유형별 청약제한사항 별도 인이 필요		

자료 : KB국민은행(www.kbstar.com)

지역별 민영주택 청약 예치기준금액도 알아두자!

민영주택에 청약하기 위해서는 지역별로 민영주택 청약을 위한 청약 예치기준금액 요건을 반드시 충족해야 합니다. 이때 주청약종합저축(청년 우대형 포함)의 거주지역별 민영주택 청약 예치기준금액은 반드시 입주자모집공고일 기준으로 청약자의 주민등록표상 거주지역에 해당하는 청약 예치기준금액을 충족하여야 청약할 수 있음을 또한 기억해 두셔야 합니다. 다음은 지역별 민영주택 청약 예치기준금액이니 참고하시기 바랍니다.

지역별 민영주택 청약 예치기준금액

(단위 : 만 원)

희망주택 (전용면적)	거주지역별 예치금액		
희망주택 (전용면적)	서울, 부산	기타 광역시	특별시 및 광역시를 제외한 시·군
85㎡ 이하	300	250	200
102㎡ 이하	600	400	300
135㎡ 이하	1,000	700	400
모든 면적	1,500	1,000	500

자료 : KB국민은행(www.kbstar.com)

짤TIP

주택청약종합저축을 활용해 분양을 받아 내 집 마련을 하고자 하는 경우 전략을 잘 짜야 합니다. 가장 중요한 것은 1순위 자격을 갖는 것인데요. 대부분 1순위 자격을 갖기만 하면 준비가 끝났다고 생각하는데 결코 그렇지 않습니다. 청약당첨이라는 관문을 넘기 위해서는 1순위가 된 이후에도 납입 기간, 납입 횟수, 납입 금액 등 여러 가지 사항들을 신경써야 하기 때문입니다. 예를 들어 공공택지에서 분양하는 공공분양 아파트를 청약하고자 하는 경우 경쟁이 치열해 1순위끼리도 경쟁을 해야 하는데요. 이때 당첨자 결정에 중요한 변수가 되는 것이 전용 40㎡ 초과인 경우는 청약인정금액이 많은 1순위지만, 전용 40㎡ 이하인 경우라면 납입횟수가 많은 1순위가 유리하다는 점입니다. 또한 월 납입금이 10만 원을 초과하는 경우라 할지라도 회당 납입금액은 10만 원만 인정되기 때문에 가급적이면 빨리 주택청약종합저축에 가입해 가입횟수를 늘리는 한편 매월 납입금액도 10만 원씩 불입하는 것이 좋습니다.

청년이라면 놓치지 말아야 할 청년 우대형 주택청약종합저축!

청년 우대형 주택청약종합저축은 주택청약종합저축에 더해 우대금리를 제공함으로써 청년의 주거안정과 목돈마련 기회를 제공하는 저축상품인데요. 국민주택, 민영주택 모두 청약이 가능한 것은 물론 가입자격 및 무주택 조건 등을 충족하면 우대금리 등의 혜택까지 받을 수 있다는 특징이 있습니다.

가입대상은 ?

청년 우대형 주택청약종합저축의 가입대상은 만 19세 이상~만 34세 이하이면서 연소득 3천만 원 이하이고 다음 세대주 요건 중 어느 하나에 해당하는 사람입니다.

① 무주택인 세대주 (3개월 이상 세대주일 것)

② 무주택자이고 가입일로부터 3년 이내 세대주 예정자 (3개월 이

상 세대주일 것)

③ 주민등록등본에 함께 등재된 본인, 배우자, (조)부모, 자녀가 모두 무주택인 세대원

※ 만 34세 초과 시 병역복무기간(최대 6년)만큼 차감 가능

※ 이 저축을 포함하여 주택청약종합저축, 청약저축, 청약예금, 청약부금 중 1인 1계좌만 가입가능

가입할 때 필요서류는?

청년 우대형 주택청약종합저축 가입을 위해서는 실명확인증표(원본 지참), 소득증빙서류, 병적증명서(병역기간 차감 필요시), 세대주 요건별 서류 등이 필요합니다. 소득증빙서류는 근로소득자인 경우와 사업소득 또는 기타소득자인 경우에 따라 조금씩 다른데요. 다음의 표를 참고해주세요.

청년 우대형 주택청약종합저축 소득증빙서류

구분	소득서류(택1)	비고
근로소득자	소득확인증명서(ISA가입용)/ 근로소득원천징수영수증/ 소득금액증명원	직전년도 소득증빙이 안 되는 1년 미만 근로소득자인 경우 가입연도의 급여명세표(근로소득원천징수부, 임금대장, 갑근세원천징수확인서 및 그 외 소정 약식의 출력물로서 회사의 직인 날인된 것)
사업소득, 기타소득자	소득확인증명서(ISA가입용) / 사업소득원천징수영수증 / 종합소득세 과세표준확정신고 및 납부계산서(세무사확인분) / 종합소득세용 소득금액증명원 / 기타소득원천징수영수증	

※ 가입일 기준 직전년도 기준이며 직전년도 소득이 미확정된 기간에는 전전년도 소득자료 제출가능, 소득기간이 1년 미만인 근로소득은 연환산하여 산정

자료 : 우리은행(www.wooribank.com)

실명확인표 역시 무주택인 세대주, 무주택인 세대주 예정자, 무주택세대의 세대원 인 경우에 따라 조금씩 달라집니다. 무주택인 세대주인 경우에는 3개월 이내 발급한 주민등록등본이, 무주택인 세대주 예정자는 가입시 실명확인표를 제출할 필요는 없고 계좌 해지 전까지 세대주(3년 이내 3개월 이상)을 증빙하면 됩니다. 마지막으로 무주택세대의 세대원인 경우는 주민등록등본 및 전국단위로 3개월 이내 발급된 세대원 전원의 지방세 세목별 과세증명서가 필요합니다.

가입기간과 적립금액은?

청년 우대형 주택청약종합저축의 가입기간은 가입일로부터 입주자로 선정된 날까지입니다. 단, 분양전환되지 않는 임대주택의 입주자로 선정된 경우는 제외하죠. 한편, 적립금액은 매월 약정납입일(신규가입일 또는 전환신규일 해당일)에 2만 원 이상 ~ 50만 원 이하의 금액을 10원 단위로 자유롭게 납입할 수 있습니다. 단, 입금하려는 금액과 납입누계액의 합이 1,500만 원 이하인 경우 50만 원을 초과하여 입금할 수 있습니다.

금리혜택은?

청년 우대형 주택청약종합저축은 가입기간이 2년 이상인 경우 가입일로부터 최대 10년까지 주택청약종합저축 금리보다 연 1.5%

우대금리가 적용되는데요. 이때 우대금리는 총 납입금액 5천만 원을 한도로 적용됩니다. 단, 가입기간 중 주택을 취득하는 경우에는 최초 주택소유 직전년도 말일까지 우대금리가 적용된다는 점을 기억하셔야 합니다.

이자소득에 대한 비과세는 물론 소득공제도 가능하다!

청년 우대형 주택청약종합저축은 조세특례제한법 제87조에서 규정하는 내용(대상, 요건, 범위 등)에 따라 2년 이상 유지하게 되면 이자소득 500만 원에 대하여 비과세 적용을 받을 수 있습니다. 소득공제는 과세기간 총 급여액 7천만 원 이하이고 무주택세대의 세대주인 근로자인 경우 연간 납입액의 40%(240만 원), 최고 공제한도는 96만 원이 가능합니다. 소득공제 기한은 2019년 12월 31일 납입분까지인데요. 향후 세법 개정시 변경될 수 있습니다.

짤TIP

이미 주택청약종합저축에 가입한 청년이라면 청년 우대형 주택청약종합저축에 가입할 수 있는 방법이 없을까요? 있습니다. 단, 주택청약종합저축을 유지하면서 청년 우대형 주택청약종합저축에 가입하는 것이 아니라 주택청약종합저축을 청년 우대형 주택청약종합저축으로 전환하는 방식으로 가능합니다.

나의 청약점수는 몇 점일까? 청약가점제 알아 보기!

새 아파트를 분양받을 때 가장 중요한 것은 자신이 당첨 가능한 청약가점을 확보하고 있느냐 여부라고 할 수 있습니다. 우량지역, 인기지역일수록 청약가점이 높아야 당첨 가능성도 높아지기 때문입니다. 그래서 청약가점을 정확하게 따지는 것이 중요한데요. 그래서 일까요? 청약가점을 실수로 잘못 계산해 입력한 경우라 할지라도 부적격 처리되어 당첨무효가 됩니다. 그러니 꼼꼼하게 미리 자신의 청약가점을 알아두는 것이 정말 중요하다고 할 수 있습니다.

청약가점 계산 항목은?

청약가점제하에서 청약가점은 무주택기간과 부양가족수, 청약통장 가입기간에 따라 결정됩니다. 무주택기간 점수는 무주택기간에 따라 최저 2점에서 최고 32점을 받을 수 있습니다. 부양가족수에 따른 점수는 최저 5점에서 최고 35점을 받을 수 있습니다. 마지막으로 청약통장 가입기간 점수는 가입기간에 따라 최저 1점에서 최고 17점을 받을 수 있습니다. 이를 표로 간단히 정리하면 다음과 같습니다.

청약가점제 가점 항목별 점수

항목	구분	점수	구분	점수	구분	점수
무주택 기간	1년 미만	2점	7년 미만	14점	13년 미만	26점
	2년 미만	4점	8년 미만	16점	14년 미만	28점
	3년 미만	6점	9년 미만	18점	15년 미만	30점
	4년 미만	8점	10년 미만	20점	15년 이상	32점
	5년 미만	10점	11년 미만	22점		
	6년 미만	12점	12년 미만	24점		
부양가족 수	0명	5점	3명	20점	6명 이상	35점
	1명	10점	4명	25점		
	2명	15점	5명	30점		
가입기간	6개월 미만	1점	6년 미만	7점	12년 미만	13점
	1년 미만	2점	7년 미만	8점	13년 미만	14점
	2년 미만	3점	8년 미만	9점	14년 미만	15점
	3년 미만	4점	9년 미만	10점	15년 미만	16점
	4년 미만	5점	10년 미만	11점	15년 이상	17점
	5년 미만	6점	11년 미만	12점		

청약점수를 알아 보고 싶다면?

청약점수를 손쉽게 알아볼 수 있는 곳이 있습니다. 바로 아파트투유 홈페이지입니다.

아파트투유 홈페이지

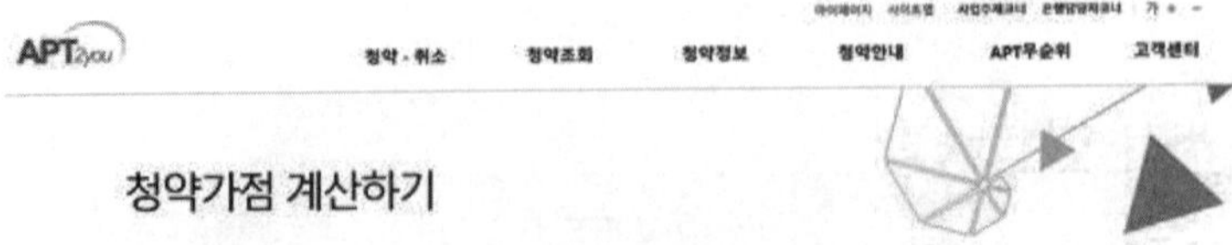

청약가점 계산하기

청약가점제에 의해 청약신청을 할 때에는 청약자 본인이 직접
주택소유여부, 부주택기간 및 부양가족수를 산정해야 하므로 신청전에
청약신청 시 유의사항 및 가점제도 내용을 충분히 이해해야만
착오에 따른 불이익을 피할 수 있습니다.

자료 : 아파트투유(www.apt2you.com)

아파트투유 홈페이지에 접속해 각각의 항목을 클릭해 입력만하면 자신의 청약점수를 즉시 확인할 수 있죠. 그림과 같이 무주택기간, 부양가족, 청약통장 가입일만 차례대로 입력하기만 하면 청약가점을 계산할 수 있습니다.

청약가점 계산을 위한 입력 창

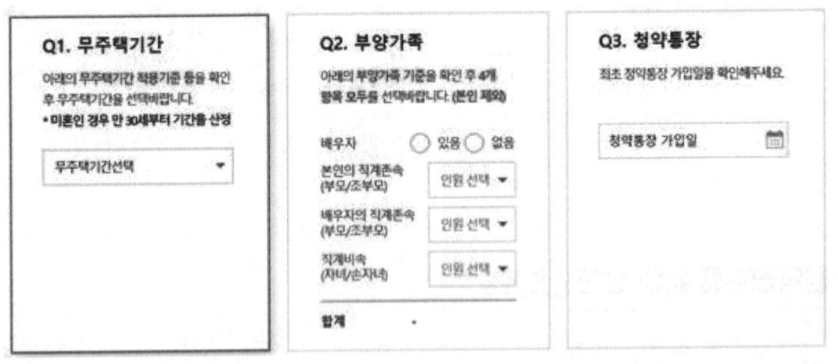

자료 : 아파트투유(www.apt2you.com)

짤TIP

인터넷으로 아파트 청약을 하는 경우 국민주택이나 민영주택이냐와 관계없이 입력항목을 정확하게 입력하는 것이 정말 중요합니다. 무주택기간, 부양가족수, 청약통장 가입기간 등을 착오나 실수로 잘못 기재해서 당첨 될 경우 당첨 무효가 되기 때문입니다.
단, 2020년 2월 이후부터는 청약업무가 아파트투유에서 한국감정원으로 이관되고 따라서 한국감정원 사이트를 활용하면 됩니다.

분양신청 하기 전 알아 두자 : 조정대상지역

분양을 받아 내 집 마련을 할 때 가장 중요한 것은 무엇일까요? 아마도 '어떻게 하면 좋은 아파트를 분양받을 수 있을까?'일 것입니다. 하지만 그에 못지 않게 중요한 것이 있습니다. 부동산규제 현황을 꼼꼼하게 따져 보아야 한다는 점입니다. 규제현황을 사전에 꼼꼼하게 따져 보지 않을 경우 중도금 대출이나 양도 시 세금폭탄을 맞는 등 예상치 못한 곤란한 상황에 직면할 수 있기 때문입니다.

조정대상지역은 누가 지정하나?

조정대상지역의 지정권자는 국토해양부장관인데요. 지정절차를 보면 지자체 의견 청취 및 검토의견 회신, 주거정책심의위원회 심의를 거쳐서 최종적으로 국토해양부장관이 지정하게 되어 있습니다.

조정대상지역 지정요건은?

조정대상지역의 지정요건은 크게 정량적 요건과 정성적 요건으로 구분할 수 있는데요. 정량적 요건은 수치로 구체활 할 수 있는 요건을 말하는 것이고, 정성적 요건은 수치로 구체화할 수 없는 요건을 말한다고 이해하시면 됩니다. 좀 더 구체적으로 살펴 볼까요?

가장 먼저 정량적 요건은 공통요건과 선택요건 중 1가지 이상을 충족해야 합니다. 공통요건은 '직전 월부터 소급하여 3개월간 해당 지역 주택가격상승률이 시·도 소비자물가 상승률의 1.3배를 초과한 지역'이고

선택요건은 ① 직전 월부터 소급하여 주택공급이 있었던 2개월간 청약경쟁률이 5:1을 초과(국민주택규모 10:1) ②직전 월부터 소급하여 3개월간 분양권 전매거래량이 전년 동기 대비 30% 이상 증가 ③ 시도별 주택보급률 또는 자가주택비율이 전국평균이하라는 요건 가운데 하나를 충족하는 경우입니다.

다음으로 정성적 요건은 '주택가격, 청약경쟁률, 분양권 전매량 및 주택보급률 등을 고려하였을 때 주택 분양 등이 과열되어 있거나 과열될 우려가 있는 지역'입니다.

조정대상지역 지정 효과는 ?

조정대상지역으로 지정되면 금융, 세제, 전매제한, 청약자격 등이 강화됩니다. 금융측면에서 보면 LTV 60%, DTI 50%가 적용됩니

다. 뿐만 아니라 중도금대출발급요건이 강화(분양가격 10% 계약금 납부, 세대당 보증건수 1건 제한)되고 2주택이상 보유세대인 경우에는 예외적인 경우(기존주택 2년 내 처분 조건, 무주택 자녀 분가, 부모 별거봉양 등)가 아닌 이상 주택신규구입을 위한 주택담보대출이 금지되며, 고가주택(공시가격 9억 초과) 구입시 예외적으로 무주택세대가 구입 후 2년 내 전입하는 경우나 1주택 세대가 기존 주택을 2년 내 처분하는 경우를 제외하면 주택담보대출이 금지됩니다.

세제측면에서는 첫째, 다주택자에 대한 양도소득세 중과 및 장기보유특별공제 배제, 둘째, 1세대1주택에 대한 양도세 비과세요건이 9억원 이하 주택이고, 2년 이상 보유와 거주요건이 추가되고 강화, 셋째, 분양권전매시 양도세율 50% 적용, 넷째, 2주택이상 보유자에 대한 종합부동산세 추가과세, 다섯째, 일시적 2주택자에 대한 종전주택 양도기간을 3년→2년 이내로 강화, 여섯째, 1주택이상자 신규 취·등록 임대주택 세제혜택축소 등이 적용됩니다.

전매제한측면에서는 주택 분양권의 전매가 제한(1지역 : 소유권이전등기시, 2지역 : 1년6개월, 3지역 : 6개월)됩니다. 오피스텔 분양권의 전매제한은 소유권 이전등기 또는 사용승인일로부터 1년 중 짧은 기간이 적용됩니다.

마지막으로 청약제한측면에서는 우선 1순위 자격요건이 강화되고 일정분리가 적용됩니다. 1순위 자격은 청약통장 가입 후 2년이 경과되었고 납입횟수도 24회 이상이어야 하며, 세대주이면서 5년 내 당첨자가 세대에 속하지 않아야 하고, 민영주택인 경우라 할지라도 2주택 소유세대가 아니어야 합니다. 또한 가점제 적용도

85㎡ 이하는 75%, 85㎡ 이상인 경우에는 30%까지 적용이 확대되며 민영주택 재당첨제한 기간도 85㎡이하는 과밀억제권역에서는 5년, 그 외 지역에서는 3년이 적용되고, 85㎡초과는 과밀억제권역에서는 3년, 그 외 지역에서는 1년이 적용됩니다.

조정대상지역 규제내용	
금융	· LTV 60%, DTI 50%
	· 중도금대출발급요건 강화(분양가격 10% 계약금 납부, 세대당 보증건수 1건 제한)
	· 2주택이상 보유세대는 주택신규구입을 위한 주담대 금지(LTV 0%) · 1주택세대는 주택신규구입을 위한 주담대 원칙적 금지 -(예외) 기존주택 2년 내 처분 조건, 무주택 자녀 분가, 부모 별거봉양 등 · 고가주택(공시가격9억초과) 구입시 실거주목적 제외 주담대 금지 -(예외) 무주택세대가 구입 후 2년 내 전입, 1주택세대가 기존주택 2년 내 처분 시
세제	· 다주택자 양도세 중과·장특공 배제(2주택 +10%p, 3주택 +20%)
	· 1세대1주택 양도세 비과세요건 강화(2년 이상 보유+거주, 9억원 이하)
	· 분양권전매시 양도세율 50%
	· 2주택이상 보유자 종부세 추가과세(+0.1~0.5%p 추가과세)
	· 일시적 2주택자의 종전주택 양도기간 3년→2년 이내로 강화
	· 1주택이상자 신규 취·등록 임대주택 세제혜택축소(양도세 중과, 종부세 합산과세)
전매제한	· 주택 분양권 전매제한(1지역 : 소유권이전등기시, 2지역 : 1년6개월, 3지역 : 6개월)
	· 오피스텔 분양권 전매제한(소유권 이전등기 or 사용승인일로부터 1년 중 짧은 기간)
청약	· 1순위 자격요건 강화/일정분리 -청약통장 가입후 2년 경과 + 납입횟수 24회 이상 -5년 내 당첨자가 세대에 속하지 않을 것, 세대주 일 것 -2주택 소유 세대가 아닐 것(민영)
	· 가점제 적용 확대(85㎡이하 75% 85㎡이상 30%)
	민영주택 재당첨제한 -85㎡이하 : 과밀억제권역 5년, 그 외 3년 -85㎡초과 : 과밀억제권역 3년, 그 외 1년
	· 오피스텔 거주자 우선분양(분양 100실 이상 : 20% 이하, 분양 100실 미만 : 10% 이하)

짤TIP

조정대상지역에서는 오피스텔에도 거주자우선분양이 적용됩니다. 거주자 우선분양이란 오피스텔이 공급되는 지역에 거주하는 거주자에게 오피스텔을 우선분양 받을 수 있도록 하는 것인데요. 분양이 100실 이상인 경우에는 20% 이하, 100실 미만인 경우에는 10% 이하 범위 내에서 최대 1인당 1실을 우선분양 받을 수 있습니다.

분양신청 하기 전 알아 두자 : 투기과열지구

분양신청을 하기에 앞서 자신이 분양받고자 하는 아파트가 투기과열지구에 속하는 지역에서 분양되는 아파트인지를 확인하는 것 역시 매우 중요합니다. 다양하고 강력한 부동산 규제들이 적용되는 지역이기 때문이죠.

투기과열지구는 누가 지정하나?

투기과열지구는 국토해양부장관 또는 시·도지사가 지정 또는 해제할 수 있습니다. 즉, 국토부장관이 시·도지사의 의견을 들어 지정·해제할 수도 있고 시·도지사가 국토해양부장관과 협의를 거쳐 지정·해제할 수도 있다는 뜻입니다. 단, 국토해양부장관이 지정 또는 해제하는 경우에는 지자체의 의견 청취 및 검토의견 회신, 주거정책심의위원회 심의를 거쳐 지정 또는 해제할 수 있습니다.

투기과열지구 지정요건은?

투기과열지구 지정기준은 정량적 요건과 정성적 요건이 있습니다. 정량적 요건은 다시 공통요건과 선택요건으로 세분되고, 정성적 요건은 지역주택시장 여건 등을 고려하였을 때 주택에 대한 투기가 성행하고 있거나 우려되는 지역입니다. 한편, 정량적 요건은 공통요건과 선택요건 중 1가지 이상을 충족하면 되는데요. 공통요건은 해당지역 주택가격상승률이 물가상승률보다 현저히 높은 지역이고 선택요건은 다음의 세 가지 요건중 하나를 충족하면 되는데요. 첫째, 직전월(투기과열지구로 지정하는 날이 속하는 달의 바로 전 달을 말함)부터 소급하여 주택공급이 있었던 2개월 동안 해당 지역에서 공급되는 주택의 월평균 청약경쟁률이 모두 5대 1을 초과하였거나 국민주택규모 주택의 월평균 청약경쟁률이 모두 10대 1을 초과한 곳

둘째, 주택공급이 위축될 우려가 있는 곳으로 주택의 분양계획이 직전월보다 30퍼센트 이상 감소한 곳이거나 주택건설사업계획의 승인이나 건축허가 실적이 직전년도보다 급격하게 감소한 곳

셋째, 신도시 개발이나 주택의 전매행위 성행 등으로 투기 및 주거불안의 우려가 있는 곳으로 시·도별 주택보급률이 전국 평균 이하인 경우나 시·도별 자가주택비율이 전국 평균 이하인 경우 혹은 해당 지역의 주택공급물량이 입주자저축 가입자 중 주택청약 제1순위자에 비하여 현저하게 적은 경우입니다.

투기과열지구 지정효과는 ?

투기과열지구로 지정되면 금융, 정비사업, 전매제한, 청약, 기타 항목에 이르기까지 폭넓은 규제가 적용됩니다. 따라서 해당 내용을 충분히 숙지한 후 청약을 해야 예상치 못한 낭패를 미연에 방지할 수 있습니다. 다음은 투기과열지구에 적용되는 규제내용입니다.

투기과열지구 규제내용	
금융	· LTV·DTI 40%
	· 중도금대출발급요건 강화(분양가격 10% 계약금 납부, 세대당 보증건수 1건 제한)
정비사업	· 재건축조합원 주택 공급수 제한(1주택)
	· 재건축조합원 지위양도 제한(조합설립인가 시점부터 소유권이전등기시까지)
	· 재개발 등 조합원 분양권 전매제한(관리처분계획 인가 시점부터 소유권이전등기시까지)
	· 정비사업 분양 재당첨제한(조합원/일반분양 포함 5년)
	· 재건축사업 후분양 인센티브 배제
전매제한	· 주택 분양권 전매제한 : 소유권이전등기시(최대 5년)
	· 오피스텔 분양권 전매제한(소유권 이전등기 or 사용승인일로부터 1년 중 짧은 기간)
청약	· 1순위 자격요건 강화/일정분리 -청약통장 가입후 2년 경과 + 납입횟수 24회 이상 -5년 내 당첨자가 세대에 속하지 않을 것, 세대주 일 것 -2주택 소유 세대가 아닐 것(민영)
	· 민영주택 일반공급 가점제 적용 확대(85㎡이하 100% 85㎡이상 50%)
	· 민영주택 재당첨제한 -85㎡이하 : 과밀억제권역 5년, 그 외 3년 -85㎡초과 : 과밀억제권역 3년, 그 외 1년
	· 오피스텔 거주자 우선분양(분양 100실 이상 : 20% 이하, 분양 100실 미만 : 10% 이하)

기타	· 지역·직장주택조합 조합원 지위양도 제한(사업계획승인 후 양도·증여·판결 등에 따른 입주자 지위 변경 제한)
	· 지역·직장주택 조합원 자격요건 강화(조합설립인가신청일 → 신청일 1년 전)
	· 자금조달계획서 신고의무화(3억 이상)
	· 민간 분양가상한제 적용 주택분양가 공시(수도권은 의무공시, 지방은 별도 고시)
	· 공급질서 교란자에 대한 자격제한(5년, 공공주택지구는 10년)

자금조달계획서 신고 의무화는 물론 재개발, 재건축 등에 대한 규제, 지역·직장주택조합원에 대한 지위양도 및 조합원 자격요건 강화까지 적용되는 것을 알 수 있습니다. 청약을 하기에 앞서 꼭 숙지해 두셔야 하는 내용라고 할 수 있죠.

짤TIP

무주택자라면 특히 청약을 통해 새 아파트를 분양받는 것이 좋은 선택이라고 볼 수 있습니다. 민영주택 일반공급 물량에도 가점제가 적용되기 때문이죠. 85㎡이하는 모두 가점제로 공급되는 것은 물론 85㎡이상인 경우에도 절반이 가점제로 공급되기 때문입니다.

분양신청 하기 전 알아 두자 : 투기지역

투기지역은 조정대상지역이나 투기과열지구에 비해 규제의 목적이 단순하고 분명하다고 볼 수 있는데요. 대출과 세금 규제가 핵심이기 때문이죠.

투기지역은 누가 지정하나?

투기지역은 국토교통부장관의 요청에 따라 기획재정부장관이 부동산가격안정심의위원회를 거쳐 지정 및 해제할 수 있습니다. 투기지역이 금융측면에서의 규제와 세금측면에서의 규제에 초점을 맞추고 있기 때문이죠.

투기지역 지정요건은?

투기지역 지정기준은 정량적 요건과 정성적 요건이 있습니다. 정량적 요건은 다시 공통요건과 선택요건으로 세분되고, 정성적 요건은 정량적 요건을 갖추고 당해 지역의 부동산 가격 상승이 지속될 가능성이 있거나 다른 지역으로 확산 우려가 있다고 판단되는 지역입니다. 한편, 정량적 요건은 공통요건과 선택요건 중 1가지 이상을 충족하면 되는데요. 공통요건은 지정하는 날이 속하는 달의 직전월의 주택매매가격상승률이 전국소비자물가상승률의 130%보다 높은 지역이고 선택요건은 다음의 두 가지 요건중 하나를 충족하면 되는데요.

첫째, 직전월부터 소급하여 2월간의 월평균 주택매매가격상승률이 전국주택매매가격상승률의 130%보다 높은 지역이거나 직전월부터 소급하여 1년간의 연평균 주택매매가격상승률이 직전월부터 소급하여 3년간의 연평균 전국주택매매가격상승률보다 높은 지역인 경우

둘째, 직전월의 지가상승률이 전국소비자물가상승률의 130%보다 높은 지역으로 직전월부터 소급하여 2월간의 월평균 지가상승률이 전국지가상승률의 100분의 130보다 높은 지역이거나 직전월부터 소급하여 1년간의 연평균 지가상승률이 직전월부터 소급하여 3년간의 연평균 전국지가상승률보다 높은 지역인 경우입니다.

투기지역 지정효과는 ?

투기지역으로 지정되면 크게 금융측면에서의 규제와 세금 측면에서의 규제가 강화된다고 보시면 됩니다. 다음의 표는 투기지역에서

적용되는 규제내용을 정리한 것입니다.

투기지역 규제내용	
금융	· LTV·DTI 40%
	· 중도금대출발급요건 강화(분양가격 10% 계약금 납부, 세대당 보증건수 1건 제한)
	· 주택담보대출 만기연장 제한(2건 이상 아파트담보대출이 있는 경우)
	· 주택담보대출 건수 제한(세대당 1건) 단, 기존주택 2년내 처분 약정시 예외 인정
	· 기업자금대출제한(임대사업자의 임대용주택 취득 외 주택취득 목적 기업자금대출 신규 취급 불가)
세제	· 양도소득세 계산을 위한 주택수 산정시 농어촌주택 포함(3년 보유 및 이전 주택 매각시 1세대1주택으로 간주해 주택수 산정에서 배제
	· 취·등록세 중과대상인 별장에서 일정규모·가액이하 농어촌주택 배제 제외

짤TIP

투기지역으로 지정되면 대출규제와 세금 부담이 증가하죠. 그래서 투기지역으로 지정되면 상대적으로 규제에서 자유로운 인근지역이 반사이익을 얻는 경우가 많습니다. 하지만 반사이익을 얻은 지역이라 할지라도 투기지역 요건을 충족하게 되면 결국 투기지역으로 지정되기 마련입니다. 시간의 차이만 있을 뿐 수요가 몰리면 규제는 피해갈 수 없다는 뜻이죠. 그렇기 때문에 본질적 가치가 뛰어난 곳을 주목해야 하는 것입니다.

분양받기에 앞서 중도금 집단대출이 가능한지 점검하자!

새 아파트를 분양받았는데 막상 중도금 대출이 안 되는 상황이라면 어떻게 해야 할까요? 답은 하나밖에 없습니다. 어떻게 해서든 현금을 마련해 중도금을 납입하는 것입니다. "설마 그럴 리가 있을까?" 라고 생각할 수도 있지만 각종 부동산 규제강화로 그런 경우가 발생하고 있는 것이 현실입니다.

중도금 대출이 안 되는 경우도 있다?

조정대상지역이나 투기과열지구, 투기지역에서 분양하는 아파트를 청약하는 경우 중도금 집단대출이 불가능한 상황에 처할 수 있다는 점을 늘 염두에 두어야 합니다. 예를 들어 분양 가격이 9억 원이 넘는 아파트인 경우가 대표적입니다. 또한 이미 주택담보대출을 받은 유주택자라면 중도금 집단대출이 현실적으로 어렵습니다. 이들 규제지역에서는 중도금 대출발급요건이 강화되어 분양가격 10% 계약금 납부, 세대당 보증건수 1건 제한 등이 적용되고 있기 때문입니다.

중도금 집단대출 가능지역 여부 점검하기

중도금 집단대출을 받을 수 있는지를 확인하기 위해서는 여러 가지 조건들을 따져 보아야 합니다. 하지만 최대한 단순화 시켜 보면 대략 다음과 같이 세 가지 정도를 점검하면 됩니다.

중도금 집단대출 가능여부 점검 리스트

순서	점검 항목	내용
첫 번째 점검사항	분양받을 아파트의 소재지는 ?	투기지역 투기과열지구 조정대상지역 그 외 지역
두 번째 점검사항	세대 전체가 보유중인 주택의 숫자는 ?	무주택 1주택 2주택 이상
세 번째 점검사항	분양받은 주택의 분양가격은 ?	9억 원 이하 9억 원 초과

가장 먼저 분양받을 아파트가 소재하는 지역이 어디인지를 따져 보아야 합니다. 투기지역이나 투기과열지구, 조정대상지역인 경우 무주택세대주나 1주택 세대주인 경우(조건부)만 중도금집단대출이 가능하기 때문이죠. 다음으로 현재 분양받고자 하는 세대가 보유중인 주택이 숫자를 따져 보아야 합니다. 2주택 이상인 경우라면 중

도금집단대출은 불가능하니까요. 마지막으로 분양받을 주택의 분양가격을 따져보아야 합니다. 만일 분양가격이 9억 원을 초과한다면 현실적으로 중도금집단대출이 불가능합니다.

짤TIP

분양가격이 9억 원을 초과하는 아파트를 분양받는다면 중도금 집단대출이 불가능하죠. 그렇다면 분양가격이 9억 원인 아파트를 분양받기 원한다면 9억 원이라는 현금이 있어야만 할까요? 원칙적으로 그렇습니다. 하지만 무조건 그렇다고 볼수는 없습니다. 아주 예외적으로 시공사 신용을 보증으로 중도금 대출을 알선하는 경우도 있기 때문인데요. 하지만 이런 경우는 드물죠. 분양가격이 9억 원을 초과하는 아파트의 중도금 집단대출이 불가능하다고 말하는 이유입니다.

분양광고 맹신금지!

음식도 먹음직스럽게 보여야 잘 판매가 되는 것처럼 아파트 역시 매력적으로 보여야 분양에 성공할 수 있습니다. 그래서 건설사들은 어떻게 해서든 성공적으로 분양을 마무리하기 위해 다양한 노력을 기울이는데요.

분양광고에 빠지지 않고 '역세권' 이슈가 등장하는 이유는?

분양광고에서 가장 흔하게 접하는 문구들이 있습니다. 대표적으로 가장 흔히 접할 수 있는 문구는 아마도 '초역세권', '지하철역사에서 도보 5분 거리'와 같은 역세권과 관련된 내용일 것입니다. 왜 그럴까요?

역세권은 실수요자는 물론 투자목적을 아파트를 분양받는 투자자인 경우에도 매력적인 투자대상이 될 수 있기 때문입니다. 실제로 지하철이나 KTX, GTX는 해당 노선 개통된 이후까지 지속적으로 집값에 긍정적인 영향을 주게 됩니다.

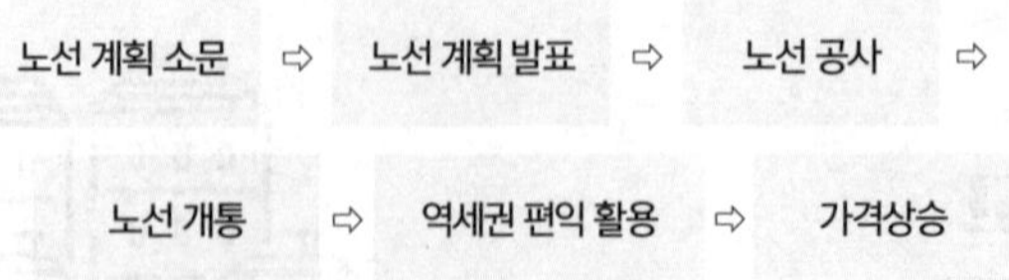

실제로 지하철이나 KTX, GTX 노신 관련 소문이 나고 계획이 발표되면 해당지역에 한 바탕 부동산 바람이 불어 닥치게 됩니다. 그 이후 공사단계를 거쳐 노선이 개통되고 역세권이라는 편익을 본격적으로 경험하게 되면 추가적인 아파트 가격 상승현상이 발생하게 되죠.

역세권은 정말 돈이 될까?

역세권은 과연 아파트 가격에 긍정적인 영향을 주는 것일까요? 이와 관련된 재미있는 분석자료가 있습니다. 부동산 114가 2019년 3월 조사해 발표한 내용인데요. 수도권 21개 지하철 노선에 위치하고 있는 아파트 가격들을 살펴 보았더니 역세권에 속하는 아파트가 그렇지 않은 아파트에 비해 평균 5,841만 원 높은 것으로 나타났다고 합니다. 이는 역세권이야말로 아파트 가격 상승현상을 이끌어내는 가장 강력한 변수라는 것을 입증하는 것이 아니고 또 무엇이겠습니까! '역세권'이라는 이름의 과장광고가 가장 많은 이유를 이제 아시겠죠?

역세권이 아닌데도 역세권이라고 우기는 광고가 많다.

문제는 진정한 의미에서 볼 때 역세권이 아닌데도 역세권이라고 우기는 과장광고가 많다는 것입니다. 분명 도보 10분 거리라고 했는데 실제로 걸어보면 30분 가까이 소요되는 거리까지 도보 10분 거리라고 표현하는 것은 양반입니다. 직선거리로 500m라고 광고를 했는데 직선거리로는 말 그대로 지도위에서만 있고 실제로는 돌아가야 하기 때문에 2~3km가 되는 경우도 있습니다. 이런 곳은 본질적인 의미에서 역세권이라고 보기 어렵습니다. 도보로 접근할 수 있는 정도의 거리라면 몰라도 차량으로 이동하는 것이 더 편리한 거리라면 더더욱 그렇죠. 그럼에도 불구하고 여전히 역세권이라는 이름으로 분양되는 아파트들이 많은 것이 현실입니다.

과장광고는 역세권 이슈에만 그치는 것이 아니라는 것이 문제다.

'역세권' 외에도 아파트 분양 현장에서 과장광고가 많이 이루어지고 있는 것들로는 '직주근접성이 뛰어난 대규모 아파트 단지', '뛰어난 학군'과 같은 것들이죠. 사실 직주근접성은 아파트뿐만 아니라 모든 유형의 집값을 결정하는 가장 강력한 변수라고 할 수 있는데요. 그래서 그런지 몰라도 직주근접성을 확보하기는커녕 당장 출퇴근하기도 여의치 않은 곳들까지 장밋빛 계획이 마치 이미 현실화된 것처럼 과장광고를 하는 경우가 많습니다. '학군' 역시 마찬가지죠. 입주 시에는 100% 개교된다던 학교가 입주 후 몇 년이 지나

서야 개교되는 경우도 비일비재합니다. 개교라도 되면 그나마 다행입니다. 확정되지도 않은 사실을 마치 확정된 것처럼 과장광고하는 경우도 있습니다. 전형적인 과장광고가 아닐 수 없습니다.

짤TIP

개발호재가 많아 거주와 투자라는 두 마리 토끼를 모두 잡을 수 있는 아파트라는 광고에 현혹되면 절대 안 됩니다. 분양광고에서 제시되는 개발호재라면 일단 색안경을 끼고 보셔야 하기 때문입니다. 발표 된 이후 10년이 지났지만 여전히 실현되지 않은 호재요인도 있고 아예 폐기된 호재요인도 정말 많다는 사실을 명심하시기 바랍니다.

분양공고에서 챙겨 보아야 할 것들!

건설사들이 아파트 분양을 하는 경우 분양을 위한 입주자모집공고를 하게 됩니다. 사실 입주자모집공고는 분양신청을 하고자 하는 사람이라면 꼼꼼하게 확인해야 하는 매우 중요한 서류라고 할 수 있습니다. 그럼에도 불구하고 의외로 많은 사람들이 입주자모집공고를 가볍게 대하는 경우가 많죠. 그렇다면 어떤 부분을 주목해야 할까요?

입주자모집공고일

분양공고에서 가장 먼저 확인해야 할 것은 최초 입주자모집공고일입니다. 최초 입주자모집공고일이 중요한 이유는 청약자격조건 판단 기준일이 바로 최초 입주자모집공고일이기 때문입니다. 즉, 무주택기간, 나이, 지역 우선 등을 최초 입주자 모집공고일을 기준으로 판단해야 하는 것이죠. 예를 들어 최초 입주자모집공고일이

20**년 10월 15일이라면 이 날이 무주택기간, 나이, 지역 우선 등의 청약자격조건 판단의 기준일이 되는 것입니다.

청약과 관련된 규제 확인

분양공고에는 공급하는 아파트가 분양과 관련된 규제가 적용되는 지역일 경우 어떤 규제가 적용되는 지역인지가 표시됩니다. 예를 들어 '본 아파트의 주택건설지역인 서울특별시 **구는 수도권 과밀억제권역이며, 투기과열지구 및 청약과열지역(2018.12.31이후)에서 공급하는 분양가상한제 미적용 민영아파트입니다.'라는 표현을 확인할 수 있습니다.

그 외 '주택공급에 관한 규칙'에 따른 확인사항

분양공고에는 주택공급에 관한 규칙에서 규정하고 있는 청약과 관련된 중요한 내용들이 표시되어 있습니다. '청약가점제도'의 적용 여부, '재당첨 제한기간 규정의 적용 여부', '청약 1순위 자격제한', '청약 제한사항', '분양권 전매제한과 관련된 사항', '부동산 거래신고, 자금조달 및 입주계획서 신고 의무화', '청약 순위별 자격요건', '청약가점제 적용기준' 등입니다. 이 부분들을 꼼꼼하게 확인해야만 합니다.

짤TIP

입주자모집공고문 중 기타유의사항을 꼼꼼히 살펴 볼 필요가 있습니다. 공통사항과 단위세대와 관련된 내용으로 구분되어 제시되는데요. 예를 들어 "인접 지역의 개발로 인해 향후 입주 시 먼지, 소음 등으로 환경권 및 생활권이 침해될 여지가 있다", "단지주변 도시계획도로상에 한전 전신주, 전선 및 통신선 등이 이동 설치될 수 있으며, 이로 인해 일부세대는 직접 조망에 따른 미관 및 기타 피해가 생길 수 있다.", "일부 동은 주변 건물 및 구조물, 기존 건물의 재건축 및 증축, 단지 내 인접 동에 의해 조망권의 침해가 발생할 수 있다."와 같은 디테일한 내용들이 표시됩니다. 그런데 이런 부분들은 입주자모집공고문을 확인하지 않으면 알 수 없는 내용들이죠. 그래서 입주자모집공고문을 꼼꼼하게 확인해야 하는 것입니다.

모델하우스에서 챙겨 보아야 할 것들!

아파트를 분양받으려고 할 때 가장 궁금한 것은 어떻게 지어지는지, 배치는 어떤지, 각 동별 향이나 출입문의 위치, 공원을 어디에 얼마나 위치하게 될지, 안전을 위한 보안수준은 어떻게 확보될 것인지 등 매우 다양합니다. 이런 궁금증들을 해소하기 위해 유용한 것이 바로 모델하우스죠. 모델하우스의 정식 명칭은 '견본주택'입니다.

우리나라는 견본주택을 실제 건축되는 주택과 동일하게 건설하도록 규정하고 있습니다. 국내 아파트 분양은 아파트가 완공되기 전에 분양이 이루어지는 선분양 형태죠. 현실적으로 내부 구조를 확인할 수 있는 방법은 모델하우스라고 불리고 있는 견본주택을 방문해 확인하는 방법밖에 없습니다. 그렇기 때문에 견본주택을 세심하게 점검한다면 분양 받은 아파트가 향후 어떻게 지어질 것인지를 예측하는 데 큰 도움이 됩니다.

방문객이 한산한 시간대에 내부구조를 충분히 관찰하라!

모델하우스는 오픈하는 날은 오전과 오후에 방문객들이 많이 몰리죠. 물론 주말 오후에도 방문객들이 모델하우스를 많이 찾습니다. 이렇게 방문객들이 많은 날 모델하우스를 찾게 되면 그야말로 사람에 치이고 밀려 충분한 관찰을 언감생심 꿈도 꾸지 못합니다. 모델하우스에서 제공하는 다양한 설명과 내부구조를 자세히 살펴 보기 위해서는 최소 1시간이상에서 많게는 2~3시간까지 시간이 소요되기 마련입니다. 그렇기 때문에 사람들이 많이 몰리지 않는 요일, 시간대를 선택하는 것이 필요합니다.

단지 배치를 보여주는 모형물의 중요성을 간과하지 말자!

모델하우스에서 사람들이 가장 많이 몰려드는 곳, 다시 말해 핫플레이스는 단연 모형물이 있는 곳이죠. 그렇다보니 모형물을 대충 훑어보고 바로 내부구조를 확인하기 위해 각 공급형별 유닛으로 직행하는 경우가 대부분입니다. 하지만 모형물은 그렇게 간단히 확인하고 넘어가서는 안 되는 매우 중요한 정보들을 담고 있기 때문에 그 중요성을 간과해서는 안 되죠. 모형도를 보면 해당 아파트단지의 입지, 단지 배치, 동간 거리, 방향, 조망권, 조경, 커뮤니티 편의시설, 주차장, 대중교통 접근성, 학교위치 등을 모두 확인할 수 있습니다.

모델하우스 내 공급 면적형별 유닛 내부 확인은 아무리 강조해도 지나치지 않다!

모델하우스에는 분양하게 되는 아파트 면적형을 실제와 똑같이 만든 유닛들이 있습니다. 또한 이 유닛들 내부에 사용되는 마감자재나 가구들은 분양을 받아 입주해서 실제로 내가 거주할 때 사용하게 될 것들과 동일한 것들이죠. 그렇기 때문에 유닛 내부를 샅샅이 살펴 보는 것이 중요합니다. 또한 이때 모델하우스 유닛 내에 설치되어 있는 모든 품목들이 내가 분양받아 입주하기만 하면 사용할 수 있는 품목들이라고 생각하면 절대로 안 됩니다. 분양가에 포함되지 않은 품목들은 옵션 항목일 가능성이 높기 때문입니다.

짤TIP

모델하우스를 방문하기에 앞서 분양되는 아파트가 실제로 건축되고 있는 현장이 어디에 있는지를 먼저 확인해 보는 것이 좋습니다. 모형물을 통해 확인하는 것과 실제 건축현장을 방문해 확인하는 것 사이에는 적지 않은 차이가 있을 수 있기 때문입니다.

분양가상한제란?

분양가상한제는 집값 안정을 위해 도입된 것입니다. 택지비와 건축비에 업체들의 적정이윤을 더한 분양가 책정 방식을 법으로 규정하여 분양가격을 정책적으로 조정하는 제도이기 때문입니다. 이런 이유로 분양가상한제가 적용되는 공동주택의 분양가는 '주택법' 및 '공동주택분양가격 산정 등에 관한 규칙'에서 정하는 기준에 따라 산정되는 분양가격 이하로 공급해야 합니다. 그만큼 분양가격은 저렴하게 되는 것이죠.

분양가상한제의 분양가격 결정은 어떻게 ?

분양가상한제 하에서 분양가격의 결정은 기본적으로 건축비에 택지비를 더해서 계산됩니다. 이때 건축비는 기본형건축비와 건축비가산비를 택지비는 택지의 공급가격에 택지비가산비를 더해 산정되죠.

분양가상한제 계산구조

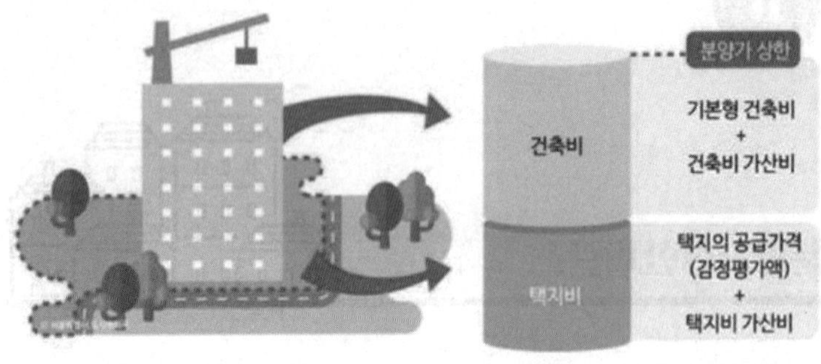

자료 : 서울시 도시계획 용어사전

분양가상한제의 적용 효과

분양가상한제가 적용되는 지역에서 주의해야 포인트는 크게 재당첨제한과 전매제한 두 가지가 있습니다.

먼저 재당첨제한입니다. 분양가상한제가 적용되는 아파트를 분양받은 이력이 있는 사람과 그 세대에 속하는 세대원은 재당첨 제한 기간 동안 다른 분양주택의 입주자로 선정될 수 없습니다.

다음으로 전매제한기간입니다. 수도권에서 건설·공급되는 분양가상한제 주택의 전매제한기간은 개발제한구역 해제비율, 주택면적에 관계없이 분양가격과 인근주택가격의 시세차이의 정도에 따라 공공택지에서 건설·공급되는 주택은 최대 8년까지 강화되고, 민간택지에서 건설·공급되는 주택은 공공택지의 50%에 해당하는 기간으로 강화됩니다.

<table>
<tr><th colspan="3" rowspan="2">구 분</th><th colspan="2">전매제한</th></tr>
<tr><th>투기과열지구</th><th>그 외 지역</th></tr>
<tr><td rowspan="8">수도권</td><td rowspan="4">공공택지
(공공분양)
(민간분양)</td><td>분양가격 인근 시세의 100% 이상</td><td>3년[1]</td><td>3년</td></tr>
<tr><td>85~100%</td><td>4년[1]</td><td>4년</td></tr>
<tr><td>70~85%</td><td>6년</td><td>6년</td></tr>
<tr><td>70% 미만</td><td>8년</td><td>8년</td></tr>
<tr><td rowspan="4">민간택지</td><td>분양가격 인근 시세의 100% 이상</td><td>3년</td><td>1년6개월</td></tr>
<tr><td>85~100%</td><td>3년</td><td>2년</td></tr>
<tr><td>70~85%</td><td>3년</td><td>3년</td></tr>
<tr><td>70% 미만</td><td>4년</td><td>4년</td></tr>
</table>

1) 과밀억제권역내 85㎡이하 주택의 경우는 5년

짤TIP

2019년 2월 분양가 상한제를 적용하는 공공택지 내 공동주택의 분양가격 공시항목을 종전 12개에서 62개로 확대하는 내용의 '공동주택 분양가격의 산정 등에 대한 규칙' 개정안이 대통령 직속 규제개혁위원회에서 원안대로 통과되었습니다. 이에 따르면 공사비 항목에서 특히 세분 공시되는데요. 종전 공사비 항목은 토목, 건축, 기계설비 등 총 5개 항목으로 나눠 공개하던 것을 51개로 늘렸죠. 또한, 택지비 항목은 4개, 간접비 항목은 6개가 되는데요. 이처럼 공시항목이 확대되면 분양 계약자들이 아파트 공사비용을 보다 상세하게 파악할 수 있기 때문에 분양가상한제의 실효성을 확보하기 용이할 전망입니다. 향후 하남·남양주·계양 등 3기 신도시와 과천·성남 등에서 이뤄질 공공택지 공급에서는 아파트 분양가격 인하를 기대할 수 있을지 지켜 볼 필요가 있는 이유입니다.

믿을 수 있는 시공사인지부터 확인하자!

새 아파트를 분양받아 내 집 마련의 꿈에 부풀어 있는데 갑자기 시공사가 부도를 내면 어떻게 될까요? 혹은 시공사 문제로 입주일이 늦어지면 어떻게 해야 할까요? 이런 문제 때문에 브랜드가 중요하고 시공사가 어디인지를 확인해야 하는 것입니다. 물론 좋은 브랜드, 믿을 수 있는 시공사가 언제나 정답이라고 할 수는 없겠죠. 하지만 그렇지 않은 경우와 비교했을 때 분명한 강점이 있기 때문에 믿을 수 있는 시공사가 공급하는 아파트를 분양받는 것이 중요하다고 할 수 있습니다.

살아 본 사람이 선호하는 브랜드가 좋은 브랜드다.

사람들이 선호하는 아파트 브랜드들이 있습니다. 예를 들면 '래미안', '자이', '힐스테이트', '푸르지오', '더샵', '캐슬', '이편한세상'처럼요. 물론 위에서 언급한 브랜들 외에도 소비자들로부터 많은 사랑을 받는 브랜드들도 많습니다. 하지만 좋은 브랜드들은 어김없이 한 가지 공통점이 있습니다. 모두 이미 해당 브랜드 아파트에 살고 있거나 살아 본 경험을 갖고 있다는 것이죠. 즉, 좋은 브랜드라는 것은 건설사가 '우리 브랜드가 정말 좋아요!"라고 제 아무리 광고를 한다고 해서 만들어지는 것이 아니라는 것이죠. 결국 좋은 브랜드라는 것은 소비자들이 해당 브랜드의 건설사가 시공한 아파트에 거주하면서 차곡차곡 쌓이고 있는 경험이나 과거 살아 본 경험을 통해 만들어 지는 것이라는 뜻입니다. 그렇기 때문에 소비자들 사이에서 평판이 좋고 그래서 주택 수요자들이 선호하는 브랜드가 좋은 브랜드인 것이죠.

좋은 시공사일수록 입주 후 시세차익도 커진다.

좋은 시공사가 공급하는 아파트를 선호하지 않는 사람은 없을 것입니다. 믿을 수 있는 시공, 좋은 품질이 만족도를 높여줄 수 있기 때문이죠. 하지만 이런 요인 외에 좋은 시공사를 선호하는 또 다른 이유가 있습니다. 바로 시세차익을 기대할 수 있다는 점인데요. 이는 부동산시장에서 하나의 법칙처럼 받아들여지고 있습니다.

심지어 여러 브랜드가 혼재되어 있는 대규모 단지인 경우 입지 측면에서 별 차이가 없음에도 불구하고 좋은 시공사가 공급한 아파트가 상대적으로 처지는 시공사가 공급한 아파트 가격에 비해 두드러지게 높은 시세가 형성되어 있는 경우를 어렵지 않게 발견할 수 있습니다. 좋은 시공사일수록 입주 후 더 높은 시세차익을 기대할 수 있다는 뜻이죠. 그러니 더 좋은 시공사를 선택하는 것이 좋다고 할 수 있습니다.

짤TIP

지역주택조합 아파트는 조합원들이 일반분양 아파트에 비해 저렴하게 분양을 받을 수 있다는 장점이 있습니다. 특히, 유명 건설회사가 공급하는 아파트라면 금상첨화라고 할 수 있죠. 그런데 광고는 유명 건설회사가 시공한다고 조합원을 모집해 놓고 후에 인지도가 떨어지는 시공사로 변경되는 경우도 있습니다. 그렇기 때문에 혹여 중간에 건설회사가 변경되지는 않는지 도끼눈을 뜨고 꼼꼼하게 살펴 보아야 하는 것입니다.

분양가격에 거품이 있는지 진단하기!

서울 등 수도권 주요 우량지역에서 공급되는 아파트들은 늘 고분양가 논란에서 자유롭지 않은 것이 사실이죠. 분양가가 언론을 통해 보도될 때마다 고분양가 문제로 이런 저런 말이 나오는 것을 보면 적어도 그 당시 기준으로는 정상가격이 아니라고 볼 수도 있습니다. 하지만 그렇게 고분양가 논란이 있었던 주요 우량지역 아파트들이 지금까지 분양이 되지 않은 건설사가 애를 먹고 있다는 이야기를 들어 본 적이 없습니다. 분양가격에 거품이 있다는 기준이 정말 정확한 것인지 따져 볼 필요가 있는 대목이 아닐 수 없습니다.

평균분양가는 실제분양가가 아니다!

다음과 같은 개당 가격과 수량의 핫도그가 있다고 할 때 평균 판매가격을 구해 볼까요?

⊙ 판매가격이 개당 1,500원인 핫도그 30개
⊙ 판매가격이 개당 1,000원인 핫도그 30개
⊙ 판매가격이 개당 500원인 핫도그 1개

보통의 경우라면 평균가격은 각각의 판매가격에 판매 개수를 곱한 후 모두 더해서 구하게 됩니다. 즉, 다음과 같이 평균가격을 구하게 된다는 뜻이죠.

$$\frac{(1{,}500\text{원} \times 30\text{개}) + (1{,}000\text{원} \times 30\text{개}) + (500\text{원} \times 1\text{개})}{61\text{개}} = 1{,}237.7\text{원}$$

그런데 만일 평균가격을 이렇게 계산하면 어떻게 될까요?

판매가격이 1,500원이 종류 1가지, 판매가격이 1,000원인 종류 1가지 그리고 판매가격이 500원인 종류 1가지로 구분해 평균을 계산하는 것이죠. 이렇게 말입니다.

$$\frac{1{,}500\text{원} + 1{,}000\text{원} + 500\text{원}}{3} = 1{,}000\text{원}$$

핫도그의 평균 판매가격이 갑자기 1,237.7원에서 1,000원으로 크게 하락하게 됩니다. 그렇죠? 황당하게 느껴지지 않나요? 그런데 이렇게 황당한 계산법이 아파트 분양광고를 하는 데 사용되고 있습니다. 버젓이 평균분양가라는 이름으로 말이죠. 그렇기 때문에 분양광고를 접할 때 '3.3㎡당 얼마'라는 표현에 절대 혹하시면 안 되는 것입니다. 진짜 분양가는 다르게 계산해야만 비로소 보이니까요.

자신이 분양받고자 하는 면적형의 분양가를 확인하고 주변지역의 시세와 비교하라!

평균분양가를 믿으면 안 된다는 것을 확인했습니다. 그렇다면 어떻게 해야 분양가에 거품이 있는지를 파악할 수 있을까요? 의외로 간단합니다. 주변지역에 이미 형성되어 있는 유사 면적형의 시세가 어떤 수준인지를 확인해 보면 되니까요. 물론 새 아파트를 분양받을 경우 기존 아파트에 비해 어느 정도 프리미엄이 붙게 되는 것은 고려해야 합니다. 하지만 이 부분도 입주 후 5년 이내의 아파트와 비교한다면 편차가 줄어들 수밖에 없습니다. 그만큼 분양가에 거품이 있는지를 확인하는 데 도움이 된다는 뜻이죠.

짤TIP

옵션의 함정이라는 것이 있습니다. 새 아파트를 분양받는데 분양가격이 저렴하다고 생각했는데 의외로 옵션금액이 커서 분양가격이 비싸게 돌변하는 현상을 말하는 것이죠. 예를 들어 옵션항목으로 시스템에어컨이나 빌트인 가전제품, 중문 등이 더해지고 여기에 발코니 확장비용이 추가된다면 옵션으로 추가 부담해야 하는 금액이 3천만 원 이상이 되는 경우도 많죠. 그러니 새 아파트를 분양받는 경우 옵션항목도 꼼꼼히 점검해야만 합니다.

학교, 병원, 생활편의시설과 각종 기반시설 유무를 직접 따져 보라!

모든 건설회사들이 아파트를 분양하면서 있는 그대로 정직하게 광고를 한다면 좋은 입지조건을 자랑하는 곳에서 분양하는 아파트들은 분양성적이 좋을 것이고 그렇지 않은 경우는 분양성적이 나쁠 것입니다. 하지만 안타깝게도 있는 그대로 정직하게 분양광고를 하는 건설회사들은 의외로 많지 않은 것이 현실입니다. 물론 그렇다고 해서 건설회사들이 악의적으로 분양받는 사람들을 속여서 높은 이익을 부당하게 취하고 있다는 뜻은 아닙니다. 단지, 당장의 분양성적을 위해 실제보다 과장해서 광고를 하고 있다는 의미죠.

손품을 팔아라!

어떤 아파트가 되었든 신규로 분양되는 아파트를 청약하고자 한다면 청약에 앞서 자신이 분양받고자 하는 아파트가 어떤 지역에 입지하고 있는지, 주변 환경은 어떠하고 향후 어떤 호재요인이 있는

지와 관련된 내용들을 미리 확인하는 것이 중요합니다. 다행이 위와 같은 정보들은 인터넷이나 각종 앱을 통해 어렵지 않게 확인할 수 있죠. 과거처럼 방법을 몰라서 정보를 얻지 못하는 경우는 정말 드뭅니다. 의지만 있으면 누구나 정보를 찾을 수 있으니까요.

게다가 손품을 파는 것은 발품팔기를 위한 사전정보로서 중요한 역할을 하게 됩니다. 분양받기에 앞서 1차적 정보수집 수단으로서 손품팔기를 간과해서는 안 되는 이유입니다.

발품을 팔아야 비로소 보이는 것들이 있다.

아무리 인터넷이나 앱을 통해 손품을 팔아도 발로 현장을 직접 점검하지 않으면 보이지 않거나 중요성을 깨닫지 못하는 것들이 있습니다. 아무리 정보기술이 발달하고 현장을 직접 방문하지 않아도 다양한 정보를 손쉽게 획득할 수 있는 세상이 되었다 할지라도 부동산은 발품을 팔아 현장을 파악하는 것이 중요합니다. 유동인구를 파악한다 할지라도 통계자료의 형태로 인터넷이나 앱에서 제공되는 유동인구와 실제 발품을 팔아 확인할 수 있는 다양한 유동인구는 여러 가지로 큰 차이가 있을 수 있기 때문입니다. 이런 부분이야말로 발품을 팔아야 비로소 눈에 보이는 것들이죠.

생활편의시설과 각종 기반시설, 교통편리성은 디테일하게 점검하라!

생활편의시설이나 각종 기반시설, 대중교통 이용의 편리성은 분양광고에서 제공하는 것을 있는 그대로 믿으면 절대 안 됩니다. 보통 분양광고는 과대광고를 하는 경우가 많기 때문이죠. 그렇기 때문에 실현가능성은 얼마나 되는지, 아파트가 지어질 현장 주변에 광고에서 언급한 생활편의시설이나 기반시설, 대중교통 이용의 편리성은 확보되고 있는지, 또한 공공계획에 의해 그런 내용이 실현될 가능성은 있는지, 있다면 언제 구체적으로 실행될 것인지와 관련된 내용들을 세심하게 확인해 두는 것이 중요합니다.

짤TIP

생활편의시설이나 각종 기반시설, 대중교통 이용의 편리성이 좋은 지역에서 공급되는 아파트를 받을 때 특히 자신이 분양받은 아파트와 위의 시설들이 얼마나 인접하고 있는지도 꼼꼼하게 따져 보아야 합니다. 예를 들어 기흥역세권은 역세권 주변에 공급된 아파트만 가격상승 현상이 발생하고 있는 데 비해 기흥역세권에서 몇 Km 정도 떨어진 지역들은 가격상승이 거의 없었거나 하락하는 모습을 보이는 경우도 있기 때문이죠. 결국 생활편의시설이나 기반시설, 대중교통시설과의 거리가 향후 자산가치를 결정하게 되는 것입니다.

Chapter 4

기존 주택을 매입해 내 집 마련을 할 때 필요한 16가지 절대지식

16 빌라 등 다세대주택은 꼼꼼하게 따져 본 후 구입하자!

반드시 점검해야 할 등기사항전부증명서!

등기사항전부증명서를 통해 해당 부동산의 소유, 형태, 구조 및 근저당권 등 소유권에 제한을 가하는 각종 권리들을 확인할 수 있습니다. 주택의 등기사항전부증명서는 아파트 및 다세대·연립주택과 같은 집합건물에 대한 등기사항전부증명서(집합건물의 등기사항전부증명서 구성은 한 동 전체에 대한 표제부가 있고 건물, 토지의 표시로 구성됨)와 단독주택·다가구주택의 등기사항전부증명서로 세분할 수 있는데 이 경우 토지 등기사항전부증명서, 건물 등기사항전부증명서로 세분됩니다.

등기사항전부증명서의 구성

등기사항전부증명서는 표제부(表題部), 갑구(甲區), 을구(乙區)로 구성되어 있습니다. 표제부(表題部)는 집으로 따지면 대문과 같은 역할을 하는데요. 예를 들어 아파트·다세대·연립주택과 같은 공동주택인 경우에는 소재지, 지번, 지목, 구조와 함께 대지권의 목적인 토지의 표시, 전유부분의 표시, 대지권의 표시 등이 표제부에 기재됩니다.

갑구(甲區)에는 소유권에 관련되는 사항들이 기재됩니다. 소유권 보존등기(건물이 신축되어 등기가 이루어지는 경우), 소유권 이전등기(매매 등의 사유로 인해 부동산의 소유권이 변경되는 경우), 가등기나 (가)압류, 가처분, 환매등기, 경매기입등기와 같이 소유권과 관련되는 사항들이 갑구에 기재되죠. 을구(乙區)에는 소유권 이외의 권리들이 기재됩니다. (근)저당권, 전세권, 지상권, 지역권 등이 대표적으로 을구에 기재되는 권리들입니다.

매매거래를 할 때 등기사항전부증명서 활용법

부동산매매를 하는 경우 거래에 앞서 우선 등기사항전부증명서를 발급받아 각종 권리관계를 확인해야 합니다. 이때 갑구에서는 소유권과 관련된 제한 사항, 예를 들면 가압류, 가처분, 가등기 등이 기입되어 있는지 확인해야 합니다. 만일 그런 제한사항들이 기입되어 있다면 말소를 한 후 계약을 진행하거나 말소를 조건으로 매매계약서를 작성해야 합니다.

한편 을구에서는 특히 근저당권에 주의를 기울일 필요가 있습니다. 특히, 부동산 규제가 강화되면서 은행대출과 관련해 세심한 주의가 필요하죠. 예를 들어 6억 원에 아파트를 매입했는데 기존의 주택담보대출 4억3천만 원을 승계하기로 매매계약을 작성했다고 해 보죠. 이런 경우라면 매매계약을 체결하기에 앞서 반드시 대출은행에 종전 주택담보대출을 승계할 수 있는지를 확인해야 합니다. 주택담보대출을 신청하는 차주의 신용도나 소득, 주택보유 여부 등에 따라 대출승계가 불가능할 수도 있고 종전 대출 가운데 일부를 상환하는 조건으로 부분 승계만 가능한 경우도 있으며 대출 승계 자체가 불가능해서 새로 주택담보대출을 받아야만 하는 경우도 있을 수 있기 때문이죠.

짤TIP

우리나라의 등기사항전부증명서에는 공시의 효과는 있으나 공신력은 없습니다. 좀 더 이해하기 쉽게 말하면 등기사항전부증명서에 기재되어 있는 것을 신뢰하고 A라는 부동산을 매입했는데 등기사항전부증명서가 위조된 것이 밝혀져 손해가 발생했더라도 국가를 상대로 손해배상을 받을 수 없다는 뜻이죠. 그렇기 때문에 부동산거래를 할 때는 주의에 주의를 기울여야 합니다.

건축물 대장 확인은 필수!

건축물관리대장은 건물의 면적, 구조, 용도, 연면적, 건폐율, 용적률, 건축연도 등을 확인할 수 있는 공적서류입니다. 이를 등기사항전부증명서와 비교함으로써 미등기 건물의 존재 여부를 파악하거나 공부서류와 일치하지 않는 내용을 확인할 수 있죠. 특히 공동주택(아파트, 연립·다세대주택)이 아닌 단독주택이나 다가구주택, 상가주택 등을 매입하는 경우라면 건축물 대장의 확인은 필수라고 보시면 됩니다.

건축물대장과 등기사항전부증명서 사이의 관계

건축물대장은 '민원24' 홈페이지에서 아주 간편하게 열람할 수 있습니다. 굳이 발급을 받지 않고 열람만 해도 충분하니까요. 건축물대장에는 소유자와 관련된 사항도 나타나죠. 하지만 건축물대장과 등기사항전부증명서에 나타나는 소유자가 다른 경우도 가끔 있습니다. 이런 경우 두 서류 가운데 어떤 것을 믿어야 할까요?

정답은 등기사항전부증명서에 기재되어 있는 소유자를 믿으면 됩니다. 등기사항전부증명서상의 소유자가 진짜 소유자이기 때문입니다. 왜 그럴까요? 건축물대장은 소유자가 누구인지를 보여주는 것이 목적인 서류가 아니기 때문입니다. 소유자가 누구인지를 공시하기 위해 존재하는 서류는 등기사항전부증명서입니다. 그렇기 때문에 혹시라도 건축물대장과 등기사항전부증명서상의 소유자가 다른 경우라면 무조건 등기사항전부증명서를 믿어야 하는 것입니다.

건축물대장 활용요령

건축물대장은 등기사항전부증명서상에는 나타나지 않는 건물과 관련된 매우 자세한 내용까지를 담고 있습니다. 예를 들어 등기사항전부증명서에는 면적이 100㎡인 건축물만 존재한다고 나와 있는데 건축물대장에는 면적이 120㎡인 건축물이 존재한다고 나와 있을 경우 건축물대장이 더 정확한 것이죠. 또한 등기사항전부증명서로는 알 수 없는 불법 증축된 면적도 건축물대장을 통해서는 알 수 있습니다.

그렇기 때문에 매매계약을 체결하기에 앞서 반드시 매매하고자 하는 주택의 건축물대장을 열람 혹은 발급받아 등기사항전부증명서상의 건물면적과 차이가 있는지 여부와 차이가 있다면 그 원인은 무엇인지, 불법증축 등 위반건축물은 아닌지를 점검해야 합니다.

실제로 시·군·구청들은 무허가 건축 여부, 위반건축물의 면적·구조·용도·발생연도 등을 확인하고 만일 위반 건축물인 것으로 판단되면 집주인으로 하여금 스스로 원상회복하도록 하고 이에 따르지 않으면 위반사항이 시정될 때까지 건축 이행강제금을 반복적으로 부과하고 있습니다. 건축물대장을 꼼꼼히 살펴 보아야 하는 이유입니다.

짤TIP

건축물대장과 다르게 건물을 사용하는 경우가 있습니다. 예를 들어 당초 근린상가였던 것을 원룸으로 불법 용도변경하는 경우가 대표적인데요. 이럴 경우 건물주인은 불법 용도변경한 부분이 원상복구될 때까지 이행강제금을 납부해야 합니다. 그렇기 때문에 이런 건물을 매입하고자 한다면 위반과 관련된 사항을 시·군·구에 확인한 후 매입하는 것이 바람직합니다. 해당 부동산을 구입해 새롭게 건물주가 된 경우에도 이행강제금을 부담해야 하기 때문입니다.

집값에서 차지하는 대출비중은 얼마가 적당할까?

언제부터인가 내 집 마련을 하는 데 은행으로부터 대출을 받는 것이 선택이 아닌 필수가 된지 오래죠. 투자목적으로 주택을 구입하는 것이 아닌데도 말이죠. 가계부채가 위험수준에 달하고 있는 주요 원인 가운데 하나가 사상 최고치를 경신해온 주택담보대출인 것은 주지의 사실입니다. 거의 대부분의 주택구입자들이 주택담보대출을 받아 내 집 마련에 나서다 보니 주택담보대출 자체를 어려워하거나 두려워하지 않는 분위기가 형성되어 있습니다. 하지만 굳이 정부가 위기의식 속에 발표한 바 있는 각종 대출규제방안을 들먹이지 않더라도 전체 집값에서 차지하는 대출비중이 과도할 경우 문제가 될 가능성이 높습니다.

적절한 대출비중은 부동산경기에 따라 다를 수 있다.

지방에서 근무하다 수도권에 발령을 받아 이사를 해야 하는 직장인이 있습니다. 이 사람은 현재 지방에서 전세 1억 원에 거주하고 있는데 이사를 해야 하는 수도권의 직장 근처에서는 그 금액으로 전세를 찾는 것은 어림도 없는 일이었습니다. 그래서 이리저리 방법을 알아보다 수도권 외곽 쪽에서 적당한 아파트 매물을 찾았죠. 그런데 매매가격이 3억 원입니다. 이 직장인이 매매가 3억 원인 아파트를 매입하기 위해서는 이리저리 돈을 끌어 모아도 적어도 집값의 60%는 대출로 충당해야만 합니다. 어떻게 해야 할까요?

그 답은 부동산경기에 달려 있습니다. 만일 부동산경기가 나쁘지 않다면 조금 무리를 해서라도 대출을 받아 내 집 마련을 해도 무리수를 두는 것은 아닐 수 있습니다. 단기간 내 자금사정이 좋지 않아 매입한 주택을 어쩔 수 없이 매각을 하는 경우가 발생하더라도 큰 손해를 보지는 않을 가능성이 높은데다 3년 이상 주택을 보유하다 매매를 하는 경우 역시 부동산시장이 순환변동한다는 점을 감안할 때 매도시점의 부동산 경기가 좋은 상태이거나 회복국면에 있을 가능성이 높기 때문이죠.

감당할 수 있는 대출수준은 사람마다 다르다!

부동산경기에 따라 집값에서 대출로 충당해야하는 비중이 변동될 수 있습니다. 그러나 모든 사람에게 동일하게 적용되는 것은 아닙니다. 즉, 제 아무리 부동산경기가 좋다 할지라도 사람에 따라 적정 대출수준이 달라진다는 뜻입니다.

필자는 감당할 수 있는 대출수준을 "대출 원리금을 상환하면서 적어도 3년 이상 장기적으로 보유할 수 있는 능력"이라고 정의합니다. 주택담보대출을 받은 이상 대출원리금 상환에 부담을 느껴 구입한 주택을 매도하지 않는 이상 대출원리금 상환 소요금액은 생활에 필수적인 지출이 되기 때문에 줄일 수 없다는 성격을 갖기 때문이죠. 그렇기 때문에 자신의 소득수준에 따라 적절한 대출비중을 결정해야 하는데 이 경우 소득에서 대출원리금 상환액이 차지하는 비중은 25% 이내인 것이 좋습니다. 그 이상이라면 대출원리금 상환 때문에 다른 소비활동도 위축되는 문제를 야기할 수 있기 때문이죠.

짤TIP

국민소득 3만 달러 시대가 되었지만 주거비 비중은 줄어들지 않고 있습니다. 그만큼 소득에 비해 주거비 상승 폭이 크다는 뜻이죠. 내 집 마련이 빠르면 빠를수록 좋은 이유입니다. 소득수준이 높지 않다면 가능한 빨리 내 집 마련을 해야 합니다. 소득수준이 낮을수록 소득에서 주거비가 차지하는 비중이 높기 때문이죠.

주택담보대출상품, 지혜롭게 찾아 보자!

주택담보대출상품은 모두 같다고 생각하고 아무 곳이나 근처에 있는 은행을 먼저 찾는 경우가 있습니다. 그렇다면 주택담보대출상품은 어떤 곳을 찾아도 큰 차이가 없을까요? 차이가 있습니다. 금리와 조건이 은행별로 조금씩 차이가 있기 때문이죠. 이뿐만이 아닙니다. 금리상승이 예상되는 경우인지 아니면 금리하락이 예상되는 경우인지에 따라 고정금리가 유리할 수도 있고 변동금리가 유리할 수도 있습니다. 이처럼 여러 가지 조건들을 따져 보아야 하기 때문에 지혜롭게 주택담보대출상품을 비교하는 것이 중요합니다.

'금융감독원 금융상품통합비교공시 금융상품한눈에'로 다양한 조건 따져 보기

금융상품을 통합해 간편하게 비교해 볼 수 있도록 다양한 정보를 제공하고 있는 사이트가 있습니다. '금융감독원 금융상품통합비교공시 금융상품한눈에'입니다. 주택담보대출금리도 단순하고 편리하게 확인할 수 있어 매우 유용합니다. 다음은 '금융감독원 금융상품통합비교공시 금융상품한눈에' 홈페이지의 첫 화면입니다. 주택담보대출금리를 확인하려면 가장 먼저 이 화면의 가운데 부분에 있는 주택담보대출을 클릭하세요.

금융감독원 금융상품통합비교공시 금융상품한눈에 홈페이지

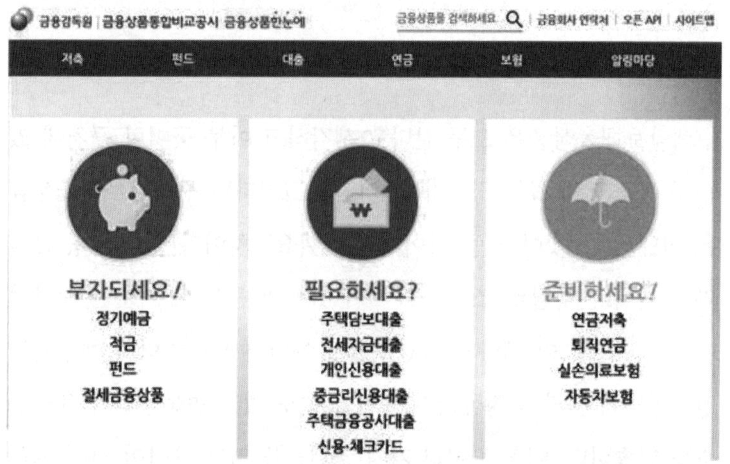

자료 : 금융상품통합비교공시 금융상품한눈에(http://finlife.fss.or.kr/main/main.do)

그러면 다음과 같은 창이 나타나게 됩니다. 이 창에서 주택가격, 대출금액, 대출기간을 입력한 후 주택의 종류, 금리방식, 상환방식을 선택합니다. 그 다음 은행, 저축은행, 보험사 중에서 어디에서 취급하는 대출을 원하는지 선택한 후 마지막으로 지역을 선택하면 됩니다. 여기까지 마무리 되었다면 이제 금융상품검색을 클릭해서 결과를 확인하면 됩니다.

주택담보대출 조건 입력창

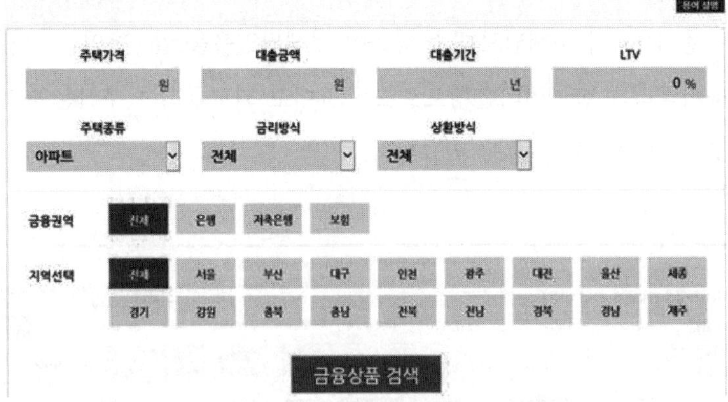

자료 : 금융상품통합비교공시 금융상품한눈에(http://finlife.fss.or.kr/main/main.do)

그림과 같이 주택가격 3억 원, 대출금액 1억 원, 대출기간 20년, 금융권역은 은행, 지역은 서울로 선택한 후 결과를 살펴 보죠.

주택담보대출 조건 입력 후 창

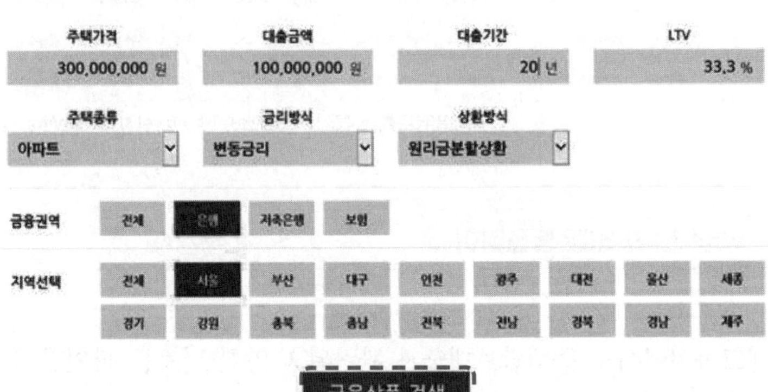

자료 : 금융상품통합비교공시 금융상품한눈에(http://finlife.fss.or.kr/main/main.do)

금융상품 검색을 클릭하면 다음과 같은 결과 창을 확인할 수 있습니다.

총 19개의 주택담보대출 상품이 검색되었음을 알 수 있습니다. 최저금리는 한국씨티은행으로 2.62%이고 최고금리는 부산은행으로 4.63%인 것을 알 수 있습니다.

결과 창

검색된 금융 상품은 총 19 건 입니다.　　다운로드

☑선택 ☐주택종류 ☑금리방식 ☑상환방식 ☑금리 ☑월평균 상환액 ☐첫째달 상환액 ☐마지막 상환액 ☐총 대출비용　　선택항목 보기 : 10 보기

비교 선택	금융회사	상품명	금리방식	상환방식	당월 최저금리	당월 최고금리	전월 평균금리	월평균 상환액	상세정보
☐	한국씨티은행	씨티주택담보대출	변동금리	원리금분할상환	2.62%	4.12%	3.44%	576,881	상세
☐	농협은행주식회사	프리미엄모기지론	변동금리	원리금분할상환	2.80%	4.42%	3.59%	584,595	상세
☐	한국스탠다드차타드은행	주택담보대출	변동금리	원리금분할상환	3.02%	4.17%	3.14%	561,632	상세
☐	KEB하나은행	KEB하나변동금리모기지론	변동금리	원리금분할상환	3.09%	4.19%	3.27%	568,211	상세
☐	대구은행	DGB장기모기지론(구입)	변동금리	원리금분할상환	3.12%	3.72%	3.24%	566,689	상세
☐	부산은행	BNK행복스케치 모기지론	변동금리	원리금분할상환	3.23%	4.63%	3.82%	596,538	상세
☐	광주은행	광주은행아파트담보대출	변동금리	원리금분할상환	3.25%	3.75%	3.48%	578,933	상세
☐	제주은행	제주장기모기지론	변동금리	원리금분할상환	3.26%	4.46%	3.58%	584,079	상세
☐	제주은행	제주홈대출	변동금리	원리금분할상환	3.26%	4.46%	3.72%	591,328	상세
☐	신한은행	신한주택대출(아파트)	변동금리	원리금분할상환	3.27%	4.37%	3.29%	569,227	상세

자료 : 금융상품통합비교공시 금융상품한눈에(http://finlife.fss.or.kr/main/main.do)

주택담보대출 비교 뱅크아이

뱅크아이에서도 주택담보대출과 관련된 다양한 정보를 확인할 수 있습니다. 물론 무료입니다. 비교를 위해서 뱅크아이 홈페이지에 접속합니다. 여기서 담보대출 금리비교를 클릭해도 되고 곧바로 아

래쪽에 있는 입력창에 조건을 입력해도 됩니다. 여기서는 곧바로 조건을 입력하도록 하겠습니다.

뱅크아이 홈페이지 화면

자료 : 뱅크아이(www.bank-i.co.kr)

광역시/도, 시/구/군, 읍/면/동, 주택 종류, 면적을 입력하는데 각각 '경기도', '군포시', '산본동'을 입력한 후 아파트명을 '장미(삼성)'으로 선택한 후 면적을 '122.52B'를 입력합니다. 이어서 상품조회하기를 클릭합니다.

조건 입력 창

자료 : 뱅크아이(www.bank-i.co.kr)

자, 이제 조건에 따른 주택담보대출상품을 확인할 수 있습니다. 대출상품과 관련한 상담이 필요한 경우 대출상담신청을 하면 보다 자세한 정보를 얻을 수 있습니다.

조건 입력 후 결과 창

주소	경기도 군포시 산본동 장미(삼성) 122,528㎡
매매가	하한가 43,750만원 상한가 47,500만원

8.2 대출규제가 시행되어 LTV 및 DTI가 지역별로 상이합니다.
자세한 부분은 상담시 안내드리겠습니다.

한도조회분석결과

선순위상품 해당 물건에 대해 기존 대출이 없거나 기존 대출을 대환하는 경우

LTV	대출가능액	금융기관	변동/고정	금리	특징
60~70%	32,025 만원	□ A 은행	변동	2.94% ~	부수가입조건 있음
		□ B 은행	고정	3.1% ~	
		□ C 은행	고정	3.16% ~	30년 고정금리
		□ A 보험사	변동	3.19% ~	1층 일반가 적용 가능.
		□ D 은행	변동	3.27% ~	
		□ B 보험사	고정	3.28% ~	1층 일반가 적용 가능.
		□ C 보험사	고정	3.3% ~	1층 일반가 적용 가능. 중도상환수수료 50% 면제 가능
		□ E 은행	고정	3.3% ~	10년 고정
		□ D 보험사	고정	3.87% ~	3층부터 상한가 적용 가능.
		□ E 보험사	고정	3.9% ~	
		□ F 보험사	변동	4.03% ~	거치기간 최대 5년가능. 추정소득 적용 가능
		□ G 보험사	고정	4.03% ~	거치기간 최대 5년가능. 추정소득 적용 가능
		□ F 은행	고정	4.06% ~	전세후순위 가능

자료 : 뱅크아이(www.bank-i.co.kr)

짤TIP

'뱅크아이'외에 모기지맵(www.momap.co.kr)에서도 주택담보대출 관련 정보를 얻을 수 있습니다. '뱅크아이'나 '모기지맵'은 모바일 앱을 다운로드 받아서 스마트폰에서도 이용할 수 있습니다. 금융감독원 '금융상품통합비교공시 금융상품한눈에'는 모바일 앱 '금융상품다모아'에서 이용할 수 있습니다.

내 집 마련 목적에 적합한 주택을 구입하자!

내 집 마련은 중요합니다. 하지만 내 집이 될 수 있는 주택의 종류는 여러 가지가 있습니다. 아파트, 단독주택, 다가구주택, 다세대주택, 상가주택, 연립·다세대주택 등 여러 가지 주택유형이 있죠. 이 중에서 어떤 주택을 원하느냐에 따라 소요되는 구입자금, 필요한 대출금액 등 여러 가지 조건들도 달라지기 마련입니다. 그렇기 때문에 구체적으로 내 집 마련의 목적이 무엇인지를 분명히 하면 할수록 보다 더 내 집 마련 시점이 앞당겨질 수 있습니다.

생활의 편리성이나 안정성이 중요하다면, 아파트

내 집 마련의 목적이 거주에 초점을 맞추고 있으면서 잘 갖춰진 생활환경의 편리성을 추구하는 경우라면 아파트를 선택하는 것이 정답일 것입니다. 아파트는 잘 갖춰진 학군, 관공서, 쇼핑시설, 의료시설은 물론 편리한 대중교통망을 갖추고 있는 경우가 대부분이기 때문입니다. 뿐만 아니라 아파트는 주택경기가 호황일 경우 다른 주택 유형들에 비해 가격상승폭이 크고 반대로 주택경기가 불황일 경우에는 다른 주택 유형들에 비해 가격 하락폭이 작은 특징이 있습니다. 그렇기 때문에 생활의 편리성이나 가격하락을 방어한다는 측면에서 안정성을 추구하는 것에 무게중심을 두게 된다면 아파트가 가장 좋은 선택이 될 수 있는 것입니다. 다만, 아파트는 다른 주택 유형 특히, 연립·다세대주택이나 소규모 단독주택에 비해 금전적인 부담이 다소 크다는 점이 부담이 될 수 있습니다.

불편하더라도 당장 저렴하지만 재개발을 노려보기 원한다면, 연립·다세대주택

당장의 쾌적한 주거환경이나 양호한 생활편의시설을 포기하고 다소 불편을 감수하더라도 미래 좋은 아파트를 마련하기 위한 과정으로 내 집 마련을 선택하는 경우라면 연립·다세대주택도 좋은 선택이 될 수 있습니다. 물론 모든 연립·다세대주택이 주거환경이 쾌적하지 않고 생활편의시설이 불편한 것은 아닙니다. 오히려 그 반대인 경우도 있죠. 하지만 일반적으로 아파트에 비해 쾌적성이나 생활편의시설이 부족한 것은 사실입니다. 그런데 역설적으로 바로 이런 특성 때문에 재개발을 거쳐 최종적으로 새 아파트를 마련할 수 있는 기회를 창출할 수 있는 주택 유형이 바로 연립·다세대주택입니다. 게다가 연립·다세대주택은 아파트나 단독·다가구주택, 상가주택 등에 비해 저렴하게 구입할 수 있으니 얼마든지 좋은 선택이 될 수 있죠.

층간소음 등 분쟁 없이 살면서 임대수익도 원한다면, 단독주택·다가구주택·상가주택

단독주택이나 다가구주택, 상가주택은 아파트나 연립·다세대주택 같은 공동주택에 비해 분쟁발생이 적은데다 사생활보호에 유리하다는 장점이 있습니다. 또한 단층이 아닌 경우 임대수익도 창출할 수 있기 때문에 거주와 임대수익이라는 두 마리 토끼를 잡을 수도 있습니다. 다만, 노후되었거나 낙후된 지역에 입지하고 있는 단독·다가구주택을 매입할 경우 의외로 재개발이 진행되면서 본의 아니게 아파트를 분양받아야 하거나 또 다른 지역을 찾아 이사를 가야하는 경우도 있을 수 있다는 점은 고려해야 합니다.

짤TIP

아파트는 연립·다세대주택이나 단독주택, 다가구주택 혹은 상가주택에 비해 주택을 구입할 때 보다 쉽게 대출을 받을 수 있다는 특징이 있습니다. 더 쉽게 대출을 받을 수 있을 뿐만 아니라 매매가격에서 대출이 차지하는 비중도 상대적으로 더 높게 활용할 수 있기 때문에 실투자금액도 줄어들죠. 아파트가 각광받는 또 다른 이유입니다.

이왕이면 로열층, 대규모단지, 좋은 브랜드가 좋다!

아파트를 선택할 때 종종 고민거리들이 있습니다. 조금이라도 시세보다 저렴하게 아파트를 매입하기 원해서 생기는 고민거리들이죠. 비슷한 조건의 매물 중에서 선택을 해야 하는 경우라면 그나마 고민의 정도가 덜하겠지만 그렇지 않은 경우 즉, 조건이 서로 다른 매물들 가운데 하나를 선택해야만 하는 경우라면 선택하기 정말 어렵습니다. 예를 들면 '가격이 더 비싼 로열층 VS 상대적으로 저렴한 비로열층', '매매가격이 더 비싼 대단지 아파트 VS 저렴한 소규모단지 혹은 나홀로 아파트', '인지도 높은 1군 브랜드 아파트 VS 중소 브랜드 아파트' 등이 대표적입니다. 이런 경우라면 어떤 선택을 해야 할까요?

가급적이면 로열층 아파트를 노려 보자!

좀 더 돈을 주고 로열층 아파트를 구입할 것인지 아니면 좀 더 저렴한 비로열층 아파트를 구입할 것인지가 고민되는 경우가 의외로 많습니다. 특히, 단지규모가 크고 브랜드 인지도도 높은 아파트인 경우 더욱 고민이 되죠. 그렇다면 이런 경우라면 어떤 아파트를 선택해야 할까요? 사람에 따라 기준이 다르기 때문에 선택도 다를 수 있지만 로열층 아파트를 선택하는 것이 좋습니다. 특히, 단지규모가 크고 브랜드 인지도도 높은 경우라면 더더욱 로열층 아파트를 선택하는 것이 좋죠. 고가아파트일수록 로열층과 비로열층의 가격차이가 크기 마련입니다. 또한, 단지규모가 크고 브랜드인지도가 높으면 높을수록 로열층과 비로열층의 가격격차도 커지죠. 주택시장이 호황국면일 때 아파트 가격도 상승하기 마련입니다. 이때 로열층 아파트의 가격상승폭이 비로열층 아파트에 비해 훨씬 크죠. 반대로 주택시장이 침체기에 진입해 아파트 가격이 하락할 때 로열층 아파트의 가격하락 폭이 비로열층 아파트에 비해 작습니다. 그러니 가격차이가 아주 크지 않은 경우라면 일단 로열층 아파트를 노려야 하는 것이죠.

대규모 아파트 단지가 유리하다!

아파트 단지 규모가 큰 아파트와 상대적으로 작은 단지 규모의 아파트 가운데 하나를 구입하고자 할 때 단지규모 외 다른 조건들이 비슷하다면 아파트 단지 규모가 큰 쪽의 아파트 가격이 더 비싼 것이 일반적입니다. 이럴 때도 고민이 되기 마련이죠. 저렴하게 단지규모가 작은 아파트를 구입하는 것이 좋을지 아니면 조금 더 비싸더라도 단지 규모가 큰 아파트를 선택하는 것이 좋을지 아파트를 구입하고자 하는 사람 입장에서 볼 때 선뜻 결정하기 쉽지 않은 문제이기 때문입니다. 이런 경우라면 좀 더 비싸게 구입하더라도 단지 규모가 큰 아파트를 선택하는 것이 좋습니다. 물론 비슷한 면적형인데도 불구하고 과도하게 가격차이가 발생한다면 다소 거품이 있을 수 있기 때문에 달리 생각해 볼 필요도 있습니다. 하지만 그렇지 않은 경우라면 시세차익이나 가격하락의 보호효과를 고려할 때 단지 규모가 큰 쪽을 선택하는 것이 이롭다고 볼 수 있는 것이죠.

인지도 높은 브랜드가 안정적이다!

인지도 높은 브랜드 아파트가 인기도 많습니다. 이런 트렌드는 아파트 분양시장에서도 적용되고 있죠. 부동산114가 2018년 10월 23일부터 11월9일까지 한국리서치와 공동으로 전국 성인남녀 5,049명을 대상으로 '2018년 베스트 아파트 브랜드' 설문조사 결과를 실시했습니다. 이에 따르면 브랜드 가치가 아파트 가격 상승에 영향을 미친다고 생각하는지에 대한 질문에 응답자의 92.3%가 '영향을 미치는 편이다'(50%) 또는 '매우 영향을 미친다'(42.3%)라고 답한 것으로 나타났습니다. 브랜드가 아파트 가격에 영향을 준다고 생각하고 있다는 뜻이죠. 이런 이유 때문일까요? 인지도 높은 브랜드 아파트의 분양가격은 그렇지 않은 경우에 비해 유의미하게 높은 특징이 있습니다. 분양가뿐만 아니라 중고주택 가격 역시 인지도 높은 브랜드의 아파트가 상승국면에서 더 많이 상승하고 하락국면에서는 덜 하락하는 모습을 보이곤 합니다. 그만큼 안정적이라는 뜻이죠.

짤TIP

한국감정원이 2019년 1월 발표한 국내 주택시장 순환주기 및 안정성 진단' 자료에 따르면 서울의 주택시장은 86년 10월 이후 6번의 순환주기가 있었다고 합니다. 1순환주기는 86년 10월~91년 4월, 2순환주기는 92년 4월~97년 10월, 3순환주기는 98년 2월 ~ 2002년 9월, 4순환주기는 2004년 7월 ~ 2007년 1월, 5순환주기는 2011년 12월 ~ 2015년 12월이고 2016년 12월부터 2018년 11월 현재는 침체, 회복 국면을 지나 호황국면이라고 발표했죠.

즉, 1순환주기는 54개월, 2순환주기는 66개월, 3순환주기는 55개월, 4순환주기는 30개월, 5순환주기는 48개월, 6순환주기는 2018년 11월 현재 29개월 호황국면까지 진행되고 있고 아직 후퇴국면이 남은 상태라는 것이죠. 위와 같은 주택시장의 순환주기는 적정 매입시점을 포착하는 데 도움이 될 수 있으니 꼭 기억해 두시기 바랍니다.

직주근접성을 고려하라!

수도권광역급행철도(GTX), 고속철도(KTX), 수서발고속열차(SRT)를 모르는 사람은 거의 없죠. 서울로의 접근성을 획기적으로 개선한 철도교통망이니까요. 이렇게 철도교통망이 확충되면 각종 교통체증 걱정 없이 서울로 빠르게 진입할 수 있기 때문에 철도망이 지나는 지역들의 부동산 시장에 긍정적인 영향을 주게 됩니다. 한편, 고속철도망이 확충된다는 것은 집에서 직장으로의 접근성도 엄청나게 개선된다는 것을 의미합니다. 수도권광역급행철도가 이슈가 되고 있는 이유도 바로 이 때문입니다.

GTX라고 쓰고 직주근접성 확보수단이라 읽는다!

수도권광역급행철도(GTX)는 3개 노선이 추진되고 있습니다. 'GTX-A노선', 'GTX-B노선', 'GTX-C노선'인데요. A노선은 파주 운정에서 화성 동탄을 연결하는 노선으로 10개의 정류장 (파주 운정,

킨텍스, 대곡, 연신내, 서울역, 삼성, 수서, 성남, 용인, 동탄)이 예정되어 있습니다. B노선은 인천 송도에서 마석을 연결하는 노선으로 13개의 정류장(송도, 인천시청, 부평, 당아래, 신도림, 여의도, 용산, 서울역, 청량리, 망우, 별내, 평내호평, 마석)이 예정되어 있습니다. 마지막으로 C노선은 경기도 양주 덕정에서 수원을 연결하는 노선으로 10개의 정류장(덕정, 의정부, 창동, 광운대, 청량리, 삼성, 양재, 과천, 금정, 수원)이 예정되어 있습니다. 1차적으로 이들 역사 주변지역들은 수도권광역급행철도(GTX) 개통 이후 주요 일자리가 몰려 있는 킨텍스, 서울역, 삼성, 수서, 여의도, 용산, 양재 등으로의 접근성이 획기적으로 개선될 것이고 지하철을 통해 인근 자족기능이 집중되어 있는 지역으로의 접근성 또한 크게 개선될 것이 분명합니다. GTX라 쓰고 직주근접성 확보수단이라고 읽어야 하는 이유인 것이죠.

직주근접성이 가장 중요한 이유

직장과 집이 가까우면 출·퇴근에 유리합니다. 그만큼 길 위에서 낭비하는 시간이 줄어들게 된다는 말이죠. 그 대신 가족과 함께 보내는 시간이 늘어나고 자기계발을 위해 투자할 수 있는 시간도 늘어나며 부업을 통해 추가적인 수입을 창출할 수 있는 가능성도 생기게 됩니다. 그래서 직주근접성을 확보하고 있는 지역의 집값은 그렇지 않은 지역들에 비해 비싸죠. 그런데 비싼 집값을 감당할 수 있는 사람은 소득수준이 높은 사람들이어야 합니다. 소득수준이 높은 사람들이 거주하면 상권도 더 발달되기 마련이고 이에 더해 쇼핑,

문화, 의료, 공공기관 등 각종 생활편의시설과 기반시설도 잘 갖춰지게 됩니다. 한 마디로 경쟁력이 뛰어난 지역이 된다는 말인데요. 이 모두가 직주근접성에서 비롯된 것이라는 점을 기억해 둘 필요가 있습니다.

짤TIP

향후 직주근접성은 지하철이나 광역철도와 같은 철도망에 따라 크게 좌우될 것입니다. 그렇기 때문에 더블 역세권이나 트리플 역세권, 쿼드러플 역세권으로 발돋움하게 될 곳이나 광역철도망을 통한 접근성을 새롭게 확보할 것으로 예상되는 지역을 주목해 볼 필요가 있습니다. 이에 비해 도로교통망의 중요성은 시간이 지남에 따라 갈수록 감소할 것이 확실합니다.

주치의 같은 전속 공인중개사사무소를 만들자!

부동산매물과 관련된 매우 원초적인 정보, 생생한 정보를 가장 많이 알고 있는 사람은 누구일까요? 경우에 따라서는 매매당사자가 원하는 가격을 조정하기도 해주기도 하고, 어느 매도자나 매수자 가운데 어느 일방에게 상대적으로 좀 더 혜택이 돌아갈 수 있도록 노력해줄 수 있는 사람은 과연 누구일까요?

공인중개사는 현장전문가다!

부동산시장 흐름을 분석하고 유망한 지역을 찾기 위해 노력한다면 좋은 주택을 구입할 수 있을까요? 가능성은 높지만 꼭 그렇지는 않습니다. 좋은 주택을 구입하기 위한 준비단계일 뿐이기 때문이죠. 다양한 분석을 하고 손품, 발품을 팔아 좋은 주택을 찾기 위해 노력하지 않는 사람은 거의 없습니다. 내 집 마련을 계획하고 있는 사람이라면 누구나 반드시 거치는 과정이기 때문이죠. 문제는 이렇게 분석을 하고 손품, 발품을 팔아도 제대로 된 분석을 하지 못하는 경우는 물론 제대로 분석을 했음에도 불구하고 정작 좋은 물건을 찾지 못해 계약을 하지 못하는 경우가 많다는 것입니다. 내 집 마련에 나선 주택수요자들이 대부분 부동산에 대한 지식과 경험이 충분하지 않기 때문이죠. 이럴 때일수록 현장전문가의 도움을 받는 것이 중요한데요. 그래서 공인중개사의 도움을 받을 수 있다면 큰 도움이 됩니다.

공인중개사와 친해지면 이런 점이 좋다!

공인중개사는 현장전문가입니다. 부동산이 거래되는 최일선에서 일하면서 부동산 물건, 거래조건 해당지역의 시장상황 등에 대한 다양한 정보로 무장하고 있죠. 시세보다 저렴한 매물을 만난 사람들의 경험담을 듣다보면 공통적으로 언급하는 내용 가운데 하나가 바로 건강을 위해 주치의가 있는 것처럼 부동산 매매를 위해 주치 공인중개사 역할을 해주는 친한 공인중개사가 있다는 것입니다. 의외로 많은 분들이 공인중개사의 역할을 평가절하하고 있는 측면이 있습니다. 그렇다 보니 '별로 하는 일도 없는데 수수료만 많이 받아간다.'는 인식을 갖게 되는 경우가 있죠. 그런데 별로 하는 일이 없어도 부동산 거래 당사자가 중개수수료를 지불하는 이유는 무엇인지 생각해 볼 필요가 있습니다.

안전하게 거래를 마무리할 수 있었기 때문에 수수료를 지불한 것이 아닐까요? 안전하고 정확한 부동산거래 중개가 바로 공인중개사의 역할입니다. 하지만 주치공인중개사의 역할은 단순히 안전하게 부동산거래를 마무리하는 것에 그치지 않습니다. 좀 더 저렴한 가격, 더 나은 입지, 더 뛰어난 미래가치가 예상되는 매물을 중개하는 것이 주치공인중개사의 역할이기 때문입니다. 그러니 내 집 마련 계획을 수립하거나 매입계획을 실행하고자 한다면 그에 앞서 지금 당장 주치공인중개사가 되어줄 수 있는 공인중개사를 주변에서 찾아보는 것이 어떨까요?

짤TIP

부동산경매에 관심을 갖고 있지만 아무래도 경매절차가 어렵게 느껴진다면 집 근처에 있는 공인중개사사무소에 경매를 문의하는 것도 좋은 선택이 될 수 있습니다. 다만, 경매부동산의 매수신청이나 입찰신청의 대리를 의뢰하고 싶은 경우라면 해당 공인중개사는 대법원 규칙이 정하는 요건을 갖추어 법원에 등록을 하고 그 감독을 받는 공인중개사여야만 합니다. 따라서 경매부동산의 매수신청이나 입찰신청의 대리를 의뢰하고 싶은 경우라면 반드시 자격을 갖추고 있는 공인중개사인지를 미리 확인해야만 합니다.

양도소득세가 고민인 다주택자라면 주택임대사업자가 답이 될 수 있다!

양도소득세가 고민인 다주택자인 경우라면 종전에 비해 혜택이 많이 줄어들기는 했지만 여전히 주택임대사업자가 답이 될 수 있습니다. 물론 주택임대사업자와 관련된 요건들이 쉽지는 않습니다. 하지만 다주택자라면 주택임대사업자가 될 경우 어떤 장점이 있는지를 검토해 보는 것이 매우 중요합니다.

임대주택 외 거주주택을 양도하는 경우 혜택이 있다!

주택임대사업자가 되면 세제혜택을 받을 수 있습니다. 이때 세제혜택은 크게 임대주택 이외 거주주택을 양도하는 경우의 혜택과 임대사업에 사용되고 있는 주택 자체를 양도하는 경우의 혜택으로 구분해 볼 수 있습니다. 우선 임대주택 이외 자신이 거주하던 주택을 양도하는 경우의 세제혜택을 보면 기본적으로 세제혜택을 받을 수 있는 임대주택은 관할세무서에 사업자등록과 해당 주택이 소재하는 시·군·구에 임대사업자 등록을 한 주택이어야 합니다. 또한, 장기 임대주택이라는 요건을 갖추어야하죠. 요건은 다음과 같습니다.

- 면　　적: 대지 298㎡이하, 주택 149㎡이하일 것
- 임대조건: 의무임대기간 5년 이상, 임대보증금 증가율 연 5%이하
- 공시가격: 임대주택 등록 후 그 주택의 임대개시일 당시 공시가격 6억 원(수도권외 3억 원)이하일 것
- 양도주택 요건: 양도하는 주택은 보유기간 내 2년 이상 거주 요건 충족할 것
- 혜　　택: 거주주택 매매시 양도소득세 비과세

위와 같은 요건을 충족하는 경우 거주주택을 매매하는 경우 양도소득세를 비과세가 적용됩니다. 단, 2019년 2월 12일 이후 취득하는 경우에는 최초 거주주택에 대해서만 비과세 받을 수 있다는 점과 어떤 경우에도 매매하는 거주주택은 양도소득세 비과세 요건을 충족해야 비과세된다는 점은 꼭 유의해야 합니다.

임대하던 임대주택을 양도하는 경우 이런 혜택이 있다!

임대사업자로 등록해 주택임대를 하다 여러 가지 사정 때문에 임대하던 주택을 매매해야 하는 경우도 있습니다. 이런 경우 역시 일정 요건을 충족하면 양도소득세 혜택을 받을 수 있죠.

- 면　　적: 전용면적 85㎡이하일 것
- 임대조건: 장기 일반 민간임대주택으로 8년(10년)이상 계속하여 등록하고 그 등록 기간 동안 통산하여 8년(10년)이상 임대 후 양도할 것, 연간 임대료 증액율 5%이하일 것

- 공시가격: 임대주택 및 부수토지의 기준시가 합계액이 해당주택의 임대개시일 당시 6억 원 (수도권 외 3억 원)을 초과하지 아니할 것 (2018년 9월 14일 이후 취득주택시)
- 혜 택: 8년 보유 후 양도하는 경우 장기보유특별공제율 50%를 적용 10년 이상 임대 후 양도하는 경우 70% 공제율 적용

단, 2018년 12월 31일까지 적어도 계약금을 지급한 후 취득일로부터 3개월 이내에 준공공임대주택으로 등록하였고, 장기 일반민간임대주택으로 10년 이상 계속하여 등록하고, 그 등록 기간 동안 계속하여 10년 이상 임대 후 양도, 연간 임대료 증액율이 5%이하, 전용면적 85㎡이하, 임대주택 및 부수토지의 기준시가 합계액이 해당주택의 임대개시일 당시 6억 원(수도권 밖은 3억 원)을 초과하지 않을 것(2018년 9월 14일 이후 취득주택) 등의 요건을 모두 충족하는 경우에는 10년 이상 계속 임대기간 중 발생한 양도소득에 대한 양도소득세의 100의 100에 상당하는 세액을 감면받을 수 있습니다. 단, 감면세액의 20%는 농어촌특별세로 납부해야 합니다. 이처럼 양도소득세가 걱정인 다주택인 경우라면 여전히 주택임대사업자를 고려해 볼 필요가 있다고 할 수 있습니다.

짤TIP

주택임대사업자의 주택임대소득액이 2천만 원 이하인 경우 분리과세를 선택할 수 있습니다. 이때 필요경비율이 차등 적용되는 경우가 있습니다. 요건은 사업자등록이 되어 있어야 하고, 민간임대주택법에 따른 단기민간임대주택(4년이상) 장기일반민간임대주택(8년이상) 공공지원 민간임대 주택(8년이상)이며, 임대료증가율 연 5% 이하입니다. 이 같은 요건을 충족하면 필요경비율을 60%를 인정받고 공제금액은 400만 원을 적용받을 수 있습니다. 그렇지 않은 경우의 필요경비율이 50%이고 공제금액도 200만 원만 적용된다는 점을 볼 때 상당한 혜택이라고 볼 수 있습니다.

LTV, DTI, 신DTI, DSR은 뭐지?

어떤 목적이되었든 주택을 구입하려는 사람들에게 LTV(Loan To Value ratio : 주택담보인정비율), DTI(Debt To Income ratio : 총부채상환비율), DSR(Debt Service Ratio : 총부채원리금상환비율)은 한번쯤은 들어 보았을 익숙한 단어들입니다. 또한 모두 대출을 규제하기 위한 개념이라는 공통점이 있습니다. 100% 자기 자본만으로 주택구입을 하는 경우가 아니라면 위 개념들은 실제 주택을 구입하는 데 있어 매우 중요한 개념들인 만큼 각각의 개념들을 숙지해 두어야 합니다. 특히 현재 적용되고 있는 신DTI, DSR이 중요하죠.

LTV(주택담보인정비율)

LTV는 말 그대로 구입하는 주택의 담보가치에 비례해 대출을 해준다는 의미죠. 금융기관 입장에서 볼 때 혹시 담보로 제공받은 아파트가 경매가 진행되더라도 대출채권을 회수하는 데 문제가 없어도 되겠죠? 그래서 주택의 가치에 비례해서 대출해주는 한도를 정하고 있는 것이 바로 LTV라고 이해하면 됩니다. LTV는 다음과 같이 계산될 수 있습니다.

$$LTV = \frac{\text{대출가능금액}}{\text{주택담보가치}}$$

즉, LTV는 주택담보가치에 기초해 대출을 해주는 제도라고 보시면 됩니다.

DTI(총부채상환비율) & 신DTI(신총부채상환비율)

DTI는 총부채상환비율이라고 하죠. 이름에서 보듯 LTV 보다 한층 강화된 대출방식이라고 보시면 됩니다. DTI는 전체소득에서 원리금 상환액이 차지하는 비중이 얼마나 되느냐를 놓고 대출 여부가 결정되는 제도죠. 담보가치가 높아도 소득이 충분하지 않다면 대출이 어려운 구조입니다. 실제로 금융기관들은 DTI가 일정수준을 넘지 않는 수준까지만 대출을 해주고 있습니다. DTI는 다음과 같이 계산할 수 있죠.

$$DTI = \frac{\text{신규주택담보대출상환 원리금합계액}}{\text{연소득}}$$

한편, DTI 보다 더 강화된 대출방식이 신DTI입니다. DTI와 다른 점이 있다면 신DTI는 신규로 대출을 받는 주택담보대출뿐만 아니라 종전에 이미 대출받은 주택담보대출이 있는 경우 그 주택담보대출의 연간원리금 상환액까지 포함해 계산된다는 점입니다.

$$신DTI = \frac{모든\ 주택담보대출상환\ 원리금합계액}{연소득}$$

DSR(총부채원리금상환비율)

DSR은 총부채원리금상환비율이라고 합니다. 명칭에서 보는 것처럼 단순히 연소득에서 차지하는 주택담보대출 원리금합계액이 차지하는 비중을 의미하는 것이 아니고 연소득에서 주택담보대출 원리금 외에 기타대출을 포함한 모든 대출 상환액이 차지하는 비중을 말합니다. 따라서 DSR을 계산할 때는 카드대출, 자동차 할부 대출을 포함한 모든 대출원리금 상환액이 포함되죠. 다만, DTI, DSR 적용비율은 무주택자인지 유주택자인지에 따라, 투기지역과 같은 규제대상지역 여부에 따라 달라지죠. 그러니 정확한 확인을 위해 사전에 금융기관에 확인해 보실 것을 강추합니다. 한편, DSR에 따른 원리금상환액 산정은 다음과 같이 계산됩니다.

$$DSR = \frac{모든\ 대출상환\ 원리금합계액}{연소득}$$

DSR 원리금상환금액 산출 방식

<table>
<tr><th>분류</th><th>종류</th><th>상환형태</th><th>원금</th><th>이자</th></tr>
<tr><td rowspan="4">주택
담보
대출</td><td rowspan="3">개별
주담대 및
잔금대출</td><td>원금
전액 분할 상환</td><td>분할상환 개시 이후 실제 상환액</td><td rowspan="6">실제 부담액</td></tr>
<tr><td>원금
일부 분할 상환</td><td>분할상환 개시 이후 실제 상환액 +
만기상환액/(대출기간-거치기간)</td></tr>
<tr><td>원금 일시 상환</td><td>대출총액 / 대출기간(최대10년)</td></tr>
<tr><td>중도금 및
이주비</td><td>상환방식 무관</td><td>대출총액 / 25년</td></tr>
<tr><td rowspan="3">주택
담보대출
이외
기타대출</td><td>전세대출</td><td>상환방식 무관</td><td>불포함</td></tr>
<tr><td>신용대출 및
비주택
담보대출</td><td>상환방식 무관</td><td>대출총액 / 10년</td></tr>
<tr><td>기타대출</td><td>상환방식 무관</td><td>향후 1년간 실제 상환액</td><td></td></tr>
</table>

주: 1) 한도대출인 경우에는 대출총액을 한도금액으로 적용
2) 신규 주택담보대출에 의해 기존 주담대 원금상환이 예정된 경우, 상환예정금액은 원리금 상환금액에서 제외

자료 : 금융위원회(www.fsc.go.kr)

짤TIP

내 집 마련 자금이 부족한 경우라면 주택담보대출을 활용해야 합니다. 이때 알아두면 유용한 사이트가 있습니다. 대표적으로 은행연합회소비자포털(https://portal.kfb.or.kr/)과 주택도시기금(nhuf.molit.go.kr)등 입니다. 미리미리 자신에게 맞는 상품을 찾아보면 주택담보대출이 필요할 때 도움이 됩니다.

내 집 마련 과정을 머릿속에 담아 두자!

정확한 절차와 방법을 잘 이해하면 내 집 마련 역시 어렵지 않습니다. 하지만 급하게 서둘러 내 집 마련을 하다보면 이런 저런 낭패를 당하기 쉽습니다. 그렇기 때문에 내 집 마련 과정이 어떻게 되는지 사전에 머릿속에 그려 보고 절차를 숙지해 두면 적지 않은 도움이 됩니다. 내 집 마련 과정을 알기 쉽게 정리하면 다음과 같습니다. 기억해 두시기 바랍니다.

내 집 마련 과정

과 정	단 계	내 용
사전검토	희망지역 탐색	-어떤 지역이 적합할지 탐색하기
	⇓	
	희망주택 유형 검토	-어떤 주택유형을 구입할지 검토하기
	⇓	
	보유자금 검토 & 부족자금 조달방안 검토	-보유자금은 얼마나 되는지, 부족자금은 어떻게 조달할지 검토하기

⇓

계약전준비	희망지역 확정	-희망지역 탐색하기
	⇓	
	인터넷/모바일 손품팔기	-인터넷/모바일 손품팔기
	⇓	
	공인중개사 방문 & 주택 답사	-공인중개사사무소를 방문해 다양한 주택 답사하기
	⇓	
	구입 주택유형 확정	-구입 주택유형을 확정하기
	⇓	
	대출금융기관 & 대출가능금액 확인	-주택담보대출을 어떤 금융기관에서 받을지, 조건, 대출가능금액 정확히 비교 분석하기
	⇓	
본계약	공부서류 확인 & 계약	-공부서류를 확인 후 계약하기
	⇓	
	중도금, 잔금 및 소유권 이전	-중도금, 잔금을 치루고 소유권 이전하기
	⇓	
마무리	입주 or 임대	-입주하거나 임대 놓기

짤TIP

주택을 매입하기에 앞서 실제로 이사 와서 거주를 할 것인지 아니면 임대를 놓을 것인지를 먼저 결정해야 합니다. 특히, 임대를 놓을 목적으로 주택을 매입한다면 임대를 위한 조건들을 꼼꼼하게 따져 보아야 하기 때문이죠. 주변 환경이 임대 놓기 좋은지를 먼저 따져 본 후 임대조건 즉, 전세일 경우 전세보증금을 월세인 경우에는 보증금과 월세를 얼마나 받을 수 있는지도 꼼꼼히 따져 보아야 합니다. 이 과정을 소홀히 하게 되면 관리상의 어려움이나 투자대비 수익률이 너무 낮아 낭패를 당할 수 있다는 것을 기억해 두어야 합니다.

갭투자는 위험하다!

부동산 규제로 인해 실수요자가 아닌 경우 대출과 양도소득세 부담이 엄청나게 증가하기 전까지만 해도 갭투자가 만연했습니다. 갭투자는 보통 매매가격과 전세가격의 차이가 적은 집을 매입하는 경우를 말합니다. 매입목적은 물론 시세차익이죠. 그렇기 때문에 갭투자는 전형적인 투기거래라고 볼 수 있습니다.

집 값 4억 원 집 값 4억 원	실투자 20%(8천만 원)
	전세 80%(3억 2천만 원)

갭투자는 주택가격이 쭈욱 상승한다는 것을 가정한다.

갭투자는 철저하게 시세차익을 목표로 합니다. 따라서 주택시장이 호황일 경우 집값이 상승하면 적은 금액을 투자해 높은 시세차익을 기대할 수 있습니다. 하지만 부동산시장이 늘 호황일 수는 없죠. 부동산시장 역시 끊임없이 변동하니까요. 만일 상승하던 주택가격이 하락 반전하게 되면 갭투자로 매입한 주택은 어떻게 될까요? 잘못하면 깡통주택이 될 수도 있습니다. 적은 자본을 투자해 높은 시세차익을 얻기 원한다면 그만큼 더 큰 위험을 부담해야 하는 것이 경제법칙이지만 그럼에도 불구하고 갭투자는 바람직하지 않습니다. 주택시장이 상승쪽으로만 움직이는 것은 아님에도 불구하고 상승만을 가정해야 하는 투자방식이기 때문이죠.

주택가격 하락 시 갭투자가 초래하게 될 위험!

갭투자는 위험하다고 했습니다. 그렇다면 왜 갭투자가 위험할까요? 여러 가지를 들 수 있지만 가장 큰 이유는 가격하락에 매우 취약하다는 점을 들 수 있습니다. 예를 들어 1억 원의 여유자금이 있다고 가정해 보죠. 이 여유자금으로 시세가 2억 5천만 원인 아파트 2채를 전세 80%를 끼고 구입한다면 실 투자금액은 1억 원이 됩니다. 여유자금으로 2채의 아파트를 구입한 것이니 전형적인 갭투자죠. 만일 시세가 2억 5천만 원인 아파트의 가격이 3억 원으로 상승한다면 각각 5천만 원씩 총 1억 원의 시세차익이 발생하게 됩니다. 엄청난 투자수익이 아닐 수 없습니다. 이런 경우라면 갭투자는 탁월한 선택이었다고 볼 수 있습니다. 하지만 가격이 하락하게 되면 어떻게 될까요? 집값에서 전세가격이 차지하는 비중이 높아지겠죠? 그러다 집값이 더 하락하게 되면 전세가격이 매매시세를 초과하는 현상 즉, 깡통전세가 될 수 있습니다. 매매시세가 3억 원인데 전세가도 3억 원이라면 어떻게 될까요? 전세가격이 떨어지겠죠? 세입자에게 반환해야 하는 전세금의 부담이 커지게 됩니다. 물론 자금사정에 문제가 없다면 전세가 만료되었을 때 전세보증금을 반환해주면 되지만 갭투자인 경우 여러 채의 집을 매입했기 때문에 전세금을 반환해주기 어려운 경우가 대부분입니다. 결국 선택은 손해를 보고 집을 처분하는 것밖에 없죠. 게다가 여러 채의 집을 처분해야 하니 손실 폭은 크게 늘어날 것입니다. 이것이 바로 갭투자가 위험한 진짜 이유인 것입니다.

짤TIP

갭투자를 주택시장 호황기에만 활용한다면 투자자금 대비 높은 수익을 기대할 수 있습니다. 그런데 높은 투자수익을 기대할 수 있다는 것은 그만큼 감수해야 하는 위험도 크다는 뜻이죠. 갭투자는 전세가격의 흐름과 밀접하게 연결돼 있습니다. 집값에서 차지하는 전세가격의 비율이 높아질수록 실투자금액이 작아 갭투자 유혹도 커지기 때문이죠.

주택구입자금을 대출받기 전 매월 상환금액을 따져 보라!

내 집 마련에 앞서 꼭 점검해야 할 사항 가운데 하나가 있습니다. 부족한 자금이 얼마나 되는지, 그 부족한 자금은 어떻게 조달할 것인지, 조달 후 매월 상환금액은 얼마나 되는지 등과 관련된 것입니다. 의외로 많은 사람들이 내 집 마련을 하면서 부족한 자금은 은행에서 빌린다는 생각만 할 뿐 매월 부담해야 하는 상환액과 관련해서는 꼼꼼하게 챙기지 않는 경향이 있습니다. 하지만 내 집 마련 여부가 순간이라면 매월 부담하게 될 대출원리금 상환액은 대출상환기간까지 계속되는 생활의 연속입니다. 대출원리금 상환이 부담스러워 어렵게 구입한 주택을 다시 처분하는 사람들도 적지 않은 이유죠.

금리조건을 잘 따져 보자!

고민 끝에 내 집 마련을 하려 하는데 막상 구입자금이 충분하지 않다면 당연히 은행대출을 활용해야 합니다. 문제는 은행대출이라고 해서 다 같은 은행대출이 아니라는 것이죠. 금리나 상환조건에 따라 매월 부담해야 하는 상환원리금이 달라지기 때문입니다. 그럼에도 불구하고 부족한 금액이 많으면 많을수록 주택구입자들은 어느 은행에서 더 많은 대출을 받을 수 있을지만 주목합니다. 금리가 변하게 되면 대출금리도 따라서 변동되는 변동금리대출인지 아니면 변하지 않는 고정금리대출인지, 각각의 방식을 선택할 경우 금리차이는 얼마나 되는지와 같은 중요한 문제는 뒷전인 경우가 대부분이죠. 주택담보대출은 그 성격상 장기간에 걸쳐 상환해야 합니다. 따라서 지금 당장은 그리 커 보이지 않는 금액이라 할지라도 시간이 경과함에 따라 큰 부담요소로 작용하는 경우가 많죠. 그렇기 때문에 경제상황에 따라 지혜로운 선택을 해야 합니다. 예를 들어 경기가 호황국면이고 향후 침체국면으로 진입할 가능성이 높은 경우라면 변동금리를 선택하는 것이 좋고 그 반대의 경우라면 고정금리를 선택하는 것이 초기 원리금 상환부담을 조금이라도 낮출 수 있을 것입니다.

지혜롭게 주택담보대출을 받아 이자로 수천만 원 아끼는 방법

주택담보대출은 순간의 선택이 수천만 원을 좌우할 수 있습니다. 지출하지 않아도 되는 이자비용을 절감할 수 있기 때문이죠.

수천만 원을 절감할 수 있다고 해서 특별히 어려운 공식이나 노하우가 필요한 것은 아닙니다. 애플리케이션 하나만 있으면 누구나 손쉽게 이자비용을 절감할 수 있으니까요. 방법을 간략히 설명할께요. 우선 구글Play나 애플 앱스토어에서 '스마트금융계산기'를 검색한 후 설치하세요. 그러고나서 앱을 실행하시면 옆에 있는 것과 같은 창이 나타납니다. 먼저 대출계산을 클릭하세요. 그 이후 대출방법에서 '만기일시상환 ▼' 부분을 클릭하면 상환방식 선택이 가능합니다. 여기서 '만기일시상환'을 클릭하세요.

스마트금융계산기 실행화면 - ①

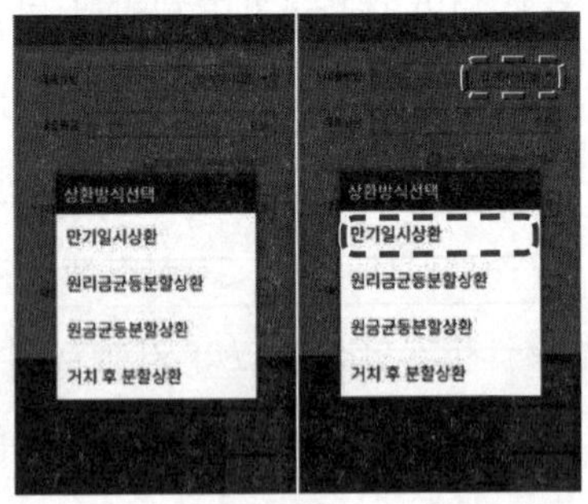

대출방법으로 만기일시상환을 선택한 후 대출원금 항목은 1억 원, 대출기간 항목은 240개월(20년), 대출금리 항목은 4%를 기입하세요. 그리고 나서 'Result'를 클릭하면 됩니다. 다음은 결과를 확인하면 됩니다.

스마트금융계산기 실행화면 - ②

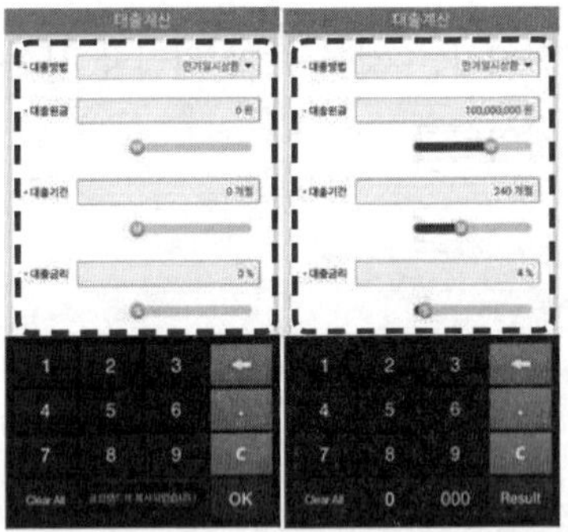

너무 간단하죠? 그렇습니다. 아주 쉽습니다. 애플리케이션에 조건을 입력하기만 하면 되니까요!

자, 결과를 확인해 볼까요?
월 납입이자는 33만 3,333원이고 20년 동안 납입하게 될 총이자는 7,999만 원인 것을 확인할 수 있습니다. 대출원금이 1억 원인데 이자만 8천만 원에 육박한다니... 엄청나죠? 그러니 '만기일시상환방식' 대출은 무조건 피하는 것이 좋겠죠?
다음으로 '원리금균등분할상환방식'을 살펴볼까요? 대출방법만 원리금균등분할을 선택한 후 나머지는 만기일시상환과 동일하게 입력한 후 'Result'를 클릭하세요.

스마트금융계산기 실행화면 – ③

자, 그럼 원리금균등분할상환 방식의 대출이자 부담은 얼마나 될지 확인해 보시죠.

'원리금균등분할상환방식'을 선택할 경우 월평균 원리금납입금액은 60만 5,900원입니다. 20년 동안 부담하게 될 총이자는 4,543만 5,323원입니다. '만기일시상환방식'을 선택할 경우 총납입이자가 7,999만 원이라는 점을 감안할 때 엄청난 이자를 절감할 수 있는 방식임을 알 수 있습니다.
다음으로 '원금균등분할방식'을 선택할 경우를 살펴 보죠. 모든 조건이 동일하고 대출방법만 '원금균등분할방식'인 경우 월평균납입이자는 58만 4,027원입니다.

스마트금융계산기 실행화면 – ④

또한 총납입이자는 4,016만 6,636원이죠. 원리금균등분할상환 방식에 비해 이자 부담이 감소하는 것을 확인할 수 있습니다.

마지막으로 일정기간 이자만 부담하다 원금과 이자를 상환하게 되는 '거치후 상환대출방식'을 선택할 경우 원리금상환부담액이 어떻게 변화하게 되는지 살펴 보죠. 가장 먼저 거치가간을 선택해야 하는데 거치기간은 대출을 신청하는 주택수요자들이 가장 선호하는 3년을 선택하겠습니다. 나머지 조건은 변동이 없다고 가정하겠습니다.

스마트금융계산기 실행화면 – ⑤

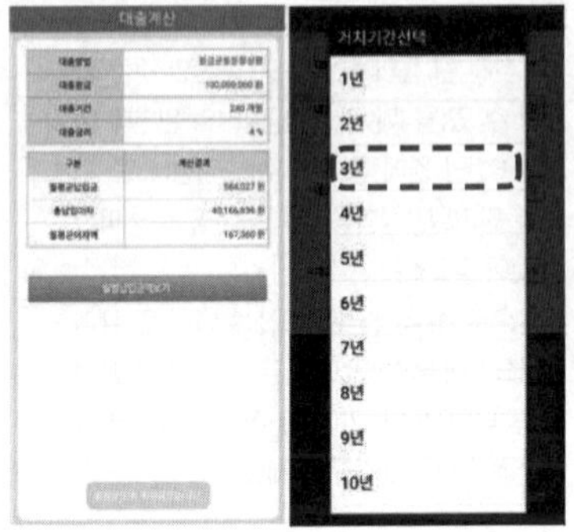

이제 결과를 확인해 보죠.

'거치후 분할상환방식'을 선택할 경우 월평균 납입금은 62만 4,934원입니다. 또한, 20년 동안 납입해야 할 총납입이자는 4,998만 4,298원입니다. 단지 원금상환을 3년 늦게 시작한다는 이유만으로 '원리금균등분할상환방식'에 비해 454만 원을 더 납입해야 하고 '원금균등분할상환방식'에 비해서는 981만 원을 더 납입해야 합니다. 이렇게 차이가 나는데도 거치후 분할상환방식을 선택해야 할까요?

스마트금융계산기 실행화면 – ⑥

어떻습니까? 대출방식을 어떤 것을 선택하느냐에 따라 수천만 원의 이자를 절감할 수 있다는 사실을 이제 아시겠죠?

짤TIP

스마트금융계산기 애플리케이션을 활용하면 대출이자 계산은 물론 예금이나 적금만기액 계산, 목돈을 만들기 위해 매월 얼마나 저축하면 되는지를 알려주는 매월저축액, 부동산 중개수수료계산, 최고금리찾기 등 다양한 정보를 손쉽게 확인할 수 있습니다. 필요할 때마다 틈틈이 활용하면 쏠쏠하게 도움을 받을 수 있으니 잊지 마세요.

적정시세 확인은?

목적이 무엇이 되었든 주택을 구입할 때 가장 먼저 확인하는 것이 있습니다. 바로 적정시세죠. 적정시세를 파악하기 위해 사용되는 가장 보편적인 방법은 손품, 발품을 파는 것입니다. 많은 정보를 얻으면 얻을수록 더 정확한 시세를 확인할 수 있으니까요. 하지만 현실적으로 주택 구매자들이 확인할 수 있는 시세는 크게 국토교통부 실거래가, 공시가격, KB국민은행 혹은 부동산 포털이 제공하는 매매시세 등을 들 수 있습니다.

국토교통부 실거래가

'국토교통부 실거래가 공개시스템'에서 제공하는 실거래가 공개자료는 2006년 1월부터 부동산거래신고 및 주택거래신고를 한 주택(아파트, 연립/다세대, 단독/다가구), 오피스텔, 토지, 상업·업무용 부동산 및 2007년 6월 29일 이후 체결된 아파트 분양/입주권 등입니다.

국토교통부 실거래가 공개시스템 홈페이지

자료 : 국토교통부 실거래가 공개시스템(http://rt.molit.go.kr/)

실거래가 자료들은 실시간 취합 후 계약일을 기준으로 집계되며 익일 공개됩니다. 그만큼 신속하고 빠르게 실제 거래된 매매자료들을 확인할 수 있다는 뜻이죠. 따라서 내 집 마련에 앞서 반드시 국토교통부 실거래가 자료를 확인해 보는 것이 좋습니다.

공시가격

공시가격은 부동산공시가격 알리미(www.realtyprice.kr:447/)사이트에서 확인할 수 있습니다.

부동산공시가격 알리미 홈페이지

자료 : 부동산공시가격 알리미(www.realtyprice.kr:447/)

그런데 공시가격은 시세를 보여주는 것은 아닙니다. 따라서 공시가격은 개략적인 가격흐름만 파악하는 데 활용하는 것이 좋습니다. 예를 들어 공시가격이 꾸준히 상승하는 곳이라면 시세가 상승하는 곳이라고 보면 되죠.

KB국민은행 혹은 부동산 포털이 제공하는 매물가격

'KB국민은행'이나 '부동산114' 같은 부동산 포털에 접속하면 지역별로 주택 유형의 매매가격을 실시간으로 확인할 수 있습니다. '국토교통부 실거래가'나 '부동산공시가격 알리미'에서 제공하는 자료들은 시간측면에서 볼 때 모두 과거자료들입니다. 반면에 KB국민은행이나 부동산 포털이 제공하는 매물가격들은 모두 실시간 자료들입니다. 현재시점에서 형성되어 있는 날 것 그대로의 가격이라는 뜻이죠. 그렇기 때문에 주택을 구입하기에 앞서 반드시 실시간 매매가격을 폭넓게 확인해 두는 것이 중요합니다.

짤TIP

KB국민은행과 부동산 114 같은 부동산 포털들 역시 매물가격 뿐만 아니라 매매시세 자료도 제공하고 있습니다. 다만, 시세자료를 활용할 때 조금 주의를 기울여야 합니다. 예를 들어 시세를 반영할 때 KB국민은행은 부동산 포털들에 비해 다소 보수적으로 시세를 반영합니다. 물론 큰 차이가 있는 것은 아닙니다. 하지만 작은 차이라 할지라도 크게 다가올 수 있기 때문에 KB국민은행과 부동산 포털 사이에 매매시세 차이가 얼마나 되는지 역시 꼼꼼히 따져 보아야 합니다.

부동산 애플리케이션을 활용하면 매매가 쉬워진다!

스마트폰을 활용하면 부동산거래도 어렵지 않게 마무리할 수 있습니다. 부동산 애플리케이션 덕분이요. 부동산 애플리케이션을 활용하면 내가 원하는 지역에 매물이 있는지, 가격조건은 어떻게 되는지, 집구조는 물론 현재 집 상태는 어떻게 되는지도 너무 쉽게 확인할 수 있습니다. 주택구입을 고려하고 있다면 부동산 애플리케이션 한두 개쯤 꼭 다운로드 받아 활용해야 하는 이유죠.

직방·다방·한방 앱

직방, 다방은 부동산에 관심을 갖고 있는 사람들이라면 누구나 한 번쯤 사용해 보았음직한 폭넓게 알려져 있는 앱입니다. 반면 한방은 아직 잘 모르는 경우가 많은데요. 한방은 한국공인중개사협회에서 제공하는 앱으로 전국을 대상으로 아파트, 원룸, 오피스텔, 빌라는 물론 상가, 공장, 토지 등 다양한 매물과 관련된 정보들을 제공하고 있습니다.

직방, 다방, 한방 앱 화면

자료 : 직방, 다방, 한방 앱

직방 앱은 주택매매는 물론 전·월세 및 신축분양 관련 정보들을 폭넓게 제공하는 앱입니다. 물론 자신의 집을 내놓을 수도 있죠. 거래유형에 따라 면적이나 준공년도, 세대수, 거주민 평가 등으로 세분해 보다 꼼꼼한 정보를 제공하고 있기 때문에 적극 활용하실 것을 추천합니다

다방은 분양정보나 전세나 월세 같은 임대와 관련된 정보들을 제공하는 데 강점이 있는 앱입니다. 따라서 어떤 지역의 주택을 구입해 임대수익을 창출하기 원하는 경우라면 다방을 활용하는 것이 좋습니다.

한국감정원 부동산정보·KB부동산 리브온(Liiv ON) 앱

한국감정원 부동산정보나 KB부동산 리브온 앱은 공통적으로 매물 시세, 분양, 각종 뉴스 및 개발과 관련된 정보들을 제공하고 있습니다. 다른 앱에 비해 좀 더 묵직한 정보들을 제공하는 앱이라고 생각하면 됩니다.

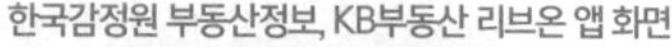
한국감정원 부동산정보, KB부동산 리브온 앱 화면

자료 : 한국감정원 부동산정보, KB부동산 리브온 앱

짤TIP

부동산 앱은 정말 많습니다. 너무 많아서 어떤 것을 주력으로 활용할지를 고민해야 할 정도죠. 간혹 너무 많은 정보가 오히려 독이 되기도 합니다. 그래서 1개를 주력으로 활용하면서 필요할 때마다 추가로 1~2개 정도를 보조적으로 활용할 것을 추천합니다. 단, '한국감정원 부동산정보'나 KB국민은행의 '리브온' 가운데 하나는 꼭 활용하실 것을 권합니다.

16 빌라 등 다세대주택은 꼼꼼하게 따져 본 후 구입하자!

한때 빌라로 대표되는 다세대 주택을 구입하면 구입하는 그 순간부터 손실을 감수해야 한다는 것이 하나의 법칙처럼 받아들여지던 시절이 있었습니다. 본질 가치에 비해 분양가격이 너무 높기 때문에 가격이 하락해야 비로소 매수자를 찾을 수 있었기 때문이죠. 그런데 재개발이 큰 반향을 불러일으키면서 빌라에 대한 인식이 크게 바뀌기 시작했습니다. 빌라야 말로 재개발의 가장 큰 수혜를 기대할 수 있는 주택유형인 것이 경험을 통해 증명되었기 때문이죠.

그렇지만 여전히 빌라는 분양을 받던 아니면 중고주택을 구입하던 꼼꼼하게 따져 본 후 구입하는 것이 바람직합니다.

빌라 이런 점은 조심하라!

주변 아파트 가격이 낮은 곳에 있는 빌라는 일단 조심하는 것이 좋습니다. 빌라는 재개발까지 고려해 구입하는 것이 좋은데 이때 재개발을 거쳐 공급되는 아파트 가격이 높지 않다면 개발이익을 기대하기 어렵죠. 개발이익을 기대할 수 없다면 투자가치는 당연히 낮아질 수밖에 없습니다. 같은 이유로 대지지분이 너무 작은 빌라 역시 색안경을 끼고 분석하는 것이 좋습니다. 대지지분이 낮다면 특별한 경우가 아닌 이상 개발이익이 작기 때문이죠.

한편, 직주근접성이 떨어지거나 대중교통 접근성, 주거환경, 학교인프라가 상대적으로 떨어지는 곳에 입지하고 있는 빌라라면 무조건 구입하지 않는 것이 바람직합니다. 이런 빌라들일수록 가격이 저렴해 자금이 충분하지 않은 주택구입자들의 마음을 흔들어 놓기 쉽습니다. 하지만 아무리 가격이 싸다는 유혹이 강해도 그것은 어디까지나 가격이 싼 것이지 제 가치에 비해 저렴한 것이 결코 아니라는 것을 명심해야 합니다.

빌라? 이런 곳이라면 충분히 불편을 감수할 만한 가치가 있다!

잘 고른 빌라 하나 열 아파트 안 부러울 수 있습니다. 사실 빌라는 아파트에 비해 관리비가 전혀 없거나 있더라도 비교할 수 없을 정도로 미미합니다. 게다가 공시가격 역시 아파트에 비해 낮기 때문에 보유세 부담도 작죠. 그만큼 유지비용이 작다는 뜻입니다. 이런 장점에 더해 입지조건이 뛰어난 빌라, 대지지분이 넓고 주변지역이 재개발 혹은 도시재생 가능성이 높은 곳에 있는 빌라라면 당장의 불편을 감수하고서라도 충분히 매입할 만한 가치가 있다고 볼 수 있습니다. 특히, 대중교통이 편리한 곳이나 향후 대중교통 접근성이 개선될 예정인 지역에 입지하고 있는 빌라라면 눈여겨 보는 것이 좋습니다. 다소 노후화된 빌라여서 불편을 감수해야 할지라도 말이죠.

짤TIP

빌라는 아파트와 달리 면적 계산이 애매한 경우가 많습니다. 예를 들어 아파트 24평은 전용면적 17.8평 내외입니다. 이에 비해 빌라 24평은 전용면적이 아파트의 그것에 미치지 못하는 경우가 많습니다. 그렇기 때문에 빌라를 매입하는 경우라면 단순히 평형을 확인하는데 그치지 말고 실제 면적이 얼마나 되는지 공부상 면적을 확인하는 것은 물론 실제로 그만큼의 면적이 되는지 꼼꼼하게 눈으로 확인하는 것이 중요합니다.

Chapter 5

재개발, 재건축, 소규모주택정비사업으로 내 집 마련할 때, 반드시 알아 두어야 할 13가지 필수지식

재개발, 재건축 정비사업의 절차를 먼저 머릿속에 그려 보자!

재개발·재건축정비사업은 어렵게 느껴지기 십상이죠. 어려운 용어도 나오고 절차도 복잡해 보이기 때문입니다. 물론 다소 어려운 부분도 있습니다. 하지만 자동차 부속을 모두 기억하고 각각의 개념을 이해하지 못해도 운전하는 데 전혀 무리가 없는 것처럼 재개발·재건축사업이 어떻게 진행되는지 그 절차만 머릿속에 담아둔다면 내 집 마련에 큰 어려움은 없을 것입니다. 다음은 재개발·재건축정비사업 절차입니다

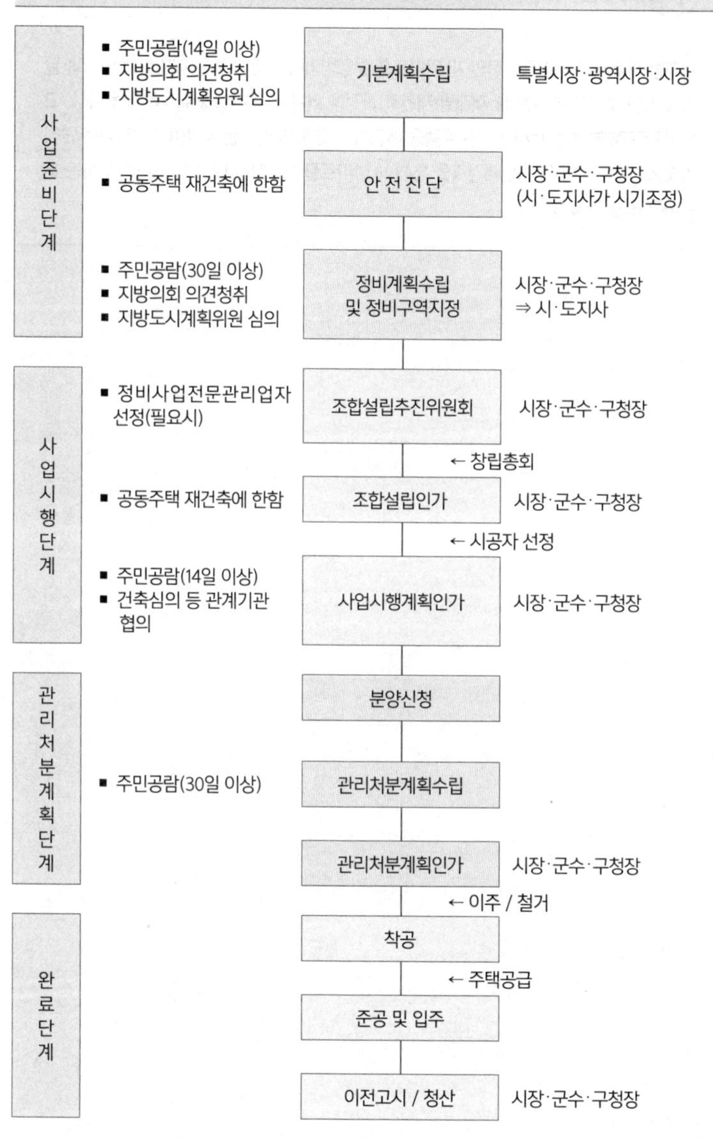
재개발·재건축정비사업 추진 절차
사업준비단계
■ 주민공람(14일 이상)
■ 지방의회 의견청취
■ 지방도시계획위원 심의
기본계획수립
특별시장·광역시장·시장
■ 공동주택 재건축에 한함
안 전 진 단
시장·군수·구청장
(시·도지사가 시기조정)
■ 주민공람(30일 이상)
■ 지방의회 의견청취
■ 지방도시계획위원 심의
정비계획수립
및 정비구역지정
시장·군수·구청장
⇒ 시·도지사
사업시행단계
■ 정비사업전문관리업자 선정(필요시)
조합설립추진위원회
시장·군수·구청장
← 창립총회
■ 공동주택 재건축에 한함
조합설립인가
시장·군수·구청장
← 시공자 선정
■ 주민공람(14일 이상)
■ 건축심의 등 관계기관 협의
사업시행계획인가
시장·군수·구청장
관리처분계획단계
분양신청
■ 주민공람(30일 이상)
관리처분계획수립
관리처분계획인가
시장·군수·구청장
← 이주 / 철거
완료단계
착공
← 주택공급
준공 및 입주
이전고시 / 청산
시장·군수·구청장

자료 : 국토해양부

짤TIP

재개발이나 재건축은 통상적인 새 아파트를 분양받거나 기존 주택을 매입하는 방식과 달리 오래된 주택을 매입한 후 재개발·재건축 과정을 거쳐 새 아파트를 취득하게 됩니다. 그렇기 때문에 분양을 받거나 기존 주택을 매입하는 것에 비해 오랜 시간이 소요된다는 단점이 있죠. 이런 점이 재개발·재건축을 통해 새 아파트를 장만하는 데 가장 고려해야 하는 부분이라고 할 수 있습니다.

가로주택정비사업의 절차를 머릿속에 그려 보자!

가로주택정비사업은 소규모 재개발·재건축정비사업이라고 이해하면 된다고 했습니다. 그렇기 때문에 큰 틀에서 보면 가로주택정비사업은 재개발이나 재건축정비사업과 비슷한 부분이 많습니다. 그럼에도 불구하고 가로주택정비사업은 재개발·재건축정비사업과 확연히 구분되는 것이 있습니다. 바로 사업추진절차가 재개발·재건축에 비해 매우 단순하다는 점이 그것입니다. 다음은 가로주택정비사업의 추진절차입니다. 가로주택정비사업을 통해 내 집 마련을 꿈꾼다면 꼭 머릿속에 담아 두실 것을 추천합니다.

가로주택정비사업의 추진절차

조합설립단계	⇒	조합설립인가
사업시행계획인가 단계	⇒	↓ 건축심의 ↓ 종전자산평가 ↓ 조합원분양신청/관리처분계획수립 ↓ 사업시행계획인가
착공 및 준공 단계	⇒	↓ 착공 / 분양 ↓ 준공 및 입주
청산 단계	⇒	↓ 이전고시 / 청산

짤TIP

가로주택정비사업의 가장 큰 장점은 조합원은 최대 3채까지 아파트를 분양받을 수 있다는 점과 재건축초과이익환수제도의 적용을 받지 않는다는 점을 들 수 있습니다. 이런 점은 분명 종전의 재개발·재건축정비사업에 비해 확실한 강점이라고 할 수 있죠.

재개발, 재건축, 소규모주택정비사업의 조합원은 누구인가?

재개발이나 재건축, 소규모주택정비사업이 진행되고 있는 곳에 주택을 소유하고 있다면 조합원이 되어 새 아파트를 받을 수 있습니다. 물론 조합원이 아니더라도 일반분양을 통해 새 아파트를 분양받을 수 있습니다. 하지만 조합원 자격으로 조합원 분양을 받는 것과 일반분양을 받는 것은 다릅니다. 일단 조합원이 되면 일반분양가에 비해 저렴한 조합원분양가로 분양을 받는다는 이점이 있는 것은 물론 좋은 방향과 층을 선점할 수 있다는 유리한 점이 있기 때문이죠. 그래서 누가 조합원이 될 수 있는지를 살펴 볼 필요가 있는 것입니다.

재개발정비사업의 조합원

'도시 및 주거환경정비법'에 따르면 재개발정비사업(흔히 말하는 재개발을 말함)의 조합원은 '토지등소유자'입니다. 그런데 '토지등소유자'

가 도대체 누구인지 잘 이해가 되지 않죠? 걱정하실 필요 없습니다. '도시 및 주거환경정비법'에 토지등소유자를 정의해 놓았기 때문이죠.

도시 및 주거환경정비법 제2조(정의)
9. "토지등소유자"란 다음 각 목의 어느 하나에 해당하는 자를 말한다. 다만, 제27조제1항에 따라 「자본시장과 금융투자업에 관한 법률」 제8조제7항에 따른 신탁업자(이하 "신탁업자"라 한다)가 사업시행자로 지정된 경우 토지등소유자가 정비사업을 목적으로 신탁업자에게 신탁한 토지 또는 건축물에 대하여는 위탁자를 토지등소유자로 본다.
가. 주거환경개선사업 및 재개발사업의 경우에는 정비구역에 위치한 토지 또는 건축물의 소유자 또는 그 지상권자
나. 재건축사업의 경우에는 정비구역에 위치한 건축물 및 그 부속토지의 소유자

위의 정의를 보면 재개발정비사업에서 조합원은 토지나 건축물의 소유자 혹은 지상권자임을 알 수 있습니다. 여러분이 재개발사업이 진행되고 있는 지역의 지상권을 갖게 되는 경우는 사실상 없다고 가정할 때 원칙적으로 재개발사업이 진행되는 지역에서 조합원이 되고자 한다면 그 지역내의 토지 또는 건축물을 소유하면 됩니다.

재건축정비사업의 조합원

재건축정비사업(흔히 말하는 재건축을 말함)이 진행되고 있는 지역에서 조합원으로 아파트를 분양받기 원한다면 단순히 '토지등소유자'이기만 해서는 곤란합니다. 물론 재건축사업인 경우 '토지등소유자'

를 '건축물 및 그 부속토지의 소유자'로 규정하고 있기는 합니다. 하지만 '도시 및 주거환경정비법 제39조(조합원의 자격 등)'는 다음과 같은 단서조항을 제시하고 있습니다.

> 도시 및 주거환경정비법 제39조(조합원의 자격 등)
> ① 제25조에 따른 정비사업의 조합원(사업시행자가 신탁업자인 경우에는 위탁자를 말한다. 이하 이 조에서 같다)은 토지등소유자(재건축사업의 경우에는 재건축사업에 동의한 자만 해당한다)로 하되

위의 정의를 정리하면 재건축인 경우 조합원은 재건축사업에 동의한 '토지등소유자'라는 것을 알 수 있습니다. 따라서 재건축에 반대하는 '토지등소유자'는 조합원이 될 수 없는 것이죠.

소규모주택정비사업의 조합원

소규모주택정비사업은 '빈집 및 소규모주택정비에 관한 특례법'에 따라 추진되는 소규모재개발·재건축정비사업입니다. 소규모주택정비사업이 진행되고 있는 곳에서 조합원이 되기 위해서는 '토지등소유자'여야 합니다.

> 빈집 및 소규모주택 정비에 관한 특례법 제24조(조합원의 자격 등)
> ① 조합원은 토지등소유자(소규모재건축사업의 경우에는 소규모재건축사업에 동의한 자만 해당한다)로 하되, 다음 각 호의 어느 하나에 해당하는 때에는 그 여러 명을 대표하는 1명을 조합원으로 본다.

1. 토지 또는 건축물의 소유권과 지상권이 여러 명의 공유에 속하는 때
2. 여러 명의 토지등소유자가 1세대에 속하는 때. 이 경우 동일한 세대별 주민등록표상에 등재되어 있지 아니한 배우자 및 미혼인 19세 미만의 직계비속은 1세대로 보며, 1세대로 구성된 여러 명의 토지등소유자가 조합설립인가 후 세대를 분리하여 동일한 세대에 속하지 아니하는 때에도 이혼 및 19세 이상 자녀의 분가(세대별 주민등록을 달리하며 실거주지를 분가한 경우로 한정한다)를 제외하고는 1세대로 본다.
3. 조합설립인가 후 1명의 토지등소유자로부터 토지 또는 건축물의 소유권이나 지상권을 양수하여 여러 명이 소유하게 된 때

다만, 한 가지 주의할 점이 있습니다. 소규모재건축사업인 경우에는 소규모재건축사업에 동의한 사람만 조합원이 될 수 있다는 점이죠. 일반적인 재건축과 동일합니다.

짤TIP

재개발·재건축정비사업과 소규모주택정비사업은 비슷하면서도 확연히 구분되는 특징이 있습니다. 그 중에서도 사업진행속도라는 측면에서 크게 구분되죠. 소규모주택정비사업은 재개발이나 재건축에 비해 규모가 작습니다. 그만큼 개발이익도 작을 수밖에 없죠. 그래서 신속한 사업추진이 필요합니다. 이런 특징에 맞춰 신속한 사업추진이 가능하도록 절차를 간소화한 것이 소규모주택정비사업이죠.

재건축은 세대당 평균대지지분을 챙겨라!

'세대당 평균 대지지분'은 "재건축 사업장의 전체 대지면적을 소유자 수로 나누어 구한 대지지분"이라고 정의할 수 있습니다.

그렇기 때문에 세대당 평균 대지지분은 전체 아파트 단지의 각 세대들이 평균적으로 얼마나 많은 대지지분을 소유하고 있느냐를 계산한 것이라고 볼 수 있습니다. 예를 들어 전체 대지면적이 1만㎡이고 소유자 수가 100명인 경우 세대당 평균대지지분은 100㎡가 되죠. 다음의 사례를 보시죠.

세대당 평균대지지분 계산해 보기

[사례]
전체 대지면적이 2,400㎡, 총 세대는 24세대, 면적별 구성은 전용면적 기준 전용 59㎡, 전용 46㎡, 전용 84㎡ 등 총 3개의 면적형이 있음.

세대당 평균 대지지분		
801호(전용59㎡)	802호(전용46㎡)	803호(전용84㎡)
701호(전용59㎡)	702호(전용46㎡)	703호(전용84㎡)
601호(전용59㎡)	602호(전용46㎡)	603호(전용84㎡)
501호(전용59㎡)	502호(전용46㎡)	503호(전용84㎡)
401호(전용59㎡)	402호(전용46㎡)	403호(전용84㎡)
301호(전용59㎡)	302호(전용46㎡)	303호(전용84㎡)
201호(전용59㎡)	202호(전용46㎡)	203호(전용84㎡)
101호(전용59㎡)	102호(전용46㎡)	103호(전용84㎡)
전체 대지면적 2,400㎡		

위 사례의 세대당 평균대지지분은 아주 간단하게 계산할 수 있습니다. 각각의 아파트가 얼마의 대지지분을 보유하고 있는지 별도로 찾아 볼 필요가 없기 때문이죠. 단순히 전체 대지면적이 얼마나 되는지, 총 세대수는 얼마나 되는지만 알아 보면 됩니다. 세대당 평균대지지분을 계산할 수 있습니다.

$$\text{* 세대당 평균대지지분} = \frac{\text{전체대지면적}}{\text{총 세대수}} = \frac{2{,}400\text{㎡}}{24\text{세대}} = 100\text{㎡}$$

사례의 세대당 평균대지지분을 계산해보니 100㎡인 것을 알 수 있습니다.

세대당 평균대지지분을 따져 보아야 하는 이유

세대당 평균대지지분은 아파트 단지인 경우든 아니면 단독주택만 있든, 아파트와 단독주택이 혼재되어 있든 상관없이 각각의 아파트 및 건물, 토지의 소유자들이 모두 동일한 대지지분을 갖고 있을 것이라는 전제하에 계산되죠. 실제 각 아파트들의 대지지분과는 차이가 있을 수밖에 없습니다. 그럼에도 불구하고 세대당 평균대지지분을 따져 보아야 하는 이유는 세대당 평균대지지분만으로도 일정수준 사업성을 추정해 볼 수 있기 때문입니다. 어떻게 그것이 가능할까요? 바로 세대당 평균대지지분이 용적률과 연결되기 때문입니다.

용적률이란 전체 대지면적 위에 건축된 지상층 연면적이 얼마나 되는지를 알려주는 비율이죠. 그런데 이 용적률이 높으면 높을수록 동일한 토지 위에 더 많은 아파트를 공급할 수 있습니다. 그만큼 개발이익이 크다는 뜻이죠. 이런 이유로 세대당 평균대지지분은 여러분 각자가 관심을 갖고 있는 곳이 얼마나 사업성이 있는 곳인지를 손쉽게 예상해 볼 수 있는 효과적인 도구가 되곤 합니다.

짤TIP

굳이 토지대장이나 등기사항전부증명서를 발급받지 않아도 개략적인 면적을 계산할 수 있는 쉬운 방법이 있습니다. 바로 네이버지도를 활용하는 것입니다. 네이버지도에서 '지적편집도' → '길이재기' → '점선 사각형 클릭' → '삼각형 커서가 나타나면 면적측정'의 순서를 따라하기만 하면 면적을 측정할 수 있습니다.

재개발은 조합원수를 따져라!

구입목적과 관계없이 유망한 재개발사업장은 어떤 곳일까요? 사실 이런 질문만큼 답하기 곤란한 질문도 없습니다. 자칫 어떤 곳이 유망한 사업장인지 확실한 기준도 없이 막무가내 식으로 '무조건 사 놓으면 돈이 될 것'이라는 근거 없는 환상에 빠져 부동산을 구입하도록 호도할 수 있기 때문이죠. 다만, 그동안 재개발정비사업이 많이 진행되면서 쌓인 경험에 근거해 어떤 곳이 유망한 사업장인지 몇 가지 기준을 제시할 수는 있습니다. 그 중 대표적인 것 가운데 하나로 조합원수를 들 수 있죠.

재개발정비사업? 조합원수를 따져 보라!

재개발은 '도시 및 주거환경정비법'에 따라 사업을 추진해야 하는 사업입니다. 그래서 재개발정비사업이라는 명칭이 따라붙는 것이죠. 그런데 모든 정비사업은 사업성 분석을 할 때 반드시 조합원의 숫자를 고려하는 것이 좋습니다. 왜 그럴까요? 그 이유를 다음의 표를 통해 살펴 보시죠.

사업장	사업 부지면적	조합원 수	조합원 당 대지면적
A	3,000㎡	30명	100㎡
B	3,000㎡	60명	50㎡

*용도지역, 건폐율, 용적률 등 여타 공법상 규제 및 일반분양가격, 단위 면적당 종전자산평가 역시 큰 차이가 없다고 가정함

조합원 당 대지면적을 계산해 보니 A지구가 B지구에 비해 2배나 많다는 것을 알 수 있습니다. 따라서 공법상 규제가 동일하다고 가정할 경우 A지구의 사업성이 B지구의 사업성에 비해 상대적으로 좋을 것임을 알 수 있습니다. 굳이 여러 가지 분석을 하지 않아도 말이죠. 한 가지 분석을 굳이 하자면 모든 조합원들이 분양신청을 한다고 가정할 경우 B지구는 A지구에 비해 조합원 물량이 2배 많을 것입니다. 그런데 조합원분양가격은 일반분양가격에 비해 저렴한 것이 일반적입니다. 이런 상황에서 B지구는 A지구에 비해 조합원들에게 저렴한 조합원 분양가격으로 더 많이 분양을 해야 합니다. 이에 비해 더 비싼 가격으로 분양할 수 있는 일반분양물량은 A지구가 B지구에 비해 더 많습니다(정확하게는 1인당 아파트를 1채만 분양받는 다는 가정하에서 A지구의 일반분양물량은 B지구에 비해 30세대 많음). 이렇게 되면 어느 쪽이 총분양수입이 많을까요?

당연히 A지구죠!

위와 같은 이유로 총분양물량에 차이가 없다면 이왕이면 조합원수

가 적은 사업장을 선택해야 하죠. 조합원수가 많다는 것은 그만큼 이익을 나눠야 하는 사람의 숫자도 많다는 것을 의미합니다. 그러니 여러 가지 분석을 할 때마다 항상 조합원수가 얼마나 되는지 먼저 계산해 보아야 하는 것이죠!

짤TIP

감정평가액이 높으면 좋다고 생각하는 조합원들이 많습니다. 하지만 감정평가액이 높다고 해서 무조건 좋은 것은 아닙니다. 감정평가액이 높아도 조합원권리가액이 낮아지면 분담금이 늘어나게 되니까요. 다만, 다른 조합원들에 비해 특정 조합원의 감정평가액만 높을 경우 그 조합원은 행복한 조합원이 될 수 있습니다. 그만큼 경제적 이익도 커질 것이기 때문이죠.

정비사업에서 중요한 비례율이란?

재개발 같은 정비사업은 물론 가로주택정비사업 같은 소규모주택정비사업에서도 매우 중요한 개념이 있습니다. 비례율인데요. 비례율은 정비사업을 통해서 발생할 것으로 기대되는 순이익(총분양수입-총사업비용)을 종전자산가격(종전자산 평가액이라고 함)으로 나누어 구한 값을 말합니다. 다시 말해 개발을 하기 전 자산의 가치가 얼마나 증가하게 될 것인지를 설명해주는 지표가 바로 비례율인 셈이죠. 비례율을 공식으로 표현하면 다음과 같습니다.

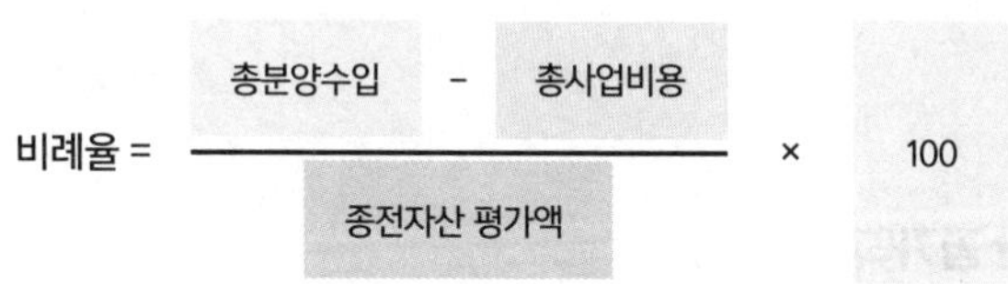

위 그림을 보면 비례율은 결국 총분양수입, 총사업비용, 종전자산평가액에 따라 결정된다는 것을 확인할 수 있습니다.

총분양수입

총분양수입은 종종 종후자산평가액이라고도 합니다. 정비사업을 하면 아파트와 상가를 건설해 분양을 하죠. 이때 아파트와 상가를 분양해 받게 되는 총수입금을 총분양수입 혹은 종후자산평가액이라고 합니다. 예를 들어 아파트의 분양수입이 6억 원이라고 하고 상가 분양수입이 10억 원이라고 가정할 경우 총분양수입은 16억 원이 되는 것이죠. 아주 단순명료하죠?

총사업비

정비사업을 추진하면서 투입될 것으로 예상되는 비용의 총계를 가리켜 총사업비라고 합니다. 또한, 총사업비는 아파트와 상가를 짓는데 소요되는 비용인 공사비와 기타사업비(금융비용이나 조합운영비 등등)로 다시 세분됩니다. 그렇기 때문에 총사업비는 공사비와 기타사업비을 더해 산출할 수 있습니다. 예를 들어 시공비가 300억 원이고 기타사업비가 90억 원이라면 총사업비용은 390억원이 되는 것이죠.

종전자산 평가액

종전자산평가액은 가로주택정비사업이나 재개발, 재건축 사업을 시행하는 사업장의 조합원들이 보유하고 있는 부동산(토지 및 건축물)의 가치를 모두 더해서 구합니다. 그런데 이때 조합원들이 보유하고 있는 부동산의 가치는 감정평가사가 평가한 금액입니다. 예를 들어 A라는 가로주택정비사업 조합이 있고 사업장 내 조합원들이 보유하고 있는 토지와 건축물의 감정평가액을 보니 200억 원이었다면 A조합의 종전자산평가액은 200억 원이 되는 것입니다.

짤TIP

종전자산평가액은 감정평가액입니다. 즉, 조합원들의 자산을 감정평가사가 평가하여 모두 더한 것이 종전자산평가액이죠. 개별 조합원들 입장에서 볼 때 감정평가액이 높아야 이익이라는 생각을 하기 쉽습니다. 하지만 늘 그런 것은 아닙니다. 조합원 전체의 감정평가액이 높아지면 비례율이 낮아져 권리가액이 작아지게 되고 조합원 분담금이 늘어나기 때문이죠. 다만, 전체 종전자산평가액은 낮은데 개별 조합원의 감정평가액만 높다면 그 조합원에게는 이익이 될 수 있습니다. 감정평가금액이 높을 것으로 예상되는 부동산을 매입해야 하는 이유가 바로 여기에 있습니다.

소규모주택정비사업이란?

소규모주택정비사업은 도심재생뉴딜 사업의 핵심사업 가운데 하나입니다. 하지만 소규모주택정비사업이 구체적으로 어떤 것인지 여전히 잘 모르는 경우가 대부분입니다. 소규모주택정비사업을 규율하는 법이 '빈집 및 소규모주택정비에 관한 특례법'입니다. 이에 따르면 소규모주택정비사업은 다음과 같이 정의됩니다.

빈집 및 소규모주택정비에 관한 특례법 제2조(정의)

3. "소규모주택정비사업"이란 이 법에서 정한 절차에 따라 노후·불량건축물의 밀집 등 대통령령으로 정하는 요건에 해당하는 지역 또는 가로구역(街路區域)에서 시행하는 다음 각 목의 사업을 말한다.

가. 자율주택정비사업: 단독주택 및 다세대주택을 스스로 개량 또는 건설하기 위한 사업
나. 가로주택정비사업: 가로구역에서 종전의 가로를 유지하면서 소규모로 주거환경을 개선하기 위한 사업
다. 소규모재건축사업: 정비기반시설이 양호한 지역에서 소규모로 공동주택을 재건축 하기 위한 사업

정리하면 소규모주택정비사업은 '노후·불량건축물의 밀집 등 대통령령으로 정하는 요건에 해당하는 지역 또는 가로구역(街路區域)에서 시행하는 자율주택정비사업, 가로주택정비사업, 소규모재건축사업'입니다. 이를 좀 더 자세히 살펴 보면 첫 번째로 자율주택정비사업은 단독주택 및 다세대주택을 스스로 개량하거나 건설하기 위한 사업입니다.

두 번째로 가로주택정비사업은 가로구역에서 종전의 가로를 유지하면서 소규모로 주거환경을 개선하기 위한 사업입니다. 여기서 가로는 도로를 뜻합니다. 따라서 도로로 구획된 일단의 부지를 대상으로 주거환경을 개선하기 사업이 가로주택정비사업이죠.

세 번째로 소규모재건축사업은 재건축사업인데 소규모로 공동주택을 재건축하기 위한 사업입니다. 재건축이기 때문에 정비기반시설이 양호한 지역에서 시행되는 사업이라는 특징이 있죠. '도시 및 주거환경정비법'에 따르면 재건축사업은 '정비기반시설은 양호하나 노후·불량건축물에 해당하는 공동주택이 밀집한 지역에서 주거환경을 개선하기 위한 사업'이라고 정의되어 있으니 정비기반시설이 양호한 지역에서 시행된다는 점은 소규모재건축이나 일반 재건축이나 동일함을 알 수 있습니다.

짤TIP

정비기반시설이란 도로·상하수도·공원·공용주차장·공동구('국토의 계획 및 이용에 관한 법률' 제2조제9호에 따른 공동구를 말한다. 이하 같다), 그 밖에 주민의 생활에 필요한 열·가스 등의 공급시설로서 대통령령으로 정하는 시설을 말합니다. 이때 대통령령으로 정하는 시설은 녹지, 하천, 공공공지, 광장, 소방용수시설, 비상대피시설, 가스공급시설, 지역난방시설, 주거환경개선사업을 위하여 지정·고시된 정비구역에 설치하는 공동이용시설로서 '도시 및 주거환경정비법' 제52조에 따른 사업시행계획서에 해당 특별자치시장·특별자치도지사·시장·군수 또는 자치구의 구청장이 관리하는 것으로 포함된 시설을 말합니다.

소규모주택정비사업의 종류 및 특징!

아직은 생소한 소규모주택정비사업에는 어떤 것이 있고 그 특징은 어떠한지를 살펴 보는 것이 소규모주택정비사업을 이해하는 데 도움이 될 수 있습니다. 다음의 표는 소규모주택정비사업의 종류 및 특징을 요약 정리한 것이니 참고하시기 바랍니다.

소규모주택정비사업의 종류 및 특징 요약			
구분	자율주택정비사업	가로주택정비사업	소규모재건축사업
대상	단독·다세대주택	단독주택 + 공동주택	공동주택 (사업시행상 필요시 단지 外 건축물 포함)
정의	단독주택, 다세대주택을 자율적으로 개량·정비	가로구역에서 종전의 가로를 유지하며 소규모로 주거환경 개선	정비기반시설이 양호한 지역에서 공동주택 재건축
규모 (시행령) 규모 (시행령)	(단독) 10호 미만 (다세대) 20세대 미만 (단독 호수·다세대 세대수 합산) 20 미만	(단독) 10호 이상 (다세대) 20세대 이상 (단독 호수·다세대 세대수 합산) 20 이상 * 합산 20미만 이어도 단독만 10호이상면 가능	노후불량건축물* 200세대 미만 *①20년~30년(조례)이 지난 공동주택 ②기간과 무관하게 안전상 문제있는 공동주택
	면적제한 없음	최대 2만 제곱미터까지 변경	

시행 방법	건축허가, 건축협정 등으로 노후주택을 보전·정비하거나 개량	가로구역에서 사업시행인가에 따라 주택 등을 건설·공급	사업시행인가에 따라 소규모 공동주택을 재건축
시행자	토지등소유자 (주민합의체)	토지등소유자(주민합의체) 또는 조합	
공동 시행자	시장·군수 등 + 토지주택공사 등 + 건설업자 + 신탁업자 + 리츠		
공공 시행 조건	-	안전사고 우려시 시장·군수등(+토지주택공사 등)	
인허가 의제	건축허가 및 건축협정	사업계획승인 등	사업계획승인 등
절차	시행자 → 건축심의(필요시 도시계획 등과 통합심의) → 사업시행인가 → 착공 및 준공		
특례	- 건축규제의 완화 등에 관한 특례 · 조경기준, 대지안의 공지기준, 건축물 높이제한 등 · 부지 인근에 노외주차장 확보시 주차장 설치기준 완화, 공동이용시설·주민공동시설 용적률 완화 - 임대주택* 건설에 따른 특례 : 용적률 법적상한 적용, 주차장기준 완화 *의무임대기간 8년 이상이고, 임대료·인상률 제한 및 주택기금지원을 받는 임대주택 및 공공임대주택		
지원	- 임대관리업무의 지원 : 임차인 모집·입주 및 명도·퇴거, 임대료의 부과·징수 등 - 기술지원 및 정보제공 : 주택의 설계, 철거·시공, 유지관리(의무대상 제외) 등		

소규모주택정비사업 조합원은 최대 3채까지 분양받을 수 있다!

소규모주택정비사업(가로주택정비사업과 소규모재건축사업)의 조합원은 몇 개의 입주권을 받을 수 있을까요? 소규모주택정비사업 대상지역에 위치하고 있는 주택을 매입하는 가장 큰 이유는 누가 뭐라고 해도 조합원 자격으로 분양을 받고자 하는 것에 있습니다. 그렇기 때문에 조합원으로서 몇 개의 주택을 분양받을 수 있는지를 따져보는 것은 매우 중요하다고 할 수 있죠.

최대 3채를 분양받을 수 있다!

소규모주택정비사업의 조합원이라면 몇 개의 주택을 분양받을 수 있는지는 '빈집 및 소규모주택정비에 관한 특례법' 제33조에서 확인할 수 있습니다.

빈집 및 소규모주택 정비에 관한 특례법 제33조(관리처분계획의 내용 및 수립기준)
③제1항에 따른 관리처분계획의 내용은 다음 각 호의 기준에 따른다. <개정 2018. 3. 20.>
1~6...생략...
7. 제6호에도 불구하고 다음 각 목의 경우에는 각 목의 방법에 따라 주택을 공급할 수 있다.
가~다. ....생략..

라. 가로주택정비사업의 경우에는 3주택 이하로 한정하되, 다가구주택을 소유한 자에 대하여는 제1항제4호에 따른 가격을 분양주택 중 최소분양단위 규모의 추산액으로 나눈 값(소수점 이하는 버린다)만큼 공급할 수 있다.

마. 「수도권정비계획법」 제6조제1항제1호에 따른 과밀억제권역에서 투기과열지구에 위치하지 아니한 소규모재건축사업의 경우에는 토지등소유자가 소유한 주택수의 범위에서 3주택 이하로 한정하여 공급할 수 있다.

위에 따르면 가로주택정비사업인 경우와 소규모재건축사업인 경우 각각 최대 3채까지 주택을 분양받을 수 있음을 규정하고 있습니다. 물론 일정한 요건을 충족한 경우에만 3채까지 분양받을 수 있습니다.

3채를 분양받을 수 있는 요건은?

그렇다면 어떤 조건을 충족하면 최대3채까지 분양받을 수 있을까요? 먼저 가로주택정비사업에서 3채까지 분양받기 위한 요건을 살펴 보죠. 가로주택정비사업의 경우에는 3주택 이하로 한정하되, 다가구주택을 소유한 자에 대하여는 종전자산평가액을 분양주택 중 최소분양단위 규모의 추산액으로 나눈 값(소수점 이하는 버린다)만큼 공급할 수 있도록 하고 있습니다. 이를 해석하면 토지등소유자의 종전자산평가액이나 주거전용면적이 얼마나 되는지, 분양되는 아파트의 분양가격이나 주거전용면적은 어떻게 되는지에 따라 최대

3채까지 분양받을 수 있다는 의미가 됨을 알 수 있습니다. 한편, 다가구주택인 경우 종전자산평가액이 6억 원이고 최소분양아파트의 분양가격이 2억 원이라면 3채(6억 원/2억 원 = 3채)를 분양받을 수 있음을 알 수 있습니다.

다음으로 소규모재건축사업을 살펴 보죠. 소규모재건축사업에서 최대 3채를 분양받기 위해서는 우선 과밀억제권역내 투기과열지구에 속하지 않아야 합니다. 또한 보유하고 있는 주택의 수가 3채가 되어야 3채를 분양신청할 수 있습니다. '토지등소유자가 소유한 주택수의 범위에서 3주택 이하로 한정하여 공급할 수 있다.' 라고 규정하고 있기 때문이죠.

짤TIP

소규모주택정비사업인 가로주택정비사업과 소규모재건축사업의 조합원이 최대 3채까지 분양받을 경우 아무리 조합원이라 하더라도 규제가 적용되는 지역에서는 중도금 대출이 불가능할 수 있기 때문에 자금계획을 꼼꼼히 수립해 분양 신청하는 것이 필요합니다.

용도지역과 용적률을 따져라!

용적률은 용도지역에 따라 다릅니다. 예를 들어 2종일반주거지역, 3종일반주거지역, 준주거지역, 일반상업지역은 용적률이 제각각이죠. 그렇기 때문에 용도지역의 종류와 해당 용도지역에서 용적률이 얼마나 될지를 미리 점검해 두는 것이 필요합니다. 우리나라의 국토는 크게 4가지 용도지역으로 구분할 수 있습니다.

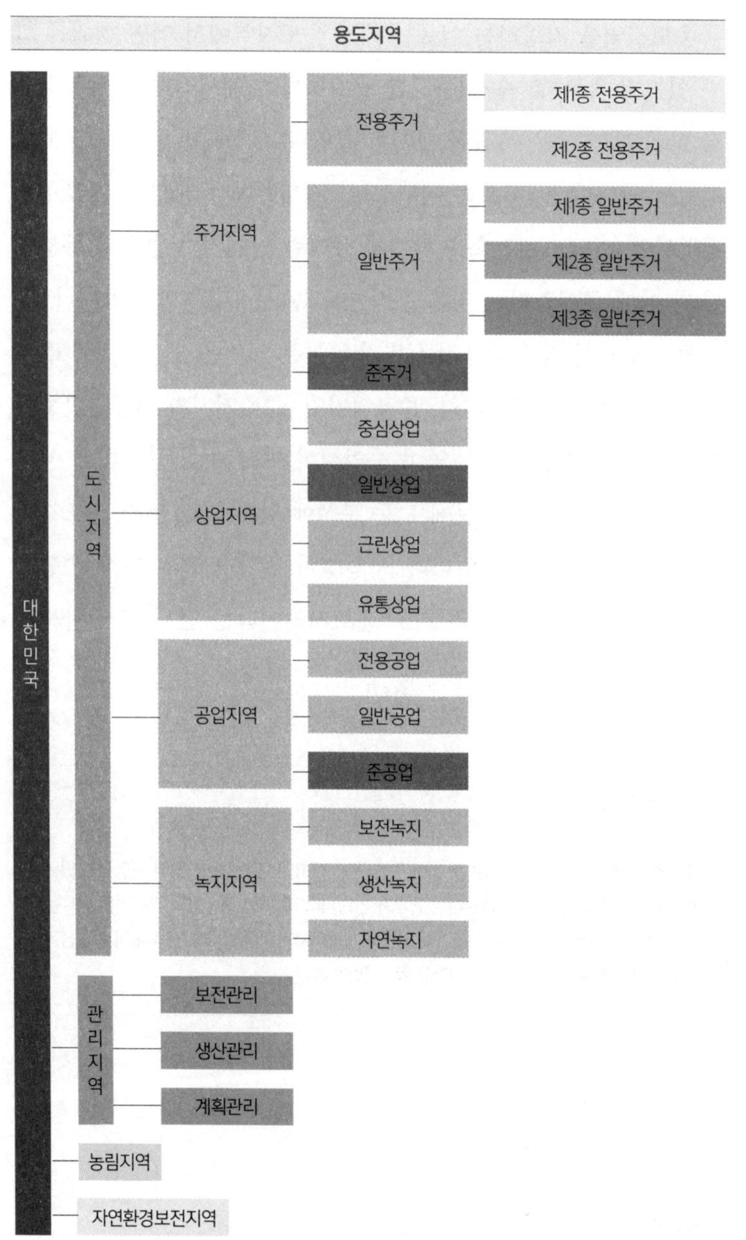

용도지역
대한민국
도시지역
주거지역
전용주거
제1종 전용주거
제2종 전용주거
일반주거
제1종 일반주거
제2종 일반주거
제3종 일반주거
준주거
상업지역
중심상업
일반상업
근린상업
유통상업
공업지역
전용공업
일반공업
준공업
녹지지역
보전녹지
생산녹지
자연녹지
관리지역
보전관리
생산관리
계획관리
농림지역
자연환경보전지역

용도지역을 지정하는 이유는 해당 용도지역에서 어떤 행위를 할 수 있는지 혹은 할 수 없는지를 규정하기 위해서입니다. 세부적으로 살펴 보면 매우 복잡한 것이 사실입니다. 하지만 우리가 용도지역에서 알아야 할 부분은 어떤 땅이 재개발이나 재건축, 가로주택정비사업, 소규모재건축을 하기에 유리한 땅인지와 관련된 부분입니다. 이때 유리하다는 것은 용적률이 높다는 것을 의미합니다. 그런데 용도지역 가운데 용적률이 가장 높은 지역은 도시지역이고 도시지역 내에서는 상업지역, 준공업지역, 준주거지역, 3종일반주거지역입니다. 결국 이들 지역이 사업성이 여타 지역들에 비해 좋다는 뜻입니다. 그렇기 때문에 모든 분석에 앞서 가장 먼저 용도지역을 확인해야만 하는 것입니다. 사업성이 얼마나 될지 가장 손쉽게 가늠해 볼 수 있는 척도가 바로 용도지역이라는 점을 잊지 마시기 바랍니다.

짤TIP

종상향을 추진하고 있다는 뉴스를 접하곤 합니다. 특히, 재건축정비사업이 진행되고 있는 아파트 단지들이 종상향을 추진하는 경우가 많습니다. 이처럼 종상향을 추진하는 이유는 종상향이 이루어지면 용적률이 증가해 사업성이 좋아지기 때문입니다. 용적률이 사업성과 연결된다는 점을 잘 보여주는 것이라고 할 수 있습니다.

일반분양 물량의 규모를 고려하라!

재개발·재건축정비사업이나 가로주택정비사업·소규모재건축사업 같은 소규모주택정비사업은 결국 사업성이 얼마나 좋으냐에 따라 성패가 갈리게 됩니다. 사업성을 결정하는 요소는 여러 가지가 있습니다. 앞서 살펴 본 '세대당 평균대지지분', '조합원 숫자'도 사업성을 분석하는 데 있어 중요하게 고려하는 변수입니다. 하지만 본질적인 측면에서 사업성을 분석하는 데 있어 더 중요한 변수가 있습니다. 바로 일반분양 물량의 규모입니다.

일반분양 물량규모와 분양수입

총분양수입이 높으면 높을수록 사업성은 좋아지죠. 또한 총분양수입은 분양물량의 규모와 직접적으로 연결되기 마련입니다. 그런데 총분양수입을 결정하는 요인은 무엇일까요? 당연히 분양수입입니다. 아파트나 오피스텔, 상가 분양을 통해 기대할 수 있는 수입이죠.

다른 요인은 모두 차이가 없고 오직 일반분양물량에만 차이가 있는 2개의 재건축사업장이 다음과 같은 분양물량이 예상된다고 가정해 보죠.

사업장	분양가격(㎡)	일반분양물량	일반분양수입
A단지	2,500만 원	65세대(공급면적 120㎡)	780억 원
B단지	2,500만 원	130세대(공급면적 120㎡)	1,560억 원

*이해의 편의를 위해 2지구 모두 상가는 분양하지 않으며, 조합원 분양물량과 공급형도 정확히 동일하고, 일반분양 역시 동일하게 120㎡(공급면적)만 공급하는 것으로 가정함

위와 같은 조건을 갖고 있는 'A단지'와 'B단지'의 일반분양수입을 계산하면 다음과 같을 것입니다.

* A단지 일반분양수입 = (65세대 × 1,000만 원 × 120㎡)
  = 780억 원
* B단지 일반분양수입 = (130세대 × 1,000만 원 × 120㎡)
  = 1,560억 원

일반분양 물량규모 효과

다른 조건은 모두 동일한데 일반분양 물량이 더 많은 'B단지'의 일반분양수입이 'A단지'의 일반분양수입에 비해 2배 더 많은 것을 확인할 수 있습니다. 일반분양수입이 더 많다는 것은 그만큼 더 높은 수익성이 있는 사업장이라는 의미가 됩니다. 이런 사업장이라면 당연히 조합원들이 부담해야 하는 분담금의 규모도 적을 것입니다.

다시 말해 'B단지'의 조합원 분담금이 'A단지'에 비해 더 적다는 뜻이죠.

여러분이라면 'A단지'와 'B단지' 가운데 어느 쪽을 선택하시겠습니까?

당연히 사업성이 더 좋은 'B단지'여야 하겠죠?

그래서 일반분양 물량이 얼마나 될지를 꼼꼼히 따져 보아야 하는 것입니다.

짤TIP

재개발·재건축이나 가로주택정비사업·소규모재건축사업이 추진되는 사업장에서 최초 계획보다 일반분양 물량이 증가하게 되면 조합원들이 더 큰 이익을 갖게 되는 경우가 많습니다. 일반분양 물량 증가로 사업성이 개선되면 조합원들이 그 혜택을 나눠 갖게 되는 것이 바로 재개발·재건축정비사업과 가로주택정비사업·소규모재건축사업이니까요.

주변지역의 분양가를 고려하라!

최근 몇 년 사이에 분양가격 급등현상이 나타나고 있습니다. 그 덕분에 입가에 미소가 그치지 않는 사람들도 많아졌죠. 대표적으로 재개발·재건축조합원들과 가로주택정비사업·소규모재건축사업의 조합원들이 있습니다. 분양가격이 상승하면 상승할수록 재개발·재건축 혹은 가로주택정비사업·소규모재건축사업에 따라 분양에 나서는 일반분양물량의 분양가격도 덩달아 상승할 것이고 이렇게 되면 조합원들의 이익도 상당히 증가할 것이기 때문이죠.

분양가격 상승은 수입증가를 의미한다!

분양가격 상승은 조합과 조합원들 입장에서 볼 때 수입이 증가하는 것입니다. 이에 비해 특별한 사정이 없는 한 사업비나 종전자산평가액은 큰 변동이 없는 경우가 대부분이죠. 수입은 증가하는 데 비해 비용은 변화가 없거나 소폭에 그친다면 그야말로 '땡큐'인 상황이 아닐까요? 물론 분양가격은 부동산시장의 흐름과 밀접한 관계를 갖고 있기는 합니다. 부동산시장이 호황이라면 분양가격을 올려 더 높은 수입을 창출할 수 있지만 그 반대인 경우 즉, 부동산시장이 침체기에 접어들면 신규분양가격 상승에 따른 반사이익을 기대하기 힘들죠. 따라서 주변지역의 기존 아파트 시세가 높은 경우, 이미 신규분양가격이 적정수준으로 형성되어 있는 지역이 사업추진에 유망한 지역이라고 할 수 있습니다.

이미 신규분양가격이 적정수준으로 형성되어 있는 곳이 좋다!

분양가격은 부동산시장 상황에 따라 밀접하게 영향을 받습니다. 따라서 부동산시장이 호황국면이 아니라면 과거 분양가격에 비해 신규분양가격을 올려 분양에 나서기 쉽지 않습니다. 자칫 미분양이라도 발생하게 되면 조합원들이 적지 않은 추가분담금을 부담해야 하기 때문이죠. 하지만 이미 종전의 분양가격 자체가 충분히 높은 수준에 형성되어 있는 경우라면 어떨까요? 사업성을 확보한 상태에서 재개발·재건축이나 가로주택정비사업이나 소규모재건축정비사업을 시작할 수 있으니 사업진행과정에서 발생할 수 있는 여러 난관들을 잘 헤쳐 나갈 수 있지 않을까요?

그래서 해당 사업장 주변의 분양가격을 반드시 확인해야 하는 것입니다. 비슷한 규모의 사업장이라 할지라도 인근 지역의 분양가격이 상대적으로 높게 형성되어 있는 곳이라면 더 높은 총분양수입을 기대할 수 있기 마련입니다.

특히, 소규모주택정비사업인 가로주택정비사업이나 소규모재건축정비사업은 규모가 작아 높은 사업성을 기대하기 어려운 경우가 많습니다. 가능한 범위 내에서 최대한 분양수입을 많이 확보하는 것이 사업의 성패를 가늠하는 가장 중요한 변수가 될 수밖에 없는 구조죠.

그러니 주변지역의 분양가격이 충분히 높거나 상승할 수 있을 만한 여건이 성숙되어 있는 지역인지를 검토해야 합니다.

짤TIP

분양가격이 높게 형성되어 있는 지역에서는 대부분 재개발·재건축을 선호합니다. 조합원들이 더 좋은 조건에 새로운 아파트로 내 집 마련을 할 수 있기 때문이죠. 재개발·재건축을 추진하는 사업부지가 넓고 세대당 평균대지지분까지 많으면 많을수록 사업성이 좋은 곳입니다. 이런 특징이 있으면서 주변지역의 분양가격도 높다면 그야말로 금상첨화가 아닐 수 없습니다. 최근 목동신시가지 아파트 단지들이 재건축 이슈로 큰 주목을 받고 있는 이유도 바로 이 때문입니다.

총회책자를 잘 활용하는 것이 포인트다!

재개발·재건축이나 가로주택정비사업·소규모재건축은 결국 규모의 차이만 있을 뿐 정비사업입니다. 따라서 모든 중요한 결정은 조합원들이 모인 총회에서 결정되죠. 그렇기 때문에 총회에서 조합원들에게 제공되는 총회책자에는 중요한 정보들이 담기게 됩니다.

총회책자는 ?

총회책자는 조합이 만들어 조합원들에게 배포하는 책자입니다. 그런데 이 총회책자에는 향후 조합이 정비사업을 통해 어느 정도의 수입을 창출하고 그 수입을 창출하기 위해 얼마의 비용(정비사업비)를 쓰게 될 것인지와 관련된 정보들이 담겨 있습니다. 언뜻 보면 굉장히 어려워 보일수도 있습니다만 사실 그렇게 어려운 내용은 아닙니다. 특별히 중요하게 보아야 할 부분만 살펴 보면 되니까요. 자, 그럼 지금부터 중요하게 살펴 볼 항목들에 대해서 알아 봅시다.

총회책자에서 꼭 점검해야 할 알짜정보 : 분양예정인 대지 및 건축물의 추산액

분양예정인 대지 및 건축물의 추산액은 소규모주택정비사업을 통해 발생할 것으로 예상되는 수입액을 추정한 것입니다. 공동주택 수입 추산액과 근린생활수입 추정액으로 세분하여 추정할 수 있습니다. 수입추산액은 조합원들에게 분양함으로써 예상되는 수입추산액과 일반분양분에 대한 수입추산액으로 세분됩니다. 조합원분양가격은 관리처분계획에 따라 확정됩니다. 그러나 일반분양분에 대한 분양가격은 실제로 분양이 이루어질 때 최종적으로 확정되기 때문에 관리처분계획 확정 시점에서의 일반분양분에 대한 수입추산액 역시 확정된 것이 아님에 유의해야 합니다.

총회책자에서 꼭 점검해야 할 알짜정보 : 비례율

분양이 이루어지지 않은 시점에서 계산된 비례율은 모두 추정 비례율입니다. 그렇기 때문에 비례율을 계산하기 위해 필요한 요소들인 종후자산평가액, 사업비, 종후자산평가액을 구성하는 항목들이 변동되면 비례율도 덩달아 변동됩니다.

이런 이유로 조합설립 단계에서 제공되는 비례율을 너무 믿으면 안 됩니다. 절대적인 수치가 아니기 때문이죠. 실제로 정비사업비에 대한 불확실성이 대부분 제거된 추산액이나 비례율은 관리처분계획을 위한 총회책자에서 확인할 수 있습니다. 그 이전에는 사업성이 어느 정도 될지 조망해 보는 자료로 참고하는 것이 바람직하다고 할 수 있습니다.

총회책자에서 꼭 점검해야 할 알짜정보 : 공사비(신축비)

공사비는 아파트를 신축하는 데 소요되는 비용을 말합니다. 신축비용은 물론 철거비용도 포함되죠. 신축비용에는 아파트는 물론 상가 등 부대복리시설을 신축하기 위한 비용도 포함됩니다. 공사비가 각종 정비사업에서 차지하는 비중은 70%가 넘습니다. 따라서 공사비에 따라 총사업비가 크게 변동될 수 있다는 점을 유념해 두셔야 합니다.

공사비 = 철거비용 + 아파트 신축비용 + 상가등 부대복리시설 신축비용

전체 공사비와 함께 단위면적당 공사비 예를 들면 3.3㎡기준으로 환산한 공사비는 어떻게 되는지도 확인해 두는 것이 좋습니다.

총회책자에서 꼭 점검해야 할 알짜정보 : 토지비

토지비는 조합원이 되기를 거부하거나 조합원 자격이 없는 토지등 소유자에 대한 현금청산 비용, 매도청구 비용 및 사업부지 내 국공유지의 매입에 소요되는 비용, 이전등기 관련 제세금, 명도소송비

용 등을 말합니다. 토지비가 높아지면 대개 현금청산자가 증가하는 경우라고 볼 수 있는데요. 이렇게 되면 초기 사업비 지출이 많아지는 단점은 있으나 적정수준인 경우 최종적으로는 비례율을 높여주는 긍정적인 작용을 할 수도 있음을 염두에 두어야 합니다.

총회책자에서 꼭 점검해야 할 알짜정보 : 조사용역비

조사용역비란 측량 및 지질조사비, 정비사업전문관리비, 설계비, 감리비, 문화재조사비나 소음진동영향평가비·친환경인증용역·배출소음저감대책용역·상수도폐쇄관리용역·지구외 인전겁물 안전딘단비용 등과 같은 기타용역비 등을 말합니다.

총회책자에서 꼭 점검해야 할 알짜정보 : 판매비

판매비는 조합이 분양하는 아파트 및 상가등 부대복리시설의 판매를 위해 소요되는 비용입니다. 분양대행수수료, 분양보증수수료, 광고선전비 등이 대표적입니다.

총회책자에서 꼭 점검해야 할 알짜정보 : 사업비

사업비는 사업의 진행을 위해 부수적으로 소요되는 성격의 비용을 말합니다. 조합운영비, 각종 총회경비, 회계감사 용역비, 예비비, 입주관리비, 감정평가수수료 등이 대표적이며 LH공사와 같은 공기업이 공동사업시행자로 참여하는 가로주택정비사업인 경우에는 사업시행수수료도 사업비에 포함됩니다. 여기서는 특히 예비비를 주목해 볼 필요가 있습니다. 예비비는 만약의 경우를 대비해 편성한 비용입니다. 그런데 이 예비비 항목은 사업성이 떨어지는 사업장에서는 적게, 반대로 사업성이 뛰어난 사업장에서는 충분하게 편성되는 경우가 대부분입니다. 그러므로 예비비가 공사비(혹은 총사업비)의 몇 퍼센트로 책정되어 있는지를 확인함으로써 해당 사업장의 사업성이 얼마나 될 것인지를 개략적으로나마 유추해 볼 수 있습니다. 예비비는 보통 총사업비의 1% 수준에서 책정됩니다.

총회책자에서 꼭 점검해야 할 알짜정보 : 제세공과금

제세공과금은 보존등기비용, 학교용지부담금, 상수도원인자분담금, 하수도원인자분담금, 재산세, 가스전기 인입분담금, 법인세 등이 포함됩니다. 특히 주목해 볼 항목은 법인세 항목입니다. 조합은 기본적으로 수익이 발생하면 세금을 납부해야 하는데 이때 법인세라는 이름으로 세금을 납부하게 됩니다. 그렇기 때문에 법인세가 많이 책정된 경우라면 사업성이 좋아서 세금을 많이 내야한다는 것을 의미합니다. 사업성이 그만큼 좋다는 뜻인데요. 당연히 비례율도 높게 나오겠죠?

총회책자에서 꼭 점검해야 할 알짜정보 : 금융비용

금융비용이란 이주비 대여이자, 사업비 이자, 건설자금 조달이자, 기금이자(국민주택기금 융자에 따른 발생이자) 등을 말합니다. 대규모 사업장에 비해 큰 규모는 아니지만 작은 사업장일수록 금융비용이 사업성에 미치는 영향은 더 클 수 있다는 점에서 금융비용 수준(예를 들어 규모나 금리 등)을 꼼꼼하게 확인하는 것이 매우 중요하다고 할 수 있습니다.

짤TIP

총회책자에 담겨 있는 알짜정보들을 잘 챙겨 본 후 중요하게 고려해야 하는 것이 하나 더 있습니다. 예상도는 분양시점에서 부동산 시장이 어떨지에 대한 예측을 해 보는 것입니다. 미래 부동산시장의 상황과 분양가격이 어떻게 되느냐에 따라 사업성이 최종 결정될 것이기 때문입니다. 그렇기 때문에 조합이 설립되는 단계에서 분양시장이 활황세라고 해서 낙관적인 기대를 하면 곤란합니다.

Chapter 6

내 집 마련 계약 전·후에 알아 두어야 할 15가지 절대지식

01 전체 계약절차를 미리 숙지하자!
02 실제 구매금액을 꼼꼼하게 따져 보자!
03 부족한 자금은 대출로 조달이 가능한지 미리 점검해 두자!
04 Up 혹은 Down이 아닌 정직한 계약서를 작성하자!
05 매매계약 시 특히 중요한 중개대상물 확인설명서!
06 매매계약서의 특약사항은 분쟁을 예방해주는 안전장치!
07 주거 외에 투자목적까지 곁들인 경우, 훗날을 위해 용도지역과 대지지분을 따져라!
08 취득세는 얼마?
09 보유세인 재산세와 종합부동산세를 챙겨라!
10 셀프등기는 대법원 인터넷등기소를 활용하자!
11 부동산종합증명서란 무엇인가?
12 임차인 관리 어떻게 하는 것이 좋을까?
13 세금고민을 덜어줄 홈택스(hometax), 위택스(wetax)!
14 알아 두면 유용한 인터넷지로!
15 1세대 1주택 양도소득세 비과세 규정을 알아 두자!

전체 계약절차를 미리 숙지하자!

내 집 마련을 쉽게 생각하는 사람들이 많습니다. 내 집 마련 자금만 있으면 어렵지 않게 집을 구입할 수 있을 것이라고 생각하기 때문이죠. 하지만 내 집 마련 자금이 있다고 해서 모든 준비가 끝난 것은 아닙니다. 이런 점에서 볼 때 내 집 마련에 나서고 있는 많은 사람들이 구입자금 외에 다양한 변수들을 살피고 또 살피는 이유가 무엇일지 고민해 볼 필요가 있습니다.

내 집 마련 과정을 미리 숙지하라!

내 집 마련과정을 단순화하면 다음의 그림과 같습니다. 가장 먼저 구입대상 지역 탐색을 하게 됩니다. 어떤 곳을 선택하면 좋을지 다양한 정보를 찾고 분석하는 과정이죠. 다음으로 인터넷/모바일 손품팔기를 합니다. 좀 더 자세한 정보를 파악해 다음 단계인 발품팔기 단계에서 활용하기 위한 과정입니다. 이어서 직접 발품을 팔면서 그동안 수집한 정보의 정확성을 검토합니다. 이 과정까지 마무리 되면 이제 실제 매물을 확인하게 됩니다. 이를 위해서 공인중개사사무소의 도움을 받게 됩니다. 그 이후 은행대출 점검과 공부서류 확인과정을 거쳐 계약 → 잔금 및 소유권이전 → 입주를 하게 됩니다.

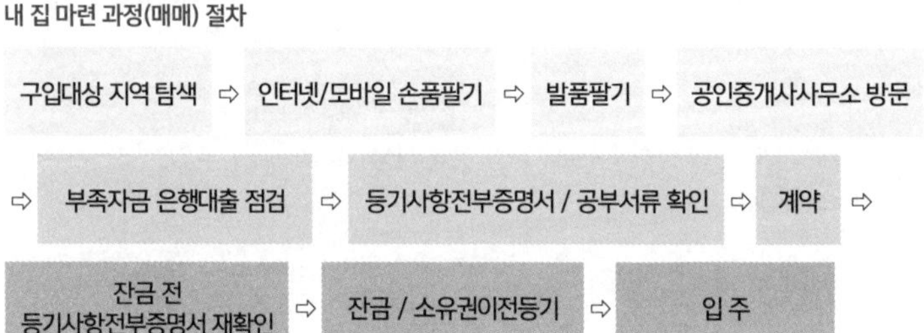

내 집 마련 과정을 이해하는 것이 중요한 이유!

내 집 마련과정을 숙지하게 되면 즉흥적이거나 충동적인 주택구입 위험을 제거할 수 있습니다. 큰 자금이 소요되는 내 집 마련을 하면서 즉흥적이거나 충동적인 행동을 하는 사람이 얼마나 되겠느냐고 생각하기 쉽지만 의외로 많답니다. 전세를 찾다 갑자기 매매를 선택하는 경우도 많고 당초 계획했던 것보다 비싼 주택을 매매하는 경우도 비일비재합니다. 이렇게 되면 내 집 마련 때문에 경제적 부담요인이 가중될 수 있죠. 이런 이유로 내 집 마련 과정을 미리 숙지해 두는 것이 중요하다고 할 수 있습니다.

짤TIP

효과적인 발품을 팔기 위해서는 우선 인터넷/모바일로 풍부한 정보를 확보하는 것이 중요합니다. 인터넷/모바일로 충분한 정보를 확보하면 할수록 보다 효과적인 발품을 팔 수 있고 이를 통해 효과적인 지역선택, 적절한 매입가격과 시점을 발견할 수 있기 때문이죠.

실제 구입금액을 꼼꼼하게 따져 보자!

내 집 마련을 무조건 계약 후 당장 입주해야 하는 것으로만 한정해서는 안 됩니다. 여러 가지 사정으로 당장 이사를 할 수는 없지만 추후 이사를 목적으로 전세를 끼고 미리 구입해 두는 경우도 고려해야 하기 때문이죠.

전세를 끼고 내 집 마련할 때 고려해야 할 점

전세를 끼고 내 집 마련을 하는 경우 특히 점검해야 할 사항은 두 가지를 들 수 있습니다. 첫째는 임차인과 관련된 문제이고 둘째는 구입가격과 관련된 문제입니다. 임차인과 관련된 문제는 언젠가 입주를 하게 될 경우 사전에 충분한 교감을 나눈 상태에서 임차인의 이사와 자신의 이사를 맞춰야 한다는 점입니다. 의외로 많은 사람들이 임차인과 이사문제로 크고 작은 불화를 경험하곤 합니다. 예를 들어 이사를 들어갈 집주인 입장에서는 계약 당시 전세가 만료되면 입주하겠다고 통보했기 때문에 당연히 이사를 갈 것이라고 생각하는 것이 보통이지만 임차인은 계약만료 전에 집주인이 구체적인 일정을 협의할 것이라 생각하고 이사준비를 그 시점 이후로 미루는 경향이 있습니다. 이렇게 되면 제 때 이사 들고 나가는 것이 어려워지기 쉽습니다. 분쟁이나 불화가 생기지 않을 수 없는 상태가 되는 것이죠. 따라서 임차인과 계약만료 이전에 충분한 협의를 통해 이사날짜를 조정하는 과정을 거치는 것이 반드시 필요합니다.

다음으로 전세를 끼고 집을 구입할 경우 보통 관행적으로 금융비용 정도를 매매가격에서 추가 할인해주는 경우도 있습니다. 물론 반드시 그런 것은 아닙니다만 이런 상황을 집을 매매하는 매도인에게 사전에 부드럽게 강조하는 과정을 거친다면 매도인들이 가격을 조금 조정해주는 경우가 많다는 사실을 기억했다 계약 시 활용할 것일 추천합니다.

대출을 받아 내 집 마련할 때 고려해야 할 점

내 집 마련 자금이 부족하고 당장 실거주를 목적으로 주택을 구입하는 경우라면 선택은 두 가지 가운데 하나가 될 것입니다. 첫 번째는 기존 주택담보대출이 있는 경우 그 대출을 승계하는 것이 있고 두 번째는 신규 주택담보대출을 받는 경우가 그것입니다. 신규로 주택담보대출을 받는 경우라면 매매계약을 체결하기에 앞서 금융기관을 통해 구입하는 주택으로 대출받을 수 있는 금액과 조건을 꼼꼼하게 따져 보면 예상외의 낭패를 당하는 경우는 거의 없을 것입니다. 하지만 기존 주택담보대출을 승계하는 경우에는 보다 신중하게 접근해야 합니다. 주택담보대출 조건이 변경되었기 때문에 기존과 동일한 조건으로 승계가 되지 않는 경우도 있고, 종전 주택담보대출보다 유리한 조건으로 신규 주택담보대출을 받을 수 있는 경우도 있기 때문입니다. 그렇기 때문에 종전 주택담보대출을 승계하는 경우라면 매매계약을 체결하기에 앞서 기존 주택담보대출 승계와 함께 신규 주택담보대출을 받는 경우까지 종합적으로 검토하는 것이 필요합니다.

짤TIP

전세를 끼고 내 집 마련을 하는 경우 혹은 은행 대출이 많은 집을 구입하는 경우에는 실입주 매물에 비해 가격조정이 쉽습니다. 아무래도 실거주가 어렵다는 단점이 있기 때문이죠. 작게는 몇 백 만 원에서 크게는 수천만 원까지 조정이 가능합니다. 특히, 부동산 경기가 침체 국면일수록 조정폭이 커지는 경향이 있습니다. 따라서 전세나 대출이 많은 집을 구입하는 경우라면 부동산시장 침체기를 활용하는 것이 좋습니다.

부족한 자금은 대출로 조달이 가능한지 미리 점검해 두자!

실제로 거주하기 위해 내 집 마련을 하는 경우라면 정확한 실구입자금을 숙지하고 있어야 합니다. 이때 실구입자금이란 전체 주택매입가격에서 주택담보대출액을 차감한 금액입니다.

실구입자금	=	주택매매가격	-	주택담보대출액

실구입자금 때문에 주택담보대출에 너무 의존하면 안 된다?

구입하고자 하는 주택의 매매가격이 현재 보유하고 있는 주택구입자금보다 크다면 주택담보대출을 받는 것이 좋습니다. 하지만 이때 주택담보대출이 전체 주택 매매가격에서 차지하는 비중이 너무 높아지는 것은 바람직하지 않습니다.

주택담보대출을 많이 활용하는 가장 큰 이유는 당연히 보유 현금이 부족하기 때문입니다. 하지만 보유 현금이 부족하다고 해서 지나치게 주택담보대출에 의지하게 되면 당장 주택을 구입하는 데 도움은 될 수 있을지언정 장기적인 관점에서 볼 때 상환원리금 부담이 증가하기 때문에 부정적 영향이 더 커질 수 있습니다. 이때 부정적 영향 여부를 가늠할 수 있는 중요한 기준이 있습니다. 소득에서 주택담보대출 원리금이 차지하는 비중이죠. 이 비중이 25%를 초과하지 않아야 합니다. 통상 소득에서 주택담보대출 원리금이 차지하는 비중이 25%를 초과하게 되면 재정적 측면에서 상당히 위험해지기 때문이죠.

주택담보대출은 정책에 따라 변한다는 점을 간과하면 큰일난다!

주택매매계약을 체결하기에 앞서 은행에 가능한 주택담보대출금액이 얼마나 되는지 알아 보았음에도 불구하고 정작 잔금 시점에 대출이 제대로 집행되지 않아 큰 낭패를 당하는 경우가 있을 수 있습니다. 계약과 잔금 사이에 부동산정책이 새롭게 발표되거나 주택담보대출과 관련된 규제가 강화된 경우가 그렇습니다. 물론 이처럼 정책이 갑작스럽게 변경되는 경우가 흔한 것은 아니죠. 또한 선의의 피해자를 양산하지 않기 위해 경과 규정을 마련하고 정책을 집행하기 때문에 설사 새로운 정책의 시행으로 주택담보대출이 감소해 잔금을 치루는 데 결정적으로 어려움을 겪는 경우 역시 드물죠.

하지만 보유하고 있는 현금이 부족한 상태에서 주택담보대출을 꽉 채워서 받아야 겨우 잔금을 치룰 수 있는 경우라면 상황이 달라집니다. 그렇기 때문에 꼭 필요하다면 주택담보대출을 활용하되 한도까지 꽉 채워 대출을 받아 매매대금을 치루는 경우를 지양하는 한편 혹시라도 있을지 모르는 주택담보대출의 변화에 관심일 기울여야 합니다.

짤TIP

주택담보대출은 소득이 충분히 뒷받침 될수록 더 많이 받을 수 있습니다. 하지만 소득이 높다고 누구나 주택담보대출을 많이 받을 수 있는 것은 아닙니다. 소득 외에 주택담보대출을 결정하는 중요한 변수가 있기 때문이죠. 그렇다면 소득 외에 주택담보대출을 결정하는 중요한 변수는 무엇일까요? 바로 신용도입니다. 보통 신용도는 신용등급으로 측정됩니다. 따라서 신용등급이 높을수록 대출금리도 낮아지고 대출총액도 더 증가하게 됩니다. 예를 들어 시중은행들은 분할상환방식 주택담보대출의 경우 신용등급에 따라 금리를 차등적으로 적용하고 있습니다. 평소 신용관리에 만전을 기울여야 하는 이유죠.

Up 혹은 Down이 아닌 정직한 계약서를 작성하자!

잊을 만하면 등장하는 부동산 뉴스 가운데 하나가 정직하지 않은 부동산 매매계약서를 작성해 각종 세금을 탈세했다는 것입니다. 부동산 매매계약서를 가짜로 작성해 세금을 탈세하는 방법에는 크게 두 가지가 있습니다. 바로 다운계약서와 업계약서입니다. 모두 부정한 방법으로 탈세를 자행하는 것 인만큼 아무리 달콤하게 유혹을 해도 절대로 넘어가서는 안 됩니다. 다운계약서나 업계약서를 작성해 당장 세금을 줄일 수 있을지는 몰라도 언젠가 들통이 나면 당초 납부해야 했던 세금에 더해 과태료 및 가산세까지 물어야 한다는 사실을 기억해 두시기 바랍니다.

다운(Down)계약서

다운계약서는 가장 전형적인 탈세를 위해 작성된 계약서입니다. 실제거래가액보다 매매가격을 낮게 신고하기 위해 작성된 가짜 계약서이기 때문이죠. 이렇게 다운계약서를 작성하는 이유는 집을 매매하는 매도인은 불법적으로 양도소득세를 줄이고 싶어 하고 매입하는 매수인 또한 불법적으로 취득세를 줄이고 싶어 하는 그릇된 욕망에서 찾을 수 있습니다. 물론 공인중개사사무소를 통해 거래되는 부동산계약임에도 불구하고 다운계약서가 작성된다면 공인중개사도 다운계약서 작성에 협조한다는 것을 의미하죠. 따라서 이런 경우라면 공인중개사사무소도 처벌을 받게 됩니다. 보통 다운계약서는 정상적인 거래에 비해 매매가격을 낮춰서 작성되기 때문에 당사자끼리 아무리 입단속을 잘해도 결국 탈세를 한 사실이 드러나는 것은 시간문제일 뿐이라는 점을 간과해서는 안 됩니다. 한편, 다운계약서는 현재 시점에서 양도소득세를 탈세하거나 취득세를 탈세하고자 하는 목적으로 작성되는 가짜 계약서이기도 합니다.

업(Up)계약서

업계약서는 실제로 거래된 부동산 거래가액보다 높게 작성된 가짜 계약서를 말합니다. 주택을 구입할 때 업계약서를 작성하는 이유는 주로 매수인이 은행에서 대출을 더 많이 받기 위해서입니다. 예를 들어 청약조정 대상지역 내에 입지하고 있는 6억 원 이하 주택을 매입하는 무주택 세대주인 실수요자이고, 부부합산 연소득이 6,000만 원 이하(생애 최초 주택 구입자는 7,000만 원 이하)인 주택구입자라면 주택담보대출 시 LTV 70%가 적용됩니다. 따라서 실제 거래가액이 3억 원인 주택이라면 LTV 70%를 적용받아 2억 1,000만 원의 주택담보대출을 받을 수 있습니다. 여기서 만약 실제거래가액을 4억 원으로 높인 업계약서를 작성하게 되면 어떻게 될까요? 역시 LTV 70%를 적용받아 2억 8,000만 원의 주택담보대출을 받을 수 있게 됩니다. 업계약서를 작성하기 전 9천만 원의 실구입자금이 필요했다면 업계약서 작성 후에는 실구입자금이 2,000만 원으로 크게 낮아진 것을 확인할 수 있습니다. 주택 매수자가 업계약서 작성을 원하는 가장 큰 이유입니다. 한편, 업계약서는 주택 매수자가 업계약서를 작성하게 되는 또 다른 이유는 훗날 주택을 처분할 때 취득가액을 높여 양도차익을 줄이고 결과적으로 양도소득세를 줄이기 위해서입니다.

짤TIP

다운계약서나 업계약서를 작성하는 경우 처벌은 상당합니다. 매도인은 당초 납부해야 했던 양도소득세 추징, 양도소득세 신고불성실 가산세 40%, 양도소득세 납부 불성실가산세(1일 0.03%), 양도소득세 비과세·감면 배제, 실거래가 신고의무 위반에 따라 거래대금의 최고 5% 과태료를 매수인은 당초 납부해야할 취득세 추징, 취득세 신고불성실가산세 20%, 취득세 납부불성실가산세(1일 0.03%), 거래금액의 최고 5% 과태료, 1세대 1주택 비과세규정 적용 배제 등이 있습니다.

매매계약 시 특히 중요한 중개대상물 확인설명서

공인중개사는 공인중개사무소를 통해 주택을 거래하는 매도인과 매수인에게 반드시 중개대상물 확인설명서를 교부해야 하는 의무가 있습니다. 만약 이를 위반하게 되면 다시 말해 중개대상물 확인설명서를 거래 당사자에게 교부하지 않으면 6개월 이하의 업무정지 혹은 500만 원 이하의 벌금형에 처해지게 되죠. 중개대상물 확인설명서는 매매계약서와 마찬가지로 공인중개사가 작성해 교부하는 서류입니다. 공적서류는 아니죠. 그럼에도 불구하고 교부의무 위반 시 이렇게 강력한 처벌을 규정하고 있는 이유는 그만큼 중개대상물 확인설명서가 중요하다는 것을 방증합니다. 그렇기 때문에 매도인과 매수인 모두 중개대상물 확인설명서를 꼼꼼하게 챙겨야 합니다.

주택 매매용 중개대상물 확인설명서에는 어떤 내용이 담기나?

주택 매매용 중개대상물 확인설명서에 기재되는 항목은 정말로 폭넓고 다양합니다. 기재되는 내용은 13개 항목으로 세분되는데요. 여기에는 대상물건의 표시, 권리관계, 토지이용계획, 공법상 이용제한 및 거래규제에 관한 사항(토지), 입지조건, 관리에 관한 사항, 비선호시설의 존재유무, 취득 시부담할 조세의 종류 및 세율, 실제 권리관계 또는 공시되지 않은물건의 권리 사항, 건축물의 내부·외부 시설물의 상태, 벽면 및 도배상태, 환경조건, 중개보수 및 실비의 금액과 산출내역 등이 있습니다. 총 3페이지에 위 내용들이 작성되어 교부됩니다.

주택 매매용 중개대상물 확인설명서에서 주목할 부분은?

13개 항목이나 되는 중개대상물 확인설명서를 하나하나 꼼꼼하게 읽어 보는 것은 생각만큼 간단한 일이 아닙니다. 하지만 내 집 마련에 왕도가 없다는 것을 기억하시기 바랍니다. 안전하게 내 집 마련을 하기 위해서라면 수고를 아껴서는 안 되죠. 다소 어렵게 느껴지더라도 공인중개사사무소에서 중개대상물 확인설명서를 교부받을 때 어렵거나 이해가 되지 않는 부분은 반드시 물어 보아야 합니다. 관심을 갖고 살펴 볼 내용은 공법상 이용제한 및 거래규제에 관한 사항, 건축물의 내부·외부 시설물의 상태입니다. 다른 사항들은 손품·발품, 등기사항전부증명서, 건축물대장, 토지대장, 토지이용계획확인원 등을 통해 충분히 확인할 수 있는 사항들이기 때문입니다. 주택은 취득시점부터 각종 공법상 규제를 꼼꼼하게 살펴야 합니다. 어떤 규제가 적용되느냐에 따라 주택취득과 관련된 주택담보대출 수준과 같은 조건들이 달라지기 때문이죠. 또한 건축물의 내부·외부 시설물의 상태도 중요합니다. 수선이나 수리, 보수 등이 필요한지 필요하다면 어느 정도의 예산이 필요한지 등을 가늠해 볼 수 있기 때문입니다.

짤TIP

A라는 공인중개사사무소가 매도인을 B라는 공인중개사사무소가 매수인을 연결해 계약하는 경우를 가리켜 실무에서는 흔히 AB중개라고 합니다. 이 경우 매도인의 공인중개사사무소에서 중개대상물 확인설명서를 작성·교부하는 경우가 일반적이죠. 물론 이런 경우라 할지라도 매수인은 자신의 공인중개사에게 중개대상물 확인설명서의 작성·교부를 요청할 수 있습니다. 자신이 중개수수료를 지불하는 공인중개사가 좀 더 편하고 신뢰가 가는 경우가 많기 때문이죠.

매매계약서의 특약사항은 분쟁을 예방해주는 안전장치!

주택을 매매하는 과정에서 종종 분쟁이 발생합니다. 지극히 사소한 감정싸움에서 비롯된 것들이 대부분이지만 의외로 중요한 부분에서 문제가 발생해서 분쟁으로 연결되는 경우도 적지 않습니다. 이렇게 분쟁이 발생할 경우 해결방법은 두 가지 가운데 하나입니다. 순리대로 대화로 해결하는 경우가 첫 번째이고, 법적인 소송을 통해 문제를 해결하는 경우가 두 번째입니다. 과연 어떤 방법이 좋은 해결책일까요? 당연히 순리대로 대화로 해결하는 것입니다. 이런 저런 이유를 떠나서 일단 법적인 소송으로 문제를 해결하다 보면 적지 않은 비용이 낭비되는 것은 물론 해결에 이르기까지 소요되는 시간도 무시할 수 없기 때문이죠.

자, 그렇다면 어떻게 해야 분쟁이 발생했을 때 순리대로 대화로 해결할 수 있을까요? 계약서를 꼼꼼하게 작성하는 것입니다. 특히, 특약사항을 꼼꼼하게 기재해 두면 혹시 있을지도 모르는 법적 분쟁을 사전에 예방할 수 있습니다.

특약사항에 담아야 하는 내용은?

주택매매계약서 상의 특약사항에는 중요한 내용을 포함해야 합니다. 다음과 같은 내용이죠.

첫째, 현재 시설상태에서 계약한다는 내용

둘째, 현재 임대보증금 혹은 대출금에 대한 승계여부와 관련된 내용

셋째, 제세공과금은 잔금일을 기준으로 정산한다는 내용

넷째, 계약금, 중도금, 잔금의 지급일·지급방법에 관한 내용 혹은 지급일·지급방법 등의 변경 등에 관한 내용

다섯째, 임대보증금의 승계 및 재계약 여부와 관련된 내용 혹은 대출금을 승계하지 않고 상환하는 경우 중도상환수수료나 제반 비용의 부담주체와 관련된 내용

여섯째, 겸용주택인 경우 상가부분에 대한 부가가치세와 관련된 내용

일곱째, 부동산 등기사항전부증명서 상의 면적을 기준으로 체결된 계약이며 추후 공부상 면적과 실측 면적 사이에 차이가 발생할 경우 처리방법과 관련된 내용

여덟째, 매도인과 매수인 과실 없이 계약이 해지되는 경우 계약금의 처리방법과 관련된 내용

아홉째, 매매대상 주택의 정원에 있는 정원석, 정원목이 매매대상에 포함되는지와 관련된 내용

열째, 매수인이 잔금을 대출을 발생시켜 지급할 경우 매도인의 협조와 관련된 내용

필요한 경우 위와 같은 내용들을 특약사항에 기재해 두면 분쟁

을 사전에 방지할 수 있습니다.

특약사항이 많다고 항상 좋은 것은 아니다. 중요한 것은 상호신뢰다!

위에서 언급한 열 가지가 특약사항의 전부는 아닙니다. 상황에 따라 더 다양한 특약사항이 존재할 수 있기 때문이죠. 예를 들어 재개발이 진행 중인 지역 내에 있는 주택을 매매한다면 어떤 특약사항이 기재되어야 할까요? 매매가액이 감정평가액과 차이가 많더라도 매도인과 매수인은 서로 그 차액을 요구하지 않는다는 내용이 추가될 수도 있을 것입니다. 매매가액이 3억 원이었는데 감정평가액이 2억 원이라면 매수자가 1억 원 가량 비싸게 구입했다고 생각할 수도 있을 것이고, 그 반대인 경우라면 매도자가 1억 원 가량 손해보고 매매했다고 생각할 수도 있을 것이기 때문이죠. 이처럼 매매되는 주택의 특성에 따라 매우 다양한 특약사항이 기재될 수 있습니다. 하지만 특약사항은 꼭 필요하고 중요한 것만 기재하는 것이 좋습니다. 특약사항이 지나치게 많아지면 거래자체가 어려워질 수 있고, 민법이나 관례에 따라 일반적인 사항들은 대부분 해결이 가능하기 때문이죠.

짤TIP

특약사항으로 '현재 시설상태에서 계약한다.'라는 내용을 기재했다 하더라도 민법에 따른 매도인의 하자담보책임까지 면제되는 것은 아닙니다. 따라서 위와 같은 특약사항에도 불구하고 누수 같은 중대한 하자인 경우라면 매수인이 그 사실을 안 날로부터 6개월 이내에 매도인에게 손해배상 등 필요한 조치를 할 수 있습니다.

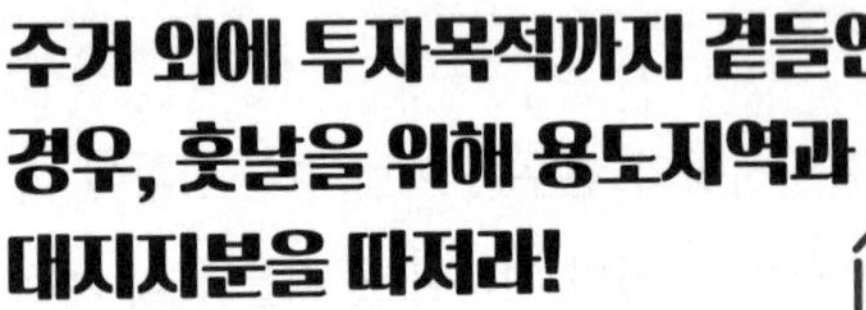

주거 외에 투자목적까지 곁들인 경우, 훗날을 위해 용도지역과 대지지분을 따져라!

투자목적이 아닌 주거목적으로 주택을 구입할 때 흔히 범하는 실수 가운데 하나로 "어차피 구입 목적이 투자수익이 아니니 내가 좋다고 생각하는 곳, 마음에 드는 주택을 구입하면 되는 것이지 굳이 이것저것 따질 필요가 있을까?" 하는 생각입니다.

용도지역을 따져야 하는 이유

약 20년 전에 아무 생각 없이 수도권에 있는 소형 아파트를 구입한 사람이 있었습니다. 특별히 그 아파트를 구입하겠다고 생각했던 것은 아니었고 그저 자신이 감당할 수 있는 수준의 집을 찾다 보니 그 아파트를 구입했던 것뿐이었습니다. 그런데 그 당시 그가 아파트를 구입할 때 자신의 부동산을 중개해주던 공인중개사가 한 말이 계속 기억에 남았습니다. "이 아파트는 일반상업지역에 있어요. 먼 훗날 이야기겠지만 언젠가 재건축을 하게 되면 다른 지역보다 더 좋은 조건으로 가능할 거예요." 그 당시 그는 그것이 무슨 뜻인지 몰랐습니다. 아니 굳이 알려고 하지도 않았습니다. 십 수 년 후의 이야기였기에 당장 큰 의미가 없었기 때문이었죠.

그런데 최근 재건축 이야기가 나오면서 우연치고는 자신의 선택이 훌륭했다는 사실을 알게 되었습니다. 일반상업지역에 입지하고 있었기 때문에 주거지역에 비해 높은 용적률을 적용받을 수 있어 사업성이 매우 좋은 지역이었기 때문이죠.

대지지분을 따져야 한다?

좋은 용도지역에 있는 주택을 구입했다면 일단 좋은 출발을 했다고 볼 수 있습니다. 그러나 상업지역이나 준주거지역 같은 좋은 용도지역에 있는 주택을 구입했다고 해서 모든 것이 끝난 것은 아닙니다. 좋은 용도지역에 더해 대지지분도 고려해야 하기 때문이죠. 특히 공동주택(아파트, 연립·다세대주택)이 그렇습니다. 단독주택은 토지면적이 곧 대지면적이고 대지지분이죠. 그렇기 때문에 토지대장만 발급받으면 대지지분이 얼마나 되는지 계산할 수 있습니다. 하지만 공동주택은 단독주택처럼 간단하지 않습니다. 그래서 간편하게 대지지분을 추정하는 것이 필요합니다.

공동주택의 대지지분을 단순하게 계산하기 위해 사용되는 개념이 세대당 평균대지지분입니다. 세대당 평균대지지분은 해당 공동주택의 대지면적 전체를 전체 세대수로 나누어 계산합니다. 예를 들어 전체 대지면적이 10,000㎡이고 세대수가 200세대라면 세대당 평균대지지분은 50㎡가 되는 것이죠. 그렇다면 이렇게 세대당 평균대지지분을 따져 보아야 하는 이유는 무엇일까요? 사업성 때문입니다. 즉, 각 세대가 보유하고 있는 평균대지지분이 높다는 것은 재건축을 하게 되면 그만큼 더 많은 아파트를 지을 수 있다는 뜻이 됩니다. 아파트를 더 많이 지으면 수익이 늘어나게 되고 수익이 늘어나면 조합원들의 수익도 높아지게 되죠. 그래서 대지지분이 많은 주택을 선택해야 하는 것이죠.

짤TIP

용도지역 가운데 상업지역이나 준주거지역이 좋은 이유는 용적률이 높기 때문입니다. 용적률이란 '대지면적에 대한 연면적(대지에 건축물이 둘 이상 있는 경우에는 이들 연면적의 합계로 한다)의 비율'을 말합니다. 다시 말해 땅을 입체적으로 사용할 때 적용되는 비율이라고 생각하면 됩니다. 단, 용적률 계산 시 지하층의 면적, 지상층의 주차용(해당 건축물의 부속용도인 경우만 해당)으로 쓰는 면적, 초고층 건축물의 피난안전구역의 면적 등은 제외됩니다.

취득세는 얼마?

주택을 매입하게 되면 취득세를 납부해야 합니다. 주택뿐만 아니라 다른 부동산도 마찬가지죠. 취득세는 지방세, 그 중에서도 시·군·구세이기 때문에 해당 부동산이 소재하는 시·군·구에 납부하면 되는데요. 이때 취득세는 취득가액과 세율에 따라 계산됩니다.

취득세과세 표준과 세율은?

다음은 취득세 과세표준과 그에 따라 적용되는 세율을 정리한 표입니다. 주택은 가격조건(6억 이하, 6억 초과 9억 이하, 9억 초과)과 면적조건(85㎡ 이하, 85㎡ 초과)에 따라 합계세율이 결정되는 구조입니다.

취득세 과세표준과 세율(신축 제외)

종류	가액	면적	취득세	농어촌특별세	지방교육세	합계세율
주택	6억 이하	85㎡이하	1%	비과세	0.1%	1.1%
		85㎡초과	1%	0.2%	0.1%	1.3%
	6억 초과~9억 이하	85㎡이하	2%	비과세	0.2%	2.2%
		85㎡초과	2%	0.2%	0.2%	2.4%
	9억 초과	85㎡이하	3%	비과세	0.3%	3.3%
		85㎡초과	3%	0.2%	0.3%	3.5%
주택 이외(토지, 건물 등)			4%	0.2%	0.4%	4.6%
원시취득, 상속(농지 외)			2.8%	0.2%	0.16%	3.16%

손쉽게 취득세 계산하는 방법 : 부동산 114포털

위 표와 같이 취득세 과세표준과 세율을 찾아 계산을 하지 않고도 어렵지 않게 자신이 부담하게 될 취득세를 계산할 수 있습니다. 어떻게 가능하냐고요? 부동산 114포털의 부동산계산기를 활용하면 됩니다.

부동산 114 포털 홈페이지 화면

자료 : 부동산114(www.r114.co.kr)

가장 먼저 위 그림 좌측의 부동산 계산기를 클릭해 보세요. 그럼 다음과 같은 창이 나타나죠.

취득세 계산하기 창

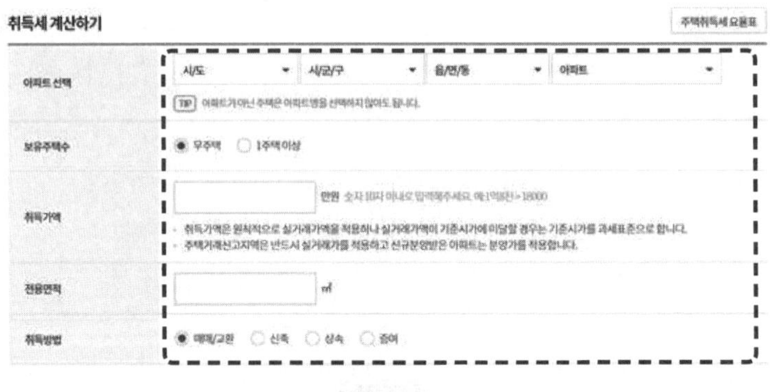

자료 : 부동산114(www.r114.co.kr)

위 창에 나타나는 조건들을 입력한 후 계산을 클릭하면 납부해야 하는 취득세를 계산할 수 있습니다.

짤TIP

한시적으로 요건을 충족하는 사람들에게 취득세를 감면해주는 경우도 있습니다. 예를 들어 2019년 말까지 생애최초로 주택을 구입하는 신혼부부인 경우 취득세 50% 감면혜택을 받을 수 있습니다. 단, 만 20세 이상이고 혼인신고 후 5년 이내(재혼포함)이고, 소득이 외벌이는 연 5000만 원 이하, 맞벌이는 연 7000만 원 이하인 조건을 충족해야 합니다. 또한 매입하는 주택이 취득가액 기준 3억 원 이하이고 전용면적 60㎡(18평) 이하인 요건을 모두 충족해야 합니다. 단, 무허가 건물이나 오피스텔은 제외됩니다.

보유세인 재산세와 종합부동산세를 챙겨라!

부동산 보유세란 부동산을 보유함에 따라 납부하게 되는 세금을 말합니다. 보유세는 지방세인 재산세와 국세인 종합부동산세로 구분할 수 있죠. 재산세는 매년 6월 1일 현재 토지, 주택, 건축물, 선박, 항공기를 소유한 사람에게 부과됩니다. 종합부동산세는 재산세 납세의무자 가운데 일정 기준을 초과하는 토지와 주택을 소유하고 있는 사람에게 부과됩니다.

재산세와 종합부동산세의 납세기준일

재산세(부동산)의 납부의무자는 매년 6월 1일 현재 토지, 주택의 소유자입니다. 주택의 재산세는 매년 7월에 연 세액의 1/2을 납부하고 9월에 다시 한 번 연 세액의 1/2을 납부하죠.

종합부동산세(부동산)의 납부의무자 역시 매년 6월 1일 현재 과세대상 부동산의 소유자입니다. 납부는 1년에 한 번만 하면 되는데요. 12월 1일~15일 사이에 납부하면 됩니다.

재산세와 종합부동산세 계산하기

재산세와 종합부동산세를 계산하는 것은 생각만큼 단순하지 않습니다. 재산세는 과세표준과 세율을 확인해 계산해야 하죠. 종합부동산세 역시 과세표준에 세율을 곱하면 종합부동산세액이 산출되기는 하지만 종합부동산세에서의 과세표준은 공시가격에서 공제가격을 차감한 후 공정시장가액비율을 곱하고 다시 여기에 세율을 곱해 산출됩니다. 이를 식으로 표현하면 다음과 같습니다.

종합부동산세과세표준 = (공시가격 - 공제가격) × 공정시장가액비율
종합부동산세액 = 과세표준 × 세율

복잡해 보이죠? 그렇다고 해서 지레 겁부터 먹을 필요는 없습니다. 부동산계산기 웹사이트를 통해 간단하게 재산세와 종부세를 계산할 수 있기 때문입니다. 자, 그럼 부동산계산기 웹사이트에서 보유세를 알아 보는 방법을 확인해 보시죠. 우선 부동산계산기(http://부동산계산기.com/property.php) 웹사이트를 방문합니다.

부동산계산기 홈페이지

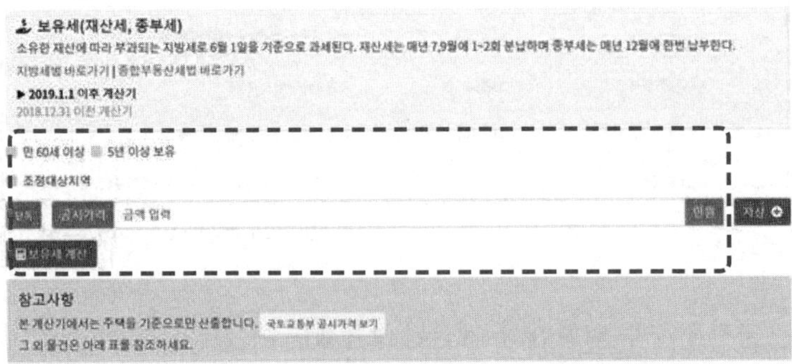

자료 : 부동산계산기(http://부동산계산기.com/property.php)

위 조건을 선택한 후 '보유세계산'을 클릭하면 보유세를 계산해 볼 수 있습니다. 예를 들어 공시가격이 9억 8,000만 원인 아파트의 보유세를 계산해봅시다(단, 만 60세 미만이고 신규 매입이기 때문에 5년 미만 보유, 조정대상지역내 입지한 주택을 가정)

부동산계산기로 보유세 계산 창

계산서 ☑ 순번 ☑ 비고 복사하기 저장하기

#	적요	금액	비고
1	주택1	980,000,000	입력값
2	과세표준1	588,000,000	재산세 공정시장가액비율 60% 적용
3	**재산세1**	**1,722,000**	**570,000 원 + 300,000,000 원 초과금액의 0.4%**
4	지방교육세1	344,400	재산세액의 20%
5	도시지역분1	823,200	과세표준액의 0.14%
6	종부세 공제가격1	900,000,000	1세대 1주택으로 공제가격 9억원
7	종부세 과세표준1	68,000,000	(인별 공시가격합 - 공제금액)*공정시장가액비율 85%
8	종합부동산세1	340,000	3억 원 이하 세율 0.5%

9	재산세 중복분	163,200	1,722,000*(80,000,000*0.85*0.6*0.4%)/1,722,000
10	**중복분 차감후**	**176,800**	**재산세 중복분(163,200) 차감 후**
11	농어촌특별세	35,360	종합부동산세의 20%
12	**종부세 합산금액**	**212,160**	**종합부동산세 + 농어촌특별세**
13	**총 납부액**	**3,101,760**	**재산세+지방교육세+도시지역분+종부세+농어촌특별세**

자료 : 부동산계산기(http://부동산계산기.com/property.php)

조건을 모두 입력한 후 계산된 보유세는 재산세와 종합부동산세를 포함해 총 310만1,760원임을 알 수 있습니다. 매우 간단하죠?

짤TIP

매수자 입장에서 보유세를 절세할 수 있는 방법은 첫째, 잔금을 6월 1일 이후에 치루는 방법이 있습니다. 둘째, 다주택을 피하는 것이 좋습니다. 셋째, 다주택자가 되어야만 하는 경우라면 공시지가 6억 이하의 주택을 취득한 후 임대주택으로 등록하고 8년 이상 장기보유하는 방법 등이 있습니다.

셀프등기는 대법원 인터넷등기소를 활용하자!

부동산을 취득하면 반드시 등기를 해야 합니다. 소유권이전 등기를 해야 한다는 뜻이죠. 보통 소유권 이전등기는 법무사사무소의 도움을 받습니다. 물론 도움을 받으면 수수료를 지불해야 하죠. 하지만 수수료를 지불하지 않고도 소유권이전등기를 할 수 있는 방법이 있습니다. 셀프등기를 하면 됩니다. 셀프등기를 하게 되면 법무사에게 지불해야 하는 보수(수수료)를 절감할 수 있습니다. 초보자라 할지라도 대법원 인터넷등기소를 활용하면 시간과 노력만 기울인다면 셀프등기가 가능합니다.

셀프등기 준비는 어디서?

셀프등기를 위한 가장 편리한 방법은 대법원 인터넷등기소를 활용하는 것입니다. 다음은 대법원 인터넷등기소 홈페이지입니다. 이 창에서 '통합전자등기'를 클릭하면 됩니다.

대법원 인터넷등기소 홈페이지

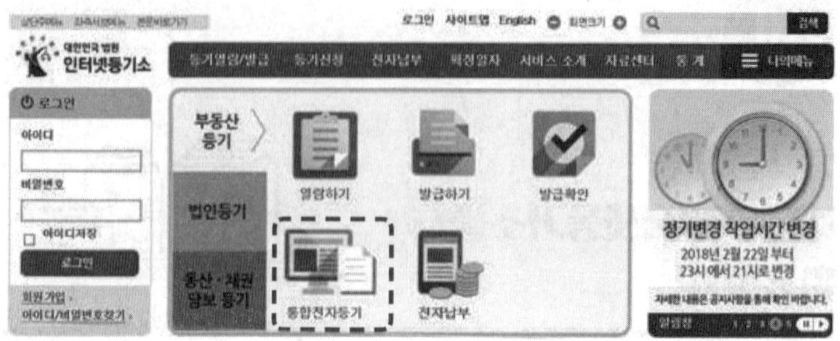

자료 : 대법원 인터넷등기소(www.iros.go.kr)

통합전자등기를 클릭하면 다음과 같은 화면이 보입니다. 여기서 'e-Form 신청서 작성하기'를 클릭합니다. 그 이후 나타나는 창에서 필요한 항목을 모두 입력한 후 출력하면 됩니다.

통합전자등기 클릭 후 화면

자료 : 대법원 인터넷등기소(www.iros.go.kr)

셀프등기 필요서류는?

셀프등기를 하고자 한다면 꼭 준비해야 하는 기본서류들이 있습니다. 이 서류들이 없으면 등기를 할 수 없으니 빠뜨리면 안 됩니다. 우선 매도인으로부터 잔금일에 받아 두어야 할 서류들 입니다.

매도인으로부터 잔금일에 받아 두어야 할 서류들

☞등기권리증 원본
☞최근 3개월 내 발행된 매도인의 주민등록초본 1부(주소 변동내역이 포함된 것)
☞부동산매도용 인감증명서 1부
☞신분증 사본 1부
☞매도인인의 인감도장이 날인된 등기소 제출용도 위임장

다음으로 매수인이 준비해 두어야 할 서류들입니다.

매수인이 잔금일에 준비해 두어야 할 서류들

☞부동산매매계약서 원본과 사본 2부
☞주민등록등본 1부
☞인감도장
☞신분증
☞소유권이전등기신청서(e-Form : 인터넷등기소에서 작성 후 출력)
☞위임장(e-Form : 인터넷등기소에서 작성 후 출력가능) : 만일의 경우를 대비해 공란 형태 위임장에 매도인의 인감도장을 미리 날인 받아 놓는 것임.
☞토지대장 1부(대지권등록부)
☞건축물대장 1부(집합건물전유부)
☞취득세납부영수증
☞국민주택 채권매입 영수증
☞등기수수료 영수증
☞법원수입인지(1억 원 이하는 필요 없음)
☞부동산거래계약신고필증 원본1부, 사본 2부

소유권이전등기신청서를 작성한 후 출력까지 한 상태에서 이상의 서류 준비까지 끝났다면 셀프등기를 위한 준비는 마무리된 것이죠.

소유권이전등기신청서 e-Form

소유권이전등기신청서와 위임장은 인터넷등기소의 e-Form으로 작성하는 것이 가장 편리하죠. 이를 위해 먼저 인터넷등기소에 회원가입을 해야 합니다(물론 공인인증서 준비는 필수겠죠?). 이때 가입은 매수자 명의로 하는 것이 좋습니다.

e-Form은 방문에 의한 등기신청서 접수를 바탕으로 구현된 시스템으로 신청서작성, 등기신청수수료의 납부(선택사항임), 등기신청서 출력 등은 시스템을 통하여 이루어지나 실제 접수가 이루어지는 시점은 등기소를 방문하여 e-Form등기신청서와 등기신청에 필요한 첨부서면을 등기소 공무원에게 제출하는 시점에 이루어집니다.

한편, e-Form 신청 절차는 다음과 같습니다.

e-Form 신청절차

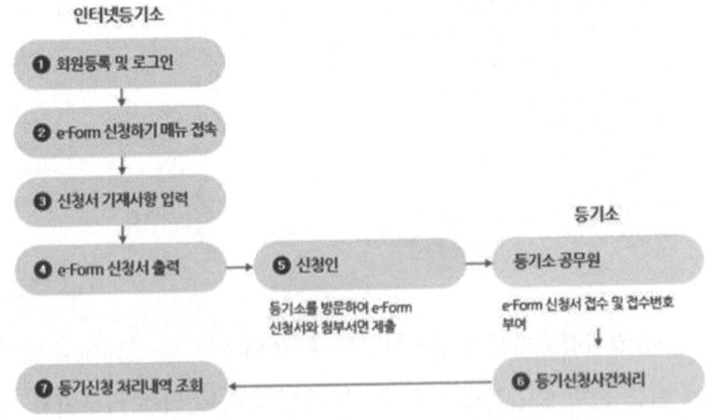

자료 : 대법원인터넷등기소(http://www.iros.go.kr)

e-Form 작성을 위해서는 등기신청'메뉴 중 '통합전자신청하기(신규)' 메뉴를 클릭하여 접속합니다.(전자신청과 동일) 여기서 신청서 기재사항을 입력하는데 이때 신청서 작성은 5개의 화면으로 구성되어 있으며 부동산표시, 등기의무자 정보 등은 실제 등기사항증명서의 정보를 이용하여 입력하도록 되어 있습니다. e-Form 신청서 작성이 끝났다면 필요한 경우 위임장과 함께 출력합니다. 이때 신청서 첫 페이지 상단에 e-Form번호와 바코드가 출력되는데 e-Form번호와 바코드는 등기소에서 e-Form신청서를 접수할 때 이용하는 정보이므로 훼손하지 않도록 주의해야 합니다. 출력된 e-Form 신청서와 위임장 등에 신청인 및 위임인의 날인 및 서명을 완료하고 첨부서면을 갖추어 함께 편철 후 등기소를 방문하여 제출하면 됩니다.

짤TIP

e-Form신청서를 출력한 후 e-Form 신청에 저장된 내용을 수정하거나, 출력된 e-Form신청서 상의 정보를 임의로 변경하는 경우 신청서 기재사항과 시스템에 저장된 정보가 상이하게 되어 등기소에서 e-Form정보를 이용한 신청서 접수가 불가능합니다. 그러므로 변경사항이 발생하는 경우에는 e-Form 신청에서 해당 내용을 수정하고 신청서를 재출력해야 합니다.

부동산종합증명서란 무엇인가?

부동산 관련 공부서류에는 어떤 것들이 있을까요? 하나씩 생각나는 대로 나열해 보죠. 등기사항전부증명서, 건축물대장, 토지대장, 임야대장, 지적도, 임야도, 토지이용계획확인원이 있습니다. 하지만 이것이 전부가 아닙니다. 경우에 따라 달라지기는 하겠지만 이것저것 꼼꼼하게 확인하기 원한다면 개별공시지가확인서, 개별주택가격확인서, 공동주택가격확인서, 공유지연명부, 대지권등록부, 경계점좌표등록부 등도 필요할 것이기 때문이죠. 그런데 이렇게 많은 부동산 관련 공부서류들을 모두 담고 있는 서류가 있습니다. 부동산종합증명서가 그것이죠.

부동산종합증명서는 어디서 열람/발급할 수 있나?

부동산종합증명서는 일사편리(https://kras.go.kr:444/) 사이트에서 열람/발급받을 수 있습니다. 다음은 일사편리 홈페이지 화면입니다.

일사편리 홈페이지 화면

자료 : 일사편리(https://kras.go.kr:444/)

일사편리에서는 18가지의 부동산 관련 서류들을 한 번에 열람/발급받을 수 있습니다. 게다가 열람만 하는 경우라면 무료라서 간편하고 매우 경제적이라는 장점이 있죠. 일사편리에서 열람/발급받을 수 있는 부동산종합증명서 덕분이죠.

부동산 공부서류는 일사편리로 해결한다!

위에서 살펴 본 것처럼 일사편리 홈페이지에서 매우 편리하게 부동산종합증명서를 열람 혹은 발급받을 수 있습니다. 그런데 부동산종합증명서는 18가지 부동산 관련 서류들을 모두 담고 있는 그야 말로 부동산 서류의 종결자라고 할 수 있습니다. 그렇다면 부동산종합증명서에서 열람 혹은 발급받을 수 있는 부동산 서류에는 어떤 것들이 있을까요? 다음의 표를 통해 확인할 수 있습니다.

부동산종합증명서로 확인할 수 있는 18가지 서류

① 집합건물 등기사항전부증명서 ② 건물 등기사항전부증명서 ③ 토지 등기사항전부증명서
④ 총괄 표제부 건축물대장 ⑤ 일반 표제부 건축물대장 ⑥ 집합 표제부 건축물대장
⑦ 집합 전유부 건축물대장 ⑧ 토지대장 ⑨ 임야대장 ⑩ 지적도 ⑪ 임야도
⑫ 토지이용계획확인원 ⑬ 개별공시지가확인서 ⑭ 개별주택가격확인서
⑮ 공동주택가격확인서 ⑯ 공유지연명부 ⑰ 대지권등록부 ⑱ 경계점좌표등록부

그러므로 부동산 거래를 하기에 앞서 반드시 부동산종합증명서를 열람하거나 발급받아 꼼꼼하게 분석해 보실 것을 강추합니다.

짤TIP

* 부동산종합증명서에서 확인할 수 있는 서류가운데 공유지연명부라는 것이 있습니다. 측량·수로조사 및 지적에 관한 법률상 지적공부의 하나인데요. 1필지의 소유자가 2명 이상인 경우 그 소유자에 대한 내용을 기록하는 서류가 바로 공유지연명부입니다.

* 부동산종합증명서에 나타나는 건축물대장과 건축물대장만 발급받았을 때 그 내용의 차이가 있을 수 있습니다. 건축물대장만 따로 발급받을 경우 나타나는 '그 밖의 기재사항'이 부동산종합증명서에는 없기 때문입니다. 그렇기 때문에 건축물대장은 별도로 발급받아 '그 밖이 기재사항'이 있는지 있다면 그 내용은 어떤 것인지를 꼭 확인하는 것이 좋습니다.

임차인 관리 어떻게 하는 것이 좋을까?

당장 입주를 하기 위해 주택을 구입하는 것이 아니라면 임대를 하는 것이 일반적이죠. 그런데 말이죠. 임대를 한다는 것이 그리 간단하고 쉬운 일이 아닙니다. 모르는 사람들은 임차인을 찾아 계약을 하고 계약이 만료되면 직접 이사를 들어가거나 재임대를 하면 되는 것 아니냐고 말합니다. 하지만 주택임대는 단순히 계약의 문제가 아닙니다. 법률의 영역인 계약 외에 임대인과 임차인이라는 사람과 사람이 만나 성사되는 관계의 영역이 더해진 복합적인 영역이기 때문이죠. 임대인 입장에서 임차인 관리가 중요한 이유입니다.

분쟁을 막기 위한 임대차계약 방법

집주인인 임대인과 세입자인 임차인 사이의 분쟁은 대부분 쟁점이 될 수 있는 사항들을 계약시점에 명확하게 계약서에 작성해 두지 않아서 발생하는 것들입니다. 그렇기 때문에 혹시라도 분쟁의 대상이 될 수 있는 사항들을 사전에 파악해 임대차계약서의 특약사항란에 꼼꼼하게 기재해 두는 것이 필요합니다. 예를 들어 임대차의 종류가 전세인지 아니면 월세인지에 따라 특약사항에 기재되는 내용이 달라질 수 있는데 월세인 경우 집수리와 관련된 비용지출을 모두 임대인에게 요구하는 경우가 비일비재합니다. 물론 임대인 입장에서 볼 대 임차인이 부담하는 것이 타당하다고 생각되는 경우도 많죠. 이럴 경우 의외로 임대인 임차인이 얼굴을 붉히게 되는 상황이 발생합니다. 이런 경우를 대비해 특약사항에 비용지출과 관련된 내용들을 꼼꼼하게 기록한다면 추후 부담 주체가 누구인지를 놓고 언성을 높이는 일은 피할 수 있습니다.

계약만료시 지혜롭게 대처하는 Know-how

임대차 계약이 종료되면 임대인이 접하게 되는 상황은 임차인이 이사나간 집에 이사를 들어가거나 재임대를 하는 것입니다. 이때 얼마나 좋은 조건에 새로운 임차인을 찾느냐 혹은 기존 임차인과 순조롭게 계약을 연장하느냐는 계약만료 시점에 임대인이 얼마나 지혜롭게 대처하느냐에 달려 있습니다. 여기서 지혜롭게 대처한다는 것이 의미하는 바는 계약이 만료되기에 앞서 충분한 기간을 두고 새로운 조건으로 계약을 연장하지 않으면 재계약을 하지 않을 것이라는 통지를 하는 것입니다. 이렇게 함으로써 임차인에게 일방적으로 유리한 묵시적 갱신을 예방할 수 있기 때문이죠.

한편, 계약만료 시 새롭게 임대차 계약을 체결해야만 종전 임차인에게 임대보증금을 반환해줄 수 있는 경우도 있는데 이럴 경우 계약이 만료되는 임차인에게 해당 내용을 사전에 충분히 설명한 후 양해를 구해야만 합니다. 이 과정의 중요성을 간과하게 되면 향후 새로운 임차인을 구하기 어려워질 수 있는 것은 물론 계약이 만료되는 종전 임차인으로부터 심한 압박을 받을 수 있기 때문입니다.

짤TIP

계약이 만료되면 임대인은 임차인에게 보증금을 반환해야 하는 의무가 있고 임차인은 자신이 거주하고 있는 집을 비워주어야 하는 의무가 있습니다. 이때 임대인이 임차인에게 보증금을 반환해주지 못하는 사정 때문에 이사를 가지 않고 종전 주택에 거주하는 임차인은 일방적으로 보증금의 반환을 요구할 수 없습니다. 임대인과 임차인은 동시이행의 항변권 관계가 성립되기 때문이죠. 즉, 보증금 반환과 집을 비워주는 것은 동시에 이행해야 하는 관례라는 뜻이죠. 다만, 임차인이 집을 비워주었다면 상황이 전혀 다릅니다. 이 경우 임차인은 보증금 반환 소송, 임차권 등기명령, 부동산 가압류 등을 할 수 있습니다.

세금고민을 덜어줄 홈택스(hometax), 위택스(wetax)!

세금과 관련된 고민만큼 머리 아프고 답답한 것도 드물죠. 게다가 세금문제는 특성상 아무에게서나 조언을 구할 수도 없습니다. 전문가가 아닌 이상 속 시원한 해결책을 말해 줄 수 없기 때문이죠. 이럴 때 맘 편히 이런 저런 정보를 얻을 수 있는 인터넷사이트들이 있습니다. 바로 홈택스, 위택스입니다.

내 집 마련했다고 해서 세금이 얼마나 된다고 굳이 홈택스, 위택스의 도움을 받아야 하느냐고 반문할 수도 있지만 정도의 차이만 있을 뿐 주택이 되었든 상가 혹은 토지가 되었든 부동산을 보유하고 있는 이상 무조건 보유에 따른 세금을 납부해야 하기 때문에 미리미리 챙겨서 해가 될 것은 없지 않을까요? 혹시 이런 안내문을 받아보신 적 있으신가요? 모르긴 몰라도 보자마자 숨이 턱 멎는 기분이 드는 분들도 꽤 많을 것 같은데요. 그렇지 않은가요?

부가가치세 신고안내문

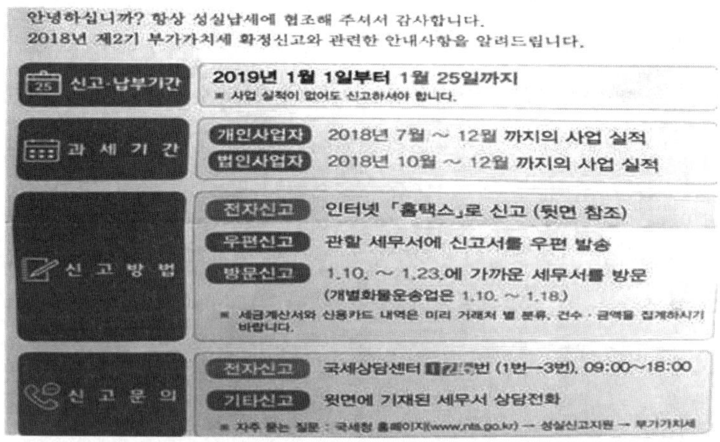

안녕하십니까? 항상 성실납세에 협조해 주셔서 감사합니다.
2018년 제2기 부가가치세 확정신고와 관련한 안내사항을 알려드립니다.

신고·납부기간	2019년 1월 1일부터 1월 25일까지 ※ 사업 실적이 없어도 신고하셔야 합니다.
과세기간	개인사업자 2018년 7월 ~ 12월 까지의 사업 실적 법인사업자 2018년 10월 ~ 12월 까지의 사업 실적
신고방법	전자신고 인터넷 「홈택스」로 신고 (뒷면 참조) 우편신고 관할 세무서에 신고서를 우편 발송 방문신고 1.10. ~ 1.23.에 가까운 세무서를 방문 (개별화물운송업은 1.10. ~ 1.18.) ※ 세금계산서와 신용카드 내역은 미리 거래처 별 분류, 건수·금액을 집계하시기 바랍니다.
신고문의	전자신고 국세상담센터 126번 (1번—3번), 09:00~18:00 기타신고 뒷면에 기재된 세무서 상담전화 ※ 자주 묻는 질문 : 국세청 홈페이지(www.nts.go.kr) → 성실신고지원 → 부가가치세

위와 같은 경우 홈택스가 도움이 됩니다. 홈택스는 국세청이 운영하는 인터넷사이트입니다.

국세청 홈택스 인터넷사이트

자료 : 국세청 홈택스(www.hometax.go.kr)

이름에서 묻어나는 것처럼 국세에 관한 모든 것을 원스톱으로 처리할 수 있습니다. 상가를 임대하고 있거나 주거 이외의 용도로 오피스텔을 임대해주고 있는 경우에는 부가가치세 신고와 관련된 도움을 받을 수 있고, 임대수익 발생분에 대한 소득세 신고와 관련된 도움도 받을 수 있죠. 단, 홈택스의 혜택을 제대로 누리기 위해서는 회원가입과 공인인증서가 필요하다는 점은 잊지 마세요.

다음으로 위택스입니다. 위택스는 크게 신고하기, 납부하기, 납부결과, 편의기능의 메뉴가 있는데요. 보시는 바와 같이 지방세 신고 및 지방세·세외수입·상하수도요금 납부, 지방세 납부결과 확인 및 각종 지방세증명서를 발급 받을 수 있습니다.

위택스 홈페이지

자료 : 위택스(www.wetax.go.kr)

또한 편의기능으로 환급금조회, 자동이체신청, 전자고지신청, 대행인신청, 자동차세연납신청의 기능을 제공하고 있어 매우 알아두고 활용하면 매우 유용한 사이트입니다. 위택스 역시 회원가입을 하고 공인인증서를 발급받아 사용하면 좀 더 편리하게 다양한 서비스를 활용할 수 있음을 기억하시기 바랍니다.

알아 두면 유용한 인터넷지로!

인터넷지로라고 들어보셨나요? 많은 분들이 알고 계시겠지만 아직 낯설어 하시는 분들도 많을 텐데요. 인터넷지로는 각종 세금, 공과금, 지로요금 등을 인터넷으로 납부할 수 있도록 금융결제원과 금융회사 등이 공동으로 제공하고 있는 서비스입니다.

자, 그럼 지금부터 인터넷지로가 어떤 것인지 알아 보시죠. 먼저 인터넷지로 홈페이지(https://www.giro.or.kr)에 접속해 보죠. 그러면 다음과 같은 창이 나타나게 됩니다. 개인뿐만 아니라 기업을 위한 납부서비스, 카드로 국세, 관세, 경찰청 과태료, 인지대·송달료도 납부할 수 있군요. 정말 편리한 사이트네요.

인터넷지로 홈페이지 첫 창

자료 : 인터넷지로(https://www.giro.or.kr)

인터넷지로는 크게 4개의 영역으로 구분되어 있음을 알 수 있는데요. 인터넷지로, 비즈지로, 카드로택스, 이지로 등이 있습니다. 이 중에서 독자 여러분들이 가장 자주 사용하게 될 메뉴는 아마도 지방세, 세외수입, 국고금, 사회보험료, 전기/전화요금, 일반지로요금 납부서비스일 것입니다. 그래서 인터넷지로를 선택해 접속해 보도록 하죠.

자, 준비되셨나요? 인터넷지로를 클릭하면 어떤 창이 나타나게 될지 궁금하시죠?

다음과 같은 창이 나타나게 되는 것을 알 수 있는데요. 인터넷지로에서는 지방세·세외수입, 사회보험료, 국고금은 물론 전기/전화요금, 일반지로요금까지 확인하고 납부까지 할 수 있다는 것을 알 수 있습니다.

단, 인터넷지로에서 누구나 지방세·세외수입,국고금, 사회보험료, 전기/전화요금, 일반지로요금 납부서비스를 이용할 수는 있지만 그 전에 우선 회원가입을 해야 한다는 점을 기억해 두셔야 합니다.

인터넷지로 홈페이지

자료 : 인터넷지로(https://www.giro.or.kr)

그런데 인터넷지로에서 지방세나 국고금, 사회보험료, 전기/전화요금/일반지로요금을 조회하고 납부하기 위해서는 공인인증서도 필요하답니다. 은행거래를 위해 이미 공인인증서를 발급받아 사용하는 경우가 많기 때문에 크게 불편하지는 않을 것 같습니다. 다만, 아직 공인인증서를 발급받지 않은 경우, 특히 자신이 보유하고 있는 부동산을 임대주고 있는 경우라면 지방세나 국세를 제 때 납부하기 위해서라도 활용하는 것이 좋습니다.

짤TIP

인터넷지로 이렇게 편리해요!

인터넷지로에서는 주요 국세나 지방세의 납기일을 공지로 알려주고 있기 때문에 누구나 언제가 납기일인지 확인할 수 있습니다. 사실 국세나 지방세는 매주 혹은 매월 규칙적으로 발생하는 지출이 아니기 때문에 잊어버리고 있다 가산세를 부담하는 경우가 의외로 많습니다.

그렇기 때문에 인터넷지로를 즐겨찾기 해 놓고 틈틈이 접속함으로써 납기일을 놓쳐 물지 않아도 되는 가산세를 물어야 하는 손해를 예방하는 것이 필요하답니다.

인터넷지로와 친해지는 것이야말로 지출을 줄이는 소소하지만 확실한 재테크방법이 아닐까요?

2019년 인터넷지로 주요납기일

일 자	요금종류	비 고
1.25.(금)	부가가치세(1분기)	국세
1.31.(목)	자동차세(연납)	지방세
4. 1.(월)	법인세	국세
4.25.(목)	부가가치세(2분기)	국세
5.31.(금)	종합소득세(상반기)	국세
7. 1.(월)	자동차세(상반기)	지방세
7.25.(목)	부가가치세(3분기)	국세
7.31.(수)	재산세(1기)	지방세
9. 2.(월)	주민세	지방세
9.30.(월)	재산세(2기)	지방세
10.25.(금)	부가가치세(4분기)	국세
12. 2.(월)	종합소득세(하반기)	국세
12.31.(화)	자동차세(하반기)	지방세

1세대 1주택 양도소득세 비과세 규정을 알아 두자!

자목적이 아닌 실거주 목적으로 주택을 매입하는 경우라 할지라도 사전에 1세대 1주택 양도소득세 비과세 규정을 꼼꼼하게 점검하는 것이 좋습니다. 아무리 실거주 목적으로 주택을 구입한다 할지라도 중간에 피치 못할 사정 때문에 거주하고 있는 주택을 매매하는 경우도 있을 수 있기 때문이죠.

1세대 1주택이란?

우리 세법은 1세대 1주택에 대해서 양도소득세 비과세 규정을 두고 있습니다. 그런데 1세대 1주택 비과세를 이해하기 위해서는 먼저 '1세대'가 의미하는 것이 무엇인지를 파악해야 합니다.

양도소득세 비과세를 적용받기 위한 1세대란 '거주자 및 거주자의 배우자 및 이들과 주소 혹은 거소에서 생계를 함께 영위해 나가고 있는 가족'으로 정의할 수 있습니다. 그렇기 때문에 부부사이에는 서로 주소를 달리하면서 각각 주택을 1채씩 소유하고 있는 경우라 할지라도 양도소득세 비과세 규정을 적용받을 수 없습니다.

1세대 1주택 양도소득세 비과세 요건은?

1세대가 의미하는 것이 무엇인지 확인했으니 이제 1세대 1주택 비과세란 무엇인지를 알아 볼 차례입니다. 다음은 소득세법 제89조에서 규정하고 있는 비과세 양도소득과 관련된 내용인데 여기에 1세대 1주택 양도소득세 비과세와 관련된 내용이 있습니다.

소득세법 제89조(비과세 양도소득)

① 다음 각 호의 소득에 대해서는 양도소득에 대한 소득세(이하 "양도소득세"라 한다)를 과세하지 아니한다. <개정 2014. 1. 1., 2016. 12. 20., 2018. 12. 31.>

-------------------------------생략-------------------------------

3. 다음 각 목의 어느 하나에 해당하는 주택(가액이 대통령령으로 정하는 기준을 초과하는 고가주택은 제외한다)과 이에 딸린 토지로서 건물이 정착된 면적에 지역별로 대통령령으로 정하는 배율을 곱하여 산정한 면적 이내의 토지(이하 이 조에서 "주택부수토지"라 한다)의 양도로 발생하는 소득

가. 1세대가 1주택을 보유하는 경우로서 대통령령으로 정하는 요건을 충족하는 주택

-------------------------------생략-------------------------------

좀 더 구체적으로 양도소득세 비과세 규정을 확인하기 위해서 소득세법 시행령을 확인해 보아야 합니다. 다음은 소득세법 시행령에서 규정하고 있는 1세대 1주택 양도소득세 비과세 규정입니다.

소득세법 시행령 제154조(1세대1주택의 범위)
① 법 제89조제1항제3호가목에서 "대통령령으로 정하는 요건"이란 1세대가 양도일 현재 국내에 1주택을 보유하고 있는 경우로서 해당 주택의 보유기간이 2년(제8항 제2호에 해당하는 거주자의 주택인 경우는 3년) 이상인 것[취득 당시에 「주택법」 제63조의2제1항 제1호에 따른 조정대상지역(이하 "조정대상지역"이라 한다)에 있는 주택의 경우에는 해당 주택의 보유기간이 2년(제8항 제2호에 해당하는 거주자의 주택인 경우에는 3년) 이상이고 그 보유기간 중 거주기간이 2년 이상인 것]을 말한다.

위 내용을 기초로 1세대 1주택 양도소득세 비과세 규정을 정리하면

첫째, 1세대가 하나의 주택을 보유하고

둘째, 9억 원 이하의 주택이며

셋째, 2년 이상 보유(2017년 8월 2일 이후 조정대상지역 내에 취득한 주택은 2년 이상 거주 요건 추가)

넷째, 미등기주택이 아닐 것 등입니다.

일시적인 1세대 2주택 예외는?

소득세법 제89조는 대체취득, 상속, 동거봉양, 혼인 등 때문에 일시적 2주택자가 되는 경우 예외적으로 1세대 1주택을 적용해 양도소득세 비과세를 받을 수 있도록 규정하고 있습니다.

소득세법 제89조(비과세 양도소득)
① 다음 각 호의 소득에 대해서는 양도소득에 대한 소득세(이하 "양도소득세"라 한다)를 과세하지 아니한다. <개정 2014. 1. 1., 2016. 12. 20., 2018. 12. 31.>
-----------------------------------생략-----------------------------------
나. 1세대가 1주택을 양도하기 전에 다른 주택을 대체취득하거나 상속, 동거봉양, 혼인 등으로 인하여 2주택 이상을 보유하는 경우로서 대통령령으로 정하는 주택

좀 더 자세한 내용은 소득세법 시행령을 통해 확인할 수 있습니다. 다음은 관련 내용입니다.

소득세법 시행령 제155조(1세대1주택의 특례)

① 국내에 1주택을 소유한 1세대가 그 주택(이하 이 항에서 "종전의 주택"이라 한다)을 양도하기 전에 다른 주택(이하 이 조에서 "신규 주택"이라 한다)을 취득(자기가 건설하여 취득한 경우를 포함한다)함으로써 일시적으로 2주택이 된 경우 종전의 주택을 취득한 날부터 1년 이상이 지난 후 신규 주택을 취득하고 그 신규 주택을 취득한 날부터 3년 이내[종전의 주택이 조정대상지역에 있는 상태에서 조정대상지역에 있는 신규 주택을 취득{조정대상지역의 공고가 있은 날 이전에 신규 주택(신규 주택을 취득할 수 있는 권리를 포함한다. 이하 이 항에서 같다)을 취득하거나 신규 주택을 취득하기 위하여 매매계약을 체결하고 계약금을 지급한 사실이 증빙서류에 의하여 확인되는 경우는 제외한다}하는 경우에는 2년 이내]에 종전의 주택을 양도하는 경우(제18항에 따른 사유에 해당하는 경우를 포함한다)에는 이를 1세대1주택으로 보아 제154조 제1항을 적용한다. 이 경우 제154조 제1항제1호, 제2호가목 및 제3호의 어느 하나에 해당하는 경우에는 종전의 주택을 취득한 날부터 1년 이상이 지난 후 다른 주택을 취득하는 요건을 적용하지 아니하며, 종전의 주택 및 그 부수토지의 일부가 제154조제1항제2호가목에 따라 협의매수되거나 수용되는 경우로서 해당 잔존하는 주택 및 그 부수 토지를 그 양도일 또는 수용일부터 5년 이내에 양도하는 때에는 해당 잔존하는 주택 및 그 부수토지의 양도는 종전의 주택 및 그 부수토지의 양도 또는 수용에 포함되는 것으로 본다. <개정 2002. 3. 30., 2002. 12. 30., 2008. 2. 29., 2008. 11. 28., 2012. 6. 29., 2013. 2. 15., 2017. 2. 3., 2018. 10. 23.>

② 상속받은 주택[법 제89조제2항 본문에 따른 조합원입주권(이하 "조합원입주권"이라 한다)을 상속받아 사업시행 완료 후 취득한 신축주택을 포함하며, 피상속인이 상속개시 당시 2 이상의 주택을 소유한 경우에는 다음 각 호의 순위에 따른 1주택을 말한다]과 그 밖의 주택(상속개시 당시 보유한 주택 또는 상속개시 당시 보유한 조합원입주권에 의하여 사업시행 완료 후 취득한 신축주택만 해당하며, 상속개시일부터 소급하여 2년 이내에 피상속인으로부터 증여받은 주택 또는 증여받은 조합원입주권에 의하여 사업시행 완료 후 취득한 신축주택은 제외한다. 이하 이 항에서 "일반주택"이라 한다)을 국내에 각각 1개씩 소유하고 있는 1세대가 일반주택을 양도하는 경우에는 국내에 1개의 주택을 소유하고 있는 것으로 보아 제154조 제1항을 적용한다. 다만, 상속인과 피상속인이 상속개시 당시 1세대인 경우에는 1주택을 보유하고 1세대를 구성하는 자가 직계존속(배우자의 직계존속을 포함하며, 세대를 합친 날 현재 직계존속 중 어느 한 사람 또는 모두가 60세 이상으로서 1주택을 보유하고 있는 경우만 해당한다)을 동거봉양하기 위하여 세대를 합침에 따라 2주택을 보유하게 되는 경우로서 합치기 이전부터 보유하고 있었던 주택만 상속받은 주택으로 본다(이하 제3항, 제7항제1호 및 제156조의2제7항제1호에서 같다). <개정 1997. 12. 31., 2002. 10. 1., 2002. 12. 30., 2008. 2. 22., 2010. 2. 18., 2012. 2. 2., 2013. 2. 15., 2014. 2. 21., 2017. 2. 3., 2018. 2. 13.>

---------------------------생략---------------------------

④ 1주택을 보유하고 1세대를 구성하는 자가 1주택을 보유하고 있는 60세 이상의 직계존속(다음 각 호의 사람을 포함하며, 이하 이 조에서 같다)을 동거봉양하기 위하여 세대를 합침으로써 1세대가 2주택을 보유하게 되는 경우 합친 날부터 10년 이내에 먼저 양도하는 주택은 이를 1세대 1주택으로 보아 제154조 제1항을 적용한다. <개정 1996. 12. 31., 1999. 12. 31., 2002. 10. 1., 2009. 2. 4., 2012. 2. 2., 2018. 2. 13., 2019. 2. 12.>

1. 배우자의 직계존속으로서 60세 이상인 사람
2. 직계존속(배우자의 직계존속을 포함한다) 중 어느 한 사람이 60세 미만인 경우
3. 「국민건강보험법 시행령」 별표 2 제3호가목3), 같은 호 나목2) 또는 같은 호 마목에 따른 요양급여를 받는 60세 미만의 직계존속(배우자의 직계존속을 포함한다)으로서 기획재정부령으로 정하는 사람

⑤ 1주택을 보유하는 자가 1주택을 보유하는 자와 혼인함으로써 1세대가 2주택을 보유하게 되는 경우 또는 1주택을 보유하고 있는 60세 이상의 직계존속을 동거봉양하는 무주택자가 1주택을 보유하는 자와 혼인함으로써 1세대가 2주택을 보유하게 되는 경우 각각 혼인한 날부터 5년 이내에 먼저 양도하는 주택은 이를 1세대 1주택으로 보아 제154조제1항을 적용한다. <개정 1996. 12. 31., 1999. 12. 31., 2000. 12. 29., 2002. 10. 1., 2009. 2. 4., 2012. 2. 2.>

복잡해 보이지만 간단히 정리해 보면 다음과 같습니다.

첫째, 일시적으로 2주택이 된 경우 종전의 주택을 취득한 날부터 1년 이상이 지난 후 신규 주택을 취득하고 그 신규 주택을 취득한 날부터 3년 이내에 종전의 주택을 양도하는 경우에는 이를 1세대 1주택으로 보아 양도소득세를 비과세. 단, 2018.9.14일 이후부터는 종전 주택이 조정대상 지역내에 있는 상태에서 조정대상에 있는 신규 주택을 추가로 취득하는 경우 신규 주택을 취득한 후 2년 이내에 종전 주택을 양도하는 경우에 한하여 비과세 적용

둘째, 상속받은 주택과 그 밖의 주택을 국내에 각각 1개씩 소유하고 있는 1세대가 일반주택을 양도하는 경우에는 국내에 1개의 주택을 소유하고 있는 것으로 보아 양도소득세 비과세

셋째, 1주택을 보유하고 1세대를 구성하는 자가 1주택을 보유

하고 있는 60세 이상의 직계존속을 동거봉양하기 위하여 세대를 합침으로써 1세대가 2주택을 보유하게 되는 경우 합친 날부터 10년 이내에 먼저 양도하는 주택은 이를 1세대 1주택으로 보아 양도소득세 비과세

넷째, 1주택을 보유하는 자가 1주택을 보유하는 자와 혼인함으로써 1세대가 2주택을 보유하게 되는 경우 또는 1주택을 보유하고 있는 60세 이상의 직계존속을 동거봉양하는 무주택자가 1주택을 보유하는 자와 혼인함으로써 1세대가 2주택을 보유하게 되는 경우 각각 혼인한 날부터 5년 이내에 먼저 양도하는 주택은 이를 1세대 1주택으로 보아 양도소득세 비과세

1주택 유지 기간이 2년 이상 되어야 한다?

현재 1세대 2주택 이상의 다주택자들은 다른 주택을 모두 처분하고 최종적으로 1주택만 보유하게 될 경우 보유하고 있는 1주택 취득일로부터 기산하여 2년 이상만 보유하면 양도소득세 비과세를 받을 수 있습니다. 하지만 2021년 1월 1일 이후부터 보유하고 있는 주택을 양도하는 다주택자들은 종전 주택을 모두 처분하고 1주택만 보유하더라도 보유기간 및 거주기간 기산일이 취득일이 아닌 최종적으로 1주택으로 된 날이 됩니다. 그만큼 보유기간 요건이 강화된 것이죠.

장기보유특별공제 조건은?

양도소득세를 줄여주는 1세대 1주택자의 장기보유특별공제 요건도 알아 두어야 합니다. 양도가액이 9억 원을 초과하는 고가주택은 1세대 1주택자인 경우라 할지라도 9억 원을 초과하는 양도차익에 대하서는 양도소득세가 과세됩니다. 이때 보유기간에 따라 최고 80%까지 장기보유특별공제가 적용되어 양도세 부담이 크게 경감되죠. 하지만 2020년 1월 1일 이후 주택을 양도하는 경우에는 보유 기간 중 2년 이상 거주해야만 특별공제를 적용받을 수 있고, 거주요건을 충족하지 못한 경우에는 최고 30%의 공제율을 적용받게 됩니다. 이 규정은 일시적 2주택자 등에게도 적용되죠.

짤TIP

동일한 주소지에서 생계를 같이 하고 있는 자와 함께 구성하는 가족단위를 의미하고 있고 부부 간에는 세대를 달리 하고 있어도 동일 세대로 적용하고 있다. 그런데 이런 점을 악용하여 부부가 각각 주택을 소유한 경우 법률상으로만 이혼을 하고 생활을 같이 하는 경우라도 1세대 1주택 비과세 적용을 받을 수 있었다.
그러나 올해부터는 법률상 이혼을 하였어도 생계를 같이 하는 등 사실상 이혼한 것으로 보기 어려운 경우에는 동일 세대로 간주하도록 하여 비과세적용을 받을 수 없다.

Chapter 7

수익성 부동산 투자를 위해 반드시 알아야 할 26가지 절대지식

16 상권분석을 위해 체크리스트를 활용하자!

17 상권분석에 유용한 소상공인시장진흥공단 상권정보시스템!

18 상가 구입 시 반드시 확인해야 할 등기사항전부증명서!

19 상가 구입을 위한 등기사항전부증명서 읽기(권리관계 분석하기)!

20 상가 구입 시 건축물대장, 이렇게 발급받자!

21 상가 건축물대장의 구성과 내용을 읽자!

22 지혜로운 상가매매계약서 작성법!

23 지혜로운 상가임대차계약서 작성법!

24 상가 구입 시 고려해야 할 세금은?

25 상가 보유 시 고려해야 할 세금은?

26 상가 처분 시 고려해야 할 세금은?

상가구입 전 과정을 머릿속에 그려 보자!

상가를 구입하고 싶다고 무조건 서두르기만 하면 알짜 상가를 구하기 어렵습니다. 자칫 임대수익을 기대하기 어려운 상가를 구입하거나 분위기에 휩쓸려 자신이 감당할 수 있는 수준을 넘어서는 금액의 상가를 구입하는 우를 범할 수도 있습니다. 그래서 상가를 구입하기에 앞서 반드시 상가를 구입하는 전 과정을 머릿속에 담아 두는 것이 중요합니다.

상가구입 절차도

상가를 구입하는 과정을 이해하기 쉽게 그림으로 표현한 것이 다음의 상가구입 절차도입니다. 물론 이 절차도 상의 절차들이 정해진 공식 같은 것은 아닙니다. 그렇기 때문에 반드시 따라해야 할 필요는 없죠. 하지만 미리 숙지해 둔다면 엉뚱한 상가를 구입하거나 수익이 아닌 부담이 되는 상가를 구입하는 상황은 예방할 수 있을 것입니다.

상가구입 절차도

여유자금 점검 → 구입 희망지역 리스트 만들기 → 구입 희망 리스트 상의 지역들에 대한 손품팔기

→ 발품팔기(1차 현장답사) → 손품/발품결과 1차 분석 →

중개업소 발품팔기 (2차 현장답사) → 손품/발품결과 2차 분석 → 구입 희망지역 확정

→ 중개업소 방문 구입희망 물건 탐색 → 매매 예상가격 확인 →

예상 임대조건 확인 (보증금, 월세 등) → 부족자금 조달검토 (대출 등) → 계약 전 공부서류 확인

→ 매매계약 체결 및 중도금, 잔금 치루기 → 소유권 이전등기 및 임대 놓기

짤TIP

상가를 매매매하거나 임대할 때 부가가치세를 신경 써야 합니다. 매매를 하는 경우 부가가치세를 부담해야 하는 사람은 상가를 매매한 사람입니다. 이때 부가가치세는 건물가액의 10%입니다. 토지는 부가가치세 부담의무가 없기 때문이죠. 임대를 할 때 부가가치세의 부담은 월세를 내는 임차인이 부담하게 됩니다. 이때 부담하게 되는 부가가치세는 월세의 10%입니다.

좋은 상가를 찾아라!

상가를 구입한다면 무조건 좋은 상가를 구입해야 합니다. 그런데 좋은 상가를 구하는 것이 여간 어려운 것이 아닙니다. 누구나 좋은 상가를 구입하기 원함에도 불구하고 상가를 구입하는 사람들 중 일부만이 좋은 상가를 구입하는 이유도 그만큼 좋은 상가를 구입하기 어렵다는 점에서 찾을 수 있습니다.

이런 상가가 좋은 상가다!

좋은 상가를 구분하는 기준은 여러 가지가 있을 수 있습니다. 그 중에서 대표적인 것을 몇 가지 들면 다음과 같습니다.

첫째, 유동인구를 들 수 있습니다.

좋은 상권을 만드는 유동인구는 단순히 지나가는 사람들의 숫자가 아닙니다. 해당 상권에 들러 상품과 서비스를 구입하려는 의지를 갖고 있는 사람들이 진정한 의미에서 유동인구입니다. 따라서 실제로 상가에 들러 제품이나 서비스를 구입하는 사람이 많으면 많을수록 좋은 상가라고 할 수 있습니다.

둘째, 상권의 크기를 들 수 있습니다.

상권의 크기는 동종이든 서로 다른 이종이 되었든 다양한 상가들이 입지하고 있고 그에 따라 멀리서도 소비자들이 찾아오는 정도라고 말할 수 있습니다. 따라서 상권의 크기가 크다는 것은 다양한 제품과 서비스를 판매하는 상가들이 많아 이를 구매하기 위해 먼 곳에서도 찾아온다는 것을 의미합니다.

셋째, 트렌드를 선도하는 지역에 자리 잡은 상가인지 여부입니다.

트렌드를 선도하는 지역에 자리 잡고 있는 상가는 항상 사람들로 붐비죠. 이런 지역일수록 높은 권리금이 형성되는 것은 물론 임대료 수준도 여타 지역에 비해 굉장히 높은 수준을 유지합니다. 따라서 현재 트렌드를 선도하는 지역이나 향후 트렌드를 선도하게 될 지역으로 발돋움할 수 있을 것으로 예상되는 지역에 자리 잡고 있는 상가들이 좋은 상가라고 할 수 있습니다.

넷째, 뛰어난 접근성을 확보하고 있느냐 여부입니다.

상가는 양호한 접근성이 필수입니다. 따라서 접근성이 양호하다면 이미 좋은 상가가 될 수 있는 조건을 상당부분 갖추고 있다고 볼 수 있습니다. 접근성 측면에서 특히 중요한 것은 지하철 접근성과 도로접근성입니다. 이 두 가지를 통한 접근성이 확보된 곳이라면 이미 좋은 상권이거나 장차 좋은 상권이 될 수 있을 것입니다.

다섯째, 경쟁상가의 유무입니다.

인근지역에 비슷한 규모의 경쟁상가가 있다면 상권에는 부정적이라고 볼 수 있습니다. 따라서 경쟁상가가 존재하는 곳은 가급적 피하는 것이 좋습니다.

여섯째, 원스톱 쇼핑 가능성입니다.

상가는 소비자들이 상품이나 서비스를 구매하기 위해 들르는 곳이지만 단지 쇼핑만을 위해 방문하는 곳은 아닙니다. 쇼핑과 더불어 보고, 먹고, 마시기, 경험을 구매하기 위해 상가를 방문하기 때문입니다. 그렇기 때문에 위와 같은 것들을 한곳에서 모두 해결할 수 있는 상권이 형성되어 있는 상권에 입지하고 있는 상가가 좋은 상가라고 할 수 있습니다.

일곱째, 배후 수요의 크기입니다.

상권과 상가를 안정적으로 뒷받침 해주는 것이 바로 배후수요입니다. 배후수요의 크기가 작은 상권의 상가들은 상품이나 서비스의 판매를 상가를 찾는 소비자들에 의존하게 됩니다. 이는 안정적인 매출에 긍정적이지 않죠. 그렇기 때문에 배후수요가 일정수준 이상 확보되어 있는 상가를 구입하는 것이 좋은 것입니다.

짤TIP

상가는 종류에 따라 수익의 안정성이 다릅니다. 그럴 수밖에 없는 것이 근린상가, 아파트 단지내 상가, 테마형상가 등 각 상가들은 서로 다른 특성이 있습니다. 따라서 상가를 구입하기에 앞서 각각의 상가들이 어떤 특징이 있는지를 면밀하게 따져 보아야 합니다.

상가를 살 때, 적절한 자금규모가 있나요?

상가를 구입하는 주된 목적은 임대수익을 창출하는 것입니다. 가끔은 자기 상가에서 장사를 하기 위해 구입하는 실수요 목적인 경우도 있지만요. 상가를 구입하는 목적이 어찌되었든 간에 상가를 구입하는 경우 역시 다른 부동산을 구입하는 경우와 마찬가지로 필요자금이 얼마나 되는지를 미리 따져 보는 것이 중요합니다.

상가를 구입할 때 피해야 할 가장 위협적인 적 : 낙관적 기대

어떤 부동산이 되었든 막상 구입을 위해 공인중개사사무소를 방문하게 되면 장밋빛 미래만 꿈꾸는 경우가 많습니다. 예를 들어 3억 원에 A상가를 구입해 보증금 3,000만 원, 월세 150만 원에 임대를 놓으면 연 1,800만 원의 임대수익을 기대할 수 있고 이렇게 되면 연 6%의 세전 수익률이 될 것이라는 식으로 말입니다.

하지만 위와 같은 기대는 그저 낙관적 기대 그 이상도 이하도 아닙니다. 상가는 여러 가지 변수를 종합적으로 고려해야만 하기 때문입니다. 임대를 놓기까지 상가가 공실상태로 남아있는 기간이 얼마나 될 것인지, 경제상황에 따라 임대료는 얼마나 변동하게 될 것인지, 상권이 도입, 성장, 성숙, 쇠퇴기 가운데 어떤 단계에 있는지, 예상 임대수익률은 얼마나 될 것인지 등이 대표적입니다. 그렇기 때문에 상가구입만 하면 안정적인 임대수익이 가능할 것이라는 낙관적 기대는 금물입니다.

상가 살 때 적절한 자금규모는?

상가는 주택과 다르게 적정 자금규모가 예상되는 임대수익률과 임대수익 규모에 따라 달라질 수 있습니다. 예를 들어 좋은 상권에 입지하고 있는 상가라면 높은 임대수익률과 임대수익을 기대할 수 있습니다. 좀 더 많은 대출이자를 부담하고서라도 상가를 구입해도 큰 무리가 없을 수 있다는 뜻이죠. 하지만 전체적인 면에서 볼 때 상가를 구입할 때 적절한 자기자본의 규모와 관련된 절대적 기준은 없다고 볼 수 있습니다. 다만 개략적으로 전체 임대수익에서 대출이자가 차지하는 비중이 50%를 초과하지 않는 것이 좋습니다. 금리상승이 예상되는 경우라면 40% 미만으로 억제하는 것이 좋습니다. 이렇게 함으로써 급격한 이자율 상승의 여파로 대출이자 상환 압박에 시달리는 상황을 예방할 수 있기 때문입니다.

짤TIP

상가를 담보로 대출을 받기 원한다면 부동산임대업자에게 적용되는 임대업이자상환비율(RTI·Rent To Interest ratio)이라는 개념을 꼭 알아 둘 필요가 있습니다. 임대소득으로 이자를 낼 수 있는 능력을 나타내는 지표인데요. 연간 임대소득을 이자비용으로 나누어 계산하며 주택은 1.25배, 비주택은 1.5배가 넘어야 대출을 받을 수 있습니다.

망하게 될 상가는 무조건 피하는 것이 상책!

좋은 상가는 돈 되는 상가입니다. 안정적으로 임대수익이 발생하는 상가입니다. 그래서 어떤 상가가 돈 되는 상가인지 구분할 수 있는 안목이 중요합니다. 그런데 좋은 상가를 구입하기가 쉽지 않습니다. 특히 상가를 처음 구입하려고 하는 경우라면 더욱 그렇습니다. 이럴 때 차선책으로 상가를 구입할 때 유용하게 활용할 수 있는 기준이 있습니다. 바로 망하게 될 상가는 피하라는 것입니다.

적정 유동인구가 적은 곳은 피하라!

보통 상가 매매가격은 유동인구의 많고 적음에 따라 큰 차이를 보이죠. 홍대입구 상권이나 가로수 길 상권에 자리 잡고 있는 상가들의 매매가격이 높은 이유도 유동인구 때문입니다. 물론 이때 유동인구는 단순히 지나가는 사람들이 많다는 뜻이 결코 아닙니다. 돈을 쓰기 위해 모이는 사람들이 진정한 유동인구죠. 상가는 노출이 잘되는 곳이 좋습니다. 그래서 가능한 최대로 소비자들에게 노출되는 상가가 좋은 상가죠. 노출이 되다보면 결국 소비로 연결되기 때문입니다. 이런 점에서 볼 때 유동인구가 적다는 것은 그만큼 노출 기회도 적다는 것을 의미합니다. 일정수준 이상 유동인구를 확보하지 못하는 상가를 피해야 하는 이유입니다.

초보자라면 대형할인매장, 대형마트 인근 상가는 피하라!

상가를 처음 구입하는 경우라면 대형할인매장이나 대형마트 인근의 상가는 무조건 피하는 것이 좋습니다. 특별한 경우가 아닌 이상 대형할인매장이나 대형마트가 인근 상가를 방문하는 소비자들을 흡수하기 때문입니다. 실제로 대형할인매장이나 대형마트에서 판매하고 있는 상품이나 서비스를 그 인근지역에서 판매하는 상가들은 악전고투를 거듭하고 있는 실정입니다. 그렇기 때문에 대형할인매장이나 대형마트 인근 상가는 피해야 하는 상가라고 할 수 있습니다.

주차여건이 좋지 않다면 가급적 피하라!

목도 좋고 나름 괜찮은 조건을 갖추고 있는데 주차장이 문제가 되는 상가가 있다면 어떻게 해야 할까? 저렴하니까 구입하는 것을 고민해야 할까? 답은 아주 간단합니다. 만약 상가를 구입해 직접 장사를 하고 싶은 경우이고 그 업종이 자신만의 노하우를 자랑하는 경우라면 저렴하게 구입한다는 전제하에서 괜찮은 선택이라고 볼 수 있습니다. 하지만 그 이외의 경우라면 피하는 것이 좋습니다. 오늘날 대부분의 상가들은 충분한 주차장을 확보하기 위해 총력을 기울이고 있습니다. 자가용을 이용해 쇼핑을 하는 소비자들이 다수를 이루고 있기 때문이죠. 따라서 주차여건이 좋지 않은 상가라면 가급적 피하는 것이 좋습니다.

상가 권리금이 낮은 상가는 일단 피하고 보자!

어떤 상가의 가치를 파악하는 방법은 여러 가지가 있을 것입니다. 그 중 실무적으로 중요하게 고려하는 것 가운데 하나가 권리금입니다. 권리금이 높게 형성되어 있는 상가라면 상권이 좋은 곳에 입지하고 있는 좋은 상가라고 할 수 있습니다. 반대로 권리금이 없거나 평균 이하인 상가라면 상권이 좋지 않은 상가라고 볼 수 있습니다. 권리금이 높은 상가일수록 매매가격도 높습니다. 이런 이유로 상가의 권리금이 낮게 형성되어 있는 상가라면 일단 피하고 보는 것이 좋습니다.

짤TIP

출근 유동인구가 많은 곳인지 아니면 퇴근 유동인구가 많은 곳인지에 따라 상가의 가치가 달라지기도 합니다. 주로 해당상가에 입점하는 점포가 어떤 것이냐 와 관계가 되는데요. 예를 들어 편의점이나 출근길에 간단한 먹을거리를 판매하는 점포라면 출근 유동인구가 많은 곳에 입지하는 것이 좋습니다. 반대로 퇴근하는 유동인구가 많다면 퇴근하면서 간단히 맥주한잔 할 수 있는 호프집이나 가족을 위해 자주 구입하게 되는 베이커리, 치킨 집 같은 점포가 입지하는 것이 좋습니다.

상권도 라이프사이클이 있다!

상권은 살아 있는 생물 같습니다. 끝임 없이 변화, 변동하기 때문입니다. 어떤 상가를 보면서 "예전에는 이 지역도 사람들로 넘쳐나던 곳이었는데 지금은 쓸쓸하고 황량하다."는 이야기를 하는 경우를 종종 볼 수 있습니다. 상권이 변화, 변동한다는 것을 잘 보여주는 것이라고 할 수 있죠. 실제로 상권도 라이프사이클이 있습니다. 그렇다면 상권의 라이프사이클은 어떻게 될까요?

상권의 라이프사이클이란?

상권은 처음 형성되는 시점부터 단계를 거쳐 발전하게 됩니다. 도입기, 성장기, 성숙기, 쇠퇴기, 천이기 등이 그것이죠. 다음 그림은 상권의 라이프사이클을 보여주는 것입니다.

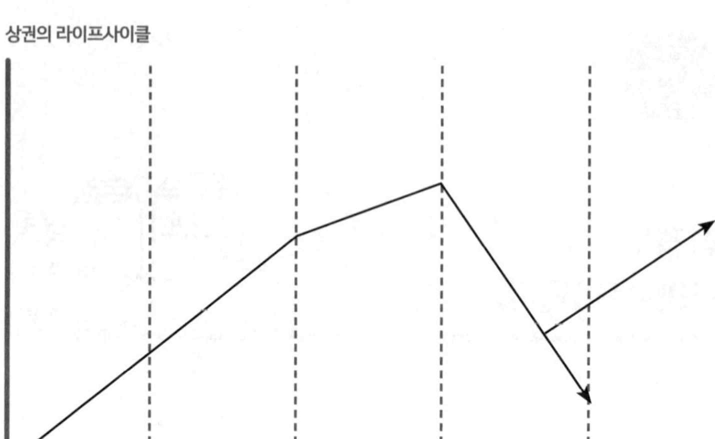

라이프사이클 단계별 특징은 ?

도입기는 상권이 막 시작되는 시기입니다. 상권의 시작은 오랜 기간에 걸쳐 자연발생적으로 형성되는 경우와 도시개발과 같은 계획에 의해 인위적으로 형성되는 경우가 있습니다. 상권이 자연발생적으로 형성되는 경우 도입기는 오랜 기간을 거치게 됩니다. 이에 비해 상권이 개발과 같은 인위적인 계획에 의해 형성되는 경우는 보다 빨리 도입기를 지나게 됩니다. 도입기는 상권의 발전방향이나 가능성을 섣불리 예측하기 어려운 경우가 대부분이지만 다양한 연령계층과 업종이 분포하는 모습을 보이는 만큼 관심을 갖고 관찰하면 의외로 좋은 상가를 저렴한 가격에 구입할 수 있는 기회를 포착할 수 있는 단계이기도 합니다.

성장기는 상권이 본격적으로 성장하는 단계입니다. 당연히 소비자들이 많이 모이고 다양한 점포들도 입지하게 됩니다. 그래서 도입기에 비해 본격적으로 상권의 특성이 나타나기 시작하는 단계죠. 향후 상권의 크기가 얼마나 확장될 것인지, 유망한 업종은 어떤 것이 될지에 대한 예측이 가능한 단계인 만큼 좋은 상가를 구입할 수 있는 최적의 시점이라고 볼 수 있습니다.

성숙기는 상권이 안정된 단계입니다. 따라서 상가 매매가격이나 임대가격도 높은 수준에 형성되는 단계죠. 다만, 매매나 임대가격이 이미 많이 상승해 있는 상태기 때문에 시세차익이나 임대수익률이 낮다는 특징을 보이는 단계이기도 합니다. 이 단계에서 상가를 구입하고자 한다면 매매에 앞서 반드시 꼼꼼한 분석을 해야만 합니다.

쇠퇴기는 상권이 활력을 잃고 서서히 소멸되는 단계입니다. 한때 소위 잘나가는 상권이었지만 과거의 영광은 뒤로하고 하루가 다르게 상권의 크기가 위축되고 하나둘씩 유망업종들도 떠나가기 시작하죠. 매매가격이나 임대가격이 크게 하락하지만 과거 대비 많이 하락했다는 이유만으로 덜컥 상가를 구입하게 되면 큰 낭패를 겪을 수 있는 시기인 만큼 세심한 주의가 필요한 단계입니다.

마지막으로 천이기는 쇠퇴기를 지나던 과정에서 상권이 활력을 되찾고 새로운 생명을 갖게 되는 단계입니다. 구도심에 입지하고 있어 죽어가던 상권이 도시재생 덕분에 상권이 활성화되는 경우가 이에 해당됩니다. 천이기는 얼마나 오래 쇠퇴기 단계를 거치느냐에 따라 시세차익은 물론 임대수익 창출 가능성에 차이가 있습니다. 보통 오랜 쇠퇴기를 거친 후 천이기에 진입하는 상권에서 그렇지 않은 경우에 비해 좋은 상가를 구입할 수 있는 기회가 많습니다.

짤TIP

언뜻 보면 상권의 라이프사이클은 어느 날 갑자기 한 단계에서 다른 단계로 전이되는 것으로 보이기 쉽지만 실상은 나름대로 신호를 보내면서 다른 단계로 전이되는 모습을 보이게 됩니다. 예를 들어 유동인구가 크게 증가하거나 감소하는 경우, 장기간 공실상태인 상가들이 눈에 띄기 시작하는 경우, 꾸준히 상가 공실이 감소하는 경우가 그것입니다.

상가의 적정구입가격을 따져 볼 때 꼭 알아야 할 자본환원율!

부동산을 구입하게 되면 두 가지 수익을 기대할 수 있습니다. 하나는 구입한 부동산의 시세가 상승함에 따라 기대할 수 있는 수익입니다. 이를 가리켜 자본이득이라고 합니다. 흔히 시세차익이라고 불리기도 하는 것이죠. 다른 하나는 구입한 부동산으로부터 발생하는 임대수익입니다. 소득이익이라고도 하죠. 이 두 가지가 부동산을 구입하면서 기대하게 되는 수익입니다.

부동산의 수익 = 자본이득 + 소득이익

그런데 상가는 특히 소득이익을 중요하게 고려합니다. 상가를 구입하는 목적이 임대수익에 초점을 맞추는 경우가 대부분이기 때문입니다.

$$\text{부동산 가격} = \frac{\text{순수익(상가로부터 발생하는수익 - 비용)}}{\text{자본환원율}}$$

자본환원율 어떻게 활용할까?

자본환원율과 부동산 가격 사이에 어떤 관계가 있는지 단순하게 살펴 보시죠. 이를 이해하면 자본환원율을 어떻게 활용하면 되는지를 분명하게 이해할 수 있을 것입니다.

갑을 상가 101호

● 매매가격 : 3억 원 ● 연간 임대수익 2,500만 원 ● 연간지출 비용 700만 원

위 갑을상가 101호의 자본환원율은 얼마나 될까요? 연간 임대수익 2,500만 원에서 연간 지출비용 700만 원을 차감하면 순수익이 1,800만 원이 됩니다. 이 순수익을 갑을상가 101호의 매매가격 3억 원으로 나눠주면 자본환원율이 계산됩니다.

$$\begin{aligned}\text{자본환원율} &= \frac{\text{연간임대수익 - 연간지출비용}}{\text{매매가격}} \times 100 \\ &= \frac{\text{2,500만 원 - 700만 원}}{\text{3억 원}} \times 100 \\ &= 6\%\end{aligned}$$

아주 간단하죠? 자본환원율만 알면 여러분도 서로 다른 상가의

적정가치를 계산할 수 있습니다. 자본환원율을 기초로 다음의 두 상가 가운데 어떤 상가를 구입해야 할지 계산해 보세요.

Black 상가 101호	White 상가 101호
● 매매가격 : 2억 원	● 매매가격 2억 5천만 원
● 연간 임대수익 1,600만 원	● 연간 임대수익 1,900만 원
● 연간 지출비용 600만 원	● 연간 지출비용 775만 원

자본환원율을 자본환원율 계산공식에 대입해 계산해 보면 Black 상가 101호의 자본환원율은 5%, White 상가 101호의 자본환원율은 4.5%라는 것을 알 수 있습니다. 따라서 다른 조건이 엇비슷하다고 가정할 경우 자본환원율이 더 높은 Black 상가 101호를 구입하는 것이 좋다고 볼 수 있습니다.

짤TIP

자본환원율만으로 상가구입 여부를 결정하는 것은 곤란합니다. 자본환원율만으로는 찾아낼 수 없는 것들도 있기 때문이죠. 예를 들어 A, B라는 상가의 매매가격과 순임대수익(임대수익에서 지출비용을 차감)이 각각 5억 원, 5,000만 원으로 똑 같은 상가가 있을 경우 자본환원율 역시 10%로 똑같을 것입니다. 하지만 만약 A상가는 3명의 임차인으로부터 순임대수익이 발생하고 있는데 비해 B상가는 1명의 임차인으로부터 순임대수익이 모두 발생되고 있다면 공실이 발생할 경우를 가정한 안정적 수익창출 능력 측면에서 A상가가 B상가에 비해 더 좋은 상가라고 볼 수 있을 것입니다. 공실위험이 세 명의 임차인에게 분산되어 있기 때문이죠.

상가 구입 전 점검사항들!

안정적인 임대수익을 창출하기 원한다면 상가를 구입하기에 앞서 점검해야 할 내용들을 절대로 간과해서는 안 됩니다. 어떤 것들을 점검해야 하는지 살펴 보시죠.

익숙한 지역이 아닌 잘 아는 지역의 상가를 구입하자!

실패하지 않는 상가투자법의 핵심은 좋은 상가를 구입하는 것입니다. 그런데 좋은 상가를 구입하기가 쉽지 않습니다. 어떻게 좋은 상가를 찾아 낼 수 있을까요? 답은 잘 아는 곳에 있는 상가를 구입하는 것입니다. 주의할 점은 익숙한 지역이 아니라 잘 알고 있는 지역에 입지하고 있는 상가를 구입해야 한다는 것입니다. 익숙한 지역은 언론에 자주 노출되거나 자주 듣거나 소문으로 들어 알고 있는 지역입니다. 요즘 핫플레이스로 떠오르고 있는 성수동 일대나 홍대입구, 가로수길 일대, 상암동 일대 등은 언론이나 SNS, 입소문을 통해 많이 들어 본 익숙한 지역들이죠. 하지만 위 지역들이 익숙한 지역이라고 해서 잘 아는 지역이라고 볼 수는 없습니다. 잘 아는 지역이란 쇼핑을 하면서, 외식을 하면서, 자녀를 학교나 학원에 데려가고 데려오면서, 출·퇴근하면서 늘 접하기 때문에 속속들이 그 지역의 특성은 물론 상권의 발전정도, 입지하고 있는 상가들의 종류, 임대가격과 권리금 수준, 매매가격 동향까지 파악하고 있는 지역을 의미하기 때문입니다.

구입하고자 하는 상가와 관련된 것이라면 모두 살펴 보자!

구입하고자 하는 상가를 결정했다면 그 상가와 관련된 것들을 아주 작은 부분까지 세심하게 살펴 보는 것이 좋습니다. 시간대별·요일별·월별·계절별 유동인구는 얼마나 되는지, 배후세대의 규모는 얼마나 되는지, 어떤 상품이나 서비스를 판매하는 상가들이 주류를 이루고 있는지를 살펴 보는 것은 물론 상가 자체를 얼마나 편리하게 이용할 수 있는지와 관련된 사항들도 꼼꼼히 살펴 보아야 합니다. 뿐만 아니라 상가 내에 소비자들을 위한 주차장은 몇 면이나 조성되어 있는지, 화장실이나 휴게시설은 충분히 확보되어 있고 청결하게 유지되고 있는지, 상가관리 주체는 누구이고 건물 내·외관은 얼마나 잘 관리되고 있는지 등도 세심하게 살펴 보아야 합니다.

근린상가, 아파트 단지 내 상가라면 법보다 무서운 자치규약을 확인하자!

아파트 단지 내 상가나 근린상가인 경우 자치규약이 있는지 여부를 잊지 말고 반드시 확인해야 합니다. 자치규약이 있는지도 모르고 덜컥 계약을 했다 구입한 상가를 임대하는 데 적지 않은 어려움을 겪을 수 있기 때문입니다. 예를 들어 자치규약으로 각 상가별로 입점한 가능한 용도와 그 숫자를 정해 놓은 경우가 있습니다. 이런 경우 현실적으로 자치규약을 어기면서 임대하는 것은 불가능에 가깝습니다. 그렇기 때문에 아파트 단지 내 상가나 근린상가를 구입하는 경우라면 계약하기 전에 반드시 자치규약 여부를 확인한 후 자치규약이 있다면 어떤 내용이 적용되고 있는지를 따져 보아야 합니다.

짤TIP

상가자치규약은 관리단 집회를 소집하여 만들어지는데 규약의 설정·변경 및 폐지는 관리단 집회에서 구분소유자의 4분의 3 이상 및 의결권의 4분의 3 이상의 찬성을 얻어서 할 수 있습니다. 한편, 상가를 최초 분양 당시부터 분양받은 사람들에게 일률적으로 업종을 제한하는 분양이 이루어졌고, 그 후 분양계약서의 업종제한 약정과 동일한 내용으로 관리규약을 제정했다면 이 규약은 법적으로도 강력한 효력을 갖게 됩니다.

상가별 특징을 파악하자!

상가를 구입할 때 어렵게 느껴지는 원인 가운데 하나로 상가의 종류가 다양하다는 점을 들 수 있습니다. 아파트 상가, 주상복합이나 오피스텔내 상가, 근린상가, 근린상가의 한 유형에 속하지만 핫트렌드가 되고 있는 스트릿형 상가, 테마상가, 상가주택 등 그 종류나 특징도 너무 다양하기 때문에 상가를 구입하고자 하는 소비자들이 선택에 어려움을 겪는 것이죠.

이런 이유로 상가를 구입하기에 앞서 각 상가별로 어떤 특징이 있는지 꼼꼼하게 분석하고 이해하는 것이 필요합니다.

아파트 상가

아파트상가는 가장 익숙하고 선호하는 상가 유형에 속합니다. 아파트 단지라는 안정적인 배후세대를 갖고 있기 때문에 임대수익도 가장 안정적인 상가라고 할 수 있습니다. 아파트상가에는 생활밀착형 점포들이 입지하게 됩니다. 주로 입지하게 되는 점포는 편의점, 미용실, 반찬가게, 치킨전문점, 분식집, 피자집, 공인중개사사무소, 커피전문점, 세탁전문점, 학원, 약국, 소아과·이비인후과·내과의원, 펫숍, 동물병원 등이 있습니다. 아파트 상가는 임대수익이 안정적인 대신 수익률은 여타 상가들에 비해 낮은 특징이 있습니다.

아파트 상가 모습

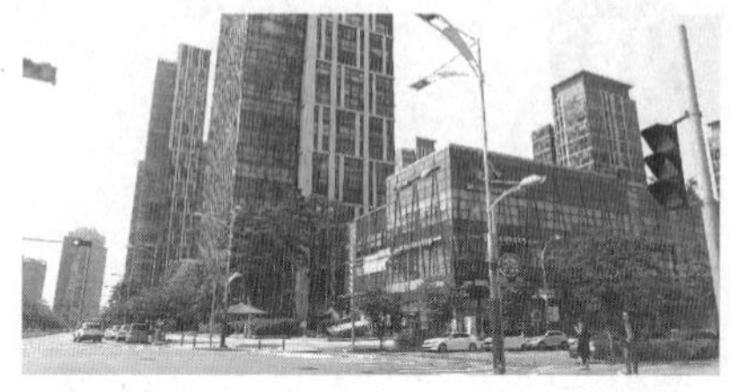

주상복합·오피스텔 상가

주상복합이나 오피스텔 상가는 극과 극의 모습을 보이는 경우가 의외로 많습니다.

오피스텔상가 모습

세대가 작은 경우 무늬만 상가일 뿐 임대수익 자체가 매우 낮기 때문입니다. 1층 상가임에도 불구하고 창고로 사용하는 경우까지 있습니다. 이에 비해 지하철 역사와 직접 연결 혹은 인접한 경우나 교통요지에 자리 잡고 있어 가시성과 접근성이 뛰어난 경우, 중규모 혹은 대규모 세대가 확보된 경우라면 상가임대를 통해 높은 임대수익을 기대할 수 있습니다. 피자집, 치킨점, 햄버거 혹은 샌드위치 전문점, 편의점, 세탁

전문점, 커피 전문점, 식당, 노래방, 맥주 전문점 등이 입지하고 있는 경우가 대부분입니다.

근린상가

근린상가 모습

근린상가는 지역적인 측면에서 볼 때 주로 주거지역 주변에 자리 잡고 있습니다.

역할은 주로 생활편익을 제공하기 위해서죠. 집 주변에서 흔히 볼 수 있는 보통의 상가건물들이 근린상가에 속한다고 보시면 됩니다. 이런 근린상가는 매매시세가 높은 편은 아닙니다. 아파트 상가나 주상복합·오피스텔 상가에 비해 밀도 있는 배후세대를 확보하지 못하고 있는 경우가 많다는 특징이 있습니다. 그럼에도 경쟁이 치열한 경우가 많습니다. 이런 이유로 근린상가는 매매가격이 상대적으로 저렴하고 임대수익도 낮은 상가라고 볼 수 있습니다. 편의시설들이 입지하고 있기 때문에 약국, 소규모 병·의원, 중·소규모마트, 옷가게, 식당, 분식집, 미용실, 세탁소, 배달 전문점 등이 입지하게 됩니다.

스트리트(street)형 상가

스트리트형 상가 모습

스트리트형 상가는 근린상가의 한 유형이지만 최근 핫트렌드로 떠오른 상가입니다.

도보로 상가를 다니면서 쇼핑을 할 수 있도록 근린상가들이 배치되어 있는 상가를 스트리트형 상가라고 합니다. 아웃렛 의류매장들이나 전문매장, 특색 있는 점포들이 구색을 갖추고 있는 경우가 많아 다른 상가들에 비해 주목을 받는 상가라는 특징이 있습니다. 스트리트형 상가는 주의할 점이 있습니다. 매매가격이 높게 형성되는 경우가 많음에도 불구하고 의외로 임대수익이 낮은 경우가 많은 만큼 매입에 앞서 꼼꼼한 분석을 해야 한다는 점이 그것입니다.

테마상가

테마상가 모습

테마상가란 하나의 콘셉트를 중심으로 그와 관련된 제품이나 서비스를 제공하는 점포들을 집단적으로 배치한 상가를 말합니다. 즉, 특정 상품을 전문적으로 판매하는 점포들이 입지하고 있

는 상가를 가리켜 테마상가라고 하는 것입니다.

예를 들어 의류, 음식점, 의료, 컨텐츠·오락 전문상가들이 이에 속하죠. 테마상가는 트렌드 변화에 민감하기 때문에 임대수익의 변동성이 큰 편에 속합니다.

상가주택

상가주택은 거주와 임대수익이라는 두 마리 토끼를 잡기 안성맞춤인 상가라는 특징이 있습니다. 잘 고른 상가주택은 노후대비까지 한 번에 해결할 수 있을 정도로 안정적인 임대수익을 기대할 수 있습니다. 하지만 잘못 구입한 상가주택은 상가도 아니고 주택도 아닌 어정쩡한 상황에서 예상보다 작은 임대수익으로 인해 낭패를 당할 수 있다는 점을 주의해야 합니다.

짤TIP

아파트 상가는 안정적인 임대수익이라는 장점이 있습니다. 하지만 '아파트 상가 = 안정적인 임대수익'이라는 공식이 반드시 성립하는 것은 아닙니다. 아파트 단지 규모가 작은 경우나 인근지역에 대형 할인매장이나 백화점이 있는 경우라면 아파트 단지 상가의 경쟁력이 떨어지기 쉽기 때문에 좋은 조건에 임대를 줄 수 없어 낮은 임대수익을 감수해야만 하기 때문입니다.

돈 되는 아파트 상가 투자 포인트는?

아파트 상가는 돈이 된다는 것이 하나의 불문율처럼 받아들여지던 시절도 있었습니다. 지금은 그런 믿음이 상당부분 희석되었지만요. 하지만 여전히 똘똘한 아파트 상가는 쏠쏠한 임대수익을 기대할 수 있는 것은 물론 시세차익도 기대할 수 있습니다. 돈 되는 아파트 상가란 어떤 상가인지를 알아 두어야 할 필요가 있는 이유죠.

이런 아파트상가가 알짜상가다!

생활밀착형 아파트 상가라는 특징이 있다면 아파트 상가 본연의 기능에 충실한 상가라고 볼 수 있습니다. 다른 업종들이 입점한 경우에 비해 높은 임대수익을 기대하기는 어렵지만 대신 꾸준하고 안정적인 임대수익이 가능한 경우가 많습니다. 따라서 안정적인 임대수익이 목표라면 생활밀착형 아파트 상가라는 특징이 있는 곳을 구입하는 것이 좋습니다.

동일 유사업종이 적은 아파트 상가는 경쟁이 덜 한 상가입니다. 아무리 대규모 아파트 단지라 할지라도 동일 유사업종이 많다면 치열한 경쟁이 불가피합니다. 전체 파이는 일정한데 경쟁점포가 많으면 수익이 커질 수 없습니다. 그렇다면 반대의 경우라면 어떻게 될까요? 당연히 점포 임차인의 수익이 커지지 않을까요? 이런 이유로 동일 유사업종이 적은 아파트 상가의 임대인은 그렇지 않은 경우의 임대인에 비해 더 높은 임대수익을 기대할 수 있습니다.

권리금이 높게 형성되어 있는 아파트 상가는 무조건 알짜상가라고 볼 수 있습니다. 권리금은 임차인끼리 서로 주고받는 일종의 자릿값입니다. 권리금을 산정하는 기준이나 방법은 다양하지만 실무적으로 권리금은 일정기간 동안 창출할 수 있는 초과수익으로 계산하는 경우가 많습니다. 따라서 권리금이 높다는 것은 그만큼 그곳에서 장사를 할 경우 더 높은 매출이익 확보가 가능하다는 의미를 갖습니다. 그런데 더 높은 매출이익이 발생하는 상가라면 임차인이 입장에서 볼 때 상가임대인에게 더 많은 월세를 지불해도 충분히 이익이 되는 상가라는 것을 의미합니다. 권리금이 높게 형성되어 있는 아파트 상가인지를 따져 보아야 할 이유가 아닐까요?

임차인의 손바뀜이 드문 아파트 상가가 알짜상가일 가능성이 매우 높습니다. 손바뀜이 드물다는 것은 임차인이 거의 바뀌지 않는다는 것을 의미합니다. 짧게는 4~5년에서 길게는 10년 이상 같은 상가에서 꾸준히 장사를 한다는 의미죠. 특별한 경우가 아닌 이상 이런 상가들은 장사가 잘되는 상가라고 볼 수 있습니다. 장사가 잘

되는 상가라면 더 높은 임대수익이 발생할 것이니 더 좋은 상가가 아니겠습니까?

짤TIP

권리금은 여러 가지 의미를 함축하고 있습니다. 그러나 실무에서는 보통 바닥 권리금, 시설비, 영업 권리금으로 구분합니다. 바닥권리금은 해당 상가점포가 좋은 자리에 입지하고 있다는 이유만으로 형성되어 있는 권리금이죠. 시설비는 보통 상가점포의 새로운 임차인이 종전 임차인에게 점포에 구비되어 있는 시설을 인수할 경우 지불하게 되는 비용을 말합니다. 마지막으로 영업권리금은 예를 들어 장사가 잘 되는 떡볶이 집을 인수한 임차인이 종전 임차인에게 장사가 잘되는 것을 인수하는 대가로 지불하는 권리금으로 통상적으로 1년분 정도의 순이익을 지불하게 됩니다.

돈 되는 근린상가 투자 포인트는?

근린상가는 그 특성상 경쟁을 피할 수 없습니다. 주거지역 주변에 자리 잡고 있기 때문이죠. 물론 주거지역이 신도시·택지개발지구처럼 규모가 큰 아파트단지 일수도 있고 규모가 작거나 저층 위주 주택들이 분포되어 있는 지역일 수도 있으며 대로변에 위치하고 있는 경우도 있겠죠. 하지만 어떤 형태의 주거지역이 되었든 근린상가는 많든 적든 유동인구가 있는 곳에 집중적으로 입지하기 때문에 필연적으로 경쟁관계가 형성될 수밖에 없습니다. 그래서 어떤 근린상가를 구입하는 것이 유망한 것인지 투자 포인트를 이해하는 것이 중요한 것이죠.

항아리형 근린상가를 노리자!

항아리형 상권이란 상권의 타깃 소비자들이 다른 지역으로 빠져나가 소비하지 않는 경향을 보이는 상권을 말합니다. 다시 말해 상권의 배후세대가 그 상권 내에서 소비를 하게 되는 상권을 말하는 것이죠. 이처럼 항아리형 상권에서는 소비자들이 상권 밖으로 이탈하지 않고 지속적으로 그 상권내에서 소비를 하기 때문에 충성도가 높은 고객이 되는 경향을 보이게 됩니다. 그래서 단골고객 확보도 용이한 상권이 바로 항아리형 상권입니다. 그렇기 때문에 항아리형 상권에 입지하는 근린상가를 노려 보는 것은 좋은 선택이 될 수 있습니다.

대중교통의 결절점에 입지하고 있는 근린상가를 우선적으로 고려하자!

수학에서 결절점이란 곡선이 중복되는 점을 뜻합니다. 따라서 대중교통의 결절점이란 주요 대중교통 수단들이 교차하는 지역을 의미하는 것이죠. 지하철, 버스 등 대중교통이 교차하는 지역은 유동인구가 많습니다. 그만큼 상권이 활성화되기 마련이죠. 다만, 이런 곳은 상권이 활성화되어 있기 때문에 매매가격이 높아 매매가격 대비 임대수익률은 낮다는 단점이 있습니다. 그럼에도 불구하고 초보자라면 안정적인 수익이 가능한 만큼 유망한 투자처가 될 수 있을 것입니다.

적절한 규모로 형성된 근린상가여야 한다.

근린상가가 도로를 따라 듬성듬성 형성되어 있거나 있더라도 군집

되어 있으나 소규모로 모여 있는 근린상가는 피하는 것이 좋습니다. 좋은 상가란 많은 유동인구를 흡수할 수 있는 상가입니다. 적정 수준의 근린상가들이 밀집되어 있다면 소규모 근린상가들에 비해 더 많은 소비자들을 흡수할 수 있습니다. 더 많은 소비자들이 찾는 근린상가라면 당연히 그렇지 않은 근린상가에 비해 여러모로 경쟁력이 있는 상가라고 할 수 있습니다. 그렇기 때문에 규모 측면에서 일정 수준 이상 밀집되어 있는 근린상가가 유망하다고 볼 수 있습니다.

권리금이 꾸준히 높아지는 근린상가가 유망하다!

근린상가의 권리금은 천차만별입니다. 권리금이라는 것이 본래 상권의 크기와 영향력의 정도에 따라 달라지기 때문이죠. 근린상가를 구입하고자 하는 경우 권리금이 상대적으로 높게 형성되어 있는 근린상가를 선택하는 것이 좋습니다. 이런 근린상가를 구입하면 안정적인 임대수익 창출이 가능하기 때문입니다.

특징이 있는 근린상가를 노려보자!

비슷비슷해서 특징이나 장점이 두드러지지 않는 근린상가들을 구입하는 것보다 나름의 특징이 있는 근린상가를 구입하는 것이 안정이고 확실한 임대수익 창출에 도움이 됩니다. 디자인, 점포배열, 업종별 점포 구색 갖춤, 각 층별 차별화된 점포 배치 등에서 여타 근린상가들과 차별화되는 근린상가를 구입하는 것이 바람직하다고 할 수 있습니다.

짤TIP

항아리형 상권은 상권 외곽이 도로, 임야, 주택으로 둘러싸여 항아리 모양으로 형성되어 있기 때문에 소비를 위해 소비자들이 상권 밖으로 잘나가지 않는 상권을 말하는데 서울시의 위례신도시, 문정지구, 마곡지구, 일원동 먹자골목 상권이나 경기도의 광명 철산동 상권, 성남 복정역 상권, 분당 수내동 일원 등이 대표적인 항아리형 상권입니다.

돈 되는 테마상가 투자 포인트는?

테마상가란 하나의 콘셉트를 중심으로 그와 관련된 제품이나 서비스를 제공하는 점포들을 집단적으로 배치한 상가를 말합니다. 즉, 특정 상품을 전문적으로 판매하는 점포들이 입지하고 있는 상가를 가리켜 테마상가라고 하는 것이죠. 테마상가의 또 다른 이름은 쇼핑몰이라고도 합니다. 두타, APM 등이 대표적인 테마상가입니다.

두타 몰 홈페이지 화면

Lifestyle Fashion Mall
라이프스타일 패션전문점 두타몰
스웨그족, 키덜트족, 싱글족, 프레쉬맨, 보헤미안족 등
트렌디한 트렌드 세터들의 패션이 두타몰에서 펼쳐집니다.
나만의 라이프스타일을 찾아 패션을 입고
느껴보세요!

Designer Fashion Mall
디자이너 패션전문점 두타몰
대한민국 최고의 패션 디자이너들이
두타몰에 모였습니다.
강나영, 고태용, 홍혜진 등 탑 디자이너부터
김수민, 김인기, 이지아 등 영 디자이너까지!

자료 : 두타 몰(http://www.doota-mall.com)

관리주체가 누구인지를 사전에 점검해야 합니다.

테마상가를 분양받는 경우 가장 큰 문제는 많은 소유자들이 전체 상가를 효율적으로 관리하기 어렵다는 점입니다. 그래서 관리를 전문업체에 위탁하게 되는데 이때 관리업체의 평판이나 능력에 따라 테마상가의 부침이 좌우되는 경우도 발생하게 됩니다. 그렇기 때문에 테마상가 구입에 앞서 해당 테마상가를 관리하는 업체와 관련된 정보를 충분히 확보하고 점검하는 것이 중요합니다.

배후인구와 유동인구를 흡수할 수 있는 지를 꼼꼼하게 분석해야 합니다.

테마상가의 가장 큰 적은 온라인·모바일쇼핑몰, 대형할인매장, 홈쇼핑 등입니다. 앞으로 이러한 추세는 더욱 커질 가능성이 높습니다. 이런 점에서 볼 때 테마상가들도 양극화현상에 직면할 것이 분명합니다. 이런 흐름 속에서 살아남기 위해서는 안정적인 배후인구와 유동인구를 흡수할 수 있는 입지에 자리 잡고 있어야 합니다.

복합기능을 갖춘 테마상가인지를 따져 보아야 합니다.

삼성동 코엑스, 영등포 타임스퀘어, 합정동 메세나폴리스 등은 모두 공통점이 있죠. 상업기능 뿐만 아니라 주거, 업무, 상업, 문화기능까지 복합적으로 갖추고 있는 테마상가라는 점입니다. 이런 장점 때문에 경기변동에도 상권이 안정적인 모습을 보일 수 있는 것이죠.

나 홀로 테마상가는 피해야 합니다. 상가투자 초보자라면 더욱 그렇습니다. 테마상가는 여러 개의 테마상가들이 모여 있으면 있을수록 시너지 효과를 내게 됩니다. 따라서 나 홀로 테마상가는 테마상가 본연의 장점을 극대화시키는 데 분명한 한계가 있습니다. 이런 이유로 원칙적으로 나 홀로 테마상가 구입은 바람직하지 않다고 볼 수 있습니다.

짤TIP

종종 "영화관 입점이 확정되었기 때문에 충분한 유동인구 확보가 가능한 좋은 상가를 분양합니다!"라는 광고를 접하게 됩니다. 영화관이 들어서면 분명 영화 관람객들이 많이 찾을 것이 확실하기 때문에 유동인구는 증가할 것입니다. 하지만 본질적인 측면에서 '영화관을 찾는 유동인구 = 상가 입점 점포에서 소비하는 유동인구' 공식이 성립하는 것은 아닙니다. 다시 말해 영화 관람객이 상가점포 소비자가 되는 것은 아니라는 뜻이죠. 그렇기 때문에 단지 영화관이 들어선다는 이유만으로 비싸게 상가를 구입하는 실수를 범해서는 절대로 안 됩니다.

돈 되는 상가주택 투자 포인트는?

상가주택은 거주와 임대수익이라는 두 마리 토끼를 모두 잡을 수 있는 최고의 일석이조(一石二鳥)투자처라고 할 수 있습니다. 상가주택이 주택으로서의 특징과 상가로서의 특징을 모두 갖고 있기 때문이죠. 그런데 말이죠. 상가주택을 구입할 경우 바로 이런 두 가지 특징을 모두 가지고 있다는 사실 때문에 상가나 주택만 구입하는 경우에 비해 더 섬세한 접근이 필요하답니다.

상가주택도 집이다!

상가주택도 엄연히 주택입니다. 따라서 주택을 구입할 때 따져 보아야 할 조건들을 잘 충족하는지 여부를 살펴 보아야 합니다. 대표적으로 양도소득세를 고민해야 합니다. 보통 상가주택은 주택으로 사용하는 면적과 상가로 사용하는 면적으로 구분됩니다. 이때 주택으로 사용되는 면적이 더 크다면 주택으로 간주해 양도소득세가 부과됩니다. 따라서 이미 아파트가 하나 있는 상태에서 임대수익만 생각해 상가주택을 구입한 후 보유하던 아파트를 처분할 경우 양도소득세 폭탄을 맞을 수 있기 때문에 주의해야 합니다.

다음으로 주거 쾌적성을 들 수 있습니다. 아무래도 상가주택이기 때문에 상가들이 밀집되어 있을 경우 소음이나 주차, 자녀교육 등 여러 가지 면에서 불편함을 겪을 수도 있습니다. 이런 부분 또한 세심하게 점검해야 할 부분이라고 할 수 있습니다.

상가주택은 상가다!

상가주택도 분명 상가입니다. 이는 상가주택 구입에 앞서 상가로서 갖추고 있어야 하는 기본적인 조건들을 모두 충족하고 있는지를 꼼꼼하게 살펴 보아야 하는 이유가 됩니다. 상가주택이지만 상권이 상대적으로 처지는 곳이라면 임대를 놓기 어렵거나 놓더라도 예상보다 낮은 임대수익이 발생하는 경우가 의외로 많습니다. 특히, 주택의 기능에 좀 더 초점을 맞춰 주거쾌적성을 중요하게 고려할 경우 상가로서의 경쟁력이 다소 떨어지는 상가주택을 선택하는 실수를 범할 수 있으니 주의해야 합니다. 상가주택도 엄연히 상가의 한 종류라는 것을 결코 간과해서는 안 됩니다. 주거쾌적성을 중요하게 고려해야 한다면 상가주택이 아닌 주택을 구입하는 것이 바람직합니다.

임대수익 이외에도 챙겨야 할 것이 있다!

상가주택이라고 해서 임대수익만 챙겨야 하는 것은 아닙니다. 세월이 흘러 재건축을 하거나 주변지역과 함께 재개발을 해야 하기 때문이죠. 이런 상황까지 감안해 상가주택을 매입하기에 앞서 상가주택이 건축되어 있는 대지의 도시계획상 용도지역과 용도지구를 반드시 확인해 두어야 합니다. 용도지역이나 용도지구에 따라 적용되는 건폐율, 용적률에 차이가 있는 것은 물론 임대할 수 있는 점포의 종류도 달라지기 때문이죠.

짤TIP

Q) A씨는 5년 전부터 2층짜리 상가건물을 보유하고 있었는데 1층은 분식집과 세탁소로 임대했지만 2층은 임대하기 어려워 임의로 주택으로 개조해 임대를 했고, 임차인도 당연히 전입신고와 확정일자를 받은 후 거주하고 있습니다. 그런데 A씨에게는 7년 전에 4억 9천만 원에 구입해 거주하던 아파트가 있었고 이 아파트를 6억 5천만 원에 처분하였습니다. 자신은 1세대 1주택 양도소득세 비과세를 적용받을 것이기 때문에 양도소득세는 신경 쓰지 않고 있습니다. 과연 A씨는 양도소득세가 발생하지 않을까요?

A) 안타깝지만 A씨는 양도소득세를 납부해야 할 것입니다. 2층 상가로 무단 개조한 부부도 주택이기 때문에 1세대 2주택에 해당되어 시세차익인 1억 6천만 원을 기준으로 양도소득세를 계산하여 신고·납부해야 하기 때문입니다.

오피스텔 투자 포인트는?

오피스텔은 업무를 주로 하며, 분양하거나 임대하는 구획 중 일부 구획에서 숙식을 할 수 있도록 한 건축물로서 국토교통부장관이 고시하는 기준에 적합한 것을 말합니다. 다시 말해 오피스텔이란 기본적으로 업무시설이면서 동시에 일부 주거기능이 부가되어 있는 건축물이라는 뜻입니다. 업무기능과 주거기능을 겸할 수 있기 때문에 잘 고르기만 하면 쏠쏠한 임대수익을 기대할 수 있습니다. 지금부터 오피스텔을 구입할 때 고려해야 할 점들을 살펴 보시죠.

역세권 오피스텔에 투자하자!

오피스텔 구입을 계획하고 있다면 역세권 오피스텔을 우선 고려할 필요가 있습니다. 더블 역세권이나 트리플 역세권이면 더 좋습니다. 주거기능이 더해지기는 했지만 오피스텔의 핵심은 업무기능입니다. 업무를 수행하기 위해서는 다양한 연결성은 필수조건이죠.

그렇기 때문에 역세권 오피스텔이 각광받는 것입니다. 주거기능 측면에서도 역세권 오피스텔은 매력적 투자처입니다. 자족기능을 갖춘 곳으로의 신속한 접근성을 보장해줄 수 있기 때문이죠.

공실이 적은 오피스텔을 노리자!

공실이 적은 오피스텔은 1년 내내 안정적인 임대수익을 기대할 수 있습니다. 뿐만 아니라 오피스텔의 공실이 적다는 것은 그만큼 임대수요가 탄탄하다는 뜻이기도 합니다. 그래서 여간해서는 임대수익 하락현상이 발생하지 않습니다. 또한 공실이 적다는 것은 그만큼 임대가격 상승압력이 높아질 가능성이 높습니다. 실제로 공실이 적은 상태에서 추가적인 오피스텔 공급이 없었던 지역들은 하나 같이 임대료 상승현상이 발생했습니다. 오피스텔 투자가 처음인 초보투자자들이 공실이 적은 오피스텔을 노려야 하는 이유가 아닐 수 없죠.

공급 대비 수요를 따져 보자!

오피스텔은 가장 기본적인 경제법칙인 수요와 공급의 법칙에 따라 매매가격과 임대가격이 결정됩니다. 공급에 비해 수요가 많으면 임대가격이나 매매가격이 상승합니다. 이런 현상이 발생하게 되면 오피스텔 공급이 증가하게 됩니다. 그런데 종종 오피스텔 공급물량이 수요를 초과하게 됩니다. 이렇게 되면 수요에 비해 공급물량이 많아 임대가격과 매매가격이 하락하게 되죠. 이런 이유로 오피스텔을 구입하기 원한다면 사전에 최근 구입하고자 하는 오피스텔 인근에 공급된 오피스텔 물량이 얼마나 되는지를 반드시 검토해 보아야 할 것입니다.

오피스텔도 규모의 경제가 중요하다!

세대수가 많은 아파트는 그렇지 않은 아파트에 비해 불황기에도 매매가격이나 임대가격이 쉽게 흔들리지 않는 것은 물론 호황기에는 매매가격이나 임대가격이 더 많이 상승하는 모습을 보입니다. 오피스텔 역시 다르지 않습니다. 대규모 세대는 업무효율성이 뛰어난 곳에 입지하고 있는 것은 물론 주거환경 역시 뛰어납니다. 대부분이 상업·업무·문화 시설이 함께 들어서 원스톱 생활이 가능한 것은 물론 중·소규모 단지에 비해 경쟁력 있는 커뮤니티시설을 갖추고 있다는 특징이 있습니다. 뿐만 아니라 세대규모가 큰 오피스텔은 중소형 단지보다 관리비도 저렴하다는 장점이 있습니다.

1~2인 가구 비중을 점검하자!

오피스텔의 주요 수요 계층은 1~2인 가구입니다. 그렇기 때문에 구입하기 희망하는 오피스텔 주변에 얼마나 많은 1~2인 가구가 있는지를 살펴 보는 것이 중요합니다. 이때 행정안전부의 주민등록 인구 데이터를 살펴 보면 도움이 됩니다. 2019년 2월 기준 대한민국의 세대수는 2,213만 1,431세대 인 것으로 나타났습니다. 이 중 1인 세대가 816만 5,484세대였고, 2인 세대는 496만 8,860세대였습니다. 각각 전체 세대의 36.89%, 22.45%를 점하고 있는 것입니다. 1인 세대와 2인 세대를 더하면 전체 세대에서 차지하는 비중이 무려 59.34%에 달하는 것을 알 수 있습니다. 이 같은 수치는 향후 오피스텔의 수요가 증가해 매매가격과 임대가격 상승현상이 나타나는 오피스텔들이 많을 것이라는 예측을 가능케 해주는 부분이라고 할 수 있습니다.

짤TIP

부동산114에 자료에 따르면 오피스텔 규모가 클수록 가격상승률이 높습니다. 2017년 기준 세대별 매매가격 변동치를 보면 100세대 미만 1.79%, 100세대~200세대 2.08%, 200세대~300세대 2.35%, 300~400세대 3.64%, 400세대~500세대 3.73%였으며 500세대 이상 오피스텔은 5.27% 상승한 것으로 나타났습니다. 2018년에도 전체적으로 상승폭이 둔화된 것으로 나타났지만 500세대 이상 오피스텔은 매매가격이 1.85% 상승한 것으로 나타났습니다. 오피스텔 매매가격에도 규모의 경제가 적용되고 있음을 보여주는 것이라고 할 수 있습니다.

상권분석을 잘하기 위해 분석절차를 알아 두자!

상권은 '상행위의 영향이 미치는 범위'로 정의할 수 있습니다. 즉, 어떤 점포가 고객을 끌어들일 수 있는 지역(공간적 범위)이 바로 상권이죠. 한편 상권분석은 상권에 대한 분석입니다. 이를 상권이라는 개념에 대입하여 정리하면 상권분석이란 곧 '상행위의 영향이 미치는 범위에 대한 분석' 혹은 '점포가 고객을 끌어들일 수 있는 지역 즉, 공간적인 범위에 대한 분석"이라고 정의할 수 있습니다. 그렇기 때문에 상권분석을 잘하면 좋은 상가를 만날 수 있죠. 이를 위해서는 먼저 상권분석절차를 이해하는 것이 중요합니다.

상권분석 절차는 어떻게 될까요?

상권분석은 결코 쉽지 않습니다. 임대수익을 창출하기 위한 상가구입을 목적으로 상권분석을 한다면 더욱 더 어렵게 다가올 것입니다. 다음의 상권분석절차를 확인하고 이에 따라 상권분석을 해 보면 그 어려움을 조금은 덜어낼 수 있을 것입니다.

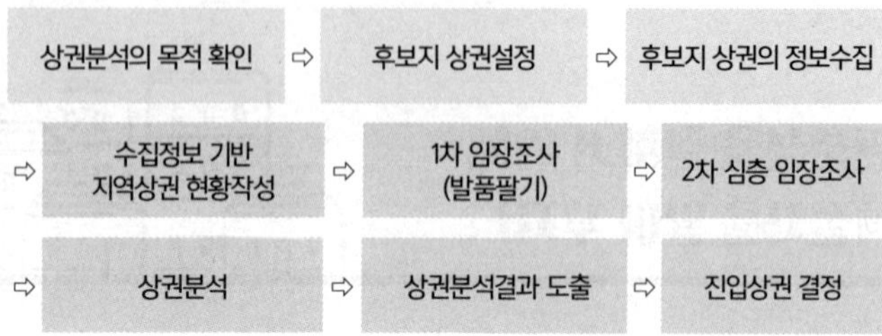

상권분석의 절차별 주요 내용은 어떤 것이 있나?

상권분석의 절차들을 하나씩 살펴 보면 다음과 같습니다.

첫 번째 단계는 상권분석의 목표를 확실히 하는 것입니다. 지극히 일반적인 것처럼 느낄 수 있지만 이 과정을 통해 전체 상권분석의 방향을 확실히 할 수 있습니다.

두 번째 단계에서는 후보지 상권을 정합니다. 상가를 구입하고자하는 경우 여러 곳의 구입 후보지역을 고려하는 경우가 대부분입니다. 고려하는 상가가 여러 곳이라는 것은 고려해야 하는 후보지 상권도 여러 곳이라는 것을 의미하죠. 따라서 후보지 상권을 정하는 것이 필요하죠.

세 번째 단계에서는 손품·발품을 통해 가능한 한 많은 정보를 수집합니다. 공적 통계자료는 물론 상업용 통계자료, 언론매체들의 보도자료 등을 활용하면 됩니다.

네 번째 단계에서는 이미 수집한 정보를 토대로 지역상권 현황을 작성합니다. 이를 통해 상권의 전반적인 사항들을 파악할 수 있습니다.

다섯 번째 단계에서는 지역상권 현황자료를 바탕으로 1차 임장조사(발품팔기)를 합니다.

여섯 번째 단계에서는 1차 임장조사까지 축적된 정보를 기초로 다시 한 번 2차 심층 임장조사를 합니다. 2차 심층 임장조사에서는 상권의 지형적 특성이나 상권 내의 점포에 대한 보다 세부적인 사항들(주차 공간, 진입의 용이성, 서비스 수준, 종업원 관련 사항, 마케팅 수단, 동선 등등)을 자세히 조사합니다.

일곱 번째 단계에서는 2차 심층 임장조사 자료까지 통합해 상권분석을 실시합니다.

여덟 번째 단계에서는 상권분석 결과를 도출합니다.

아홉 번째 단계에서는 상권분석 결과를 기초로 어떤 상권에 있는 상가를 구입할 지를 결정하게 됩니다.

다만, 위와 같이 아홉 단계에 걸쳐 상권분석을 하는 것이 좋지만 상황에 따라 절차가 좀 더 줄어들 수도 있고 늘어날 수도 있다는 점은 기억해 둘 필요가 있습니다.

짤TIP

상권분석은 창업을 하는 경우에도 매우 중요한 역할을 합니다. 어떤 곳에 창업을 해야 장사가 잘 될 수 있을지를 분석하는 것은 곧 어떤 상권이 좋은 상권이냐를 분석하는 것과 일맥상통하는 것이기 때문이죠. 따라서 장사가 잘 되는 상권의 상가는 좋은 상가라고 말할 수 있습니다.

상권조사에서 점검해야 할 사항은 어떤 것이 있을까?

상권분석을 위해서는 상권조사를 해야 합니다. 이때 상권조사를 위해 꼭 점검해야 할 내용들이 있습니다. 꼭 필요한 조사항목들을 정확히 조사해 두어야 정확한 상권분석을 할 수 있기 때문에 상권조사에 어떤 항목들을 포함시켜야 하는지를 이해해 두는 것은 매우 중요합니다.

상권조사 주요항목은?

상권조사 시 점검해야 할 주요 항목들을 간단히 정리한 것이 다음의 표입니다. 특별히 어렵거나 이해하지 못할 내용은 없다는 것을 알 수 있습니다.

상권조사 주요 항목

- 통계자료조사 : 인구수, 세대수, 주거형태(단독주택, 아파트 복합형)
- 상권형태 및 규모 파악 : 주간 상권·야간 상권·고정 상권·유동 상권

· 통행인구조사 : 성별·연령별·시간대별·요일별 통행인구수, 통행객, 통행 성격, 통행객의 수준 파악
· 통행차량조사 : 통행차량의 수와 어느 시간대에 많이 지나가는지 파악
· 경쟁점포조사 : 예상되는 경쟁점포의 이용객수, 계층·제품의 가격대
· 상권의 향후 전망조사 : 주변 상권의 확대·축소 가능성, 개발계획 등 파악

상권조사에서 살펴 보아야 할 내용은?

그렇다면 상권조사에서 세심하게 살펴 보아야 할 내용은 어떤 것이 있을까요?

첫째, 상권이 형성되어 있는 지리적 조건을 유심히 살펴야 합니다. 지리적 조건이 상권형성에 중요한 역할을 하기 때문이죠. 예를 들어 지형이 높은 곳보다 낮은 곳이 상권형성에 유리합니다. 높은 언덕에 있는 상가에 비해 낮은 쪽에 있는 상가를 고객들이 더 편하게 느끼기 때문이죠. 그래서 특별한 경우가 아닌 이상 대부분 상가는 낮은 곳에 입지하게 됩니다. 보도 양쪽에 상가가 형성되어 있는 스트리트(Street) 상가 역시 인도보다 높은 쪽에 비해 낮은 쪽이 여러모로 강점이 있는 경우가 보통입니다.

둘째, 상권의 배후세대 상권 내 점포와 점포의 수를 확인해야 합니다. 상권형성에 중요한 역할을 하기 때문입니다. 대개 점포의 수가 많아지면 많아질수록 상권의 힘도 커지게 됩니다. 이에 더해 대형할인매장까지 더해지면 상권의 힘은 더욱 커지게 되죠. 그런데 이렇게 상권의 힘이 큰 상권을 중심으로 신규 역사가 입지하게 되고 역사가 자리 잡게 되면 역세권 상권으로 거듭나기 때문에 더욱 강한 상권으로 탈바꿈할 것이기 때문입니다.

셋째, 대중교통을 이용한 접근성을 고려해야 합니다. 대중교통을 통한 접근성이 상권의 힘을 결정하기 때문이죠. 여기서 중요한 대중교통은 도로망이 아닌 지하철이나 버스 같은 대중교통입니다. 대중교통을 활용한 접근성 확보가 상권 발달에 가장 강력한 변수가 되고 있기 때문입니다. 따라서 대중교통 접근성을 확보한 상권이 좋은 상권이라고 할 수 있고 이런 상권을 선택할 경우 상대적으로 투자 위험을 최소화할 수 있을 것입니다.

넷째, 생활편의시설, 공공청사, 혐오시설의 입지 여부를 점검해야 합니다. 이런 요소들 또한 상권의 크기 확장에 큰 영향을 미치기 때문이죠. 어떤 지역이 되었든 상권은 해당 지역의 중심부에 자리 잡는 것이 일반적이고 그 상권의 중심부에는 다양한 시설들이 밀집되기 마련이죠. 다만, 중심부에 형성된 상권이라 할지라도 대형편의시설과 지나치게 가깝게 형성되어 있다면 상권의 힘을 떨어뜨리는 요소가 될 수 있음은 주의해야 합니다.

짤TIP

요즘 상권분석 트렌드는 빅데이터를 활용하는 것입니다. 방대한 양의 데이터들을 활용해 상권분석을 하게 되면 보다 정확하고 의미 있는 상권분석 결과물들을 획득할 수 있기 때문입니다. 이런 흐름에 부응하기 위해 공공부문도 적극적으로 빅데이터를 활용한 상권분석 서비스를 제공하고 있습니다. 경기도의 '상권 영향분석 서비스(http://sbiz.gbsa.or.kr)'가 대표적입니다.

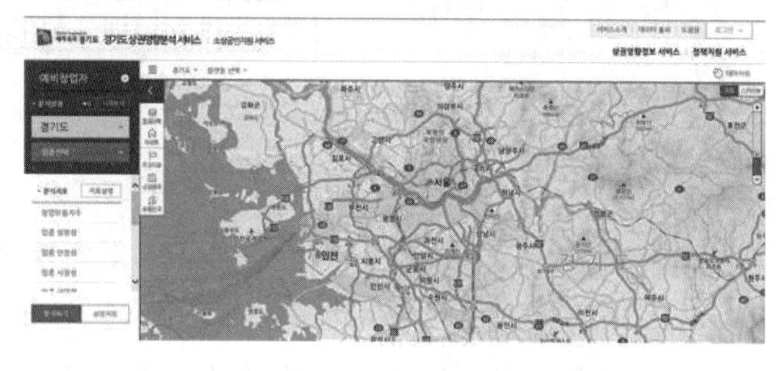

상권분석을 위해 체크리스트를 활용하자!

상권분석을 처음하거나 상권분석 초보자라면 상권분석을 할 때 상권분석 체크리스트를 만들어 활용하는 것이 좋습니다. 체크리스트를 보면서 상권분석을 하면 놓치기 쉬운 세세한 부분까지 꼼꼼하게 확인할 수 있기 때문입니다.

상권분석 체크리스트의 구성은?

상권분석 체크리스트는 어떻게 구성되어 있을까요? 다음은 상권분석 체크리스트 예시입니다. 이를 통해 상권분석 체크리스트의 구성을 확인할 수 있습니다.

상권분석 체크리스트

상권 전반의 환경요인		점포 자체의 환경요인	
성별·연령별 인구분포	통계자료 활용	**점포유형**	임장조사
세대수	통계자료 활용	**외관상태(상/중/하)**	임장조사
소득수준	통계자료 활용	**대중교통시설**	임장조사
학력수준	통계자료 활용	**도로접근성과 도로폭**	임장조사
유동인구 수준	통계자료 활용	**점포로의 접근성**	임장조사
유동인구의 연령대	통계자료 활용	**점포의 규모**	임장조사
상권의 유형 (중심/주변/기타)	임장조사 상권분석데이터 활용	**경쟁/유사 점포의 수**	임장조사 상권분석데이터 활용
상권의 발전 정도 (상/중/하)	임장조사 상권분석데이터 활용	**점포 앞 유동인구 수준**	임장조사 상권분석데이터 활용
주요 고객유형 (직업/연령/성별 등등)	임장조사 상권분석데이터 활용	**가시성(상/중/하)**	임장조사
주변 주거유형	임장조사 통계자료 활용	**공공시설 접근성**	임장조사 상권분석데이터 활용
개발재료 등 호재요인(유/무)	임장조사 정보수집	**혐오시설 (유/무 : 종류)**	임장조사
<기타 고려사항>			
<평가>			

상권분석 체크리스트는 두 가지 항목으로 크게 세분해 작성하면 됩니다. 상권 전반의 환경요인과 점포의 환경요인에 대한 것이죠. 상권 전반의 환경요인을 살펴 보아야 하는 이유는 상권 전체의 현황을 정확히 확인하기 위해서이고 점포 자체의 환경요인을 살펴 보

는 이유는 그 점포가 어떤 조건을 갖추고 있는지를 확인하기 위해서입니다.

짤TIP

유명 프랜차이즈 매장이 입점해 있거나 핫플레이스로 떠오르고 있는 지역의 상권을 분석할 때 특별히 주의할 점이 있습니다. 유명 프랜차이즈 매장이 입점하고 있다고 해서, 핫플레이스로 떠오르고 있거나 이미 떠오른 지역이라고 해서 그 자체로 높은 임대수익을 보장해주는 것은 아니라는 점이 그것입니다. 그렇기 때문에 임대수익과 관련해서는 적어도 데이터와 상권분석 체크리스트를 통해 직접 확인한 것을 상호 비교해야만 합니다.

상권분석에 유용한 소상공인시장진흥공단 상권정보시스템!

어려울 수 있는 상권분석을 좀 더 쉽게 해결할 수 있는 방법이 있습니다. 소상공인시장진흥공단 홈페이지에서 상권정보시스템을 활용하는 것입니다. 원하는 지역에 대한 상권분석을 손쉽고 간편하게 해볼 수 있습니다. 게다가 비용도 들지 않으니 참으로 유용하다고 할 수 있습니다.

상권정보시스템 어떻게 활용하나?

상권정보시스템을 이용해 상권분석을 하기 위해서는 우선 소상공인 상권정보시스템에 접속해야 합니다. 여기서 한 가지. 자세한 상권정보를 제공받고자 하는 경우라면 꼭 회원가입을 해 두어야 합니다. 다음은 소상공인 상권정보시스템 홈페이지 화면입니다. 여기서 상권분석을 클릭합니다.

상권정보시스템 홈페이지 화면

자료 : 소상공인진흥공단(http://sg.sbiz.or.kr)

상권분석 메뉴의 바로가기를 클릭하면 다음과 같이 상권분석 초기화면이 나타납니다. 여기서 상권분석을 클릭합니다.

상권분석 초기화면

상권정보

▶ 홍보 및 설명 영상 | 사용자 가이드

상권분석	컨설팅	시장분석	상권현황	알림정보
상권분석	경영컨설팅	SNS분석	업소현황	서비스정의
경쟁분석	업종추천	점포이력분석	과밀현황	기준데이터
입지분석	창업기상도		업력현황	공지사항
수익분석			매출현황	설문조사
			지역현황	개선의견
			활용현황	
			임대현황	
			창폐업률 현황	

자료 : 소상공인진흥공단(http://sg.sbiz.or.kr)

상권분석을 클릭하면 상권분석 조건을 입력하는 화면이 나타납니다. 크게 3단계로 구성되어 있습니다. 여기서 단계별로 조건을 입력합니다.

1단계 지역선택에서 '홍대입구'를 선택합니다.

2단계 영역선택에서 원형을 선택하고 분석할 곳의 중심을 찍어 원을 그려줍니다.

3단계 업종선택에서 '커피/전문점/카페/다방'을 선택한 후 확인, 분석하기를 클릭합니다.

상권분석 조건입력 화면

자료 : 소상공인진흥공단(http://sg.sbiz.or.kr)

이제 상권분석 보고서를 확인할 수 있습니다. 다음은 상권분석 보고서입니다.

상권분석보고서 - 1

상권분석 보고서

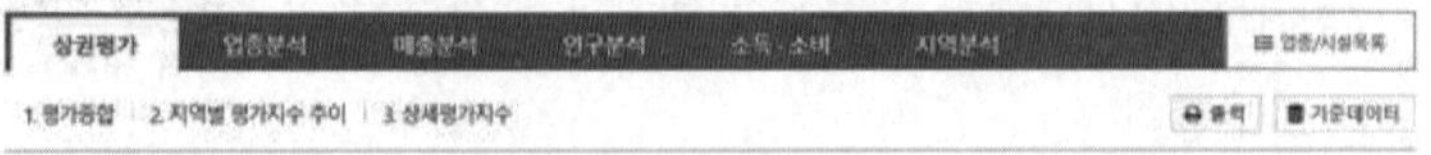

1. 평가종합 | 2. 지역별 평가지수 추이 | 3. 상세평가지수　　출력　기준데이터

분석 설정 정보

분석지역	기준영역	비교영역	분석업종	분석시점
서울특별시 마포구	제1선택영역	-	음식 > 커피점/카페 > 커피전문점/카페/다방	2019년 05월 05일

상권 주요정보

(단위 : 개, 명)

구분	지역	면적	업소수					선택업종 총매출/건수		인구			지역		
			전체	음식	서비스	도/소매	선택업종	총액(만원)	건수	주거	직장	유동	주요시설	학교	교통
선택영역	제1선택영역	1,064,133 ㎡	2,982	1,573	459	654	**296**	**2,475**	2,741	17,386	45,651	**197,625**	133	1	38

자료 : 소상공인진흥공단(http://sg.sbiz.or.kr)

내가 지정한 지역의 상권에 대한 상세한 정보들을 한 눈에 확인할 수 있음을 알 수 있습니다. 5개 항목을 기초로 종합적으로 평가된 상권평가지수가 66.6점(100점 만점)으로 상권등급은 2등급인 것으로 분석되었습니다.

상권분석 보고서 - 2

· **제1선택영역**

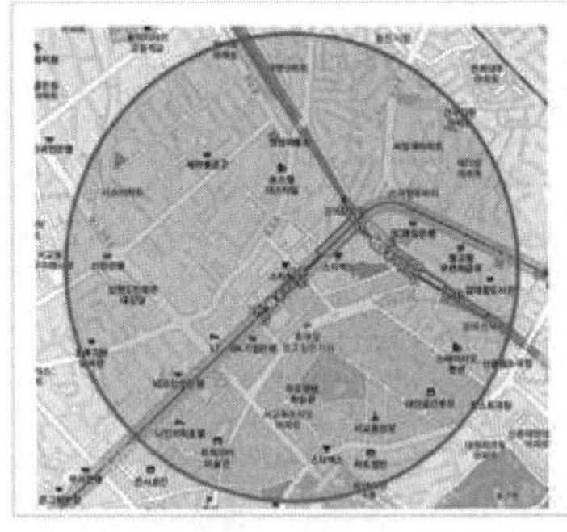

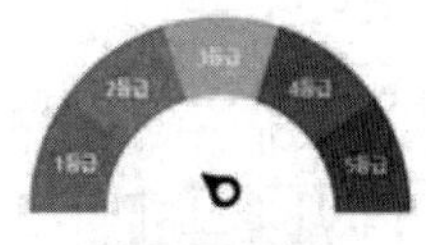

상권등급 : 2등급

기준영역의 상권등급은 총 5등급 중 **'2등급'** 입니다.

1등급에 가까울수록 상권이 활성화되었다는 것을 의미하며, 이는 상권의 전반적 업종경기와 주변 집객시설, 교통, 여건을 고려하여 평가한 결과입니다.

구분	상권평가지수(100점 만점)			성장성	안정성	영업력	구매력	집객력
	전월	현재	증감률					
내용	64.4	66.6	3.42% ▲	16.1점	11.5점	11.4점	14.8점	12.8점

자료 : 소상공인진흥공단(http://sg.sbiz.or.kr)

다음으로 지역별 평가지수 추이도 확인할 수 있습니다.

상권분석 보고서 - 3

2. 지역별 평가지수 추이

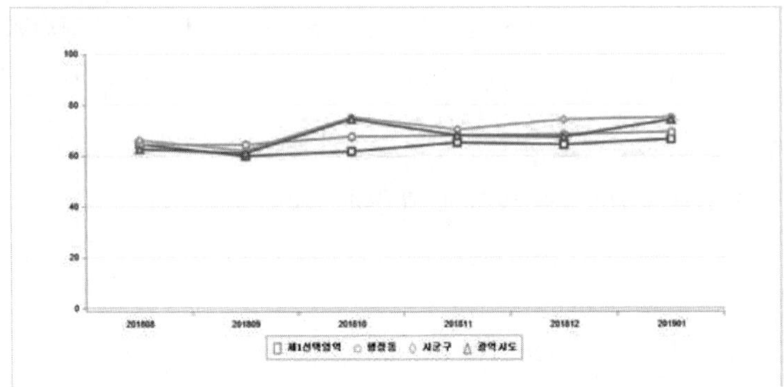

자료 : 소상공인진흥공단(http://sg.sbiz.or.kr)

이어서 상세평가지수도 확인해 보죠. 분석된 상세평가지수는 다음과 같습니다.

성장성지수, 안정성지수, 영업력지수, 구매력지수, 집객력 지수의 변동에 대해 보다 자세한 자료를 제공하고 있습니다.

상권분석보고서 - 4

3. 상세평가지수

· 제1선택영역

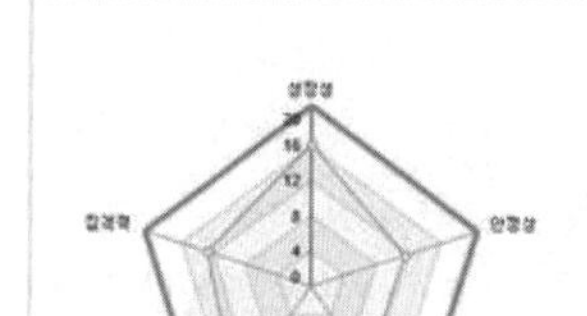

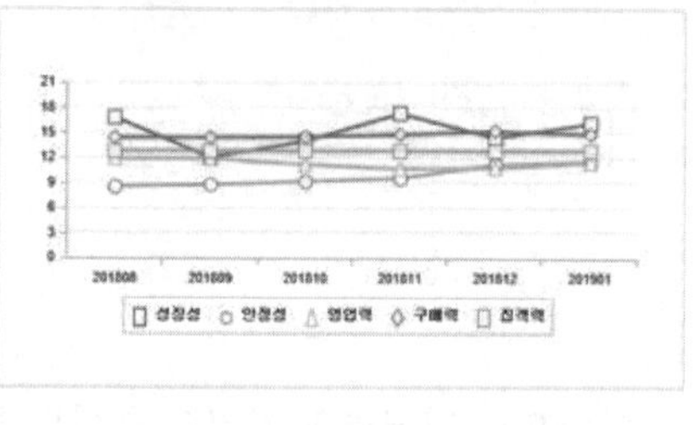

자료 : 소상공인진흥공단(http://sg.sbiz.or.kr)

업종분석, 매출분석, 인구분석, 소득·소비, 지역분석 등과 관련된 자세한 내용도 상권분석보고서를 통해 확인할 수 있습니다. 무료로 활용할 수 있음에도 불구하고 유료 상권분석 프로그램 못지않게 유용한 만큼 상권분석에 앞서 꼭 활용하는 것이 좋습니다.

짤TIP

SK텔레콤의 지오비전은 빅데이터 기반 상권분석 서비스를 제공하고 있습니다.

상가구입 시 반드시 확인해야 할 등기사항전부증명서!

상가를 구입할 때도 권리관계의 확인은 아무리 강조해도 지나치지 않은 것입니다. 적법한 주인과 계약을 해야만 안전하게 소유권을 확보할 수 있기 때문이죠. 이를 위해서는 등기사항전부증명서를 발급받아 권리관계를 꼼꼼하게 확인하는 것이 필요합니다.

등기사항전부증명서는 대법원 인터넷등기소(www.iros.go.kr)에서 열람/발급하자!

등기사항전부증명서는 대법원 인터넷등기소(www.iros.go.kr)에서 열람 혹은 발급받을 수 있습니다. 다음은 대법원 인터넷등기소 홈페이지 창입니다. 여기서 '부동산 등기' → '열람하기' 혹은 '발급하기'를 클릭합니다.

대법원 인터넷등기소 홈페이지 창

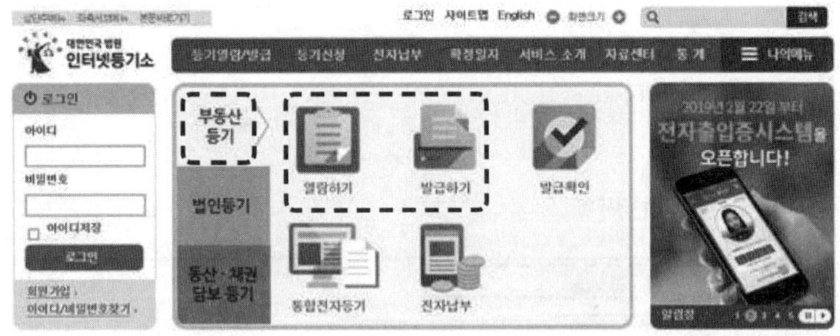

자료 : 대법원 인터넷등기소(www.iros.go.kr)

열람하기를 클릭하면 다음과 같이 열람을 위한 조건입력창이 보입니다. 여기에 부동산 구분과 주소지를 입력한 후 검색을 클릭합니다. 검색할 때 '간편검색', '소재지번검색', '도로명주소 검색' 등 다양한 검색방법을 활용할 수 있습니다.

대법원 인터넷등기소 열람하기 화면

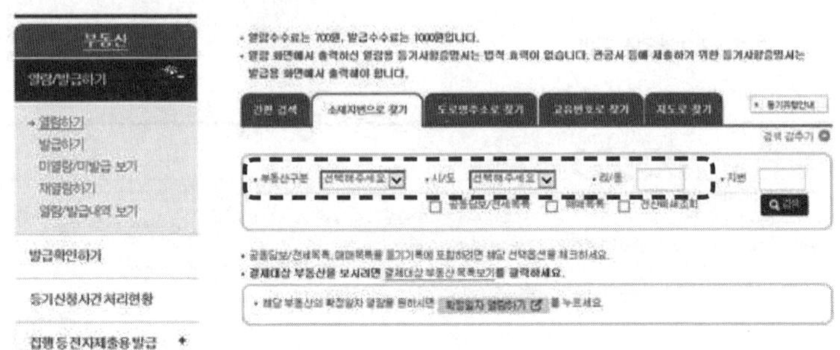

자료 : 대법원 인터넷등기소(www.iros.go.kr)

검색방식을 지정하여 검색한 후 밑에 있는 등기기록 유형을 선택합니다. 등기기록 유형은 '전부'를 선택한 후 '말소사항포함'을 선택한 후 다음을 클릭하세요.

등기기록 유형 선택 화면

■ 등기기록 유형을 선택하세요.

• 특정인지분 및 지분취득이력의 경우 명의인명을 입력하셔야 합니다.

• 말소사항포함 : 말소된 사항을 포함한 모든 등기사항이 기록된 대로 공시됩니다.
• 현재유효사항 : 등기사항 중 말소된 부분을 제외한 현재 유효한 부분만 공시합니다.
• 현재소유현황 : 현재 소유지분 중 유효한 명의인을 공시하며 소유권 이외의 권리는 공시하지 않습니다.
• 특정인 지분 : 신청한 명의인에 관련된 소유권과 소유권 이외의 권리 및 권리를 제한하는 등기를 공시합니다.
• 지분취득이력 : 특정 명의인의 지분 이전상태를 확인할 수 있으며 해당 지분의 이력을 공시합니다.
• 보다 자세한 사항을 원하시면 우측상단에 등기유형안내버튼을 눌러 내용을 확인해 주세요.

• 해당 부동산의 확정일자 부여 내역도 열람할 수 있습니다. 열람을 원하시면 확정일자 열람하기 를 누르세요.

자료 : 대법원 인터넷등기소(www.iros.go.kr)

이어서 주민등록번호 공개여부 검증 화면이 보입니다. 여기서 '미공개'로 지정하고 '다음'을 클릭합니다.

주민등록번호 공개여부 검증 화면

■ (주민)등록번호 공개여부 검증

• 공개대상 (주민)등록번호 입력 후 '공개대상추가' 버튼으로 일치여부가 확인된 경우에만 (주민)등록번호가 공개됩니다.
• 입력하신 사항이 등기부에 기록된 (주민)등록번호와 일치하는 경우에 해당 (주민)등록번호가 공개됩니다.
일치하지 않는 경우에는 모든 (주민)등록번호 뒤 7자리는 미공개됩니다.
• 입력하신 정보가 3회 연속으로 틀리는 경우 추가입력이 불가능하고 그 전까지 일치한 (주민)등록번호만 공개로 처리됩니다.
• 미열람/미발급 보기, 재열람하기 화면에서 (주민)등록번호 공개여부를 다시 변경하실 수 있습니다.

자료 : 대법원 인터넷등기소(www.iros.go.kr)

이제 '열람/발급'하고자하는 등기사항전부증명서의 검색결과를 확인하고 결제할 수 있습니다. 확인 후 이상 없으면 '결제'를 클릭합니다.

열람하기 검색결과 화면

■ 결제대상 부동산

• 검색이 완료되어 결제하실 부동산 목록입니다. 로그인 하시면 한번에 100,000원 미만 까지 일괄 결제가 가능합니다.
• 결제 후 발급/열람하지 못하신 경우 미발급/미열람을 참고하시기 바랍니다.

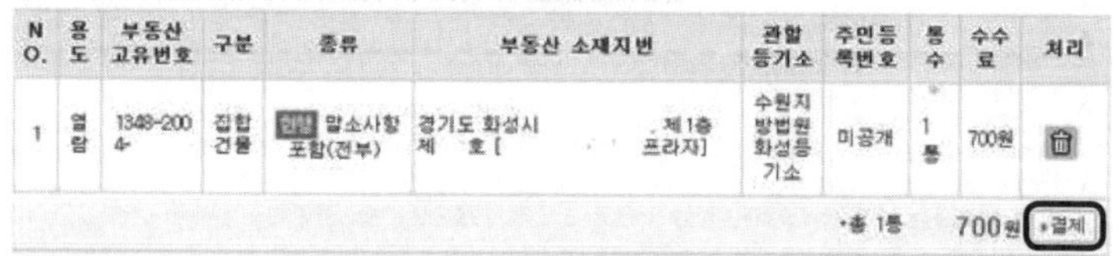

NO.	용도	부동산 고유번호	구분	종류	부동산 소재지번	관할 등기소	주민등록번호	통수	수수료	처리
1	열람	1348-2004-	집합건물	말소사항 포함(전부)	경기도 화성시 . 제1층 제 호 [프라자]	수원지방법원 화성등기소	미공개	1통	700원	
							•총 1통		700원	•결제

자료 : 대법원 인터넷등기소(www.iros.go.kr)

'결제'를 클릭하면 다음과 같은 사용자 로그인 창이 보입니다. 회원이 아니어도 등기사항전부증명서 열람/발급에는 문제가 없습니다. 회원인 경우 아이디와 비밀번호를 입력하고 '회원로그인'을, 비회원인 경우에는 전화번호와 비밀번호(임의로 지정하면 됨)를 입력한 후 '비회원로그인'을 클릭합니다.

사용자 로그인 창

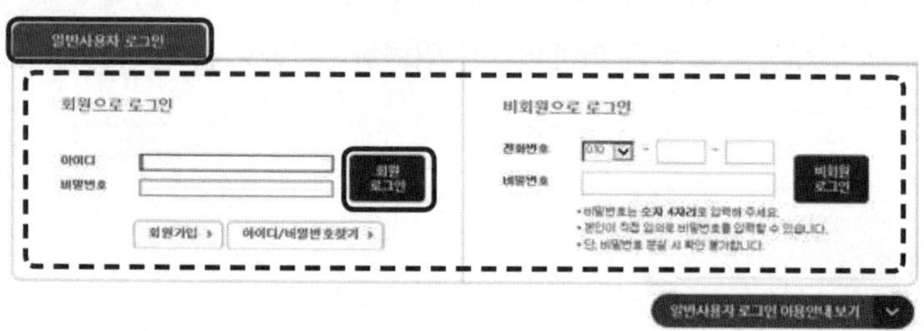

자료 : 대법원 인터넷등기소(www.iros.go.kr)

이제 결제화면이 보이네요. 여기서 '결제방법'을 선택한 후 결제를 진행합니다.

등기사항전부신청서 결제화면

부동산등기 열람/발급 수수료에 대한 결제방법을 먼저 선택하세요.
결제를 위해 입력한 개인 신용정보는 모두 암호화 되어 처리되므로 안심하셔도 됩니다.

· 결제방법 ○ 신용카드결제 ○ 금융기관 계좌이체 ○ 선불전자지급수단 ◉ 휴대폰 결제

휴대폰 결제

- 보유하고 계신 휴대폰의 휴대폰 번호와 명의인의 생년월일-성별을 입력합니다.
- 인증번호가 휴대폰 문자 메시지로 전송된 것을 확인하신 후 전송된 인증번호를 입력합니다.
- 열람 및 발급 서비스를 이용하면 추후 휴대폰 통화료에 열람/발급 수수료가 포함되어 청구됩니다.
- 3분이내에 결제 혹은 재전송하지 않을 경우 다시 인증을 받아야 합니다.
- **2006년 9월 24일 주민등록법 시행으로 인하여 타인의 주민등록번호에 대한 단순 도용도 처벌이 되므로 유의바랍니다.**

총 결제 금액	700 원 (열람 700 원)	총 결제 통수	1 통 (열람 1 통)
제공기간	월 자동결제 →휴대폰으로 결제하신 금액은 익월의 휴대폰 요금과 함께 청구됩니다.		
신청인 정보	010- : ****	주민등록번호 공개여부	미공개
휴대폰번호	010 - →결제하실 휴대폰번호를 입력하십시오("-" 제외)		
이동통신사	선택해주세요 →결제하실 휴대폰의 이동통신사를 선택해 주십시오		
명의인 생년월일-성별	- ****** →인증을 위해 휴대폰에 등록된 생년월일-성별을 입력해주세요		

- 명의인의 생년월일과 성별 입력 시 (주민)등록번호 상 생년월일 6자리와 성별 1자리 숫자를 입력하십시오.

입력(예 시) 560101-1, 780101-2, 010101-3, 010101-4

자료 : 대법원 인터넷등기소(www.iros.go.kr)

휴대폰 결제를 위한 인증번호 입력창이 나타났네요. '인증번호'란에 휴대폰으로 받은 인증번호를 입력한 후 '완료'를 클릭합니다.

인증번호 입력 창

인증번호 입력

* 전송이 되지 않을 경우 재전송 버튼을 클릭해 주시기 바랍니다. [재전송]

인증번호	825156 →결제를 위해 전송된 인증번호를 입력해 주시기 바랍니다.

- 입력하신 결제정보(휴대폰번호 등)는 인터넷등기소 시스템에 저장되어 열람·발급, 결제취소 및 열람·발급내역 조회 시 식별번호로 이용되며 재판 및 수사를 위한 자료로도 활용될 수 있습니다.
- 해당 정보는 영구적으로 보관되며 수집 및 이용에 동의하시지 않을 경우 열람·발급 서비스를 이용하실 수 없습니다.

☑ **위 내용에 동의합니다.**

- 인증번호를 입력하고 결제를 클릭하면 인터넷등기소 수수료 700원 (열람 700원)이 010-6663-5886번호로 결제됩니다.

☑ **상기 결제 내용을 확인하였습니다.**

자료 : 대법원 인터넷등기소(www.iros.go.kr)

이제 최종 결과 확인 화면이 보입니다. 여기서 '열람'을 클릭하면 등기사항전부증명서를 열람할 수 있습니다.

최종 결과 확인 화면

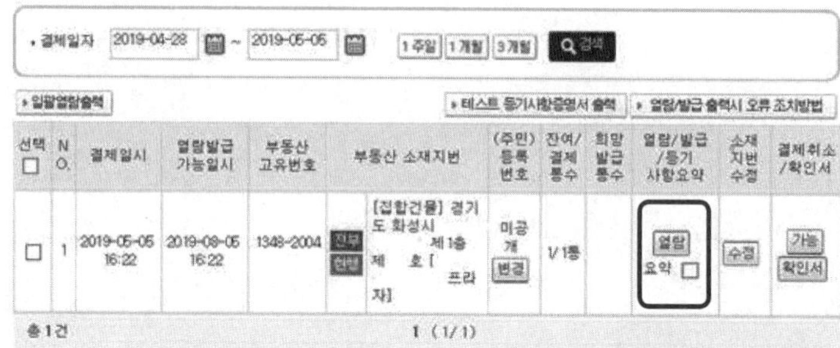

결제일자 2019-04-28 ~ 2019-05-05 [1주일] [1개월] [3개월] [검색]

[일괄열람출력] [테스트 등기사항증명서 출력] [열람/발급 출력시 오류 조치방법]

선택	NO.	결제일시	열람발급 가능일시	부동산 고유번호	부동산 소재지번		(주민) 등록 번호	잔여/결제 통수	희망 발급 통수	열람/발급 /등기 사항요약	소재 지번 수정	결제취소 /확인서
□	1	2019-05-05 16:22	2019-08-05 16:22	1348-2004	전부 현행	[집합건물] 경기도 화성시 제1층 제 호[프라자]	미공개 [변경]	1/1통		[열람] 요약 □	[수정]	[가능] [확인서]

총1건 1 (1/1)

자료 : 대법원 인터넷등기소(www.iros.go.kr)

등기사항전부증명서 열람/발급 전혀 어렵지 않죠?

짤TIP

등기사항전부증명서를 열람/발급 받고자 하는 경우 결제방식을 가급적 휴대폰 결제로 하시는 것이 편리합니다. 소액결제로 진행되기 때문에 번거롭지 않고 편리하기 때문이죠. 굳이 계좌이체나 신용카드로 결제하지 않아도 된다는 의미입니다. 열람을 할 경우 1건 당 700원이라는 점을 감안하면 더욱 그렇습니다.

상가 구입을 위한 등기사항전부증명서 읽기 (권리관계 분석하기)!

등기사항전부증명서에 대한 열람/발급이 모두 완료되었다면 이제 그 내용을 읽어야 합니다. 권리관계를 분석해야 한다는 뜻이죠. 등기사항전부증명서는 크게 세 부분으로 구성되어 있습니다. 표제부, 갑구, 을구입니다.

표제부 읽기

표제부에서는 부동산의 표시에 관한 사항들을 확인할 수 있습니다. 아래 등기사항전부증명서는 집합건물에 속하는 상가건물입니다. 그림에서 보는 것처럼 표제부에서 확인해야 하는 부분은 '대지권의 목적인 토지의 표시'와 '전유부분의 건물의 표시', '대지권의 표시' 입니다. 이것만 봐도 집합건물이라는 것을 알 수 있습니다.

그럼 이제 확인해야 할 부분을 검토해 보죠. 먼저 대지권의 목적인 토지의 표시 부분을 봅니다. 상가가 입지하고 있는 소재지번, 지목, 면적을 확인할 수 있습니다.

다음으로 전유부분의 건물의 표시를 봅니다. 근린생활시설(소매점)으로 전용면적은 38.85㎡인 것을 알 수 있습니다.

마지막으로 대지권의 표시를 봅니다. 대지권은 작습니다. 866.6분의 6.59㎡ 밖에 되지 않습니다. 혹여 재개발이나 재건축까지 고려한다면 대지권은 정말 중요한 변수가 될 수 있습니다.

집합건물인 상가건물의 표제부

[집합건물] 경기도 화성시 .프라자 제1층 제 호

표시번호	접 수	소재지번,건물명칭 및 번호	건 물 내 역	등기원인 및 기타사항
			2층 692.94㎡ 3층 692.94㎡ 4층 692.94㎡ 5층 692.94㎡ 6층 692.94㎡ 7층 692.94㎡ 8층 692.94㎡ 9층 692.94㎡ 10층 692.94㎡	

(대지권의 목적인 토지의 표시)

표시번호	소 재 지 번	지 목	면 적	등기원인 및 기타사항
1	1. 경기도 화성시	대	866.6㎡	2006년10월10일

【 표 제 부 】 (전유부분의 건물의 표시)

표시번호	접 수	건 물 번 호	건 물 내 역	등기원인 및 기타사항
1	2004년11월29일	제1층 제 호	철근콘크리트구조 제1층 근린생활시설(소매점) 38.85㎡	도면편철장4책223면

(대지권의 표시)

표시번호	대지권종류	대지권비율	등기원인 및 기타사항
1	1 소유권대지권	866.6분의 6.59	2006년6월29일 대지권 2006년12월5일

갑구 읽기

등기사항전부증명서의 갑구에서는 소유권과 관련된 사항들을 확인할 수 있습니다. 아래 상가건물의 소유권과 관련된 사항은 총 4건이고 소유권 보존과 소유권 이전이 핵심임을 확인할 수 있습니다. 갑구에서는 소유자가 누구인지, 소유권을 제한하는 사항인 가등기, 가처분, 압류, 가압류 등이 있는지를 살펴보게 됩니다.

아래 등기사항전부증명서는 소유권과 관련된 내용은 전혀 문제가 없음을 확인할 수 있습니다. 소유자의 인적사항만 점검하면 됩니다.

참고로 글자 가운데 색줄이 쳐져 있는 것은 말소된 것을 의미합니다.

신경 쓰지 않아도 된다는 뜻이죠.

집합건물인 상가건물의 등기사항전부증명서 – 갑구

【 갑 구 】 (소유권에 관한 사항)

순위번호	등 기 목 적	접 수	등 기 원 인	권리자 및 기타사항
1	소유권보존	2004년11월29일 제134837호		소유자 화성시 대표자 화성시

순위번호	등 기 목 적	접 수	등 기 원 인	권리자 및 기타사항
2	~~1번신탁재산처분에 의한 신탁~~	~~2004년12월23일 제144500호~~		~~신탁원부~~
3	소유권이전	2005년4월20일 제50324호	2004년12월20일 매매	소유자 ******* ~~서울 송파구~~
3-1	3번등기명의인표시변경	2006년12월5일 제169831호	2006년7월12일 전거	의 주소 서울 송파구
4	2번신탁등기말소	2005년4월20일 제50324호		신탁재산의 처분

을구 읽기

등기사항전부증명서의 을구에서는 소유권 이외의 권리사항을 확인할 수 있습니다. 을구에서는 대표적으로 저당권, 근저당권, 전세권, 지상권, 지역권 등의 설정 등기 여부를 확인하면 됩니다. 아래 등기사항전부증명서를 보면 신한은행 수원역 지점 명의로 채권최고액 금234,000,000원의 근저당권이 유효하게 설정되어 있음을 알 수 있습니다.

신한은행은 대출금액의 120%를 채권최고액으로 설정합니다. 따라서 대출원금은 1억 9,500만 원입니다.

사례의 상가는 대출이 있는 만큼 대출의 승계/상환여부와 그에 따른 제반비용의 부담주체(예를 들어 상환하는 경우 발생할 수 있는 중도상환수수료의 부담)를 사전에 검토해야 합니다.

그 외에도 저당권이나 근저당권, 전세권, 지상권, 지역권의 설정 등기가 있다면 설정된 등기들에 대한 권리관계도 확인 후 처리방법과 시기까지 매도인·매수인이 서로 협의하여 구체적으로 확정한 후 매매계약을 체결하여야 합니다.

집합건물인 상가건물의 등기사항전부증명서 – 을구

【 을 구 】 (소유권 이외의 권리에 관한 사항)				
순위번호	등 기 목 적	접 수	등 기 원 인	권리자 및 기타사항
1	근저당권설정	2005년4월20일 제50343호	2005년4월18일 설정계약	채권최고액 금234,000,000원 채무자 ~~서울 송파구~~ ~~근저당권자 주식회사신한은행 110111-0303183~~ ~~서울 중구 태평로2가 120~~ ~~(수원역지점)~~
1-1	1번근저당권변경	2006년12월27일 제188945호	2006년7월12일 전거	[illegible]의 주소 서울 송파구 501호
1-2	1번근저당권이전	2006년12월27일 제188946호	2006년4월1일 회사합병	근저당권자 주식회사신한은행 110111-0012809 서울 중구 태평로2가 120 (수원역지점)
1-3	1번근저당권담보추가			공동담보 3번의 근저당권의 목적물인 이 건물과 그 대지권
2	~~근저당권설정~~	~~2005년4월29일~~ ~~제55782호~~	~~2005년4월27일~~ ~~설정계약~~	~~채권최고액 금227,000,000원~~ ~~채무자~~ ~~서울 송파구~~ ~~근저당권자~~ ~~화성시~~ ~~대표자~~
3	근저당권설정	2006년12월27일	2006년12월27일	채권최고액 금234,000,000원
순위번호	등 기 목 적	접 수	등 기 원 인	권리자 및 기타사항
		제188947호	추가설정계약	채무자 서울 송파구 근저당권자 주식회사신한은행 110111-0012809 서울 중구 태평로2가 120 (수원역지점) 1번의 근저당권의 목적물에 추가
4	2번근저당권설정등기말소	2007년9월7일 제139954호	2007년9월7일 해지	

-- 이 하 여 백 --

관할등기소 수원지방법원 화성등기소

짤TIP

등기사항전부증명서의 갑구와 을구에는 모두 순위번호와 접수번호가 있습니다. 순위번호는 같은 구(갑구는 갑구끼리, 을구는 을구끼리)안에서 등기의 우선순위를 보여줍니다. 예를 들어 갑구에서 순위번호가 각각 '1', '2'인 경우라면 '1'이 우선순위가 되는 식입니다. 그런데 서로 다른 구(갑구와 을구)에는 각각의 순위번호가 있습니다. 그렇기 때문에 이것만으로 등기의 우선순위를 구분할 수 없습니다. 이처럼 서로 다른 구(갑구와 을구 간)의 등기 우선순위를 따지기 위해서는 접수번호가 필요합니다. 접수번호가 앞서는 것이 우선하기 때문입니다.

상가 구입 시 건축물대장, 이렇게 발급받자!

건축물대장은 정부24(www.gov.kr)에서 무료로 열람하거나 유료 발급할 수 있습니다. 열람만을 위해서라면 회원가입 없이도 간편하게 확인이 가능합니다. 건축물대장 자체에 기재된 내용은 열람으로 확인하던 아니면 발급받아 확인하던 차이가 없습니다. 다만, 제출용도 서류는 발급된 것만 유효합니다. 따라서 건축물대장을 공적 서류로 제출하기 원하는 경우라면 반드시 발급을 해야합니다. 그 외의 경우라면 열람만으로도 충분합니다.

건축물대장 열람/발급은 정부24에서!

건축물대장의 열람/발급은 정부24에서 가능합니다. 열람은 무료입니다. 정부24 홈페이지에서 건축물대장을 클릭합니다.

정부24 홈페이지 화면

자료 : 정부24(www.gov.kr)

신청하기 첫 화면에서 신청하기를 클릭합니다.

신청하기 첫 화면

민원안내 및 신청

건축물대장 등·초본 발급(열람) 신청

신청방법	인터넷, 방문, FAX, 우편, 모바일	처리기간	즉시(근무시간 내 3시간)
수수료	발급(1건당)500원, 열람(1건당)300원, 인터넷 발급(열람)시 무료	신청서	건축물대장등.초본발급 및 열람신청서 신청작성예시
구비서류	있음 (하단참조)	신청자격	누구나 신청 가능

신청하기

자료 : 정부24(www.gov.kr)

다음으로 건축물대장 등·초본 발급(열람)신청 화면에서 건축물대장(열람)을 클릭합니다.

건축물대장 등·초본 발급(열람)신청 화면

건축물대장 등·초본 발급(열람) 신청

자료 : 정부24(www.gov.kr)

신청내용 화면에서 건축물대장을 발급받고자 하는 건축물의 소재지, **대장구분**(일반건물은 일반을, 집합건물인 경우 집합을 선택), **대장종류**를 설정한 후 '민원신청하기'를 클릭합니다. 여기서는 집합건물을 선택합니다.

건축물관리대장 등·초본 발급(열람) 신청내용 화면

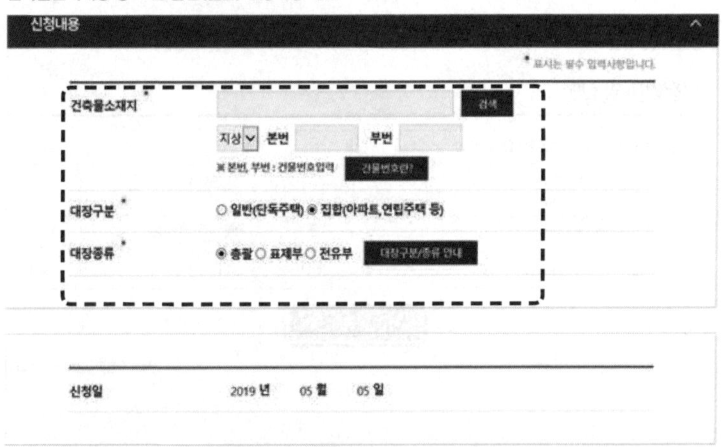

자료 : 정부24(www.gov.kr)

가장 먼저 건축물소재지란의 검색을 클릭하면 다음과 같은 화면이 보입니다. 여기서 시도, 시군구, 주소를 입력한 후 검색을 클릭합니다.

주소 등 입력화면

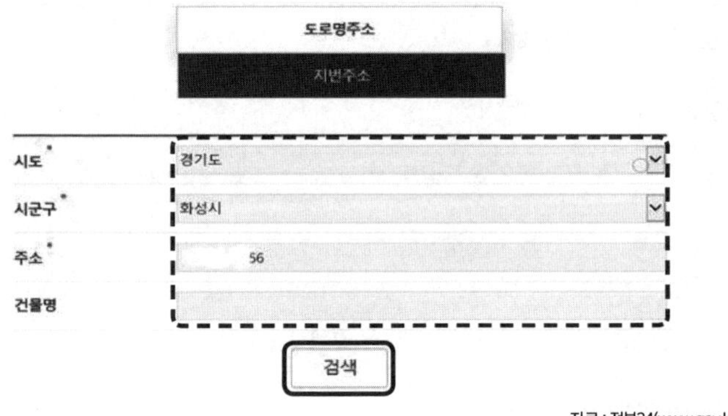

자료 : 정부24(www.gov.kr)

검색 후 도로명 주소와 지번주소가 확인되는데 이곳(박스)을 클릭합니다.

도로명 주소, 지번주소 확인 화면

시도 경기도

시군구 화성시

주소 56

건물명

검색

검색결과 (1)건

우편번호	도로명 주소 지번 주소
18405	경기도 화성시 로 56 경기도 화성시

자료 : 정부24(www.gov.kr)

이제 민원처리기관 확인 화면이 보입니다. 여기서 민원처리기관(법정동) 밑에 있는 부분(박스)을 클릭합니다.

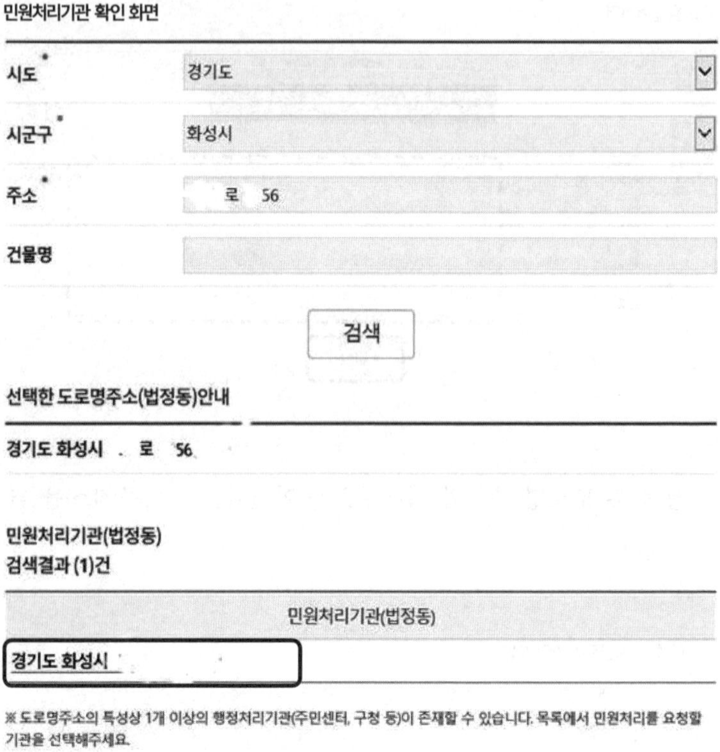

민원처리기관 확인 화면

시도*	경기도
시군구*	화성시
주소*	로 56
건물명	

검색

선택한 도로명주소(법정동)안내

경기도 화성시 . 로 56

민원처리기관(법정동)
검색결과 (1)건

민원처리기관(법정동)
경기도 화성시

※ 도로명주소의 특성상 1개 이상의 행정처리기관(주민센터, 구청 등)이 존재할 수 있습니다. 목록에서 민원처리를 요청할 기관을 선택해주세요.

자료 : 정부24(www.gov.kr)

이제 신청내용에 입력할 내용이 대부분 마무리 되었습니다. 다음으로 '민원신청하기'를 클릭합니다.

신청내용 입력 마무리 화면

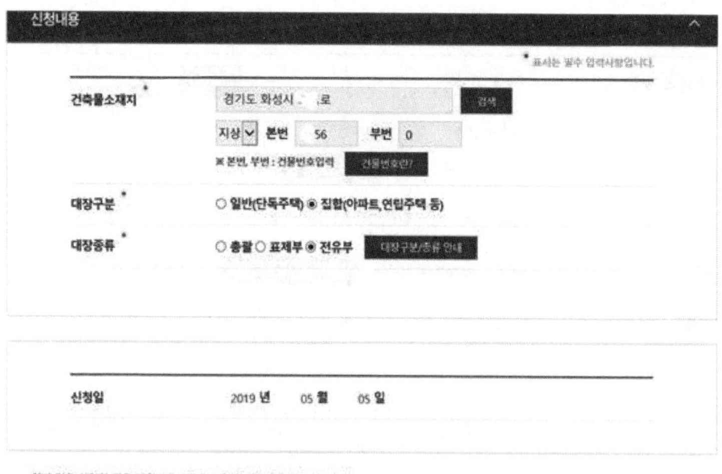

자료 : 정부24(www.gov.kr)

건물의 동명을 선택하는 화면입니다. 여기서 '선택'을 클릭합니다.

상가건물의 동명 선택 화면

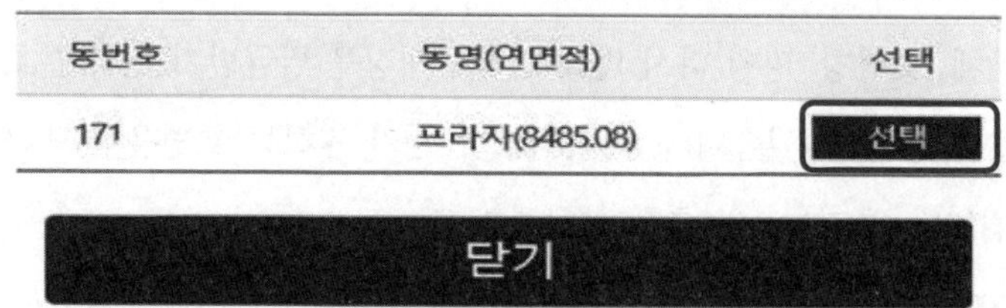

자료 : 정부24(www.gov.kr)

동명칭까지 입력된 화면

	* 표시는 필수 입력사항입니다.
건축물소재지 *	경기도 화성시 로 [검색]
	지상 본번 56 부번 0
	※ 본번, 부번 : 건물번호입력 [건물번호란?]
대장구분 *	○ 일반(단독주택) ◉ 집합(아파트, 연립주택 등)
대장종류 *	○ 총괄 ○ 표제부 ◉ 전유부 [대장구분/종류 안내]
동번호	17112
호번호	
동명칭	프라자(8485.08)
호명칭	
신청일	2019 년 05 월 05 일

- 여러 건을 신청할 경우 민원바구니에 담으면 한번에 결제할 수 있습니다.
- 임시 저장은 회원은 일주일동안, 비회원은 브라우저 종료시까지 보관됩니다.
- 여러 동(호)를 가진 건축물인 경우 아래 '민원신청하기'버튼을 클릭 후 나타나는 팝업에서 동(호)를 선택하세요.

[민원신청하기] [민원바구니 담기] [삭제]

자료 : 정부24(www.gov.kr)

이제 '호명칭' 명칭 다시 말해 건축물대장을 발급받기 원하는 호수를 확인할 수 있습니다. 여기서 발급받기 원하는 호명을 선택하면 됩니다. 우리는 104호를 선택해 보죠.

호명칭 확인 화면

해당되는 호명을 선택하십시오.

호번호	호명(구분번호전유면적)	선택
99184	101	선택
99247	102	선택
99244	103	선택
99245	104	선택
99246	105	선택
99243	106	선택
99185	107	선택
99242	108	선택
99186	109	선택
99241	110	선택
99187	201	선택
99220	202	선택
99219	203	선택
99218	204	선택

자료 : 정부24(www.gov.kr)

호명을 104호로 선택한 후 입력이 모두 마무리된 최종 신청화면을 확인할 수 있습니다. 이제 마지막으로 '민원신청하기'를 클릭합니다.

호명칭까지 입력사항이 모두 마무리된 화면

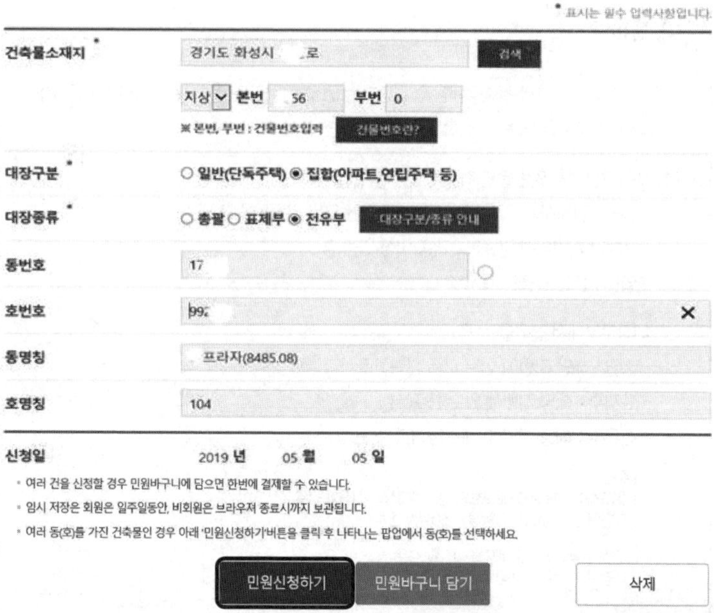

* 표시는 필수 입력사항입니다.

건축물소재지 *	경기도 화성시 로 [검색]
	지상 본번 56 부번 0
	※ 본번, 부번 : 건물번호입력 [건물번호란?]
대장구분 *	○ 일반(단독주택) ◉ 집합(아파트,연립주택 등)
대장종류 *	○ 총괄 ○ 표제부 ◉ 전유부 [대장구분/종류 안내]
동번호	17
호번호	99
동명칭	프라자(8485.08)
호명칭	104
신청일	2019 년 05 월 05 일

- 여러 건을 신청할 경우 민원바구니에 담으면 한번에 결제할 수 있습니다.
- 임시 저장은 회원은 일주일동안, 비회원은 브라우저 종료시까지 보관됩니다.
- 여러 동(호)를 가진 건축물인 경우 아래 '민원신청하기'버튼을 클릭 후 나타나는 팝업에서 동(호)를 선택하세요.

민원신청하기 | 민원바구니 담기 | 삭제

자료 : 정부24(www.gov.kr)

이제 건축물대장을 열람할 수 있습니다. 열람을 위해 '열람문서'를 클릭합니다.

건축물대장 열람 화면

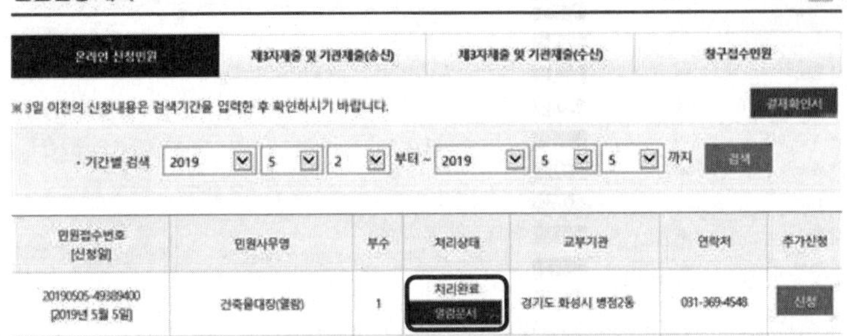

자료 : 정부24(www.gov.kr)

짤TIP

정부24 홈페이지에서 건축물대장을 신청하는 경우 헷갈리는 것 가운데 하나가 대장구분입니다. 대장구분은 '일반', '집합' 두 가지가 있습니다.

(1) 대장구분에서 일반을 선택
- 총괄 : 신청하시는 주소지의 지번에 있는 모든 건물들을 표시 (해당 지번위에 건물이 2개동 이상 있을 경우)
- 일반 : 본인 건물만 표시

(2) 대장구분에서 집합을 선택
- 총괄 : 해당 지번에 있는 모든 건축물표시
- 표제부 : 해당 지번에 있는 동 표시
- 전유부 : 해당 지번에 있는 동의 호수 표시

(예시)
1. 월드컵아파트 2002호 2호의 건축물대장을 신청할 경우
대장구분 – 집합, 대장종류 – 전유부 선택
2. 단독주택의 건축물대장을 신청할 경우
대장구분 – 일반, 대장종류 – 일반 선택

자료 : 정부24(www.gov.kr)

상가 건축물대장의 구성과 내용을 읽자!

건축물대장은 일반건축물대장과 집합건축물대장으로 나뉩니다. 일반건축물대장은 건물의 소유주가 개인이거나 '길동 외 ○명' 등으로 대표자가 있는 경우이고 집합건축물대장은 건물의 소유주가 여러 명이며 각각의 이름이 명시되는 경우가 해당됩니다. 아파트, 연립주택, 다세대주택 등은 보통 집합건축물이기 때문에 집합건축물대장을 신청합니다.

건축물대장의 구성과 내용

집합건물의 건축물대장이기 때문에 전유부가 있습니다. 여기서 중요하게 점검해야 할 부분은 구조, 용도, 면적입니다. 소유주와 관련된 사항은 등기사항전부증명서를 통해 확인했기 때문에 따로 확인할 필요는 없습니다. 용도는 매우 중요합니다. 사례처럼 근린생활시설이라면 1종인지 2종인지에 따라 입점할 수 있는 점포가 달라지기 때문에 구입하기에 앞서 자신의 목적(업종에 따라 직접 활용 혹은 임대가 가능한지 여부 등)에 부합되는 것인지 꼼꼼하게 살펴 보아야 합니다.

집합건축물대장 전유부, 갑 -1

■건축물대장의 기재 및 관리 등에 관한 규칙 [별지 제5호서식] <개정 2017. 1.20.>

집합건축물대장(전유부, 갑) **위반건축물 여부 표시자리** (2쪽 중 제1쪽)

고유번호	4156011700-3-08440002	민원24접수번호	20190303 - 16179683	명칭	포라자	호명칭	104
대지위치	경기도 화성시	지번		도로명주소	경기도 화성시		

전 유 부 분					소 유 자 현 황			
구분	층별	※구조	용도	면적(㎡)	성명(명칭) 주민(법인)등록번호 (부동산등기용등록번호)	주소	소유권 지분	변동일자 변동원인
주	1층	철근콘크리트구조	제1종근린생활시설(소매점)	38.86		서울특별시 송파구	/	2005.04.20
		-이하여백-			*******			소유권이전
공 용 부 분						-이하여백- ※ 이 건축물대장은 현소유자만 표시한 것입니다.		
구분	층별	구조	용도	면적(㎡)				
주	지1~2층	철근콘크리트구조	주차장/기계실	11.81				
주	1층	철근콘크리트구조	계단실/EV/화장실	19.51				
주	1층	철근콘크리트구조	관리실/주차로	0.65				
		-이하여백-						

이 등(초)본은 건축물대장의 원본 내용과 틀림없음을 증명합니다.

발급일자: 2019년 03월 05일

담당자:

전 화: 031 -

화성시장

※ 경계벽이 없는 구분점포의 경우에는 전유부분 구조란에 경계벽이 없음을 기재합니다.

건축물대장을 확인할 때 가장 조심해야 할 부분은 위반건축물에 해당되는지 여부입니다. 위반건축물에 해당되면 건축물대장 우측 상단에 위반건축물이라고 표시됩니다. 그렇다면 위반건축물이란 무엇일까요? 건축법에서 규정한 내용과 절차를 무시하고 무단으로 용도변경이나 증축, 개축, 대수선 등을 한 건축물을 말합니다.

위반건축물에 대한 적발은 주로 항공촬영에 의해 이루어지나 주민민원, 공무원 실사 등을 통해서도 이루어지며 위반건축물인 것이 확인되면 건축물대장에 위반건축물로 등재되고 원상복구 등 시정명령을 받게 됩니다.

한편, 어떤 사유로 위반건축물이 되었는지는 변동사항에서 확인할 수 있습니다.

집합건축물대장 전유부, 갑 -2

(3쪽 중 제3쪽)

고유번호	4156011700-3-08440002	민원24접수번호	20190303 - 16173683	명칭	프라자	호명칭	104
대지위치	경기도 화성시	지번		도로명주소	경기도 화성시		

공용부분					공동주택(아파트) 가격 (단위 : 원)	
구분	층별	구조	용도	면적(㎡)	기준일	공동주택(아파트)가격

• 「부동산 가격공시 및 감정평가에 관한 법률」 제17조에 따른 공동주택가격만 표시됩니다.

변동사항				그 밖의 기재사항
변동일	변동내용 및 원인	변동일	변동내용 및 원인	
			정구역명칭변경	
		2006.04.05	기재착오로 인해 1호 변경	
2004.10.29	신규작성(신축)	2006.05.31	지번변경(산업용지 [illegible]시 번지로 지번변경)	
2004.11.02	전환(일반→집합)		- 이하여백 -	
2008.01.02	화성시 조례 제553호에 의 [illegible] 에서 [illegible] 로 행			

사례의 104호 상가는 구조나 용도, 면적 측면에서 문제가 없고 위반건축물에도 해당되는 부분이 없어 문제가 없는 상가라고 할 수 있습니다.

짤TIP

위반건축물이 되는 일반적인 경우는 다음과 같습니다.

☞주 택 : 발코니 불법 확장, 무허가 옥탑방,

☞상 가 : 불법 전면테라스 조성, 주차장 부지에 무허가 상가 시설

☞그 외 : 무단으로 용도변경·증축·개축·대수선을 한 경우, 건폐율·용적률을 초과해 건축하는 경우 등

위반건축물인 것이 적발되어 2회 시정명령을 받고도 원상복구하지 않으면 연 2회까지 이행강제금이 부과될 수 있습니다. 다만, 다세대주택인 경우 '(세대전용면적 + 위반 면적) ≥ 85㎡'의 조건을 충족하는 경우 이행강제금은 최대 5회까지만 부과가 되기 때문에 이를 모두 완납했다면 추가로 이행강제금이 부과되지는 않습니다.
하지만 85㎡ 초과 다세대주택이나 상가주택, 다가구택은 매년 이행강제금이 부과됩니다.

지혜로운 상가매매계약서 작성법!

매매계약서는 어느 한쪽에 일방적으로 유리하게 작성되어서는 안 됩니다. 매도자와 매수자, 임대인과 임차인 모두 동의할 수 있는 내용으로 작성되어야 합니다. 하지만 현실은 결코 그렇지 않습니다. 불법적인 것은 아니라 하더라도 상대적으로 어느 일방에 유리하게 작성되는 경우도 얼마든지 있을 수 있기 때문입니다. 그래서 매매계약서 작성법을 잘 알아 두는 것이 필요합니다.

상가매매계약서의 구성과 점검사항

상가매매계약서는 크게 부동산의 표시, 계약내용, 특약사항 등으로 세분할 수 있습니다. 가장 먼저 부동산의 표시부분을 봅니다. 소재지와 지목, 구조·용도는 건축물대장과 토지대장 등을 통해서 점검하면 됩니다. 토지와 건물면적은 혹시라도 토지대장, 건축물대장과 등기사항전부증명서 사이에 차이가 있는지 각별히 주의해야 합니다.

상가매매계약서 : 부동산의 표시

매도인과 매수인 쌍방은 아래 표시 부동산에 관하여 다음 계약내용과 같이 상가·점포 매매계약을 체결한다

1. 부동산의 표시

소 재 지 (건물의 표시)				
토 지	지 목		면 적	㎡ (평)
건 물	구조·용도		면 적	㎡ (평)

다음으로 계약내용부분을 봅니다. 매매대금과 계약금, 중도금, 잔금, 융자금 등에 대한 내용이 기재되는 부분입니다. 매매대금은 반드시 숫자와 한글로 두 번 기재해야 합니다. 잘못기재에 따른 문제를 예방하기 위해서입니다. 또한, 단가(원/㎡)도 함께 기재하는 것이 좋습니다. 면적 차이가 발생할 경우를 대비해두는 차원입니다.

상가매매계약서 : 계약내용

2. 계약내용

제 1 조 위 상가·점포의 매매에 있어 매수인은 매매대금을 아래와 같이 지불하기로 한다.

매매대금	一金 원整(₩)	단가(원/㎡)	
계 약 금	一金 원整(₩)은 계약시에 지불하고 영수함.		
중 도 금	一金 원整(₩)은 년 월 일에 지불하며		
잔 금	一金 원整(₩)은 년 월 일에 지불하기로 한다.		
융 자 금	一金 원整(₩)은 (은행) 승계키로 한다.		

제2조 매도인은 매매대금의 잔금 수령과 동시에 매수인에게 소유권이전등기에 필요한 모든 서류를 교부하고 등기 절차에 협력하며, 위 부동산의 인도일은 년 월 일로 한다.

제3조 매도인은 위 부동산에 설정된 저당권, 지상권, 임차권등 소유권의 행사를 제한하는 사유가 있거나, 조세, 공과 기타 부담금의 미납금 등이 있을 때에는 잔금 수령일 까지 그 권리의 하자 및 부담 등을 제거하여 완전한 소유권을 매수인에게 이전한다. 다만 승계하기로 합의하는 권리 및 금액은 그러하지 아니하다.

제4조 위 부동산에 관하여 발생한 수익의 귀속과 제세공과금 등의 부담은 위 부동산의 인도일을 기준으로 정하되, 지방세의 납부의무 및 납부책임은 지방세법의 규정에 의한다.

제5조 매수인이 매도인에게 중도금(중도금이 없을 때에는 잔금)을 지불할 때까지는 매도인은 계약금의 배액을 상환하고, 매수인은 계약금을 포기하고 이 계약을 해제할 수 있다.

제6조 중개수수료는 본 계약체결과 동시에 당사자 쌍방이 각각 지불한다. 공인중개사의 고의나 과실 없이 본 계약이 무효·취소 또는 해약되어도 중개수수료는 지급한다.

※특약사항

본 계약을 증명하기 위하여 계약당사자가 이의 없음을 확인하고 각자 서명·날인한다. 년 월 일

계약금과 중도금, 잔금을 언제 어떤 방식으로 얼마나 지불할지

에 대한 내용도 거래당사자가 협의하여 결정한 후 계약서에 기재합니다. 이때 중도금은 법정요건은 아니라는 점은 참고해 두시기 바랍니다. 당사자가 협의하여 중도금을 생략할 수도 있다는 뜻이니까요.

특약사항란에는 1조~6조에 규정되어 있지 않은 사항들을 기입합니다. 특히, 임차인의 승계문제, 담보대출이 있는 경우 대출잔액을 승계할 것인지 혹은 상환할 것인지, 상환 후 새로 대출을 받을 것인지에 따라 달라지게 될 대출이자나 중도상환수수료의 부담문제, 신규대출로 잔금을 치루는 것에 대한 매도인의 동의여부 등 문제가 될 수 있는 사항들을 모두 꼼꼼하게 기재해 두는 것이 좋습니다.

마지막으로 계약당사자 및 공인중개사의 인적사항 부분을 봅니다. 매도인과 매수인의 주소, 주민등록번호, 성명 등 인적사항은 등기사항전부증명서와 신분증을 확인한 후 정확하게 기재되도록 해야 합니다. 만일 매도인의 대리인과 계약을 체결하는 경우라면 대리인이 매도인의 인감도장이 날인된 위임장, 매도인의 인감증명서를 지참했는지 여부를 반드시 확인한 후 계약을 진행해야 합니다.

상가매매계약서 : 계약당사자 및 공인중개사의 인적사항

3. 계약당사자 및 공인중개사의 인적사항							
매도인	주 소						
	주민등록번호		전 화		성 명		㊞
대리인	주 소		전 화		성 명		㊞
매수인	주 소						
	주민등록번호		전 화		성 명		㊞
대리인	주 소		전 화		성 명		㊞
공인중개사	사무소소재지						
	사무소 명칭		㊞				㊞
	대 표						
	등 록 번 호		전화		전화		

짤TIP

건축물대장과 등기사항전부증명서의 내용이 서로 다른 경우가 있을 수 있습니다. 이 때 어떤 것이 우선할까요? 예를 들어 등기사항전부증명서에는 전유부분 면적이 36㎡인데 건축물대장에는 38.85㎡라고 기재되어 있다면 어떤 것이 맞는 것일까요?
또한, 건축물대장에는 소유자가 000인 것으로 나오는데 등기사항전부증명서에는 소유자가 ***라고 나올 경우 어느 쪽이 맞는 것일까요?

정답은 부동산의 표시와 관련된 것은 건축물대장이, 소유권과 관련된 것은 등기사항전부증명서가 우한선다는 점에 근거해 면적은 건축물대장의 38.85㎡, 소유자는 ***가 정확한 것입니다.

지혜로운 상가임대차계약서 작성법!

상가건물의 임대차계약을 체결하는 데 있어 상가건물의 주인이나 세입자 모두에게 가장 중요한 것이 무엇일까요? 여러 가지가 있을 수 있겠지만 아마도 상가건물 임대차계약서를 잘 작성하는 것이 아닐까요? 그런데 상가건물 임대차계약서를 잘 작성하기 위해서는 먼저 상가건물 임대차계약서가 어떻게 구성되어 있고 어떤 내용들이 기재되는지에 대한 충분한 이해가 필요합니다.

상가건물 임대차 계약서의 구성과 내용은?

상가건물 임대차계약서는 크게 임차 상가건물의 표시, 계약내용, 특약사항, 임대인·임차인·개업공인중개사의 인적사항 등으로 구성되어 있습니다. 가장 먼저 임차 상가건물의 표시를 보면 소재지, 토지, 건물, 임차할 부분 항목이 있습니다. 건물부분에서 용도를 확인하는 것은 임대인이나 임차인 모두에게 중요한 부분입니다. 건축물의 용도에 적합하지 않은 사용목적으로 계약을 체결하는 실수를 사전에 예방할 수 있기 때문입니다.

다음으로 임차할 부분에 대한 도면을 첨부하는 것이 바람직합니다. 역시 추후 있을 수 있는 임차부분 관련 분쟁을 예방하기 위함입니다.

임차 상가건물의 표시

[임차 상가건물의 표시]

소재지				
토 지	지목		면적	㎡
건 물	구조·용도		면적	㎡
임차할부분			면적	㎡
유의사항 : 임차할 부분을 특정하기 위해서 도면을 첨부하는 것이 좋습니다.				

다음으로 계약내용은 보증금, 계약금, 중도금, 잔금, 차임(월세), 환산보증금과 관련된 내용이 있습니다. 계약 시 신분증·등기사항증명서 등을 통해 당사자 본인이 맞는지, 적법한 임대·임차권한이 있는지 확인하고 대리인과 계약을 체결할 경우 본인의 위임장·대리인 신분증을 확인하고, 임대인(또는 임차인)과 직접 통화하여 확인하여야 하며, 보증금은 임대인 명의 계좌로 송금하는 것이 바람직합니다. 또한 차임의 지급시기 및 인테리어 기간에 대한 차임(월세) 지급과 관련된 내용을 협의하여 계약서에 차임지급일을 결정하는 것이 좋습니다.

계약내용 제1조(보증금과 차임)

[계약내용]

제1조(보증금과 차임) 위 상가건물의 임대차에 관하여 임대인과 임차인은 합의에 의하여 보증금 및 차임을 아래와 같이 지급하기로 한다.

보증금	금 원정(₩)
계약금	금 원정(₩)은 계약시에 지급하고 수령함. 수령인 (인)
중도금	금 원정(₩)은 ______년 ______월______일에 지급하며
잔 금	금 원정(₩)은 ______년 ______월______일에 지급한다
차임(월세)	금 원정(₩)은 매월 일에 지급한다. 부가세 □ 불포함 □ 포함 (입금계좌:)
환산보증금	금 원정(₩)
유의사항 : ① 당해 계약이 환산보증금을 초과하는 임대차인 경우 확정일자를 부여받을 수 없고, 전세권 등을 설정할 수 있습니다 ② 보증금 보호를 위해 등기사항증명서, 미납국세, 상가건물 확정일자 현황 등을 확인하는 것이 좋습니다 ※ 미납국세·선순위확정일자 현황 확인방법은 "별지"참조	

이어서 계약내용을 검토합니다. 임대차기간과 임차목적, 사용·관리·수선에 대한 내용 및 계약의 해제, 채무부일이행과 손해배상, 계약의 해지, 계약의 종료, 비용의 정산과 관련된 내용들을 모두 꼼꼼하게 검토해야 합니다. 계약내용 본문에 없지만 중요한 사항은 특약사항에 기재합니다.

계약내용

제2조(임대차기간) 임대인은 임차 상가건물을 임대차 목적대로 사용·수익할 수 있는 상태로 ______년 ____월 ___일까지 임차인에게 인도하고, 임대차기간은 인도일로부터 ______년 ______월 ______일까지로 한다.

제3조(임차목적) 임차인은 임차 상가건물을 ______(업종)을 위한 용도로 사용한다.

제4조(사용·관리·수선) ① 임차인은 임대인의 동의 없이 임차 상가건물의 구조·용도 변경 및 전대나 임차권 양도를 할 수 없다.

② 임대인은 계약 존속 중 임차 상가건물을 사용·수익에 필요한 상태로 유지하여야 하고, 임차인은 임대인이 임차 상가건물의 보존에 필요한 행위를 하는 때 이를 거절하지 못한다.

③ 임차인이 임대인의 부담에 속하는 수선비용을 지출한 때에는 임대인에게 그 상환을 청구할 수 있다.

제5조(계약의 해제) 임차인이 임대인에게 중도금(중도금이 없을 때는 잔금)을 지급하기 전까지, 임대인은 계약금의 배액을 상환하고, 임차인은 계약금을 포기하고 계약을 해제할 수 있다.

제6조(채무불이행과 손해배상) 당사자 일방이 채무를 이행하지 아니하는 때에는 상대방은 상당한 기간을 정하여 그 이행을 최고하고 계약을 해제할 수 있으며, 그로 인한 손해배상을 청구할 수 있다. 다만, 채무자가 미리 이행하지 아니할 의사를 표시한 경우의 계약해제는 최고를 요하지 아니한다.

제7조(계약의 해지) ① 임차인은 본인의 과실 없이 임차 상가건물의 일부가 멸실 기타 사유로 인하여 임대차의 목적대로 사용, 수익할 수 없는 때에는 임차인은 그 부분의 비율에 의한 차임의 감액을 청구할 수 있다. 이 경우에 그 잔존부분만으로 임차의 목적을 달성할 수 없는 때에는 임차인은 계약을 해지할 수 있다.

② 임대인은 임차인이 3기의 차임액에 달하도록 차임을 연체하거나, 제4조 제1항을 위반한 경우 계약을 해지할 수 있다.

제8조(계약의 종료와 권리금회수기회 보호) ① 계약이 종료된 경우에 임차인은 임차 상가건물을 원상회복하여 임대인에게 반환하고, 이와 동시에 임대인은 보증금을 임차인에게 반환하여야 한다.

② 임대인은 임대차기간이 끝나기 3개월 전부터 임대차 종료 시까지 「상가건물임대차보호법」 제10조의4제1항 각 호의 어느 하나에 해당하는 행위를 함으로써 권리금 계약에 따라 임차인이 주선한 신규임차인이 되려는 자로부터 권리금을 지급받는 것을 방해하여서는 아니 된다. 다만, 「상가건물임대차보호법」 제10조제1항 각 호의 어느 하나에 해당하는 사유가 있는 경우에는 그러하지 아니하다.

③ 임대인이 제2항을 위반하여 임차인에게 손해를 발생하게 한 때에는 그 손해를 배상할 책임이 있다. 이 경우 그 손해배상액은 신규임차인이 임차인에게 지급하기로 한 권리금과 임대차 종료 당시의 권리금 중 낮은 금액을 넘지 못한다.

④ 임차인은 임대인에게 신규임차인이 되려는 자의 보증금 및 차임을 지급할 자력 또는 그 밖에 임차인으로서의 의무를 이행할 의사 및 능력에 관하여 자신이 알고 있는 정보를 제공하여야 한다.

제9조(재건축 등 계획과 갱신거절) 임대인이 계약 체결 당시 공사시기 및 소요기간 등을 포함한 철거 또는 재건축 계획을 임차인에게 구체적으로 고지하고 그 계획에 따르는 경우, 임대인은 임차인이 상가건물임대차보호법 제10조 제1항 제7호에 따라 계약갱신을 요구하더라도 계약갱신의 요구를 거절할 수 있다.

제10조(비용의 정산) ① 임차인은 계약이 종료된 경우 공과금과 관리비를 정산하여야 한다.

② 임차인은 이미 납부한 관리비 중 장기수선충당금을 소유자에게 반환 청구할 수 있다. 다만, 임차 상가건물에 관한 장기수선충당금을 정산하는 주체가 소유자가 아닌 경우에는 그 자에게 청구할 수 있다.

제11조(중개보수 등) 중개보수는 거래 가액의 ________% 인 ____________원(부가세 □ 불포함 □ 포함)으로 임대인과 임차인이 각각 부담한다. 다만, 개업공인중개사의 고의 또는 과실로 인하여 중개의뢰인간의 거래 행위가 무효·취소 또는 해제된 경우에는 그러하지 아니하다.

제12조(중개대상물 확인·설명서 교부) 개업공인중개사는 중개대상물 확인·설명서를 작성하고 업무보증관계증서(공제증서 등) 사본을 첨부하여 임대인과 임차인에게 각각 교부한다.

특약사항에 기재되는 내용은 계약내용 본문에 없는 내용들입니다. 입주 전 수리·개량, 임대차 기간 중 수리 및 개량, 인테리어, 관리비 등이 대표적입니다.

계약내용

[특약사항]

① 입주전 수리 및 개량, ②임대차기간 중 수리 및 개량, ③임차 상가건물 인테리어, ④ 관리비의 지급주체, 시기 및 범위, ⑤귀책사유 있는 채무불이행 시 손해배상액예정 등에 관하여 임대인과 임차인은 특약할 수 있습니다

마지막으로 임대인·임차인·공인중개사의 인적사항입니다. 임대인, 임차인의 주소·주민등록번호를 신분증과 비교해야 합니다. 특히, 임차인은 임대인의 등기사항전부증명서상 주소·주민등록번호

를 신분증과 꼼꼼하게 비교하는 것이 중요합니다.

계약내용

임대인	주소							서명 또는 날인㊞
	주민등록번호(법인등록번호)			전화		성명(회사명)		
	대리인	주소		주민등록번호		성명		
임차인	주소							서명 또는 날인㊞
	주민등록번호(법인등록번호)			전화		성명(회사명)		
	대리인	주소		주민등록번호		성명		
개업공인중개사	사무소소재지			사무소소재지				
	사무소명칭			사무소명칭				
	대표	서명 및 날인	㊞	대표	서명 및 날인	㊞		
	등록번호		전화	등록번호		전화		
	소속공인중개사	서명 및 날인	㊞	소속공인중개사	서명 및 날인	㊞		

짤TIP

2018년 10월 16일 개정 상가건물임대차보호법이 공포되었습니다. 주요 내용을 보면 다음과 같습니다.

첫째, 계약갱신 요구권이 종전 5년에서 10년으로 연장되었습니다. 이에 따라 상가임차인들의 영업권이 종전보다 더 안정적으로 보호받을 수 있게 되었습니다.

둘째, 상가임차인의 권리금 회수 보호기간이 종전 계약 만료 3개월 전부터 만료시까지에서 계약 만료 6개월 전부터 만료시까지로 연장되었습니다. 상가임차인들이 종전보다 더 쉽게 권리금을 회수할 수 있는 길이 열렸습니다.

셋째, 권리금 보호대상에 대규모점포인 '전통시장'의 상가임차인도 포함하였습니다.

상가 구입 시 고려해야 할 세금은?

상가를 구입하는 목적은 임대수익을 창출하기 위해서입니다. 우리나라 세법은 소득이 발생하는 곳에 세금을 부과합니다. 따라서 임대수익이 발생한다면 세금 납부의무도 발생하는 것이죠. 뿐만 아니라 구입할 때는 취득세를, 보유중일 때는 보유세, 소득세, 부가가치세를 매각할 때는 양도소득세를 각각 부담하게 됩니다. 상가를 구입하기에 앞서 특히 세금을 고려해야 하는 이유입니다.

상가를 구입할 때 부담해야 하는 세금은?

상가를 구입하면 취득세를 납부해야 합니다. 상가는 합계세율이 4.6%입니다. 취득세율 4%에 농어촌특별세 0.2%, 지방교육세 0.4%가 더해져 계산되죠.

취득세 과세표준과 세율(신축 제외)

구분			취득세	농어촌 특별세	지방교육세	합계세율
종류	가액	면적				
주택	6억 이하	85㎡이하	1%	비과세	0.1%	1.1%
		85㎡초과	1%	0.2%	0.1%	1.3%
	6억 초과~ 9억 이하	85㎡이하	2%	비과세	0.2%	2.2%
		85㎡초과	2%	0.2%	0.2%	2.4%
	9억 초과	85㎡이하	3%	비과세	0.3%	3.3%
		85㎡초과	3%	0.2%	0.3%	3.5%
주택 이외(토지, 건물 등)			4%	0.2%	0.4%	4.6%
원시취득, 상속(농지 외)			2.8%	0.2%	0.16%	3.16%

부동산계산기(http://www.bugye.net/)를 활용해서 취득세를 계산하면 간편하게 취득세를 계산할 수 있죠. 가장 먼저 화면에서 '취득세'를 클릭합니다.

부동산계산기 홈페이지 화면

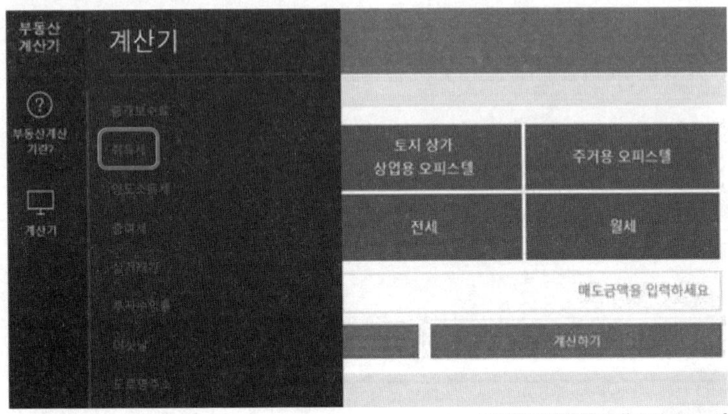

자료 : 부동산계산기(http://www.bugye.net/)

다음과 같은 선택 화면이 나타납니다. 여기서 토지·상가·오피스텔을 클릭한 후 취득가액을 입력합니다. 여기서는 취득가액이 1억 5,000만 원인 것으로 가정합니다. 이어서 계산하기를 클릭합니다.

부동산계산기에서 취득세 계산을 위한 입력 화면

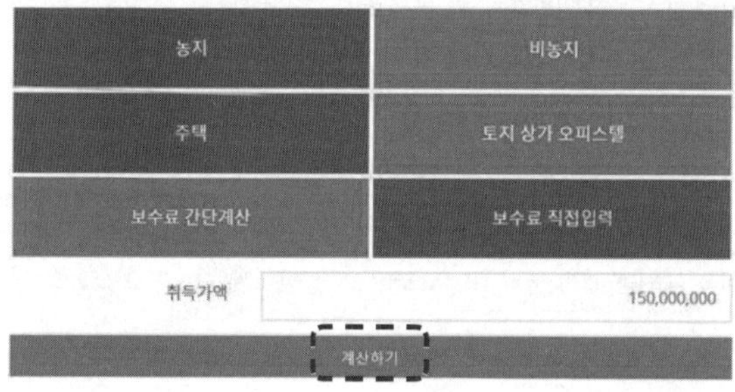

자료 : 부동산계산기(http://www.bugye.net/)

이제 취득세 계산결과를 확인할 수 있습니다. 취득세액 합계는 690만 원이네요. 물론 이 금액은 법무사사무소 비용 등이 포함되지 않은 것입니다.

취득세 계산 결과 화면

취득세 계산 결과

취득가액	150,000,000 원
취득세	6,000,000 원
(+)농어촌특별세	300,000 원
(+)지방교육세	600,000 원
(+)감면농특세	0 원
세액합계	6,900,000 원

자료 : 부동산계산기(http://www.bugye.net/)

그렇다면 법무사사무소 비용 등 제반비용을 고려하면 취득 시 지출해야 할 금액은 얼마나 될까요? 이 금액은 취득세 계산 바로 밑쪽에서 확인 가능합니다.

법무사보수와 그에 대한 부가세, 채권할인, 공부료, 증지대, 인지대 등 까지를 고려한 총 비용은 7,504,350원입니다.

취득세 관련 부대비용 계산 화면

아래부터 법무사 이용시 필요 금액의 합계이며, 정확한 금액은 거래하는 법무사를 통하여 확인하시길 바랍니다.

(+)법무사보수료	298,500 원
(+)부가세	29,850 원
(+)채권할인	102,000 원
(+)공부료	10,000 원
(+)증지대	14,000 원
(+)인지대	150,000 원
(+)추가경비	0 원
총합(기타 비용포함)	7,504,350 원

자료 : 부동산계산기(http://www.bugye.net/)

신축상가를 분양받을 때 납부하는 부가가치세

상가를 신규분양으로 취득하게 되면 부가가치세를 부담하게 됩니다. 상가는 토지부분과 건물부분으로 구성되어 있습니다. 그런데 토지는 부가가치세 부과대상이 아닙니다. 따라서 상가를 분양받을 경우 부가가치세는 전체가액에서 토지가액 부분을 제외하고 건물가액부분에 대해서만 계산하여 납부하게 됩니다. 예를 들어 총분양가액이 3억 원이고 이중 건물부분가액이 2억 원, 토지부분 가액이 1억 원이라고 할 경우 납부해야 하는 부가가치세는 2억 원의 10%인 2,000만 원이 되는 것이죠.

송분양가액	=	건물부분 가액	+	토지부부 가액
3억 원	=	2억 원	+	1억 원
부가가치세	=	2억 원 × 10%	+	0
	=	2,000만 원		

물론 건물분 부가가치세 2,000만 원은 임대사업자 등록을 통해 환급받을 수 있습니다. 상가를 분양받은 후 즉시 임대사업자등록을 하고 그 서류를 분양시행사에 제출하면 세금계산서를 발행해주죠. 이 세금계산서를 세무서에 신고한 후 환급절차를 진행하면 깔끔하게 부가가치세를 환급받을 수 있습니다.

상가 보유 시 고려해야 할 세금은?

상가를 보유할 경우에도 세금을 납부하게 됩니다. 보유함에 따라 발생하는 보유세인 재산세, 종합부동산세와 임대수익에 대한 종합소득세, 월세 등에 대하 부가가치세 등입니다.

상가 보유세는?

상가를 보유세는 상가를 보유하면 무조건 납부의무가 있는 세금입니다. 보유세는 지방세인 재산세와 국세인 종합부동산세로 구분됩니다.

먼저 상가의 재산세는 매년 6월 1일 현재 상가건물을 소유하고 있는 사람에게 납세의무가 있습니다. 연 2회로 나누어서 건물분은 7월 31일까지. 토지분은 9월 30일까지 납부합니다. 참고로 재산세는 시·군·구에서 고지합니다.

재산세는 과세표준에 세율을 곱하여 계산할 수 있습니다. 이때 과세표준은 다음과 같이 계산됩니다.

건물 종류별 재산세 과세표준

구분	과세대상	시가표준액	재산세 과세표준
주택분	주택과 부속토지	주택공시가격	시가표준액 ×공정시장가액비율(60%)
건물분	일반건물	건물신축가격기준액 × 적용지수 ×잔가율×면적×가감산특례	시가표준액 ×공정시장가액비율(70%)
토지분	종합합산토지 별도합산토지	개별공시지가×면적(㎡)	시가표준액 ×공정시장가액비율(70%)

과세표준에 세율을 곱하면 재산세가 얼마인지 알 수 있습니다. 세율은 다음과 같습니다.

과세대상별 재산세 세율표

<table>
<tr><th>과세대상</th><th>과세표준</th><th>세율</th><th>누진공제</th><th>비고</th></tr>
<tr><td rowspan="4">주택</td><td>6천만 원 이하</td><td>0.10%</td><td>-</td><td rowspan="4">단, 별장은 4.0%</td></tr>
<tr><td>1억 5천만 원 이하</td><td>0.15%</td><td>-3만 원</td></tr>
<tr><td>3억 원 이하</td><td>0.25%</td><td>-18만 원</td></tr>
<tr><td>3억 원 초과</td><td>0.40%</td><td>-63만 원</td></tr>
<tr><td rowspan="3">건축물</td><td>골프장·고급오락장</td><td>4.0%</td><td>-</td><td rowspan="3">*과밀억제권역 내 공장의 신·증설시 5년간 1.25%</td></tr>
<tr><td>공장용 건축물</td><td>0.50%</td><td>-</td></tr>
<tr><td>기타 건축물</td><td>0.25%</td><td>-</td></tr>
</table>

토지	종합합산과세	5천만 원 이하	0.20%	-
		1억 원 이하	0.30%	-5만 원
		1억 원 초과	0.50%	-25만 원
	별도합산과세	2억 원 이하	0.20%	-
		10억 원 이하	0.30%	-20만 원
		10억 원 초과	0.40%	-120만 원
	분리과세 기타토지	전·답·과수원 목장용지 및 임야	0.07%	
		골프장 및 고급오락장용 토지	4.0%	
		위 이외의 토지	0.20%	

이제 상가의 재산세를 건물분과 토지분을 계산할 수 있습니다.

건물분은 과세표준에 세율을 곱하고 토지분 역시 과세표준에 세율을 곱해서 계산됩니다.

과세표준은 위 표에 있는 것처럼

건물분은 '시가표준액 × 공정시장가액비율(70%)'

토지분은 '시가표준액 × 공정시장가액비율(70%)'로 계산할 수 있죠.

예를 들어 건물부분의 시가표준액이 1억 원인 경우 재산세를 계산하면 다음과 같습니다.

과세표준 = 시가표준액 × 공정시장가액 비율(70%)

= 1억 원 × 0.7

= 7,000만 원

재산세 = 과세표준 × 세율(0.25%)

= 7,000만 원 × 0.25%

= 175,000원

또 다른 보유세인 종합부동산세는 지방세인 재산세와 달리 국세입니다. 과세기준일인 6월1일 현재 국내에 소재한 재산세 과세 대상인 주택 및 토지를 유형별로 구분하여 인별 합산 결과 공시가액의 합계액이 각 유형별 공제금액을 초과하는 경우 그 초과분에 대하여 과세되는 세금으로 매년 12월1일 ~ 12월 15일까지 납부하게 됩니다. 따라서 납세의무자는 매년 6월1일 현재 소유자입니다.

종합부동산세의 과세표준은 다음과 같이 계산됩니다.

종합부동산세 과세표준 = (공시가격 - 공제액) × 공정시장가액비율

단, 공제액은 주택 6억 원(1세대 1주택 9억 원), 종합합산토지 5억 원, 별도합산토지 80억 원

다음으로 종합부동산세의 세율은 과세대상별로 다음과 같습니다.

과세대상별 종합부동산세 세율표

과세대상	과세표준	세율	비고
종합합산토지 (나대지, 잡종지 등)	15억 원 이하	1.0%	-
	15억 원~45억 원 이하	2.0%	-
	45억 원 초과	3.0%	-
별도합산토지	200억 원 이하	0.5%	-
	200억 원~400억 원 이하	0.6%	-
	400억 원 초과	0.7%	-

종합부동산세는 국세청에서 부과·징수합니다.

임대수익에 대한 세금은?

상가를 보유하면서 임대수익이 발생할 경우 임대수익에 대한 납세 의무가 발생하는데요. 임대료 수입금액은 순수임대료, 관리비, 간주임대료로 구성됩니다.

임대료 수입금액 = 순수임대료 + 관리비 + 간주임대료

임대수익에 대한 세금계산을 이해하기 위해 국세청에서 제공하는 사례를 보시죠.

[임대업 씨의 임대현황]

- 임대기간 2018년 1월 1일 ~ 12월 31일
- 월세수입 5,000,000원
- 월 관리비수입 1,000,000원
- 임대보증금 5억 원
- 상가취득가액(건물분) 2억 원
- 건물기준시가 5천만 원
- 1년 만기 정기예금 이자율 1.8%
- 임대보증금의 은행예금 이자 18,500,000원
- 인건비 등 필요경비 합계액 30,000,000원(주요경비 1,500만 원)
- 가족상황 처와 미성년자 자녀 2명
- 기준경비율 14.3%(2017년 귀속)

부동산 임대소득에 대한 세금을 신고하는 방법은 추계로 신고하는 방법과 기장하는 경우로 세분됩니다. 직전년도 직전과세기간의 수입금액이 4,800만 원 이상이 되면 반드시 기장을 해야 합니다.

각각의 경우로 나누어 임대수익에 대한 소득세액을 계산해 보죠.

● 기장에 의하여 소득금액을 계산하는 경우

▷ 수입금액 = 임대료 + 관리비 + 간주임대료

• 임대료수입 = 5,000,000원 × 12월 = 60,000,000원

• 관리비수입 = 1,000,000원 × 12월 = 12,000,000원

• 간주임대료 = (임대보증금 - 건물취득가액) × 정기예금이자율 - 임대보증금의 은행예금이자 = (5억 원 - 2억 원) × 1.8% - 18,500,000원

= 0

∴ 총수입금액 = 60,000,000원 + 12,000,000원 + 0원

= 72,000,000원

▷ 소득금액 = 72,000,000원 - 30,000,000원 (필요경비 합계액)

= 42,000,000원

▷ 과세표준 = 42,000,000원 - * 6,000,000원 (소득공제 : 가정치)

= 36,000,000원

▷ 소득세액 = 36,000,000원 × 15% - 1,080,000원 (누진공제)

= 4,320,000원

● 추계에 의하여 소득금액을 계산하는 경우(기준 경비율 추계)

▷ 수입금액 = 임대료 + 관리비 + 간주임대료

• 임대료수입 = 5,000,000원 × 12월

= 60,000,000원

• 관리비수입 = 1,000,000원 × 12월 = 12,000,000원

• 간주임대료 = 임대보증금 × 정기예금이자율

= 5억 원 × 1.8% = 9,000,000원

∴ 총수입금액 = 60,000,000원 + 12,000,000원 + 9,000,000원

= 81,000,000원

▷ 소득금액 = 수입금액 - 주요경비 - (수입금액 × 기준경비율)

= 81,000,000원 - 15,000,000원 - (81,000,000 × 14.3%)

= 54,417,000원

▷ 과세표준 = 54,417,000원 - 6,000,000원 (소득공제)

= 48,417,000원

▷ 소득세액 = (48,417,000원×24% - 5,220,000원) × (1+20%)

= 7,680,096원

(소득공제 600만 원, 무기장가산세 20% 적용)

위의 사례에서 보는 바와 같이, 기장에 의하여 소득금액을 계산하면 기장을 하지 않은 경우에 비하여 훨씬 세금이 절약됩니다. 임대소득이 크다면 절세 폭도 커질 것입니다.

월세 등에 대한 부가가치세는?

임대인이 임차인에게 월세를 받을 때 부가가치세를 받아서 이를 납부해야 하는 의무가 있습니다. 월세가 100만 원이라고 할 때 월세의 10%인 10만 원을 더 받아 이를 부가가치세로 신고·납부해야 한다는 뜻이죠.

짤TIP

조세특례제한법 제96조의2(상가건물 장기 임대사업자에 대한 세액감면)

① 해당 과세연도의 부동산임대업에서 발생하는 수입금액(과세기간이 1년 미만인 과세연도의 수입금액은 1년으로 환산한 총수입금액을 말한다)이 7천 5백만 원 이하인 내국인이 2021년 12월 31일 이전에 끝나는 과세연도까지 다음 각 호의 요건을 모두 충족하는 임대사업(이하 이 조에서 "상가건물임대사업"이라 한다)을 하는 경우에는 해당 과세연도의 상가건물임대사업에서 발생한 소득에 대한 소득세 또는 법인세의 100분의 5에 상당하는 세액을 감면한다.

1. 「상가건물 임대차보호법」 제2조제1항에 따른 상가건물을 「소득세법」 제168조 및 「부가가치세법」 제8조에 따라 사업자등록을 한 개인사업자(이하 이 조에서 "임차인"이라 한다)에게 대통령령으로 정하는 바에 따라 영업용 사용을 목적으로 임대할 것
2. 해당 과세연도 개시일 현재 동일한 임차인에게 계속하여 임대한 기간이 5년을 초과할 것
3. 동일한 임차인에 대한 해당 과세연도 종료일 이전 2년간의 연평균 임대료 인상률이 「상가건물 임대차보호법」 제11조제1항에 따른 차임 또는 보증금의 증액 청구기준 이내에서 대통령령으로 정하는 비율 이내일 것

② 제1항에 따라 소득세 또는 법인세를 감면받으려는 자는 대통령령으로 정하는 바에 따라 세액의 감면을 신청하여야 한다.

③ 제1항을 적용할 때 임대한 기간 및 연평균 임대료 인상률의 계산방법, 세액감면의 신청, 그 밖에 필요한 사항은 대통령령으로 정한다.[본조신설 2018. 10. 16.]

☞ 상가의 임대수익이 연간 7,500만 원 이하인 내국인에게 3가지 요건을 충족하는 경우 2021년까지 임대사업으로 과세되는 소득세 또는 법인세액의 5%를 줄여주는 내용입니다.

상가 처분 시 고려해야 할 세금은?

상가를 처분할 경우 고려해야 하는 세금은 양도소득세가 대표적입니다. 양도소득세는 취득시점과 매각시점의 시세차익에 대해 납부하는 세금입니다. 즉, 토지·건물 등 부동산을 양도함으로써 발생하는 소득이 과세대상인 세금이 바로 양도소득세입니다. 양도소득세는 신고·납부를 합니다. 부동산을 양도한 양도일이 속하는 달의 말일부터 2개월 이내에 양도자의 주소지관할 세무서에 (예정)신고·납부하는 것이 원칙입니다.

지역별·종류별 양도소득세 세율은 어떻게 되나?

양도소득세는 부동산 가격을 안정화시키기 위해 적용되고 있는 각종 부동산 규제여파로 규제지역과 부동산 종류, 보유기간 등에 따라 그 세율을 달리 정하고 있습니다. 다음은 상가건물에 적용되는 양도소득세 세율입니다.

지역별·종류별 양도소득세율

보유기간	과세표준	일반지역		투기지역	조정지역	누진공제
		건물·토지 분양권	비사업용 토지 (임야)	비사업용 토지 (임야)	건물·토지	
1년 미만	과세불문	50%	50%	50%	50%	-
2년 미만	과표불문	40%	40%	40%	40%	
2년 이상	1,200만 원 이하	6%	16%	26%	6%	-
	4,600만 원 이하	15%	25%	35%	15%	108만 원
	8,800만 원 이하	24%	34%	44%	24%	522만 원
	1.5억 원 이하	35%	45%	55%	35%	1,490만 원
	3억 원 이하	38%	48%	58%	38%	1,940만 원
	5억 원 이하	40%	50%	60%	40%	2,540만 원
	5억 원 초과	42%	52%	62%	42%	3,540만 원

양도소득세 계산구조는 어떻게 되나?

양도소득세는 계산구조를 이해하면 개략적으로 계산이 가능합니다. 다음은 양도소득세 계산구조이니 참고하시기 바랍니다.

양도소득세 계산구조

양도가액	☞부동산 실제 매매금액
- 취득가액	☞실제 취득가액
- 필요경비	☞설비비, 계량비, 자본적지출, 양도비
= 양도차익	☞양도가액 - 취득가액 - 필요경비
- 장기보유특별공제	☞양도차익 × 보유기간별 공제율
= 양도소득금액	☞양도차익 - 장기보유특별공제

- 기본공제	☞인별·자산별 연간 250만원
= 과세표준	☞양도소득금액 - 양도소득기본공제
× 세율	☞양도소득세율
= 산출세액	☞양도소득세 과세표준 × 양도소득세율 - 누진공제액
- 세액공제·감면	☞세액공제·감면 적용액
= 자진납부할 세액	☞산출세액 - 세액공제 - 감면세액

이제 마지막으로 장기보유특별공제와 관련된 사항만 확인하면 개략적으로 양도소득세 계산구조를 이해할 수 있습니다. 다음은 장기보유특별공제 관련 규정입니다.

양도소득세 장기보유특별공제

보유기간	다주택자·토지·건물·입주권
3년 이상 4년 미만	6%
4년 이상 5년 미만	8%
5년 이상 6년 미만	10%
6년 이상 7년 미만	12%
7년 이상 8년 미만	14%
8년 이상 9년 미만	16%
9년 이상 10년 미만	18%
10년 이상 11년 미만	20%
11년 이상 12년 미만	22%
12년 이상 13년 미만	24%
13년 이상 14년 미만	26%
14년 이상 15년 미만	28%
15년 이상	30%

위와 같은 과정을 거쳐 양도소득세가 계산됩니다. 그런데 양도

소득세 계산은 사실 어려운 부분이 있습니다. 그래서 위와 같은 과정으로 개략적인 내용을 확인한 후 국세청 홈택스 홈페이지(www.hometax.go.kr) 접속해 도움을 받으시는 것이 좋습니다.

국세청 홈택스 양도소득세 종합 포털

자료 : 국세청 홈택스(www.hometax.go.kr)

짤TIP

양도소득세 필요경비는 취득가액, 자본적지출액, 양도비로 세분됩니다. 취득가액은 말 그대로 실제로 부동산을 취득한 가액을 말하고 자본적 지출액은 용도를 변경하거나 이용편의 증진, 자산가치 증진에 소요된 비용, 취득 후 소송비용, 도로시설비 등 기타비용을 말하며 양도비는 공인중개사 중개수수료, 법무사 보수, 국민주택채권 할인비용 등을 의미합니다.

Chapter 8

토지투자 성공을 위한 20가지 필수지식

01 토지를 매입할 때 고려해야 할 조건들!
02 토지 매입 프로세스를 미리 그려 보자!
03 토지 매입 전 발품이 필수다!
04 토지 매입 전 반드시 참고해야 할 토지이용규제정보서비스 인터넷사이트!
05 용도지역은 알고 토지를 구입하고 있는 거 맞죠?
06 땅이라고 모두 집을 지을 수 있는 것은 아니다!
07 땅값의 다양한 이름 : 표준지공시지가, 개별공시지가, 실거래가, 과세시가표준액!
08 '토지의 특성'을 나타내는 용어는 알고 계신가요?
09 개발제한구역(그린벨트)을 읽으면 돈이 보인다!
10 토지투자는 도시계획을 고려해야 한다!
11 도시기본계획으로 개략적인 토지투자 유망지역 분석하는 방법!
12 토지이용계획확인원은 땅의 주인등록증이다!
13 땅을 구입할 때 중요한 지적도!
14 개인 간에 땅을 사고팔 때도 허가를 받아야 하는 토지거래허가구역!
15 농지라고 다 같은 농지가 아니다!

16 농지를 구입하기 전 무조건 체크하자 : 농지은행 통합포털!

17 산지 구입 전에 반드시 참고해야 할 산지정보시스템!

18 산지도 급이 다른 산지가 있다!

19 농지전용, 산지전용이란?

20 땅 매입은 땅 소재지 공인중개사의 도움을 받는 것이 좋다!

토지를 매입할 때 고려해야 할 조건들!

토지는 다른 어떤 부동산 보다 구입하기 어렵습니다. 각종 공법상 규제가 많은 데다 눈으로 보이는 것이 전부가 아닌 경우가 허다하기 때문입니다. 기획부동산이나 각종 토지사기에 속아 손해를 보는 경우가 많은 이유도 투자대상인 토지분석이 그만큼 어렵다는 것에서 찾을 수 있습니다.

토지매입 시 꼭 고려해야 할 7가지 핵심 포인트

토지를 매입할 때 반드시 고려해야 할 7가지 핵심 포인트가 있습니다. 이 7가지 핵심 포인트만 잘 기억해둬도 적어도 망하는 토지를 매입하는 실수는 범하지 않을 것입니다.

첫째, 권리관계가 깨끗한 부동산을 매입하자!

종종 시세보다 저렴한 부동산이 매물로 나왔다는 정보를 접하게 됩니다. 이른바 급매물이죠. 그런데 급매물이라는 이유로 쫓기듯이 서둘러 매매계약을 체결하다 보면 정작 등기사항전부증명서를 통해 확인해야 하는 권리관계를 제대로 확인하지 못해 온전한 소유권을 확보하지 못하거나 소유권 관련 법적분쟁에 휘말리게 되는 경우가 발생할 수 있습니다.

둘째, 매입 대상 토지와 관련된 공법상 제약요인들을 확인하자!

토지를 매입하는 목적은 다양합니다. 하지만 모든 토지를 자신이 원하는 대로 활용할 수는 없습니다. 각각의 토지는 그에 적합한 용도가 공법으로 규정되어 있기 때문입니다. 그래서 주거지역에는 주택을 건축할 수 있지만 산지 그 중에서도 보전산지는 특별한 경우가 아닌 이상 주택을 건축할 수 없죠. 따라서 공법상 제약요인들을 반드시 확인한 후 토지를 매입해야 하는 것이죠.

셋째, 토지가 갖고 있는 자연적 조건을 확인하자!

토지는 저마다 서로 다른 자연적 조건을 갖고 있습니다. 지질이 습한 토지, 마른 토지도 있고, 방향이 남향, 동향, 서향, 북향 토지도 있으며, 도로보다 높은 토지, 낮은 토지도 있고 주변지역에 비해 튀는 토지도 있고 조화를 이루는 토지도 있습니다. 이렇듯 각각의 토지가 갖고 있는 자연적 조건들을 확인해야 합니다.

넷째, 내 눈으로 직접 확인하자!

토지를 잘 구입하고 잘 처분하는 사람들이 보이는 공통적 특징이 있습니다. 언제나 발품을 중요하게 생각한다는 점이죠. 실제로 발품을 팔아 현장조사를 충분히 하기만 해도 특정 토지의 장점과 단점을 확인할 수 있습니다. 그렇기 때문에 내 눈으로 직접 확인하는 것이 중요한 것입니다.

다섯째, 긴 호흡으로 매입하자!

토지는 개발호재나 향후 잠재력 때문에 토지를 매입하는 경우가 많습니다. 매입시점부터 원하는 시점에 도달하기까지 꽤 긴 시간이 소요된다는 뜻이죠. 물론 토지를 매입한 후 즉시 주택이나 펜션을 건축하는 경우도 있습니다. 하지만 대부분은 오랜 시간이 소요됩니다. 따라서 과도한 대출을 끼고 매입하거나 단기 시세차익을 목적으로 토지를 매입하는 것은 큰 실패의 원인이 되기 쉽습니다.

여섯째, 매입할 때부터 매각할 때를 감안하자!

토지가 갖는 가장 큰 단점 가운데 하나는 아파트 같은 부동산에 비해 처분가능성이 떨어진다는 점입니다. 이를 가리켜 환금성이라고 하죠. 토지를 매입한 후 사정이 생겨 급히 매각을 해야 하는데 쉽사리 처분이 되지 않는다면 어떻게 될까요? 엄청난 손실을 감수하고서라도 처분해야하는 상황에 내몰리지 않을 것이라고 누가 장담할 수 있을까요? 매입할 때부터 매각할 때를 감안해 토지를 매입한다면 혹시라도 있을지도 모르는 급한 사정이 닥쳐도 손실을 최소화할 수 있을 것입니다.

일곱째, 자기 자신을 과신하지 말자!

몇 번 부동산 매입과 매각에 성공하면 보통 자신을 과대평가하게 됩니다. "다른 사람은 몰라도 나는 된다."는 생각을 갖게 되는 것이죠. 하지만 토지를 매입할 때 자기 과신은 매우 위험합니다. 다른 부동산과 달리 복잡하고 어려운 것이 토지매입이기 때문입니다. 그렇기 때문에 토지전문가의 도움을 받는 것이 좋습니다. 이것이 어렵다면 가능한 한 여러 사람의 의견을 경청해야 합니다. 실패위험을 줄일 수 있는 가장 좋은 방법이기 때문이죠.

짤TIP

토지는 매매가격의 적정성 여부를 확인하는 것이 어렵습니다. 비슷한 곳에 있는 토지라 할지라도 도로조건, 향, 인근지역의 개발상황, 개발 호재요인 등 다양한 변수에 의해 가격이 달라지기 때문이죠. 그렇기 때문에 적정시세를 확인하기 위한 노력을 게을리 해서는 안 됩니다.

토지 매입 프로세스를 미리 그려 보자!

다른 부동산을 매입하는 경우와 마찬가지로 토지를 매입하기에 앞서 토지 매입과 관련된 절차들을 충분히 숙지해 두는 것이 중요합니다. 이 과정을 통해 다양한 위험요인들을 사전에 제거할 수 있기 때문입니다. 특히, 토지는 임장의 중요성이 그 어떤 부동산보다 크다고 할 수 있습니다. 그만큼 꼼꼼하게 매입 프로세스를 그려 두는 것이 중요하다는 것이죠.

토지 매입 프로세스는 어떻게 되나?

토지는 아파트나 상가처럼 심리적으로 거리가 가까운 부동산은 아닙니다. 아파트나 상가를 매입하기 원하는 사람들은 보통 자신들이 잘 아는 지역이나 거주하고 있는 지역에서 가까운 곳에 있는 것을 구입하는 데 비해 토지는 많이 다르기 때문입니다. 그렇기 때문에 매입 프로세스를 잘 이해한 후 토지 매입을 준비하는 것이 중요한 것입니다.

그렇다면 토지 매입 프로세스는 어떻게 될까요? 다음의 그림은 토지 매입 프로세스를 간략히 제시한 것입니다.

토지 매입 프로세스

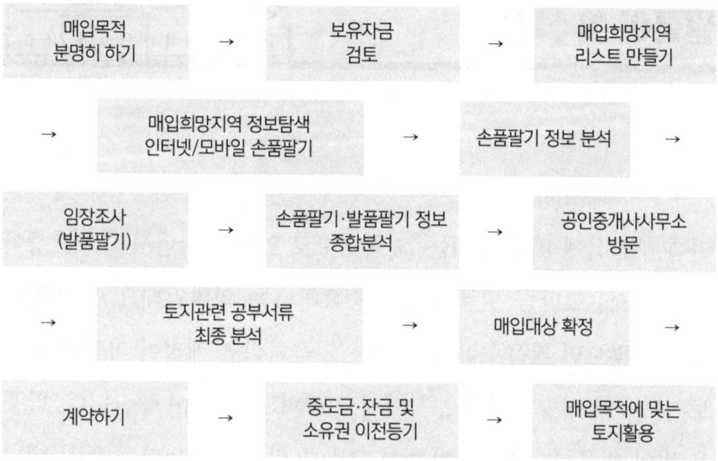

매입목적 분명히 하기 → 보유자금 검토 → 매입희망지역 리스트 만들기 → 매입희망지역 정보탐색 인터넷/모바일 손품팔기 → 손품팔기 정보 분석 → 임장조사 (발품팔기) → 손품팔기·발품팔기 정보 종합분석 → 공인중개사사무소 방문 → 토지관련 공부서류 최종 분석 → 매입대상 확정 → 계약하기 → 중도금·잔금 및 소유권 이전등기 → 매입목적에 맞는 토지활용

짤TIP

좋은 토지를 보는 안목은 단시일에 갖춰지는 것이 아닙니다. 꾸준히 공부하고 손품·발품을 팔아야만 비로소 토지를 보는 안목이 생기죠. 특히, 토지는 임장(현장답사)가 중요합니다. 토지의 이용현황, 지세, 지질, 개발현황이나 개발 잠재력 등과 같은 정보들은 임장활동을 통하지 않고서는 결코 획득할 수 없기 때문입니다. 그렇기 때문에 토지는 임장으로 시작해 임장으로 끝난다는 말이 있는 것입니다.

토지 매입 전 발품이 필수다!

다른 부동산에 비해 토지는 그 특성으로 인해 현장답사의 중요성이 매우 크죠. 그만큼 발품팔기가 중요하다는 의미인데요. 발품팔기 횟수는 많으면 많을수록 좋습니다. 가능하다면 계절이 바뀜에 따라 토지모습이 어떻게 변하는지까지도 살펴 보는 것이 좋습니다. 발품을 팔아 얻을 수 있는 정보들이 그만큼 많이 축적된다는 뜻일 테니까요.

피가 되고 살이 되는 발품 노하우

발품을 잘 팔아야 돈 되는 정보를 얻을 수 있습니다. 무작정 저돌적으로 발품을 팔수도 있지만 투자 대비 효율성이 떨어진다는 단점이 있죠. 그렇기 때문에 발품 노하우를 잘 익혀 두는 것이 효율적인 발품팔기에 중요하다고 할 수 있는 것입니다.

첫째, 투자자금을 확정하고 발품지역을 선정하자.

토지를 매입하는 경우 가용 가능한 매입자금의 규모를 미리 점검해야 합니다. 주택이나 상가 역시 마찬가지죠. 하지만 토지는 보다 더 엄격하게 매입자금의 규모와 성격을 따져 보아야 합니다. 매입시점부터 매각시점까지 소요기간이 길고 여타 부동산에 비해 환금성이 떨어진다는 특성을 감안해야 하기 때문입니다. 뿐만 아니라 매입자금의 규모와 성격을 먼저 확정하게 되면 그 조건에 부합되는 토지로 발품지역을 선정할 수 있다는 장점이 있습니다.

둘째, 발품을 팔 지역의 범위를 좁혀 보자.

토지를 처음 매입하는 경우 의욕이 앞서 이곳 저곳 닥치는 대로 손품을 팔고 임장조사(현장답사 혹은 임장조사라고도 함)를 하게 됩니다. 임장조사를 하면 할수록 다양한 정보를 습득하고 토지에 대해 모르는 내용을 배울 수 있어 분명 긍정적인 측면이 있습니다. 하지만 임장조사, 즉, 발품을 팔 지역을 그때 그때 개발호재를 따라 충청도에서 경상남도로 다시 전라남도로 갔다 경기도로 답사는 가는 식이 되면 체계적이고 종합적인 정보를 습득하기 어려워 임장조사의 효과가 반감되기 마련이죠. 그렇기 때문에 임장조사를 할 경우 가급적 지역범위를 좁히는 것이 좋습니다. 한 곳을 방문하더라도 심도있고 의미 있는 정보를 확보하는 것이 중요하기 때문이죠.

셋째, 가급적 많은 공인중개사사무소를 방문해 발품 팔 토지에 대한 정보를 얻자.

현장답사를 하고 난 후 절대로 빠트려서는 안 될 중요한 절차가 있습니다. 토지 인근에 있는 공인중개사사무소에 들러 해당 토지 주변의 현황과 개발호재 및 미래 개발 잠재력 등과 관련된 소식들을 경청하는 것입니다. 공인중개사는 해당 부동산이 소재하는 지역의 부동산전문가들입니다. 가장 현실적이고 구체적인 날 것 그대로의 정보들을 갖고 있는 경우가 대부분입니다. 언론을 통해 알려지기도 전에 먼저 정보를 알고 있는 경우도 의외로 많습니다. 그렇기 때문에 현장답사 후 반드시 최소 3곳 이상의 공인중개사사무소를 들러 다양한 이야기를 나누고 현장전문가로부터 얻을 수 있는 정보들을 최대한 경청해야 합니다.

넷째, 토지는 계절을 가려서 보자.

토지는 계절별로 다른 모습을 보입니다. 임야(산지)를 예로 들어 보죠. 여름에는 숲이 우거져 본 모습을 제대로 관찰하기 어렵습니다. 반면에 겨울에는 나무 잎이 지고 형상이 제대로 드러나게 됩니다. 밭이나 논 역시 농사철부터 수확기인 가을까지는 편하게 답사하기 어려운 경우가 비일비재합니다. 그렇기 때문에 각 토지의 특성에 맞는 계절을 가려서 답사를 하는 것이 필요합니다.

짤TIP

우리나라는 기후변화 때문에 매년 큰 피해를 입고 있습니다. 실제로 매년 국지성 집중호우 여파로 지방하천에 인접한 도심지역에서의 피해가 증가하고 있는 실정입니다. 국토교통부가 나서서 최근 10년간 홍수피해 이력 및 규모, 홍수위험지도 및 각종 재해지도, 하천유역 수자원관리계획 상 치수 안전도 등 국가하천 지정을 위한 구체적 기준을 마련하여 시행하고 있는 이유도 바로 이 때문입니다. 그런데 기후변화와 홍수피해가 초래하는 부정적인 영향의 정도는 수도권에 비해 지방, 도심에 비해 비도심지역이 더 파악하기 어렵습니다. 이를 확인할 수 있는 가장 확실한 방법이 바로 발품팔기입니다. 발품팔기는 소홀히 해서는 안 되는 중요한 이유가운데 하나라고 할 수 있습니다.

토지 매입 전 반드시 참고해야 할 토지이용규제정보서비스 인터넷사이트!

토지 가격을 결정하는 변수는 다양합니다만 그 중 가장 중요한 변수를 하나만 손꼽는다면 단연코 공법상 이용규제라고 할 수 있습니다. 문제는 공법이 복잡해서 쉽게 이해하기 힘들다는 것이죠. 다행이 토지의 공법상 이용규제를 획기적으로 편리하게 검토할 수 있는 방법이 있습니다. 토지이용규제정보서비스(luris.molit.go.kr)를 이용하는 것입니다.

토지이용규제정보서비스(luris.molit.go.kr) 이렇게 활용하자!

토지를 구입하기에 앞서 먼저 토지이용규제정보서비스 홈페이지에 접속해 공법상 제한사항들을 검토해야 합니다. 다음은 토지이용규제정보서비스의 홈페이지 화면입니다. 여기서 분석하고자 하는 토지의 주소를 입력한 후 열람을 클릭합니다.

이때 주소입력은 '주소로 찾기', '도로명으로 찾기', '지도로 찾기'

가운데 편리한 방식으로 입력하면 됩니다. 자, 그럼 각자 분석하고자 하는 주소를 입력해 볼까요?

토지이용규제정보서비스 홈페이지 화면

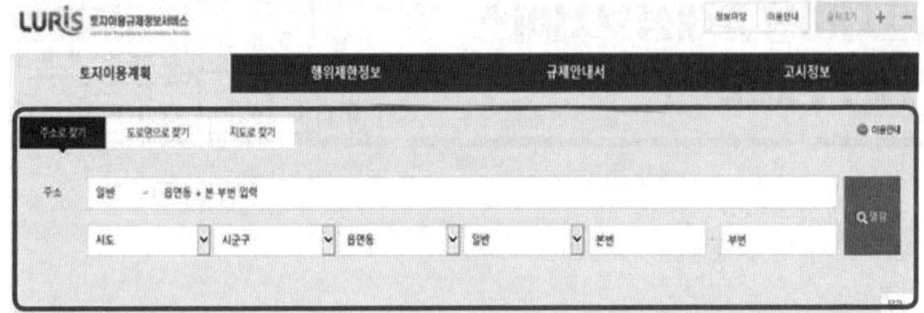

자료 : 토지이용규제정보서비스(luris.molit.go.kr)

주소를 모두 입련한 후 열람을 클릭하면 다음과 같은 화면이 보입니다. 아, 필자들은 분석의 편의를 위해 임의의 지번을 입력했으니 참고하시기 바랍니다.

토지이용규제서비스 분석화면

자료 : 토지이용규제정보서비스(luris.molit.go.kr)

분석결과를 보니 위 토지는 일반상업지역이고 지구단위계획이 수립된 지역이며 도로에 접하는 양호한 토지라는 것을 확인할 수 있습니다. 다음으로 '용적률·건폐율', '지도보기', '행위제한', '도시계획'을 알고 싶다면 상단의 붉은색 점선으로 표시된 메뉴를 각각 클릭합니다.

가장 먼저 '용적률·건폐율'을 클릭해 봅니다.

용적률·건폐율 분석화면

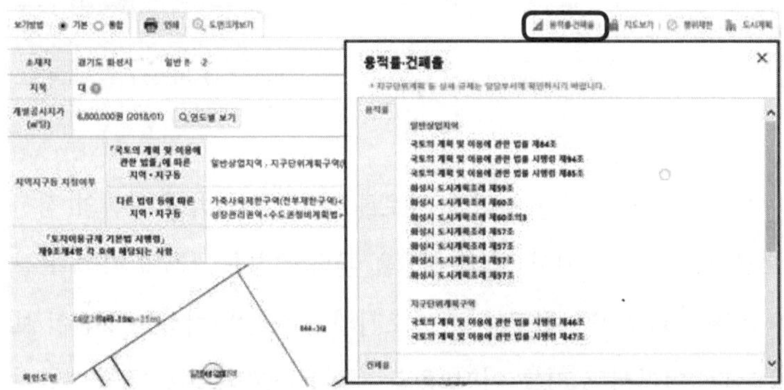

자료 : 토지이용규제정보서비스(luris.molit.go.kr)

분석대상 토지의 용적률과 관련된 법조항들을 확인할 수 있습니다. 다음으로 상단의 붉은색 점선으로 표시된 메뉴에서 '지도보기'를 클릭합니다. 그러면 다음과 같이 분석대상 토지의 정확한 위치를 확인할 수 있습니다.

지도보기 결과 화면

자료 : 토지이용규제정보서비스(luris.molit.go.kr)

다음으로 행위제한 관련된 정보를 알아 보기 위해 상단의 점선으로 표시된 메뉴에서 '행위제한'을 클릭합니다. 그러면 다음과 같이 행위제한을 분석하고자 하는 토지의 주소를 입력하는 화면이 보입니다. 여기서 토지를 어떤 용도로 이용하고 싶은지를 입력합니다. '토지이용행위'를 주택이라고 입력한 후 열람을 클릭해 보겠습니다.

행위제한 화면

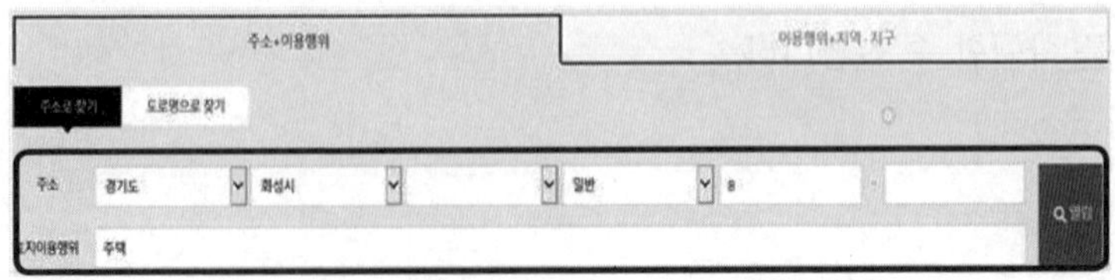

자료 : 토지이용규제정보서비스(luris.molit.go.kr)

분석결과가 어떻게 나왔는지 확인해 보겠습니다.

행위제한 분석 결과 화면

지역·지구	가능여부	조건·제한·예외사항
대로2류(폭 30m~35m)	건축금지 - 도시·군계획시설 외 건축물	도시·군계획시설에 대하여는 「국토의 계획 및 이용에 관한 법률 시행령」 제71조 내지 제82조의 건축제한 규정을 적용하지 아니한다.
소로1류(폭 10m~12m)	건축금지 - 도시·군계획시설 외 건축물	도시·군계획시설에 대하여는 「국토의 계획 및 이용에 관한 법률 시행령」 제71조 내지 제82조의 건축제한 규정을 적용하지 아니한다.
중로2류(폭 15m~20m)	건축금지 - 도시·군계획시설 외 건축물	도시·군계획시설에 대하여는 「국토의 계획 및 이용에 관한 법률 시행령」 제71조 내지 제82조의 건축제한 규정을 적용하지 아니한다.
지구단위계획구역	별도확인필수 - 건축물	지구단위계획구역에서 건축물을 건축 또는 용도변경하거나 공작물을 설치하려면 그 지구단위계획에 맞게 하여야 한다. 다만, 지구단위계획이 수립되어 있지 아니한 경우에는 그러하지 아니하다. ※ 담당 과를 방문하여 토지이용과 관련한 지구단위계획을 별도로 확인하시기 바랍니다.
가축사육제한구역	검색결과 없음	
비행안전 제6구역(전술)	검색결과 없음	
성장관리권역	검색결과 없음	
일반상업지역	건축금지 - 다세대주택	공동주택과 주거용 외의 용도가 복합된 건축물(다수의 건축물이 일체적으로 연결된 하나의 건축물을 포함)로서 공동주택 부분의 면적이 연면적의 합계의 90퍼센트(도시·군계획조례로 90퍼센트 미만의 비율을 정한 경우에는 그 비율) 미만인 것은 제외한다.
	건축금지 - 연립주택	공동주택과 주거용 외의 용도가 복합된 건축물(다수의 건축물이 일체적으로 연결된 하나의 건축물을 포함)로서 공동주택 부분의 면적이 연면적의 합계의 90퍼센트(도시·군계획조례로 90퍼센트 미만의 비율을 정한 경우에는 그 비율) 미만인 것은 제외한다.
	건축가능 - 다가구주택	
	건축가능 - 단독주택	
	건축가능 - 다중주택	

자료 : 토지이용규제정보서비스(luris.molit.go.kr)

분석결과를 보니 건축 가능한 주택은 단독주택, 다가구주택, 다중주택이고 다세대주택, 연립주택은 건축이 금지되어 있다는 것을 알 수 있습니다.

이처럼 토지이용규제정보서비스를 통해 토지와 관련된 다양한 공법상 규제 여부를 1차적으로 확인해 볼 수 있습니다. 다만, 무조건 토지이용규제정보서비스에 나온 대로 믿는 것은 피해야 합니다. 실제와 얼마든지 차이가 있을 수 있기 때문이죠. 하지만 그럼에도 불구하고 토지의 개략적인 분석을 위해서는 상당한 가치가 있는 만큼 적극적으로 활용하는 것이 좋습니다.

짤TIP

토지이용규제정보서비스를 앱을 이용해 편리하게 활용할 수 있습니다. 스마트폰만 있으면 언제 어디서든지 간편하게 토지관련 정보들을 살펴볼 수 있으니 틈날 때마다 활용해 보시는 것을 강추합니다.

앱을 다운로드 받으시려면 구글 플레이스토어에서 '토지이용규제 내비게이터'를 검색하신 후 다운로드 받아 설치하시면 됩니다.

토지이용규제 내비게이터

용도지역은 알고 토지를 구입하고 있는 거 맞죠?

대한민국의 국토는 크게 4개의 용도지역으로 도시지역, 관리지역, 농림지역, 자연환경보전지역 등입니다. 각각의 용도지역은 다시 세분되어, 도시지역은 주거지역, 상업지역, 공업지역, 녹지지역으로 세분되죠. 이처럼 용도지역이 존재하는 이유는 건축물이나 그밖의 시설의 용도·종류 및 규모 등의 제한 규정하기 위해서입니다.

용도지역 구분의 이유와 종류는?

용도지역은 건축물이나 그밖의 시설의 용도·종류 및 규모 등의 제한에 관한 사항을 규정하기 위해 필요합니다. 해당 용도지역에서 어떤 행위를 할 수 있는지 혹은 할 수 없는지를 규정하기 위해 용도지역을 정하고 있는 것이죠. 이해하기 쉽게 간단히 말하면 건축 가능한 건물과 건축불가능한 건축물을 정하기 위해 존재하는 것이 용도지역이라고 이해하시면 됩니다.

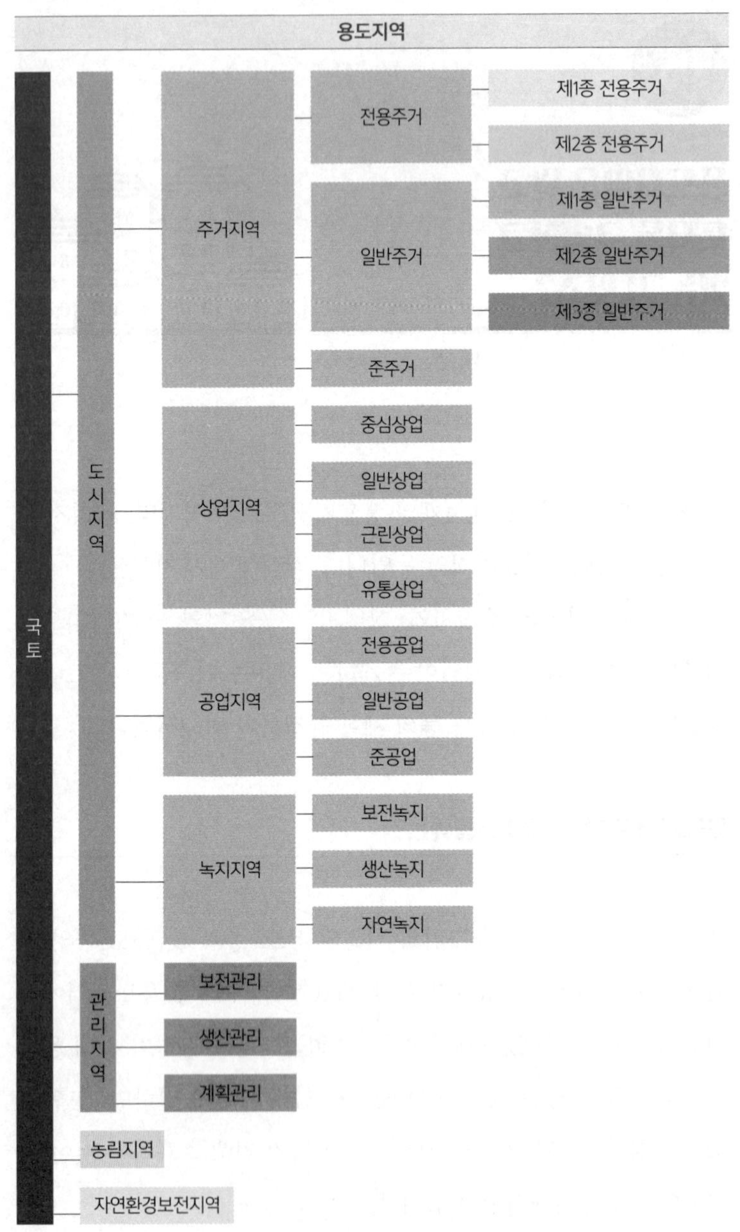

용도지역
국토
도시지역
주거지역
전용주거
제1종 전용주거
제2종 전용주거
일반주거
제1종 일반주거
제2종 일반주거
제3종 일반주거
준주거
상업지역
중심상업
일반상업
근린상업
유통상업
공업지역
전용공업
일반공업
준공업
녹지지역
보전녹지
생산녹지
자연녹지
관리지역
보전관리
생산관리
계획관리
농림지역
자연환경보전지역

보통 토지를 건축 등 개발용도로 활용하고자 한다면 도시지역 내 주거지역, 상업지역, 공업지역 내 준공업지역을, 관리지역에서는 계획관리 지역을 매입하는 것이 일반적입니다.

짤TIP

재개발이나 재건축, 소규모주택정비사업을 추진하면서 종상향을 추진한다는 말이 나오곤 합니다. 종상향을 하게 되면 사업성이 개선된다는 말도 함께 들리죠. 이때 종상향이란 무엇일까요? '국토의 계획 및 이용에 관한 법률'에 따라 우리나라 국토는 4개 용도지역으로 세분되죠. 여기서 도시지역은 다시 주거, 상업, 공업, 녹지지역으로 세분되는데요. 주거지역은 다시 전용주거지역, 일반주거지역, 준주거지역으로 세분되고 일반주거지역은 다시 제1종 일반주거지역, 제2종 일반주거지역, 제3종 일반주거지역으로 세분됩니다. 그런데 제1종 일반주거지역에서 제2종 일반주거지역, 제3종 일반주거지역으로 갈수록 건축물의 용적률, 건폐율, 층수 등을 상향시킬 수 있습니다. 이렇게 제1종 일반주거지역·제2종 일반주거지역을 제2종 일반주거지역이나 제3종 일반주거지역으로 높이는 것을 가리켜 종상향이라고 합니다.

땅이라고 모두 집을 지을 수 있는 것은 아니다!

토지는 다양한 용도로 활용됩니다. 예를 들어 농사를 짓기 위해, 주말 농장으로 활용하기 위해, 선산 용도로 쓰기 위해, 임업에 종사하기 위한 용도로 토지가 활용되기도 하고 집터로, 상업·공장용지로 용도로 활용되기도 합니다. 토지는 하얀 종이와 같습니다. 그 위에 어떤 색상을 칠하느냐에 따라 다양한 그림이 나오는 것처럼 어떤 용도의 건물을 건축하느냐에 따라 그에 적합한 용도가 될 수 있기 때문입니다. 이처럼 용도가 다르기 때문에 토지라고 해서 모두 그 위에 집을 지을 수 있는 것은 아닙니다.

가장 중요한 도시지역 내에서 집을 지을 수 있는 토지는?

집을 지을 수 있는 토지란 다시 말해 건축이 가능한 토지를 말합니다. 도시지역 내에서 토지를 매입하는 경우 특히 집을 지을 수 있는 토지인지가 중요합니다. 그런데 집을 지을 수 있는 토지는 애초부터 공법상 집을 지을 수 있도록 허용하고 있는 토지와 원칙적으로 집을 지을 수 없는 토지지만 예외적으로 일정 요건을 충족할 경우 집을 지을 수 있도록 허용하고 있는 토지, 집을 지을 수 있는 토지지만 예외적으로 일정한 요건을 충족할 경우 집을 지을 수 없도록 제한할 수 있는 토지로 세분됩니다. 이런 내용은 특히 도시지역에서 중요할 수밖에 없죠. 얼핏 보면 복잡해 보이지만 정리해 보면 그리 어렵지 않습니다. 다음은 도시지역 내 세분용도지역 가운데 어떤 세분 용도지역에서 집을 지을 수 있는지를 정리한 표입니다.

도시지역

주거지역 : 전용주거지역(제1종, 제2종), 일반주거지역(1종, 2종, 3종), 준주거지역
상업지역 : 일반상업지역(예외 있음), 근린상업지역(예외 있음)
공업지역 : 일반공업지역(도시·군계획조례가 정하는 바에 따라 가능), 준공업지역(예외 있음)
녹지지역 :

주거지역은 이름에서 알 수 있는 것처럼 집을 지을 수 있는 용도지역입니다.

상업지역 가운데 중심상업지역에서는 원칙적으로 단독주택과 공동주택(예외 있음)의 건축이 불가능하고, 일반상업지역에서는 지역 여건 등을 고려하여 도시·군계획조례로 정하는 바에 따라 단독주택과 공동주택(예외 있음)의 건축이 불가능할 수 있습니다. 근린상업지역에서는 지역 여건 등을 고려하여 도시·군계획조례로 정하는 경우 공동주택(예외 있음)의 건축이 불가능할 수 있으며, 유통상업지역에서는 단독주택, 공동주택의 건축이 불가능합니다.

공업지역 가운에 전용공업지역에서는 단독주택, 공동주택의 건축이 불가능합니다. 일반공업지역에서는 도시·군계획조례가 정하는 바에 따라 예외적으로 단독주택, 공동주택 중 기숙사의 건축이 가능하고, 준공업지역에서는 지역 여건 등을 고려하여 도시·군계획조례로 정하는 바에 따라 단독주택과 기숙사를 제외한 공동주택을 건축할 수 없습니다.

녹지지역 가운데 보전녹지지역에서는 도시·군계획조례가 정하는 바에 따라 단독주택을 건축할 수 있고, 생산녹지지역에서는 단독주택과 도시·군계획조례가 정하는 바에 따라 아파트를 제외한 공동주택을 건축할 수 있습니다. 또한 자연녹지지역에서는 단독주택, 도시·군계획조례가 정하는 바에 따라 아파트를 제외한 공동주택을 건축할 수 있습니다.

이상과 같은 내용을 염두에 두고 매입대상 토지를 찾는다면 자신의 매입목적에 부합되는 토지를 보다 빠르고 정확하게 찾을 수 있을 것입니다.

짤TIP

농지를 농지가 아닌 다른 용도로 바꾸는 것을 가리켜 농지전용이라고 합니다. 농지전용을 이해하기 위해서는 먼저 농지에 대한 이해가 선행되어야 합니다. 농지법 제2조(정의)는 농지를 다음과 같이 정의하고 있습니다.

1. "농지"란 다음 각 목의 어느 하나에 해당하는 토지를 말한다.
   가. 전·답, 과수원, 그밖에 법적 지목(地目)을 불문하고 실제로 농작물 경작지 또는 대통령령으로 정하는 다년생식물 재배지로 이용되는 토지. 다만, 「초지법」에 따라 조성된 초지 등 대통령령으로 정하는 토지는 제외한다.
   나. 가목의 토지의 개량시설과 가목의 토지에 설치하는 농축산물 생산시설로서 대통령 령으로 정하는 시설의 부지

한편, 농지법 제2조(정의)는 농지전용 역시 정의하고 있는데 그 내용은 다음과 같습니다.

7. "농지의 전용"이란 농지를 농작물의 경작이나 다년생식물의 재배 등 농업생산 또는 대통령령으로 정하는 농지개량 외의 용도로 사용하는 것을 말한다.

농지전용을 정의하고 있다는 것은 농지를 농지 이외의 다른 용도로 바꿀 수 있다는 것을 의미합니다. 이는 그동안 농지가 투자대상이 될 수밖에 없었던 이유라고 할 수 있습니다. 수도권 3기신도시가 발표된 이후 토지시장이 주목을 받고 있는데 특히 농지들이 핫이슈가 되고 있습니다. 또 다시 농지發 토지가격 폭등현상이 발생할지 지켜 볼 일입니다.

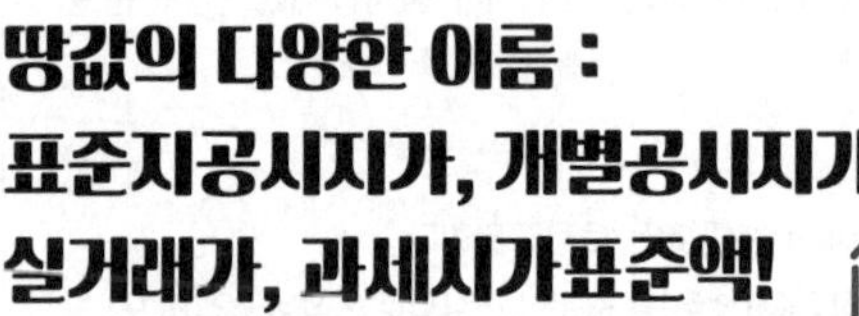

땅값의 다양한 이름 : 표준지공시지가, 개별공시지가, 실거래가, 과세시가표준액!

토지가격을 나타내는 명칭은 다양합니다. 표준지공시지가, 개별공시지가, 실거래가, 과세시가표준액 등이 있죠. 각각의 명칭이 의미하는 바가 무엇인지를 이해하는 것이 토지를 매입하고 보유하고 처분하는 과정에서 중요한 만큼 그 개념을 살펴 보시죠.

땅 값을 의미하는 여러 명칭은 ?

첫 번째 표준지공시지가가 있습니다. 표준지공시지가란 '부동산 가격공시에 관한 법률'의 규정에 의한 절차에 따라 국토교통부장관이 조사·평가하여 공시한 표준지의 단위면적당(㎡) 적정가격을 말합니다. 표준지공시지가는 매년 1월 1일 기준의 토지에 대한 적정가격을 평가·공시하여 토지에 대한 감정평가의 기준과 개별공시지가 등 각종 행정목적을 위한 지가산정의 기능으로 적용하기 위해 존재하는 토지가격입니다.

두 번째로 개별공시지가가 있습니다. 개별공시지가는 국토교통부장관이 매년 공시하는 표준지공시지가를 기준으로 시장·군수·구청장이 조사한 개별토지의 특성과 비교표준지의 특성을 비교하여 토지가격비준표상의 토지특성차이에 따른 가격배율을 산출하고 이를 표준지공시지가에 곱하여 지가를 산정 후 감정평가업자의 검증을 받아 토지소유자 등의 의견수렴과 시·군·구 부동산평가위원회 심의 등의 절차를 거쳐 시장·군수·구청장이 결정·공시하는 개별토지의 단위면적당 가격(㎡)을 말합니다. 개별공시지가는 토지 관련 국세 및 지방세의 부과기준, 개발부담금 등 각종 부담금의 부과기준으로 활용됩니다. 개별공시지가는 확인하고자 하는 토지 지번의 토지대장을 열람하거나 부동산공시가격알리미(https://www.realtyprice.kr) 홈페이지 우측 상단에 있는 개별공시지가를 클릭하면, 각 시·군·구청 홈페이지로 연결되기 때문에 곧바로 확인할 수 있습니다.

세 번째로 시가표준액이 있습니다. 시가표준액은 보통 과세시가표준액이라고 널리 알려져 있으며 과표라고도 불립니다. 시가표준액은 지방세인 취득세, 등록세, 재산세, 종합토지세, 도시계획세, 공동시설세 등의 부과기준이 됩니다. 토지의 보유세를 산정하는 기준이 되는 것이죠. 과세시가표준액은 지방세법 제4조에 정의되어 있습니다. 그 내용은 다음과 같습니다.

토지 및 주택에 대한 시가표준액은 「부동산 가격공시에 관한 법률」에 따라 공시된 가액(價額)으로 한다. 다만, 개별공시지가 또는 개별주택가격이 공시되지 아니한 경우에는 특별자치시장·특별자치도지사·시장·군수 또는 구청장(자치구의 구청장을 말한다. 이하 같다)이 같은 법에 따라 국토교통부장관이 제공한 토지가격비준표 또는 주택가격비준표를 사용하여 산정한 가액으로 하고, 공동주택가격이 공시되지 아니한 경우에는 대통령령으로 정하는 기준에 따라 특별자치시장·특별자치도지사·시장·군수 또는 구청장이 산정한 가액으로 한다.

마지막으로 실거래가가 있습니다. 실거래가는 말 그대로 실제 거래된 가격을 말하는데요. 국토교통부 실거래가 공개시스템에서 토지는 물론 주택(아파트, 연립·다세대주택, 단독·다가구주택, 분양·입주권), 상업·업무용 부동산 등의 실제 거래가격들을 확인할 수 있습니다.

실제로 거래가 되고 신고된 공신력 있는 가격인 만큼 위에서 언급한 토지가격을 나타내는 명칭 가운데 시세라는 관점에서 볼 때 가장 신뢰할 수 있는 가격이라고 볼 수 있습니다. 단, 거래가 없거나 극히 드문 토지라면 예외입니다.

토지의 실거래가를 확인하는 방법은 아주 쉽습니다. 방법은 우선 실거래가 공개시스템의 상당 메뉴에서 토지를 클릭합니다.

국토교통부 실거래가 공개시스템 홈페이지 화면

자료 : 국토교통부 실거래가 공개시스템(http://rt.molit.go.kr/)

그러면 다음과 같은 화면이 나타납니다. 여기서 '기준년도', '시·도', '시·군·구', '읍·면·동'을 선택한 후 '검색'을 클릭합니다.

토지 실거래가 확인을 위한 입력화면

자료 : 국토교통부 실거래가 공개시스템(http://rt.molit.go.kr/)

이제 검색화면이 보입니다. 여기서 실거래가를 확인합니다. 임의로 강남구 청담동을 검색해 보았습니다.

토지 실거래가 검색 결과 화면

자료 : 국토교통부 실거래가 공개시스템(http://rt.molit.go.kr/)

이제 검색된 결과를 토대로 적정 시세를 분석하기만 하면 됩니다. 정말 쉽죠?

짤TIP

표준지공시지가나 개별공시지가를 확인하는 쉬운 방법이 있습니다. 바로 부동산공시가격 알리미(www.realtyprice.kr)사이트를 활용하는 것입니다. 다음은 부동산공시가격 알리미 홈페이지 화면입니다.

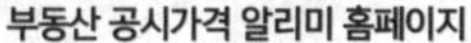

부동산 공시가격 알리미 홈페이지

홈페이지에 접속하기 번거롭다고 느낀다면 부동산공시가격 콜센터로 전화를 하는 것도 가능합니다.

부동산 공시가격 콜센터

FAQ
궁금하신 사항들을 정리하였습니다
GO >

부동산 공시가격 콜센터
1644-2828
서울지역 1811-7201

문의사항이 있으시면 전화주십시오.
친절히 상담해 드리겠습니다.
상담시간 평일 09:00 ~ 18:00
(토/일/공휴일 제외)

'토지의 특성'을 나타내는 용어는 알고 계신가요?

토지의 특성을 나타내는 용어가 있습니다. 토지소재지, 지목, 면적, 용도지역, 이용상황, 도로접면, 고저, 형상 등이 토지의 특성을 나타내는 용어들입니다. 위 용어들은 표준지공시지가, 공시지가는 물론 법원경매에서도 빈번하게 사용되는 용어들이기 때문에 반드시 그 개념을 알아 두어야 합니다.

토지의 특성을 나타내는 용어들에 대한 개념 파악하기

토지의 소재지는 토지의 주소를 의미합니다.

지목은 토지의 주된 용도에 따라 토지의 종류를 구분하여 지적공부에 등록한 것을 말합니다.

면적은 토지(임야)대장에 표시된 면적을 의미합니다.

용도지역은 국토의 계획 및 이용에 관한 법률에서 규정하고 있는 용도지역을 말합니다.

이용상황은 토지의 실제 이용상황 및 주위의 주된 토지 이용상황을 의미하는 것으로 일시적인 이용상황을 의미하는 것이 아닙니다.

도로접면은 토지가 도로와 접해 있는 정도를 표현한 것입니다. 여러 형태가 있는데 이를 정리한 것이 다음의 표입니다. 참고하시기 바랍니다.

도로접면의 종류

도로접면	적용범위
광대한면	–폭 25m 이상의 도로에 한면이 접하고 있는 토지
광대소각	–광대로에 한면이 접하고 소로 이상의 도로에 한면 이상 접하고 있는 토지
광대세각	–광대로에 한면이 접하면서 자동차 통행이 가능한 세로(가)에 한면 이상 접하고 있는 토지
중로한면	–폭 12m 이상 25m 미만 도로에 한면이 접하고 있는 토지
중로각지	–중로에 한면이 접하면서 중로, 소로, 자동차 통행이 가능한 세로(가)에 한면 이상 접하고 있는 토지
소로한면	–폭 8m 이상 12m 미만의 도로에 한면이 접하고 있는 토지
소로각지	–소로에 한면이 접하면서 소로, 자동차통행이 가능한 세로(가)에 한면 이상 접하고 있는 토지
세로(가)	–자동차 통행이 가능한 폭 8m 미만의 도로에 한면이 접하고 있는 토지
세각(가)	–자동차 통행이 가능한 세로에 두면 이상이 접하고 있는 토지
세로(불)	–자동차 통행이 불가능하나 이륜자동차의 통행이 가능한 세로에 한면이 접하고 있는 토지
세각(불)	–자동차 통행이 불가낭하나 이륜자동차의 통행이 가능한 세로에 두면 이상 접하고 있는 토지
맹지	–이륜자동차의 통행이 불가능한 도로에 접한 토지와 도로에 접하지 아닌한 토지

고저는 토지의 높고 낮음을 의미합니다. 저지, 평지, 완경사, 급경사, 고지 등이 있는데 그 내용을 살펴 보면 다음과 같습니다.

토지의 고저

종류	내용
저지	간선도로 또는 주위의 지형지세보다 현저히 낮은 지대의 토지
평지	간선도로 또는 주위의 지형지세와 높이가 비슷하거나, 경사도가 미미한 토지
완경사	간선도로 또는 주위의 지형지세보다 높고 경사도가 15° 이하인 지대의 토지
급경사	간선도로 또는 주위의 지형지세보다 높고 경사도가 15°를 초과하는 지대의 토지
고지	간선도로 또는 주위의 지형지세보다 현저히 높은 지대의 토지

마지막으로 형상은 토지의 모양을 말합니다. 정방형, 가장형, 세장형, 사다리, 삼각형, 역삼감, 부정형, 자루형 등으로 구분되곤 하는데 이를 정라한 것이 다음의 표입니다.

토지의 형상

종류	내용
정방형	정사각형 모양의 토지로서 양변의 길이 비율이 1:1, 1 내외인 토지
가장형	장방형의 토지로 넓은면이 도로에 접하거나 도로를 향하고 있는 토지
세장형	장방형의 토지로 좁은면이 도로에 접하거나 도로를 향하고 있는 토지
사다리	사다리꼴 모양의 토지(변형사다리형, 다각형의 불규칙한 형상이나 그로 인하여 최유효이용에 상당한 제약을 받지 않는 토지 포함)
삼각형	삼각형의 토지로 그 한면이 도로에 접하거나 도로를 향하고 있는 토지
역삼각	삼각형의 토지(역사다리형을 포함)로 꼭지점 부분이 도로에 접하거나 도로를 향하고 있는 토지
부정형	불규칙한 형상으로 인하여 최유효이용에 상당한 제약을 받는 다각형 또는 부정형의 토지
자루형	출입구가 자루처럼 좁게 생긴 토지

짤TIP

일시적 이용상황이란 관계법령에 의한 국가 또는 지방자치단체의 계획이나 명령 등에 의하여 당해 토지를 본래의 용도로 이용하는 것이 일시적으로 금지 또는 제한되어 그 본래의 용도외의 다른 용도로 이용되고 있거나 당해 토지의 주위환경의 사정으로 보아 현재의 이용방법이 임시적인 것을 의미합니다.

개발제한구역(그린벨트)을 읽으면 돈이 보인다!

개발제한구역이라는 것이 있습니다. 보통 그린벨트라고 부르죠. 신도시가 개발제한구역에 들어서게 되면서 속칭 부동산 졸부들이 생겨나곤 했습니다. 그래서일까요? 토지 전문가든 초보자든 개발제한구역이 돈 되는 투자대상이라는 생각을 많이 하는 것 같습니다.

개발제한구역은 ?

국토의 계획 및 이용에 관한 법률은 '개발제한구역에서의 행위 제한이나 그 밖에 개발제한구역의 관리에 필요한 사항은 따로 법률로 정한다.'라고 규정하고 있습니다. 또한, '개발제한구역의 지정 및 관리에 관한 특별조치법'은 그 목적을 '개발제한구역의 지정과 개발제한구역에서의 행위 제한, 주민에 대한 지원, 토지 매수, 그 밖에 개발제한구역을 효율적으로 관리하는 데에 필요한 사항을 정함으로써 도시의 무질서한 확산을 방지하고 도시 주변의 자연환경을 보전하여 도시민의 건전한 생활환경을 확보하는 것을 목적으로 한다.'라고 규정하고 있습니다.

위 내용은 곧 자연환경을 보전하고, 개발을 최대한 억제함으로써 좋은 생활환경을 확보하는 것이 목적임을 알 수 있습니다. 그렇다면 이런 개발제한구역이 어떻게 투자대상이 될 수 있었으며, 수도권 제3기 신도시 추진 과정에서 투기의 온상이 될지도 모르는 우려가 나오고 있는 것일까요?

개발제한구역(그린벨트)가 황금 알이 될 수도 있는 근거?

개발제한구역이 황금 알이 될 수도 있는 이유는 역설적으로 개발제한구역에 대한 행위제한에서 찾을 수 있습니다. 개발제한구역에서는 건축물을 건축하거나 공작물의 설치, 토지의 형질변경, 죽목의 벌채, 토지의 분할, 물건을 쌓아놓는 행위는 물론 도시·군계획사업의 시행을 할 수 없습니다. 그런데 말이죠. 이 것이 전부는 아닙니다. '다만,~' 이하의 부분을 읽어 보면 허가를 받아 어떤 행위를 할 수 있음을 알 수 있습니다.

> 개발제한구역의 지정 및 관리에 관한 특별조치법 제12조(개발제한구역에서의 행위제한)
> ① 개발제한구역에서는 건축물의 건축 및 용도변경, 공작물의 설치, 토지의 형질변경, 죽목(竹木)의 벌채, 토지의 분할, 물건을 쌓아놓는 행위 또는 「국토의 계획 및 이용에 관한 법률」 제2조제11호에 따른 도시·군계획사업(이하 "도시·군계획사업"이라 한다)의 시행을 할 수 없다. 다만, 다음 각 호의 어느 하나에 해당하는 행위를 하려는 자는 특별자치시장·특별자치도지사·시장·군수 또는 구청장(이하 "시장·군수·구청장"이라 한다)의 허가를 받아 그 행위를 할 수 있다. <개정 2009. 2. 6., 2010. 4. 15., 2011. 4. 14., 2011. 9. 16., 2013. 5. 28., 2014. 1. 28., 2015. 12. 29.>

바로 '다만,'이하 부분이 개발제한구역이 돈이 되어왔던 이유가운데 하나라고 할 수 있습니다. '대통령령으로 정하는 건축물의 건축 또는 공작물의 설치와 이에 따르는 토지의 형질변경'을 허가를 받아 할 수 있기 때문입니다. 원칙적으로 할 수 없는데 허가를 받아 할 수 있다면 돈이 되지 않겠습니까? 지극히 당연한 이야기죠. 그런데 말이죠. 아무나 허가를 받을 수는 없습니다.

예를 들어 볼까요? 개발제한구역의 보전 및 관리에 도움이 될 수 있는 시설로서 일정 요건을 충족하는 경우의 골프장, 개발제한구역 주민의 주거·생활편익 및 생업을 위한 시설로서 요건을 충족하는 범위 내에서의 농수산물 보관 및 관리 관련시설(창고, 지역특산물가공·판매장 관리용 건축물, 농막)과 단독주택, 근린생활시설을, 주민 공동이용시설인 주유소 및 자동차용 액화석유가스 충전소 또한 일정 요건을 충족하는 경우 설치가 가능합니다. 모두 돈 되는 것들이라고 할 수 있죠. 물론 수도권 3기 신도시 개발의 경우처럼 대규모 택지개발도 가능합니다. 이러니 개발제한구역(그린벨트)를 읽으면 돈이 보인다는 것입니다.

짤TIP

개발제한구역(그린벨트)내에서 주택을 건축할 수 있는 경우는 크게 세 가지로 구분됩니다.
첫 번째, 개발제한구역 지정 당시 이미 지목이 대(垈)인 경우
두 번째, 개발제한구역 지정 당시부터 이미 주택이 있었던 경우
세 번째, 이축권이 있는 경우

위에서 이축권이란 실무에서는 용마루라고도 불리는 것으로 그린벨트 내에서 거주하던 주민이 불가피한 사정으로 기존주택을 계속 유지하기 어려운 경우 인근지역에 새로 토지를 구입해 단독주택을 신축할 수 있도록 부여된 권리라고 할 수 있습니다. 이축권이라는 권한이 발생하는 경우는 공익사업의 시행, 자연재해, 타인 토지 위에 존재하는 주택의 소유자(개발제한구역 지정 당시 이미 존재하는 주택 또는 개발제한구역 지정 전부터 다른 사람 소유의 토지에 건축되어 있는 주택으로 증축 혹은 개축을 해야 하나 토지 소유자의 동의를 받지 못하여 증축·개축을 할 수 없어 그 주택에서 이주해야만 하는 경우 그 주택의 소유자에게 발생함) 등이 있습니다.

토지투자는 도시계획을 고려해야 한다!

토지투자는 도시계획에 따라 그 성패가 좌우된다고 할 수 있습니다. 그만큼 토지가 도시계획과 밀접하게 연결되어 있다는 뜻입니다. 도시계획은 보통 도시기본계획과 도시관리계획을 지칭하는 것입니다. 하지만 토지를 매입하는 데 있어 중요하게 고려해야 할 계획에는 그 외에도 국토종합계획, 수도권광역도시계획 등도 있습니다. 지금부터 각각의 계획이 어떤 내용을 담고 있는 것인지를 살펴 보시죠.

여러 가지 국토와 관련된 여러 가지 계획

국토종합계획은 국토 전역을 대상으로 하여 국토의 장기적인 발전 방향을 제시하는 20년 단위의 종합계획입니다. 즉, 국토종합계획은 국토를 이용 개발 보전함에 있어서 미래의 경제적·사회적 변동에 대응하여 국토가 지향하여야 할 장기발전방향을 제시하는 종합계획인 것입니다. 그렇기 때문에 국토종합계획을 검토하면 대한민국이 어떤 방향으로 어떻게 어떤 지역을 중심으로 발전해 나갈 것인지에 대한 청사진을 그려 볼 수 있습니다.

광역도시계획은 인접한 2이상의 특별시·광역시·시 또는 군의 행정구역에 대하여 장기적인 발전방향을 제시하거나 시·군 기능을 상호 연계함으로써 적정한 성장관리를 도모하기 위한 계획입니다. 또한 광역도시계획은 20년 단위의 지침적인 장기계획으로 도시·군기본계획, 도시·군관리계획 등 하위계획에 대한 지침이 되는 계획으로 공간구조개편, 광역토지이용·광역시설, 도시기능분담 등을 담게 되는 중요한 계획입니다. 현재 수도권을 대상으로 하는 2040수도권광역도시계획 수립용역이 2020년 말 최종확정을 목표로 진행중에 입습니다.

도시기본계획은 특별시·광역시·시 또는 군의 관할 구역에 대하여 기본적인 공간구조와 장기발전방향을 제시하는 종합계획으로서 도시관리계획 수립의 지침이 되는 계획입니다.

도시기본계획에서 제시하는 도시공간구조 구상

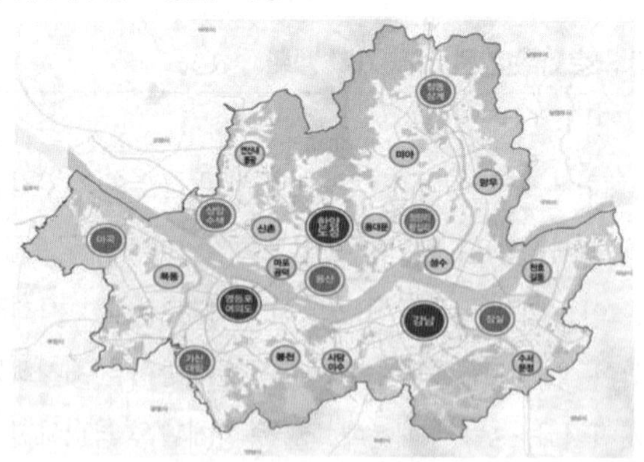

자료 : 2030 서울플랜

도시관리계획은 주민들의 사적 토지이용 즉, 건축행위 시 건폐율, 용적률, 층수 등에 대한 구속력을 가지는 법정계획으로서 광역도시계획 및 도시기본계획에서 제시된 내용을 구체화하고 실현하는 계획입니다. 이를 위해 도시관리계획은 용도지역·지구·구역의 지정 및 변경에 관한 계획, 기반시설의 설치·정비·계량에 관한 계획, '도시개발법'에 따른 도시개발사업과 '도시및주거환경정비법'에 따른 정비사업, 지구단위계획구역의 지정·변경에 관한 계획과 지구단위계획 등을 포함하게 됩니다.

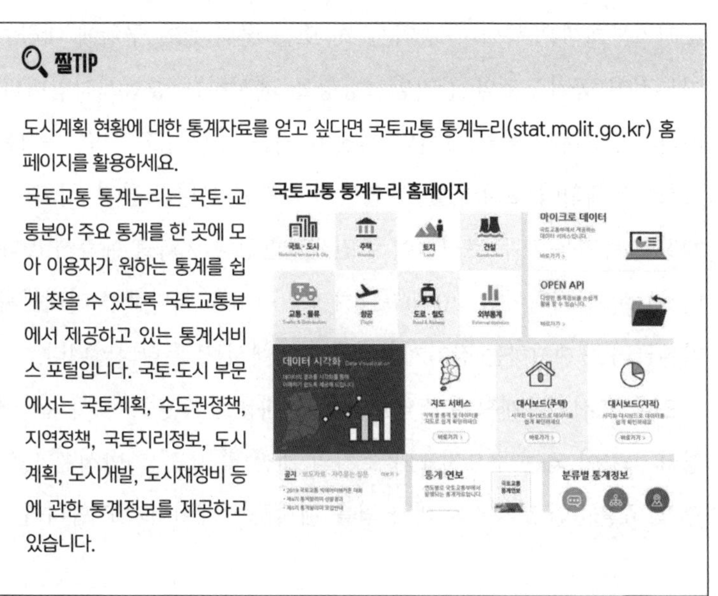

짤TIP

도시계획 현황에 대한 통계자료를 얻고 싶다면 국토교통 통계누리(stat.molit.go.kr) 홈페이지를 활용하세요.

국토교통 통계누리는 국토·교통분야 주요 통계를 한 곳에 모아 이용자가 원하는 통계를 쉽게 찾을 수 있도록 국토교통부에서 제공하고 있는 통계서비스 포털입니다. 국토·도시 부문에서는 국토계획, 수도권정책, 지역정책, 국토지리정보, 도시계획, 도시개발, 도시재정비 등에 관한 통계정보를 제공하고 있습니다.

국토교통 통계누리 홈페이지

도시기본계획으로 개략적인 토지투자 유망지역 분석하는 방법!

도시기본계획은 특별시·광역시·시 또는 군의 관할 구역에 대하여 기본적인 공간구조와 장기발전방향을 제시하는 종합계획입니다. 따라서 도시관리계획 수립의 지침이 되는 계획이죠. 이런 특징은 도시기본계획이 도시의 물적·공간적 측면뿐 아니라 환경·사회·경제적인 측면을 모두 포괄하여 주민생활환경의 변화를 예측하고 대비하는 종합계획이고, 20년(5년마다 보완 수정)을 내다보는 미래상과 기본골격을 제시하는 장기계획이라는 것에서도 잘 나타납니다.

또한 도시기본계획은 광역도시계획 내용을 수용하여 시·군 행정의 바탕이 되는 주요지표와 토지의 개발 및 보전, 기반시설을 확충 및 효율적인 도시관리 의 전략을 제시하는 계획이기도 합니다.

도시기본계획으로 토지투자 유망지역 분석방법

도시기본계획은 장기적 관점에서 도시의 발전방향을 가늠해 볼 수 있는 청사진적 계획입니다. 어떤 토지가 향후 유망할지 감을 잡을 수 있다는 점에서 중요한 계획이라는 의미죠. 물론 도시기본계획이 누구나 간단하게 분석할 수 있는 쉬운 계획은 결코 아닙니다. 하지만 개발가능지 분석이나 중심지체계구상을 읽으면 큰틀에서 유망지역을 그려 볼 수 있습니다. 먼저 개발가능지 분석을 보시죠. 노란색이 개발가능지입니다. 개발은 개발이 가능한 지역에서 이루어지죠. 그렇다면 어느 지역이 향후 개발잠재력이 있을지 대충 감이 잡히시죠?

개발가능지 분석

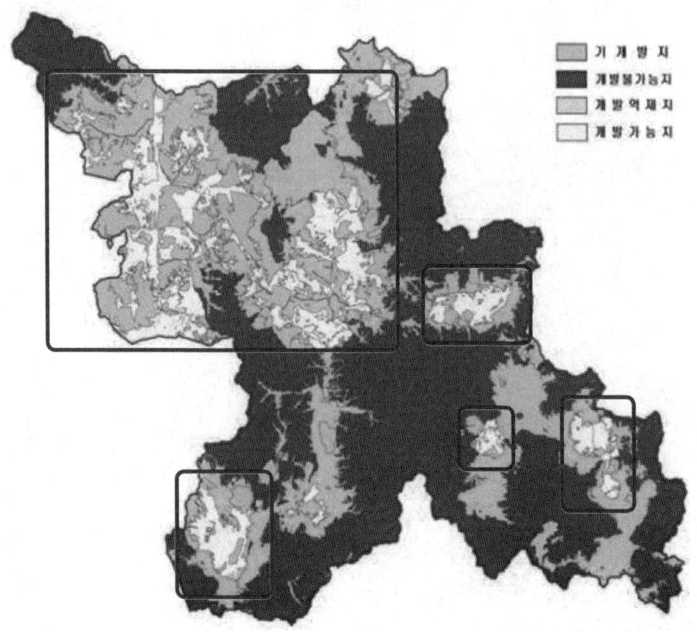

자료 : 2035용인도시기본계획

다음으로 용인 중심지 체계구상을 보시죠. 도시는 각각의 도심을 연결하는 축을 중심으로 발전해나가죠. 그렇기 때문에 각각의 도심과 중심축들 그리고 그 중심축들을 연결하는 지역들이 유망한 법이죠. 이제 중심지 체계 구상을 보면서 용인시 지도를 한번 살펴보세요. 어떤 곳에 있는 토지를 구입하는 것이 좋을지 충분히 예상이 가능할 것입니다.

용인 중심지 체계 구상

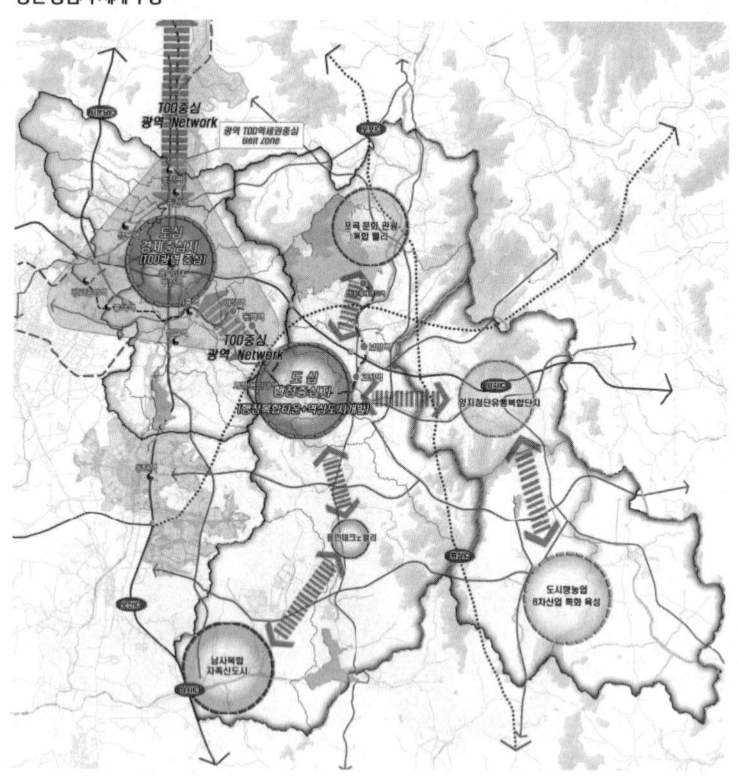

자료 : 2035용인도시기본계획

짤TIP

신도시나 개발후보지가 발표되기 전 언론에서 어떤 지역이 유력하다는 예상이 나오곤 합니다. 어떻게 이런 것이 가능할까요? 정보가 미리 새어나간 것일까요? 결코 그렇지 않습니다. 기본적으로 도시기본계획상 개발가능지가 많은 곳이어야 하고 서울 접근성, 자족기능 등이 고려되어야 하기 때문에 이런 요건들을 충족하는 지역들로 대상을 압축해 나가다보면 어느 정도 예상이 가능하기 때문이죠.

토지이용계획확인원은 땅의 주민등록증이다!

토지이용계획확인원은 토지를 어떤 용도로 활용할 수 있느냐를 확인할 수 있는 토지공부서류입니다. 따라서 토지이용계획확인원은 토지의 신분증명서라고 할 수 있는 것이죠. 토지이용규제정보서비스(luris.molit.go.kr) 홈페이지, 정부24(www.gov.kr) 홈페이지나 '토지이용규제 내비게이터' 앱에서 토지이용계획확인원을 확인할 수 있습니다. 이 가운데 익숙한 토지이용규제정보서비스를 활용해 토지이용계획확인원에서 확인해 두어야 할 사항에 대해 검토해 보도록 하겠습니다.

토지이용계획확인원 점검 포인트는?

분석에 앞서 토지이용규제정보서비스에 접속해 분석하고자 하는 토지의 주소를 입력하는 것이 필요합니다. 주소는 주소로 찾기(지번), 도로명으로 찾기, 지도로 찾기가 가능합니다. 토지의 주소를 입력하고 열람을 클릭합니다.

토지이용규제정보서비스 주소 입력 화면

자료 : 토지이용규제정보서비스(luris.molit.go.kr)

이제 결과를 확인할 수 있습니다. 하나씩 살펴 보시죠. 용도지역은 도시지역내 일반상업지역과 제3종일반주거지역이 혼재되어 있고 도로에 접하고 있는 지목이 대인 토지네요. 좋은 입지의 토지라는 것을 알 수 있습니다. 그래서 공시지가도 ㎡당 1,530만 원이죠. 다만, 가로구역별 최고높이가 제한되어 있는 지역이고, 건축선도 지정되어 있기 때문에 원래 용도지역에서 규정하고 있는 개발잠재력을 모두 활용할 수 없을 것이라는 점도 확인이 되는군요. 이런 부분은 반드시 관할 시·군·구청에 사전에 확인해 두어야 합니다. 참고로 각 용도지역에서 가능한 행위는 상단의 행위제한 정보, 규제안내서 메뉴를 활용해 확인하면 됩니다.

열람 결과 확인 화면

소재지		서울특별시 강남구 역삼동 일반 6		
지목		대	면적	646.8 ㎡
개별공시지가 (㎡당)		15,300,000원 (2018/01) 연도별 보기		
지역지구등 지정여부	「국토의 계획 및 이용에 관한 법률」에 따른 지역·지구등	도시지역 , 일반상업지역 , 제3종일반주거지역 , 도로(접함)		
	다른 법령 등에 따른 지역·지구등	가로구역별 최고높이 제한지역<건축법> , 대공방어협조구역(위탁고도:77-257m)<군사기지 및 군사시설 보호법> , 건축선(세부사항은 건축과에 문의)(저촉)<서울특별시 도시계획 조례> , 과밀억제권역<수도권정비계획법>		
「토지이용규제 기본법 시행령」 제9조제4항 각 호에 해당되는 사항		<추가기재> 건축선지정(도로경계선에서3미터후퇴),가로구역별 건축물 최고높이 지정 구역임		

자료 : 토지이용규제정보서비스(luris.molit.go.kr)

이제 지도를 확인해 봅니다. 바로 밑에 확인도면을 통해 분석대상 토지에 대한 이해를 좀 더 쉽게 할 수 있습니다. 도면을 좀 더 큰 화면으로 확인하고 싶다면 '도면크게보기'를 클릭하세요.

확인도면 화면

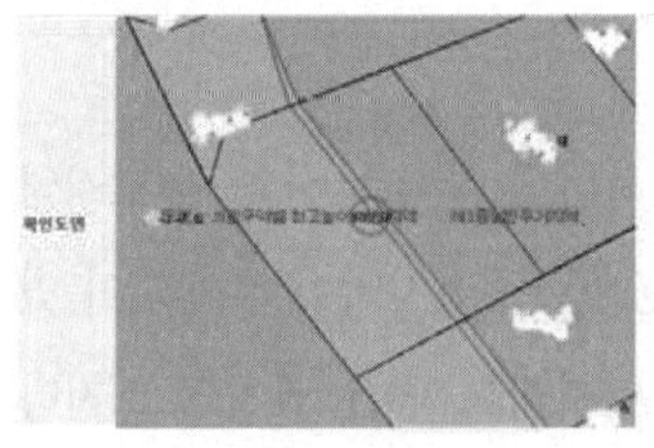

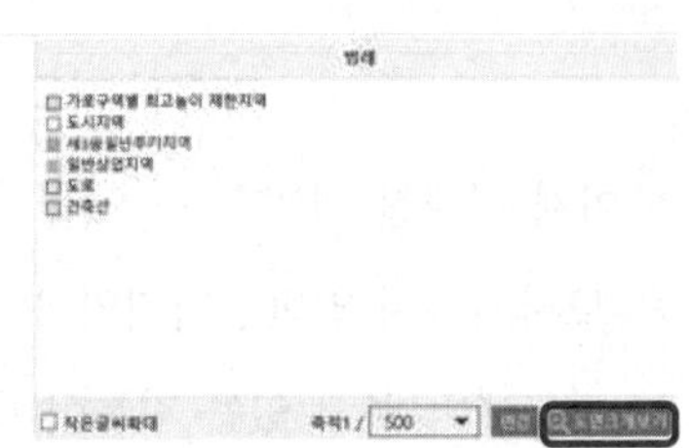

자료 : 토지이용규제정보서비스(luris.molit.go.kr)

이제 좀 더 큰 화면으로 지도를 볼 수 있습니다. 원이 그려져 있는 곳이 바로 분석대상 토지입니다. 분석 대상 토지가 매력적인 곳인지를 확인하기 위해 손품을 파는 단계에서 이 정도면 충분하다고 볼 수 있습니다.

분석대상지의 지도 화면

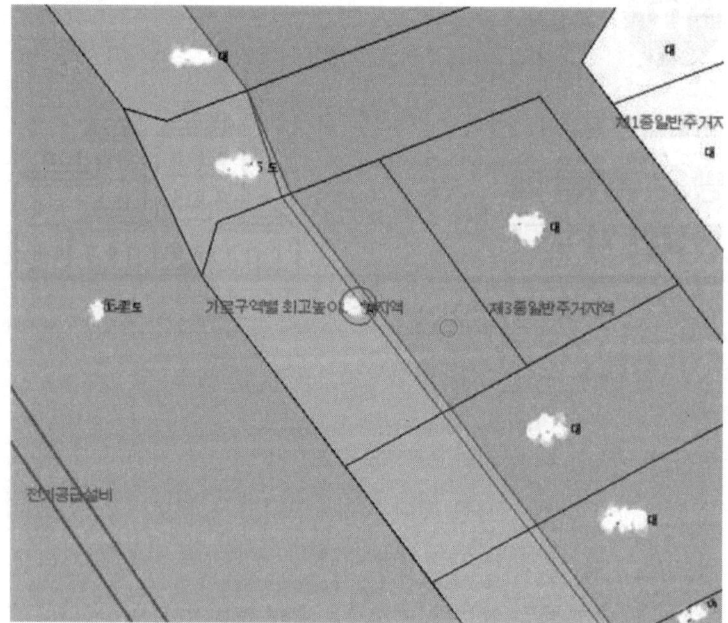

자료 : 토지이용규제정보서비스(luris.molit.go.kr)

땅을 구입할 때 중요한 지적도!

토지를 구입할 때 구입하고자 하는 토지가 어떤 토지인지 그 형상을 파악하기 위해 필요한 것이 지적도입니다. 지적도는 해당 토지의 지번, 지목, 경계, 색인도, 제명 및 축척, 도곽선 수직 등과 관련된 정보들을 담고 있습니다. 단, 지적도는 수평 경계선만 표시됩니다.

자. 그럼 지금부터 지적도를 확인하고 활용하는 포인트를 짚어보겠습니다.

지적도 활용 핵심 포인트

지적도는 토지이용규제정보서비스(luris.molit.go.kr), 정부24(www.gov.kr)에서 확인이 가능합니다만 정식 지적도등본은 정부24에서 열람/발급받을 수 있습니다. 필자들은 굳이 지적도등본 열람/발급까지 필요하지는 않기 때문에 여러 번 사용했기 때문에 독자여러분도 익숙하리라 생각되는 토지이용규제정보서비스를 활용했으니 참고하시기 바랍니다. 또한 주소는 임의로 입력한 것임을 알려드립니다. 공법상 제2종일반주거지역이고 상대보호구역, 과밀억제권역이라는 것을 확인할 수 있습니다.

분석대상 토지의 주소 입력후 결과 화면

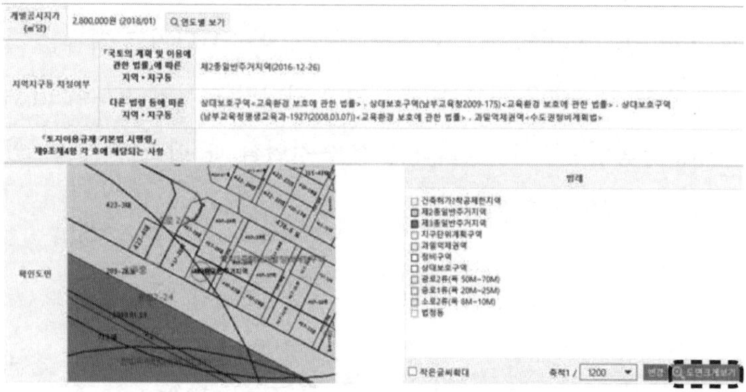

개별공시지가 (㎡당)
2,800,000원 (2018/01)
연도별 보기
지역지구등 지정여부
「국토의 계획 및 이용에 관한 법률」에 따른 지역 · 지구등
제2종일반주거지역(2016-12-26)
다른 법령 등에 따른 지역 · 지구등
상대보호구역<교육환경 보호에 관한 법률> , 상대보호구역(남부교육청2009-175)<교육환경 보호에 관한 법률> , 상대보호구역(남부교육청평생교육과-1927(2008.03.07))<교육환경 보호에 관한 법률> , 과밀억제권역<수도권정비계획법>
「토지이용규제 기본법 시행령」 제9조제4항 각 호에 해당되는 사항
확인도면
범례
제2종일반주거지역
제3종일반주거지역
지구단위계획구역
과밀억제권역
정비구역
상대보호구역
광로2류(폭 50M~70M)
중로1류(폭 20M~25M)
소로2류(폭 8M~10M)
법정동
작은글씨확대
축척1 / 1200

자료 : 토지이용규제정보서비스(luris.molit.go.kr)

이제 주변지역의 공법상 규제내용을 개략적으로나마 확인해 볼 차례입니다. 그런데 그림이 작아서 확인하기 어렵습니다. 뭐 시력이 2.0정도 된다면 몰라도 말이죠. 이렇게 작은 도면을 크게 확대해 보고 싶으면 어떻게 하면 된다고 했죠? 그렇습니다. 하단 우측에 있는 '도면크게보기'를 클릭하면 됩니다. 자, 이제 '도면크게보기'를 클릭해 확대된 도면으로 주변지역에 대한 공법상 규제내용을 살펴 봅시다. 아. 도면을 좀 더 알차게 활용하기 위한 방법이 한 가지 더 있습니다. 위 도면의 축척은 1/1,200입니다. 이 축척을 1/600으로 바꾸세요. 좀 더 자세한 도면을 확인하실 수 있습니다.

자, 그럼 축척을 1/600으로 변경한 도면을 확인해 봅시다. 축척을 변경했다고 해서 없는 부분이 새로 생기는 것은 아닙니다. 다만, 간과하고 넘어갈 수 있는 부분을 좀 더 명확하게 확인할 수 있다는 점만 다릅니다. 여기서도 하나 건질 수 있네요. 점선으로 표시한 부분이 보이나요? 뭐라고 쓰여 있죠? 주택재개발정비예정구역이라는 것을 확인하셨나요? 그렇습니다. 분석대상 토지는 재개발지역과 접해 있는 토지입니다. 와~~~ 새롭게 아파트단지로 거듭날 지역과 접해 있는데다 광로와 접해 있고 건너편 토지의 지목이 대(대지)이고 3종일반주거지역이라는 점을 감안할 때 아파트단지가 있을 것으로 예상할 수 있습니다.

도면을 축척1/600로 확대한 화면

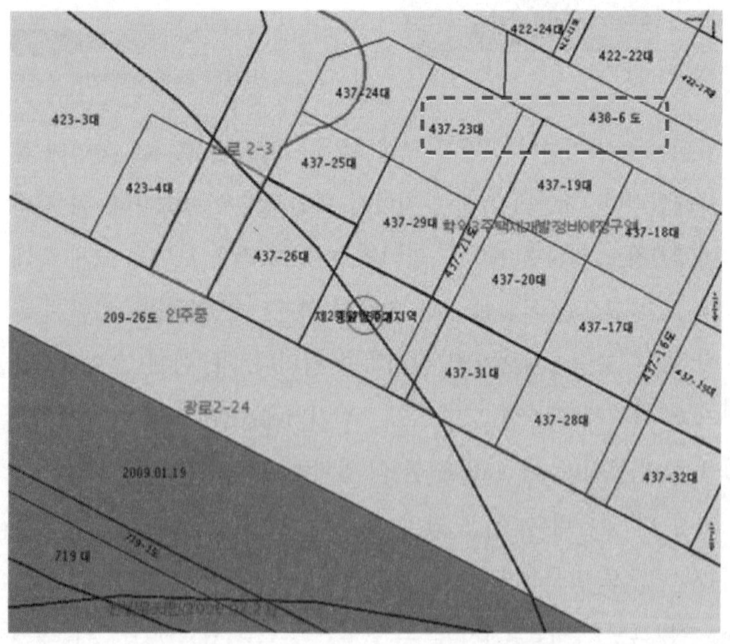

범례	축적변경	인쇄
□ 건축허가?착공제한지역 ■ 제2종일반주거지역 ■ 제3종일반주거지역 □ 지구단위계획구역 □ 과밀억제권역 □ 정비구역 □ 상대보호구역 □ 광로2류(폭 50M~70M) □ 소로2류(폭 8M~10M) □ 법정동	축척 1 / 600	인쇄

자료 : 토지이용규제정보서비스(luris.molit.go.kr)

위와 같은 양호한 조건을 충족하고 있는 토지라면 매력적인 토지라고 할 수 있을 것입니다.

여기서 한 가지만 더 짚고 넘어가죠. 위 그림에서처럼 도시지역에서는 지적도가 깔끔하게 나오는 경우가 대부분입니다. 하지만 가끔 현황과 지적도면의 내용이 일치하지 않는 경우도 있습니다. 예를 들어 다른 집의 처마나 담장 등이 인접 토지를 침범하는 경우가 대표적이죠. 이런 상황은 지적도와 실제 현황을 비교하지 않으면 알 수 없습니다. 지적도를 꼼꼼하게 활용해야 하는 이유가 바로 여기에 있습니다.

짤TIP

지적공부와 실제 토지이용현황이 일치하지 않을 경우 다시 말해 인접 토지의 건물 등이 자신의 토지를 침범하고 있는 경우 어떻게 대처해야 할까요? 가장 확실한 방법은 지적현황측량을 한 후 이를 근거로 자신의 토지를 침범하고 있는 건물 등의 소유자에게 침범사제거해 줄 것으로 요청하는 것입니다. 참고로 현재 지적현황측량은 LX(한국국토정보공사)에서만 할 수 있습니다.

개인 간에 땅을 사고팔 때도 허가를 받아야 하는 토지거래허가구역!

토지거래계약을 허가를 받아야 가능한 경우가 있을까요? 네. 있습니다. 토지거래허가구역에 있는 토지를 매매할 때 그렇습니다. 토지거래허가구역은 토지의 투기적인 거래가 성행하거나 지가가 급격히 상승하는 지역 혹은 그러한 우려가 있는 지역인 경우 지정됩니다.

토지거래허가구역 지정 대상은?

토지거래허가구역은 부동산 거래신고 등에 관한 법률에서 규정하고 있는 요건을 충족하는 지역이 지정대상이고 5년 이내의 기간을 정하여 토지거래허가구역으로 지정하게 됩니다. 구체적인 요건은 '투기적인 거래가 성행하거나 지가(地價)가 급격히 상승하는 지역과 그러한 우려가 있는 지역으로서 대통령령으로 정하는 지역'입니다.

부동산 거래신고 등에 관한 법률 제10조(토지거래허가구역의 지정)

① 국토교통부장관 또는 시·도지사는 국토의 이용 및 관리에 관한 계획의 원활한 수립과 집행, 합리적인 토지 이용 등을 위하여 토지의 투기적인 거래가 성행하거나 지가(地價)가 급격히 상승하는 지역과 그러한 우려가 있는 지역으로서 대통령령으로 정하는 지역에 대해서는 다음 각 호의 구분에 따라 5년 이내의 기간을 정하여 제11조제1항에 따른 토지거래계약에 관한 허가구역(이하 "허가구역"이라 한다)으로 지정할 수 있다.

1. 허가구역이 둘 이상의 시·도의 관할 구역에 걸쳐 있는 경우: 국토교통부장관이 지정
2. 허가구역이 동일한 시·도 안의 일부지역인 경우: 시·도지사가 지정. 다만, 국가가 시행하는 개발사업 등에 따라 투기적인 거래가 성행하거나 지가가 급격히 상승하는 지역과 그러한 우려가 있는 지역 등 대통령령으로 정하는 경우에는 국토교통부장관이 지정할 수 있다.

그런데 토지거래허가구역으로 지정되는 좀 더 구체적으로 확인하기 위해서는 대통령령, 다시 말해 시행령을 확인해 보아야 합니다. 그래서 시행령을 확인해 보니 다음과 같습니다.

부동산 거래신고 등에 관한 법률 시행령 제7조(허가구역의 지정)

① 법 제10조제1항 각 호 외의 부분에서 "대통령령으로 정하는 지역"이란 다음 각 호의 어느 하나에 해당하는 지역을 말한다.

1. 「국토의 계획 및 이용에 관한 법률」에 따른 광역도시계획, 도시·군기본계획, 도시·군관리계획 등 토지이용계획이 새로 수립되거나 변경되는 지역
2. 법령의 제정·개정 또는 폐지나 그에 따른 고시·공고로 인하여 토지이용에 대한 행위제한이 완화되거나 해제되는 지역
3. 법령에 따른 개발사업이 진행 중이거나 예정되어 있는 지역과 그 인근지역
4. 그 밖에 국토교통부장관 또는 특별시장·광역시장·특별자치시장·도지사·특별자치도지사(이하 "시·도지사"라 한다)가 투기우려가 있다고 인정하는 지역 또는 관계 행정기관의 장이 특별히 투기가 성행할 우려가 있다고 인정하여 국토교통부장관 또는 시·도지사에게 요청하는 지역

② 법 제10조제1항제2호 단서에서 "투기적인 거래가 성행하거나 지가가 급격히 상승하는 지역과 그러한 우려가 있는 지역 등 대통령령으로 정하는 경우"란 다음 각 호의 요건을 모두 충족하는 경우를 말한다.

1. 국가 또는 「공공기관의 운영에 관한 법률」에 따른 공공기관이 관련 법령에 따른 개발사업을 시행하는 경우일 것
2. 해당 지역의 지가변동률 등이 인근지역 또는 전국 평균에 비하여 급격히 상승하거나 상승할 우려가 있는 경우일 것

법 규정이 쉽게 느껴지지는 않지만 그래도 좀 느낌이 오죠? 그렇습니다. 여러분이 느끼는 것처럼 돈이 될 것이라는 생각에 투기가 발생하거나 발생할 우려가 있는 지역(토지이용계획 수립 혹은 변경지역, 토지이용제한 완화 또는 해제지역, 개발사업이 진행 중이거나 진행 예정되어 있는 지역과 그 인근 지역, 투기성행 우려가 있다고 인정되는 지역)에 지정되는 것이 토지거래허가구역입니다.

토지거래허가구역에서 토지거래허가를 받지 않아도 되는 경우는?

그렇다면 토지거래허가구역에서는 모든 토지거래에 대해 허가를 받아야만 하는 것일까요? 그렇지는 않습니다. 부동산 거래신고 등에 관한 법률 제11조 ②항에 의거 용도별로 일정 면적 이하의 토지인 경우 토지거래허가를 받지 않아도 거래가 가능합니다.

부동산 거래신고 등에 관한 법률 제11조(허가구역 내 토지거래에 대한 허가)

① 허가구역에 있는 토지에 관한 소유권·지상권(소유권·지상권의 취득을 목적으로 하는 권리를 포함한다)을 이전하거나 설정(대가를 받고 이전하거나 설정하는 경우만 해당한다)하는 계약(예약을 포함한다. 이하 "토지거래계약"이라 한다)을 체결하려는 당사자는 공동으로 대통령령으로 정하는 바에 따라 시장·군수 또는 구청장의 허가를 받아야 한다. 허가받은 사항을 변경하려는 경우에도 또한 같다.

② 경제 및 지가의 동향과 거래단위면적 등을 종합적으로 고려하여 대통령령으로 정하는 용도별 면적 이하의 토지에 대한 토지거래계약에 관하여는 제1항에 따른 허가가 필요하지 아니하다.

좀 더 구체적인 요건을 확인하기 위해 대통령령(시행령)을 확인해 보겠습니다.

부동산 거래신고 등에 관한 법률 시행령 제9조(토지거래계약허가 면제 대상 토지면적 등)

① 법 제11조제2항에서 "대통령령으로 정하는 용도별 면적"이란 다음 각 호의 구분에 따른 면적을 말한다. 다만, 국토교통부장관 또는 시·도지사가 허가구역을 지정할 당시 해당 지역에서의 거래실태 등을 고려하여 다음 각 호의 면적으로 하는 것이 타당하지 아니하다고 인정하여 해당 기준면적의 10퍼센트 이상 300퍼센트 이하의 범위에서 따로 정하여 공고한 경우에는 그에 따른다.

1. 「국토의 계획 및 이용에 관한 법률」 제36조제1항제1호에 따른 도시지역(이하 "도시지역"이라 한다): 다음 각 목의 세부 용도지역별 구분에 따른 면적
   가. 주거지역: 180제곱미터
   나. 상업지역: 200제곱미터
   다. 공업지역: 660제곱미터
   라. 녹지지역: 100제곱미터
   마. 가목부터 라목까지의 구분에 따른 용도지역의 지정이 없는 구역: 90제곱미터
2. 도시지역 외의 지역: 250제곱미터. 다만, 농지(「농지법」 제2조제1호에 따른 농지를 말한다. 이하 같다)의 경우에는 500제곱미터로 하고, 임야의 경우에는 1천제곱미터로 한다.

도시지역에서는 주거지역 180㎡, 상업지역 200㎡, 공업지역 660㎡, 녹지지역 100㎡, 위 네 가지 구분에 따른 용도지역에 속하지 않는 구역 90㎡ 이하인 경우에는 토지거래허가를 받지 않아도 되는군요.

토지거래허가를 받아야 하는데 토지거래허가 없이 임의로 거래하면 어떻게 되나?

토지거래허가를 받지 않고 매매계약을 체결했다면 어떻게 될까요? 계약이 무효화됩니다. 따라서 토지거래허가구역에서는 무조건 토지거래허가를 받은 후 계약을 체결해야만 합니다. 그렇다면 어떻게 계약을 체결해야 할까요? 본계약을 체결하기 전에 가계약을 한 후 토지거래허가를 받은 후 본 계약을 체결하면 됩니다. 가계약에는

토지거래허가를 받은 후 본계약을 진행한다는 특약사항을 기재하면 됩니다.

토지거래허가를 받은 대로 토지를 이용해야 한다!

토지거래허가구역에서 허가를 받아 매매를 한 경우 당초 허가를 신청했던 용도대로 토지를 이용해야 합니다. 이는 강제조항입니다. 일정 요건을 충족하는 예외적인 경우를 제외하고 무조건 지켜야 한다는 뜻이죠. 그래서 시장·군수 또는 구청장은 토지거래계약을 허가받은 자가 허가받은 목적대로 이용하고 있는지를 조사하고, 토지의 이용 의무를 이행하지 아니한 자에 대하여는 상당한 기간을 정하여 토지의 이용 의무를 이행하도록 명할 수 있습니다. 만일 정해진 기간 내에 이행명령이 이행되지 않으면 토지 취득가액의 100분의 10의 범위 내에서(이용 목적대로 이용하지 않고 방치한 경우는 토지 취득가액의 00분의 10, 직접 이용하지 아니하고 임대한 경우 토지취득가액의 100분의 7, 허가관청의 승인 없이 당초의 이용목적을 변경하여 이용하는 경우 토지취득가액의 100분의 5, 그 외 토지취득가액의 100분의 7) 대통령령으로 정하는 금액의 이행강제금을 부과합니다.

그렇기 때문에 토지거래허가구역 내 토지를 매입하고자 하는 경우라면 반드시 허가 받은 용도대로 토지를 이용해야 한다는 점을 염두에 두시기 바랍니다.

짤TIP

경매로 토지를 구입하는 경우라면 토지거래허가구역이라 할지라도 토지거래허가를 별도로 받을 필요가 없습니다. 이런 이유로 토지거래허가구역 내 토지를 구입하기 원하는 경우라면 먼저 해당지역 내 토지가 경매로 나온 것은 없는지 검토하는 것도 지혜롭게 토지를 구입하는 전략이 될 수 있습니다.

농지라고 다 같은 농지가 아니다!

보통 농지는 농사를 짓는 땅이라고 생각합니다. 하지만 그것이 농지의 전부는 아닙니다. 그렇다면 농지란 어떤 땅을 말하는 것일까요? 이에 대한 답을 농지법에서 찾을 수 있습니다.

농지법 제2조(정의)
1. "농지"란 다음 각 목의 어느 하나에 해당하는 토지를 말한다.
가. 전·답, 과수원, 그 밖에 법적 지목(地目)을 불문하고 실제로 농작물 경작지 또는 대통령령으로 정하는 다년생식물 재배지로 이용되는 토지. 다만, 「초지법」에 따라 조성된 초지 등 대통령령으로 정하는 토지는 제외한다.
나. 가목의 토지의 개량시설과 가목의 토지에 설치하는 농축산물 생산시설로서 대통령령으로 정하는 시설의 부지

요약하면 농지는 직접적으로 농업을 위해 사용되는 토지뿐만 아니라 농지 개량시설, 농지위에 설치하는 농축산물 생산시설로 대통령령으로 정하는 시설의 부지까지를 포함하는 개념이라는 것을 알 수 있습니다.

농지의 세분

농지는 농업진흥지역 내 농지와 농업진흥지역 외 농지로 크게 세분할 수 있습니다. 이 구분은 매우 중요합니다. 농업진흥지역내 농지인지 여부에 따라 공법상 규제가 많이 달라지기 때문입니다. 농업진흥지역은 농지를 효율적으로 이용하기 위하여 시·도지사가 지정합니다. 또한, 농업진흥지역은 다시 농업진흥구역과 농업보호구역으로 다시 세분됩니다. 참고로 공법상 규제는 농업보호구역에 비해 농업진흥구역이 더 강력합니다.

농지법 제28조(농업진흥지역의 지정)

①시·도지사는 농지를 효율적으로 이용하고 보전하기 위하여 농업진흥지역을 지정한다.

② 제1항에 따른 농업진흥지역은 다음 각 호의 용도구역으로 구분하여 지정할 수 있다.<개정 2008. 2. 29., 2013. 3. 23.>

1. 농업진흥구역: 농업의 진흥을 도모하여야 하는 다음 각 목의 어느 하나에 해당하는 지역으로서 농림축산식품부장관이 정하는 규모로 농지가 집단화되어 농업 목적으로 이용할 필요가 있는 지역
  가. 농지조성사업 또는 농업기반정비사업이 시행되었거나 시행 중인 지역으로서 농업용으로 이용하고 있거나 이용할 토지가 집단화되어 있는 지역
  나. 가목에 해당하는 지역 외의 지역으로서 농업용으로 이용하고 있는 토지가 집단화되어 있는 지역
2. 농업보호구역: 농업진흥구역의 용수원 확보, 수질 보전 등 농업 환경을 보호하기 위하여 필요한 지역

농지를 구입하는 경우 선택의 기준은?

직접 경작목적으로 농지를 구입하는 것은 그다지 바람직한 선택이 아닙니다. 물론 주말농장 용도 등으로 구입하거나 향후 형질변경을

통해 전원주택 건축 등 개발행위를 하기 위한 것이라면 예외가 되겠지만요. 농업경작 목적이 아닌 상태에서 농지 구입시 선택기준을 굳이 정해야 한다면 다음과 같습니다.

첫째, 농업진흥지역 내 농지 VS 농업진흥지역 외 농지 가운데 선택을 해야 한다면 일단 농업진흥지역 외 농지를 선택하는 것이 좋습니다. 자경(직접 농사를 짓는 것) 목적이 아니라면 더더욱 그렇습니다. 농업진흥지역 내 농지는 엄격하게 농업용으로 사용하거나 농업환경을 보호하기 위해 사용하도록 공법상 규제가 적용되고 있기 때문입니다. 따라서 농민이 아닌 도시민이 농업진흥지역 내 농지를 매입하는 것은 비추입니다.

둘째, 농업진흥지역 내 농업진흥구역 농지 VS 농업보호구역 토지 가운데 하나를 선택해야 하는 경우라면 농업보호구역 내 토지를 선택하는 것이 좋습니다. 농업진흥구역 토지에 비해 농업보후구역 토지가 공법상 규제의 정도가 덜하기 때문입니다. 실제로 농업진흥구역내 농지는 농사짓는 것 외에 할 수 있는 것이 거의 없다고 보아도 무방합니다. 다음은 농업진흥구역과 농업보호구역 내에서의 행위제한과 관련된 내용입니다.

농지법 제32조(용도구역에서의 행위 제한)

① 농업진흥구역에서는 농업 생산 또는 농지 개량과 직접적으로 관련되지 아니한 토지이용행위를 할 수 없다. 다만, 다음 각 호의 토지이용행위는 그러하지 아니하다. <개정 2009. 5. 27., 2012. 1. 17., 2018. 12. 24.>

1. 대통령령으로 정하는 농수산물(농산물·임산물·축산물·수산물을 말한다. 이하 같다)의 가공·처리 시설의 설치 및 농수산업(농업·임업·축산업·수산업을 말한다. 이하 같다) 관련 시험·연구 시설의 설치

2. 어린이놀이터, 마을회관, 그 밖에 대통령령으로 정하는 농업인의 공동생활에 필요한 편의 시설 및 이용 시설의 설치
3. 대통령령으로 정하는 농업인 주택, 어업인 주택, 농업용 시설, 축산업용 시설 또는 어업용 시설의 설치
4. 국방·군사 시설의 설치
5. 하천, 제방, 그 밖에 이에 준하는 국토 보존 시설의 설치
6. 문화재의 보수·복원·이전, 매장 문화재의 발굴, 비석이나 기념탑, 그 밖에 이와 비슷한 공작물의 설치
7. 도로, 철도, 그 밖에 대통령령으로 정하는 공공시설의 설치
8. 지하자원 개발을 위한 탐사 또는 지하광물 채광(採鑛)과 광석의 선별 및 적치(積置)를 위한 장소로 사용하는 행위
9. 농어촌 소득원 개발 등 농어촌 발전에 필요한 시설로서 대통령령으로 정하는 시설의 설치

②농업보호구역에서는 다음 각 호 외의 토지이용행위를 할 수 없다.
1. 제1항 각 호에 따른 토지이용행위
2. 농업인 소득 증대에 필요한 시설로서 대통령령으로 정하는 건축물·공작물, 그 밖의 시설의 설치
3. 농업인의 생활 여건을 개선하기 위하여 필요한 시설로서 대통령령으로 정하는 건축물·공작물, 그 밖의 시설의 설치

위 내용을 살펴보면 농업진흥구역에서는 공익적 용도인 '농수산물의 가공·처리 시설의 설치 및 농수산업 관련 시험·연구 시설의 설치', '농업인의 공동생활에 필요한 편의 시설 및 이용 시설', '대통령령으로 정하는 농업인 주택, 어업인 주택, 농업용 시설, 축산업용 시설 또는 어업용 시설', '그 밖의 공공용도 시설'외에는 토지이용이 제한됩니다. 한편, 농업보호구역에서도 '농업진흥구역 내 이용 제한 사항'과 '대통령령으로 정하는 농업인 소득 증대에 필요한 시설', '대통령령으로 정하는 농업인의 생활 여건에 필요한 시설' 외에는 토지이용이 제한됩니다.

따라서 농지를 매입하고자 하는 경우라면 꼭 위와 같은 제한사항들을 모두 따져 본 후 매입하는 것이 좋습니다.

짤TIP

농지법 제32조 ①항 3호 및 농지법 시행령 제29조 ④항에 따라 농업진흥구역에서도 농·어업인의 주택을 신축할 수 있습니다. 먼저 농지법 제32조를 보시죠.

농지법 제32조(용도구역에서의 행위 제한)

① 농업진흥구역에서는 농업 생산 또는 농지 개량과 직접적으로 관련되지 아니한 토지이용행위를 할 수 없다. 다만, 다음 각 호의 토지이용행위는 그러하지 아니하다.

-------------------------중략-------------------------

3. 농업인 주택, 어업인 주택이나 그 밖에 대통령령으로 정하는 농업용 시설, 축산업용 시설 또는 어업용 시설의 설치

다음으로 농지법 시행령 제29조 ④항입니다.

농지법 시행령 제29조(농업진흥구역에서 할 수 있는 행위)

④ 법 제32조제1항제3호에 따른 농업인 주택 및 어업인 주택(이하 이 항에서 "농어업인 주택"이라 한다)은 다음 각 호의 요건을 모두 갖춘 건축물 및 시설물로 한다. 다만, 제2호에 따른 부지면적을 적용함에 있어서 농지를 전용하여 농어업인 주택을 설치하는 경우에는 그 전용하려는 면적에 해당 세대주가 그 전용허가신청일 또는 협의신청일 이전 5년간 농어업인 주택의 설치를 위하여 부지로 전용한 농지면적을 합산한 면적(공공사업으로 인하여 철거된 농어업인 주택의 설치를 위하여 전용하였거나 전용하려는 농지면적을 제외한다)을 해당 농어업인 주택의 부지면적으로 본다.

위와 같은 법 규정에 따라 농업진흥구역에서 농민은 주택을 건축할 수 있습니다. 그런데 농업진흥구역 내 농업인주택에 대한 건축허가를 적용하는 데 있어 지자체 별로 서로 상이합니다. 어떤 지자체는 건축허가를 내주는 데 비해 또 다른 어떤 지자체는 건축허가를 내주지 않는다는 의미죠. 그래서 농업진흥구역 내 농지를 매입해 농업인주택을 건축하기 원한다면 위와 같은 문제를 사전에 예방하기 위해서라도 매입에 앞서 무조건 관할 지자체 농지과와 건축과 담당자와 농업인 주택 건축이 가능한지를 확인해 두는 것이 필요합니다.

농지를 구입하기 전 무조건 체크하자: 농지은행 통합포털!

농지은행 통합포털(https://www.fbo.or.kr/)은 농림축산식품부와 한국농어촌공사가 운영하는 농지 통합포털 사이트입니다. 농지은행 통합포털은 다양한 정보를 제공하고 있습니다. 농지은행 통합호털에서는 농지의 필지주소, 면적은 물론 항공사진 기반 지도 서비스, 토양정보, 적합한 재배작물 등 다양한 정보를 얻을 수 있습니다. 뿐만 아니라 전국 농지의 가격 및 거래동향을 지역별·지목별(밭, 논, 과수원)로 확인할 수 있기 때문에 매우 유용한 사이트라고 할 수 있습니다.

농지은행 통합포털 활용 꿀팁!

농지은행통합포털 홈페이지는 크게 농지구하기, 농지 내놓기, 농지연금 신청, 농지동향, 정보마당, 마이페이지 등 다섯 가지 카테고리로 구분되어 있습니다. 여기서 농지구하기를 클릭해 봅시다.

농지은행 통합포털 홈페이지 화면

자료 : 농지은행 통합포털(https://www.fbo.or.kr/)

지역, 희망가, 면적, 공부지목, 거래유형, 진행사항을 클릭 후 '농지검색하기'를 클릭합니다.

농지구하기 클릭 후 화면

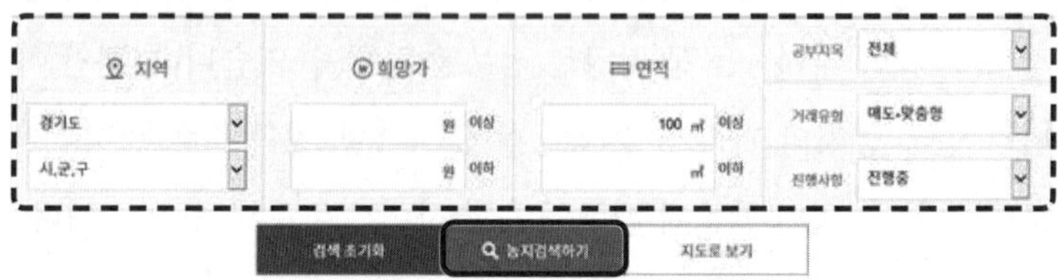

자료 : 농지은행 통합포털(https://www.fbo.or.kr/)

단, 검색의 편의를 위해 '지역'은 경기도, '면적'은 100㎡ 이상, '공부지목'은 전체, '거래유형'은 매도-맞춤형, '진행사항'은 진행중으로 설정한 후 농지검색하기를 클릭했습니다. 다음은 농지검색하기 결과 화면입니다.

농지검색하기 결과 화면

구분	농지 소재지	지목	필지수	총면적	희망가	신청기한	신청자	신청
도-맞춤형	경기도 여주시 대신면	답	1	2,617.7	250,000,000	2019-05-17	-	신청 보관
도-맞춤형	경기도 이천시 부발읍	답	1	2,299.9	278,000,000	상시	-	신청 보관
도-맞춤형	경기도 이천시 장호원읍	답	1	3,169.8	115,200,000	상시	-	신청 보관
도-맞춤형	경기도 이천시 장호원읍	답	2 ▼	3,707.3	112,000,000	상시	-	신청 보관
1	경기도 이천시 장호원읍		답		2,273.8	68,700,000		
2	경기도 이천시 장호원읍		답		1,433.5	43,300,000		
도-맞춤형	경기도 이천시 설성면	전	3 ▼	2,687.0	146,565,000	상시	-	신청 보관
1	경기도 이천시 설성면		전		1,296.0	70,691,000		
2	경기도 이천시 설성면		전		492.0	26,837,000		
3	경기도 이천시 설성면		임야		899.0	49,037,000		

자료 : 농지은행 통합포털(https://www.fbo.or.kr/)

매물이 많지는 않지만 정확하게 희망가격이 기재되어 있기 때문에 이를 토대로 좀 더 수월하게 가격검증을 해 볼 수 있다는 장점이 있습니다.

다음으로 지역별 실거래가와 표준지공시지가도 확인할 수 있습니다. 상단 메뉴에서 농지동향 거래·가격정보를 클릭한 후 나타나는 검색화면에 관심 지역을 입력하고 자료검색을 클릭하면 필요한 자료를 확인할 수 있습니다. 필자들은 '지역'을 SK하이닉스라는 대형호재로 핫한 지역으로 거듭난 용인시 처인구 원삼면으로 '기간'은 2018~2019년으로, '지목'은 전체로 각각 설정한 후 '자료검색'을 클릭했습니다.

실거래가 검색 화면

지역	기간	희망가	면적
경기도	2018 년 부터	원 이상	㎡ 이상
용인시 처인구	2019 년 까지	원 이하	㎡ 이하
원삼면			
지목 전체		◉ 실거래가 ○ 표준공시지가	

검색 초기화 자료검색

자료 : 농지은행 통합포털(https://www.fbo.or.kr/)

자, 이제 결과를 확인해 봅시다. 실거래가 조회결과를 보니 설정한 검색기간 동안 용인시 처인구 원삼면에서는 총 407건의 토지거래가 있었던 것을 알 수 있습니다. 또한 거래 지목, 면적, 거래일, 거래가격까지 모두 확인할 수 있습니다. 이 정도라면 적정 거래시세를 예측하는 데 상당한 도움이 될 수 있을 것으로 보입니다.

실거래가 자료검색 결과 화면

실거래가 조회결과 407건 (단위:원)

소재지	진흥지역	지목	면적	거래일	가격
경기도 용인시 처인구 원삼면 고당리	진흥지역외	전	2,440	2018.06	400,000,000
경기도 용인시 처인구 원삼면 고당리	진흥지역외	전	615	2018.03	74,400,000
경기도 용인시 처인구 원삼면 고당리	진흥지역외	전	1,045	2018.03	126,400,000
경기도 용인시 처인구 원삼면 고당리	진흥지역외	전	1,005	2018.05	60,955,270
경기도 용인시 처인구 원삼면 고당리	진흥지역외	전	502	2018.06	160,200,000
경기도 용인시 처인구 원삼면 고당리	진흥지역외	전	760	2018.04	160,500,000
경기도 용인시 처인구 원삼면 고당리	진흥지역외	답	2,229	2018.10	485,000,000
경기도 용인시 처인구 원삼면 고당리	진흥지역외	전	549	2018.07	124,500,000
경기도 용인시 처인구 원삼면 고당리	진흥지역외	답	84	2018.08	5,000,000
경기도 용인시 처인구 원삼면 고당리	진흥지역외	답	219	2018.08	21,750,000

자료 : 농지은행 통합포털(https://www.fbo.or.kr/)

짤TIP

농지은행 통합포털(https://www.fbo.or.kr/)은 아직까지 분명한 장·단점이 있습니다. 장점으로는 공신력 있는 과거매매 가격과 관련된 데이터나 거래동향을 파악하기 용이하다는 점을 들 수 있습니다. 이에 비해 단점으로는 아직까지는 매물로 나와 있는 토지 물량이 충분하지 않다는 점을 들 수 있습니다. 이런 장·단점 요인을 고려해 매물은 모바일·인터넷 부동산 포털, 발품을 통해 찾고 가격은 농지은행 통합포털 데이터를 활용해 검증하는 것을 추천합니다.

산지 구입 전에 반드시 참고해야 할 산지정보시스템!

산지를 구입하고자 하는 경우라면 참고해 두면 매우 유익한 웹사이트가 있습니다. 바로 산림청 산지정보시스템(http://www.forest.go.kr/newkfsweb/kfs/idx/SubIndex.do?orgId=fli)입니다.

산지정보시스템 활용 꿀팁!

산지정보시스템은 산지를 구입하고 싶으나 정작 산지에 대해 잘 모르는 사람들이라면 더욱 쓰임새가 많은 사이트라고 할 수 있습니다. 산지정보조회, 산지이용안내, 행위제한안내, 산지통계, 정보마당 등 다양한 카테고리와 함께 자세한 정보를 제공하고 있기 때문입니다.

산림청 산지정보시스템 홈페이지 화면

자료 : 산지정보시스템(http://www.forest.go.kr/newkfsweb/kfs/idx/SubIndex.do?orgId=fli)

매입하고자 하는 산지에 대한 정보를 파악하기 위해서 가장 먼저 '산지정보조회'를 클릭합니다. 이어서 나타나는 산지 지번 입력 화면에 산지 주소를 '지번' 혹은 '도로명' 중 선택해 입력한 후 '검색'을 클릭합니다. 필자들은 경기도 여주시 능서면 소재 산지를 검색해 보았습니다.

산지 지번 입력 화면

자료 : 산지정보시스템(http://www.forest.go.kr/newkfsweb/kfs/idx/SubIndex.do?orgId=fli)

자, 이제 검색결과를 확인해 보시죠. 지목은 당연히 임야이고 면적은 2,997㎡군요. 다음으로 가장 중요하다고 할 수 있는 산지구분현황을 보니 전체가 준보전산지에 속하는 것으로 나타나고 있습니다. 공법상 규제의 정도라는 측면에서 볼 때 매입을 검토해 볼 만한 산지라고 볼 수 있습니다.

검색결과 확인 화면

필지정보

주소	경기도 여주시 능서면 산 -1
새주소	고시된 도로명 주소 없음
면적	2,977
지목	임야

위치정보 자료구축현황보기

도면검색 후 1분이상 경과시 축척 변경이나 이동이 되지 않을 수 있습니다. 이러한 경우 해당 주소지를 다시 검색하여 실행해 주시기 바랍니다.

산지구분현황 대장정보갱신

면적정보가 틀릴 경우 대장정보갱신 버튼을 클릭해주세요

보전산지면적		준보전산지면적(㎡)
임업용산지면적(㎡)	공익용산지면적(㎡)	
0	0	2,977

자료 : 산지정보시스템(http://www.forest.go.kr/newkfsweb/kfs/idx/SubIndex.do?orgId=fli)

이 외에도 산지정보시스템에서는 다양한 산지 관련 정보와 자료를 제공하고 있으니 산지 매입에 관심이 있는 경우라면 자주 방문해 알찬 정보들을 확인하는 습관을 들이는 것이 좋은 산지를 구입하는데 큰 도움이 될 것입니다.

짤TIP

농지연금이라는 것이 있습니다. 한국농어촌공사 및 농지관리기금법 제10조(사업) ①항 제5호 마목 및 동법 제24조의5(농지를 담보로 한 농업인의 노후생활안정 지원사업 등)의 규정에 따라 농지를 담보로 한 농업인의 노후생활안정을 지원하는 사업이 바로 농지연금입니다. 농업인이 소유한 농지를 담보로 노후생활안정자금인 농지연금은 다른 사람에게 양도하거나 담보로 제공할 수 없을 뿐만 아니라, 다른 사람이 이를 압류할 수도 없습니다. 게다가 농지연금을 받으면서 농사도 지을 수 있고 임대도 줄 수 있습니다. 연금 외에 소득도 창출할 수 있다는 뜻이죠. 농업인을 위한 매력적인 노후보장제도가 아닐 수 없습니다.

산지도 급이 다른 산지가 있다!

산지라고 해서 모두 같은 산지는 아닙니다. 산지의 합리적인 보전과 이용을 위하여 '산지관리법' 제4조에서는 전국의 산지를 보전산지(임업용산지·공익용산지)와 준보전산지로 구분하여 관리하도록 규정하고 있습니다. 서로 다른 공법상 규제가 적용된다는 의미죠. 실제로 임업용산지와 공익용산지에 대하여는 '산지관리법' 및 개별 법령에 따라 허용행위를 제한하는 데 비해, 준보전산지 안에서는 행위제한이 없습니다.

임업용 산지란?

임업용 산지란 쉽게 말해 수목을 임업용 생산에 필요한 산지를 말합니다. 좀 더 구체적으로 말해 산림자원의 조성과 임업경영 기반의 구축 등 임업생산 기능의 증진을 위하여 필요한 산지인 것이죠. 임업용 산지는 크게 4가지로 세분할 수 있습니다.

첫째, 산림자원의 조성 및 관리에 관한 법률 에 따른 채종림(採種林) 및 시험림의 산지

둘째, 국유림의 경영 및 관리에 관한 법률 에 따른 요존국유림(要存國有林)

셋째, 임업 및 산촌 진흥촉진에 관한 법률 에 따른 임업진흥권역의 산지

넷째, 그 밖에 임업생산기능의 증진을 위하여 필요한 산지로서 대통령령이 정하는 산지 등이 있습니다.

공익용 산지란?

공익용 산지는 임업생산과 함께 재해방지·수원보호·자연생태계보전·자연경관보전·국민보건휴양증진 등의 공익기능을 위하여 필요한 산지를 말합니다. 여기에 속하는 산지로는

첫째, '산림보호법'에 따른 산림보호구역의 산지

둘째, '산림문화·휴양에 관한 법률'에 따른 자연휴양림의 산지

셋째, '산지관리법'제9조에 따른 산지전용·일시사용제한지역

넷째, '야생생물 보호 및 관리에 관한 법률' 제27조에 따른 야생생물 특별보호구역 및 같은 법 제33조에 따른 야생생물 보호구역의 산지

다섯째, '자연공원법'에 따른 공원구역의 산지

여섯째, '문화재보호법'에 따른 문화재보호구역의 산지

일곱째, '수도법'에 따른 상수원보호구역의 산지

여덟째, '개발제한구역의 지정 및 관리에 관한 특별조치법'에 따른 개발제한구역의 산지

아홉째, '국토의 계획 및 이용에 관한 법률'에 따른 녹지지역 중 대통령령으로 정하는 녹지 지역의 산지

열 번째, '자연환경보전법'에 따른 생태·경관보전지역의 산지

열한번째, '습지보전법'에 따른 습지보호지역의 산지

열두번째, '독도 등 도서지역의 생태계보전에 관한 특별법'에 따른 특정도서의 산지사찰림(寺刹林)의 산지

열세번째, '백두대간보호에 관한 법률'에 따른 백두대간보호지역의 산지

열네번째, 그밖에 공익기능 증진을 위하여 필요한 산지로서 대통령령이 정하는 산지 등이 있습니다.

산지 관련 법령에 의해 지정된 지역·지구는?

산지는 산지 관련 법령에 의해 지정된 지역·지구가 있는지, 있다면 어떤 지역·지구인지에 따라 공법상 규제가 적용됩니다. 따라서 개략적으로나마 관련 지역·지구를 알아 두면 산지를 이해하는 데 도움이 됩니다. 다음은 산지 관련 법려에 의해 지정된 지역·지구와 관련된 내용이니 참고하시기 바랍니다.

산지 관련 법령에 의거 지정된 지역·지구

지역·지구	법적근거	지정목적	관리수단
보전산지 (임업용·공익용)	산지관리법 제4조	산지의 합리적인 보전과 이용	
산지전용· 일시사용 제한지역	산지관리법 제9조	무분별한 산지전용 방지	
토석채취 제한구역	산진관리법 제25조의 3	공공이익의 증진	토석채취 허가제한
채종림	산림자원의 조성 및 관리에 관한 법류 제19조	산림자원 조성에 필요한 종자 공급	행위제한
산림보호구역	산립보호법 제7조	산림보호구역을 관리하고 산림병해충을 예찰·방제하며 산불을 예방·진화하는 등 산림을 건강하고 체계적으로 보호함으로써 국토를 보전하고 국민의 삶의 질 향상	행위제한
시험림	산림자원의 조성 및 관리에 관한 법률 제47조	병해충 저항성이 큰 임목이 있는 산림이나 임업시험용으로 적합한 산림보호	행위제한
자연휴양림	산림문화·휴양에 관한 법률 제13조	산림문화 및 산림휴양 진흥	행위제한
임업진흥권역	임업 및 산촌 진흥촉진에 관한 법률 제19조	임업 생산기반 조성 및 산촌 진흥	대체 지정제도 운영
국립수목원 완충지역	수목원 조성 및 진흥에 관한 법률 제19조	수목유전자원 보호	개발행위 사전승인
백두대간보호지역 (핵심·완충구역)	백두대간 보호에 관한 법률 제6조	백두대간의 체계적인 보호, 쾌적한 자연환경 조성	행위제한, 주민지원
사방지	사방사업법 제4조	국토의 황폐화 방지	행위제한, 시설관리

자료 : 산지정보시스템(http://www.forest.go.kr/newkfsweb/kfs/idx/SubIndex.do?orgId=fli)

매입하고자 하는 산지가 있을 경우 어떤 산지인지를 먼저 검토해야 합니다. 이때 규제가 적을수록 좋은 산지라고 볼 수 있습니다. 어떤 규제가 적용 되는 산지인지를 확인할 때 앞서 살펴 본 산지정보시스템의 산지정보조회를 활용할 것을 강추합니다.

짤TIP

산지를 매입할 때 개발호재만 보는 경우가 많습니다. 하지만 개발호재만 보고 산지를 매입하는 것은 매우 위험합니다. 특히, 수도권인 경우라면 더욱 그렇습니다. 일반적으로 개발은 개발이 용이한 곳을 먼저 하죠. 그런데 임야는 전, 답 등 평지에 비해 개발이 어려운 경우가 대부분입니다. 이런 이유로 개발호재에서 임야가 빠지는 경우도 많습니다. 그렇기 때문에 단순히 개발호재만을 노린 임야매입은 신중을 기하는 것이 좋습니다.

농지전용, 산지전용이란?

농지를 농사를 짓기 위해 매입하고 산지는 임업을 위해 매입하는 것이 바람직합니다. 그런 용도로 존재하는 것이 각각 농지와 산지죠. 하지만 정해진 용도로만 토지를 사용해야 하는 것은 아닙니다. 실제로 정해진 용도 외에 다른 용도로 사용하는 경우도 비일비재합니다. 농지와 산지 역시 마찬가지입니다. 우리나라는 일정 요건을 충족하는 경우 예외적으로 농지와 산지를 다른 용도로 사용할 수 있도록 하고 있습니다.

농지전용이란?

농지를 매입해 다른 용도로 전용하고자 하는 경우가 있습니다. 좀 더 엄밀히 말하면 농지를 농작물의 경작이나 다년생식물의 재배 등 농업생산 또는 농지개량 외의 용도로 사용하는 것을 가리켜 농지전용이라고 합니다. 농지전용을 하고자 하는 경우 농지전용허가를 받는 것이 원칙입니다. 물론 농지법 제43조(농지의 전용허가·협의) 규정에 따라 농지전용허가를 받지 않는 경우도 있기는 합니다. 다음은 농지전용허가를 받지 않아도 되는 경우입니다.

> 농지법 제34조(농지의 전용허가·협의)
> ① 농지를 전용하려는 자는 다음 각 호의 어느 하나에 해당하는 경우 외에는 대통령령으로 정하는 바에 따라 농림축산식품부장관의 허가를 받아야 한다. 허가받은 농지의 면적 또는 경계 등 대통령령으로 정하는 중요 사항을 변경하려는 경우에도 또한 같다. <개정 2008. 2. 29., 2009. 5. 27., 2013. 3. 23.>
> 1. 다른 법률에 따라 농지전용허가가 의제되는 협의를 거쳐 농지를 전용하는 경우
> 2. 「국토의 계획 및 이용에 관한 법률」에 따른 도시지역 또는 계획관리지역에 있는 농지로서 제2항에 따른 협의를 거친 농지나 제2항제1호 단서에 따라 협의 대상에서 제외되는 농지를 전용하는 경우
> 3. 제35조에 따라 농지전용신고를 하고 농지를 전용하는 경우
> 4. 「산지관리법」 제14조에 따른 산지전용허가를 받지 아니하거나 같은 법 제15조에 따른 산지전용신고를 하지 아니하고 불법으로 개간한 농지를 산림으로 복구하는 경우
> 5. 「하천법」에 따라 하천관리청의 허가를 받고 농지의 형질을 변경하거나 공작물을 설치하기 위하여 농지를 전용하는 경우

그러나 농지전용은 위와 같은 예외적인 경우를 제외하면 허가를 받아야 하는 것이 원칙이죠.

산지전용이란?

농지를 매입해 다른 용도로 전용하는 것과 마찬가지로 산지 역시 매입 후 다른 용도로 전용하는 경우가 있는데 이를 가리켜 산지전용이라고 합니다. 산지법은 산지전용(山地轉用)을 다음과 같이 정의하고 있습니다.

산지관리법 제2조(정의)

2. "산지전용"이란 산지를 다음 각 목의 어느 하나에 해당하는 용도 외로 사용하거나 이를 위하여 산지의 형질을 변경하는 것을 말한다.

가. 조림(造林), 숲 가꾸기, 입목의 벌채·굴취

나. 토석 등 임산물의 채취

다. 대통령령으로 정하는 임산물의 재배[성토(盛土) 또는 절토(切土) 등을 통하여 지표면 으로부터 높이 또는 깊이 50센티미터 이상 형질변경을 수반하는 경우와 시설물의 설치를 수반하는 경우는 제외한다.

농지전용과 산지전용 절차는?

농지전용이나 산지전용은 신청에서 허가를 받을 때까지 정해진 절차를 거치게 됩니다. 그 내용을 살펴보면 우선 농지전용은 다음과 같은 절차를 거치게 됩니다.

농지전용 절차

농지전용허가신청서 작성	→	농지관리위원회에 신청서 제출	→
농지관리위원회 확인 (5일 이내)	→	확인서 송부(시장·군수·구청장에게)	→
농지전용 허가 심사	→	허가 통보	

다음으로 산진전용은 다음과 같은 절차를 거치게 됩니다.

산지전용 절차

신청서 작성	→	신청서 접수	→
현지조사 확인	→	대체산림자원조성비 및 복구비산정	→
대체산림자원조성비 납부고지 및 복구비예치통지	→	대체산림자원조성비 납부 및 복구비예치	→
허가증 작성	→	허가증 발급	

농지전용과 산지전용을 하는 궁극적 이유는?

농지가 되었든 산지가 되었든 전용을 하는 궁극적인 이유는 경제적 이익을 창출하기 위해서라고 할 수 있습니다. 답(畓)을 전(田)으로, 전(田)을 대(垈)로 전용하면 어떻게 될까요? 더 많은 개발잠재력을 부여하는 용도로 전용되었기 때문에 개발이익이 더 커지게 되죠. 그런데 개발이익이 커진다는 것은 곧 토지의 가치도 증가되었다는 것을 의미합니다. 당연히 지가도 상승하기 마련이죠. 똑같은 이치가 산지전용에도 적용됩니다.

결국 농지전용이나 산지전용은 모두 지가상승을 이끌어 낼 수 있는 방법인 셈입니다. 그렇기 때문에 농지나 산지를 매입하기에 앞서 각각 전용가능성이 있는지 있다면 어떤 용도로 전용이 가능한지를 세심하게 분석하는 것이 필요합니다.

짤TIP

농지나 산지를 전용하는 경우 각각 농지전용부담금과 대체산림자원조성비를 납부해야 합니다. 뿐만 아니라 취득세도 납부해야 합니다. 농지나 산지전용시 취득세를 납부하는 이유는 지가상승이 발생하기 때문입니다. 즉, 용도변경으로 토지가격이 상승하게 되니 그 상승금액만큼을 새롭게 취득하는 것으로 보아 취득세를 부담해야 한다는 것입니다.

땅 매입은 땅 소재지 공인중개사의 도움을 받는 것이 좋다!

토지는 임장활동이 그 어떤 부동산 보다 중요합니다. 아파트나 상가에 비해 획득할 수 있는 정보에 상당한 제약이 있기 때문이죠. 물론 모바일·인터넷을 활용해 열심히 손품을 팔면 어느 정도는 정보 확보가 가능합니다. 하지만 그것만으로는 부족하죠. 그래서 토지는 발품을 파는 것이 중요하다고 하는 것입니다. 그런데 말이죠. 바로 이 발품을 판다는 것이 말처럼 그렇게 간단한 문제가 아닙니다. 내비게이션이 잘 되어 있어 어지간한 토지는 어렵지 않게 찾을 수 있는 시대가 되었지만 도심에서 벗어난 외곽지역의 임야나 전, 답을 내비게이션을 이용해 확인하는 것은 여전히 도전의 영역으로 남아 있는 상태죠. 그래서 토지를 매입하는 경우 조력자의 역할이 필요합니다.

시세 파악이 어려운 토지일수록 현지 공인중개사를 찾아보자!

부동산 시세는 거래가 동반되어야 의미가 있는 수치입니다. 예를 들어 만일 누군가 여러분에게 시세가 3.3㎡당 100만 원인 A지역의 토지가 50만 원에 급매물로 나왔으니 구입해 두라는 제안을 했다고 가정해 봅시다. 아마도 처음에는 귀가 솔깃해지겠지만 진짜 시세 대비 저렴한 매물인지 확인을 하게 될 것입니다. 그런데 시세확인 과정에서 최근 몇 년 동안 거래가 없었던 토지인 것이 확인된다면 여러분은 어떤 생각을 하게 될까요? 3.3㎡당 100만 원을 시세로 인정하고 매입할까요? 아마도 아닐 것입니다. 어떤 형태가 되었든 시세확인을 한 후 매입여부를 결정하게 될 것입니다. 바로 이때 즉, 시세파악이 어려운 토지의 적정시세를 파악할 때 큰 도움이 되는 전문가들이 바로 현재 공인중개사입니다. 그렇기 때문에 토지는 반드시 현지 공인중개사의 조력을 받으실 것을 추천합니다. 시세파악이 어려운 시골 토지라는 더더욱 그렇습니다.

현지 공인중개사는 풍부한 정보뱅크다!

필자는 토지가 소재하는 지역에 있는 공인중개사들을 가리켜 정보뱅크라고 부릅니다. 특히 오래전부터 그 지역에 뿌리를 내리고 영업을 해오고 있는 공인중개사들은 어마어마한 정보를 자랑하는 경우가 많습니다. 보석처럼 빛나는 저렴한 매물을 보유하고 있을 수도 있고 지역 부동산시장의 흐름이나 지역경제의 과거와 현재에 대한 해박한 식견을 자랑하는 경우도 있습니다. 뿐만 아니라 매입한 토지의 적정한 관리방법이나 용도를 추천받는 경우도 드물지 않습니다. 그럼에도 불구하고 현재 공인중개사들을 그저 자신이 매입하고자 하는 토지의 시세가 적정 수준인지를 확인해주는 사람들로 치부하는 우를 범하곤 합니다. 초 단위로 정보가 생성되고 유통되는 초정보사회에서 가장 의미 있는 정보뱅크를 활용하는 것이야 말로 가장 지혜로운 자세가 아닐까요?

짤TIP

종종 공인중개사가 근처에 없는 토지를 매입해야 하는 경우도 있습니다. 이런 지역은 대부분 토지 매매사례도 많지 않은 것이 보통입니다. 이런 지역의 토지를 매입할 때 특히 주의할 점이 있습니다. 가장 최근의 매매사례가격이 높을 경우 매매사례가 드물기 때문에 최근의 매매사례 가격이 시세가 되는 경우가 있다는 점이 그것입니다. 그렇기 때문에 시세파악을 위한 매매사례 가격 정보를 충분히 확보할 수 없다면 최근의 매매사례가격을 무조건 신뢰해서는 안 됩니다.

Chapter 9

시세보다 저렴한 부동산 할인매장 활용을 위한 19가지 절대지식

부동산 경매에 관심을 가져야 하는 이유?

부동산 경매는 언제나 핫합니다. 끊임없이 주목을 받습니다. 왜 그럴까요? 저렴한 가격으로 부동산을 구입할 수 있다는 점 때문입니다. 시세차익이 되었든 아니면 임대수익이 되었든 그도 아니면 실거주나 실사용을 위해서든 성공적인 부동산 투자를 위해서는 가능한 저렴한 가격에 부동산을 구입하는 것이 중요한데 부동산 경매가 이것을 가능하게 해주죠.

부동산 경매에 관심을 가져야 할 첫 번째 이유 : 저렴한 가격

부동산 경매의 가장 큰 장점은 시세 대비 저렴한 가격에 부동산을 구입할 수 있다는 점입니다. 이는 부동산 경매를 통해 적지 않은 성공을 거둔 사람들이 하나 같이 강조하는 것이기도 합니다. 부동산 낙찰가율 통계를 보면 아파트는 80~90% 수준, 단독주택과 다가구주택은 65~75% 수준, 연립·다세대주택은 70~80%, 토지는

50% 내외 수준에서 매각가율(매각가를 감정가격으로 나눈 것)을 이 형성되는 경우가 일반적입니다. 물론 부동산 경기상황에 따라 편차가 발생할 수는 있습니다. 그러나 크게 벗어나는 경우는 흔치 않습니다.

부동산시장은 순환 변동합니다. 따라서 경기가 나쁠 때는 부동산 경매 매각가율도 낮아지죠. 반대로 경기가 좋을 때는 부동산 매각가율도 함께 상승합니다. 이는 부동산 경기가 좋지 않으면 좋지 않은 대로 떨어진 가격 대비 저렴하게, 반대로 부동산 경기가 좋으면 좋은 대로 상승한 가격 대비 저렴한 가격에 부동산을 구입할 수 있다는 것을 의미합니다.

부동산 경매에 관심을 가져야 할 두 번째 이유 : 확실한 소유권

권리분석을 꼼꼼하게 한다면 부동산 경매야 말로 가장 확실하고 안전한 소유권을 확보할 수 있는 방법이라고 할 수 있습니다. 원칙적으로 부동산 경매를 통해 취득한 부동산의 법적 성질은 원시취득이기 때문입니다. 원시취득이란 종전의 권리와 관계없이 새롭게 취득하는 것으로 가장 안전한 소유권 취득방법이죠. 물론 경매로 부동산을 구입하더라도 대항력 있는 임차인이나 권리를 인수해야 하는 경우도 발생합니다. 그러나 그것은 어디까지 권리분석을 잘못하는 바람에 생기는 상황입니다.

부동산 경매는 채권자의 경매신청에 따라 개시되고, 누군가에 의해 낙찰이 이루어지면 법원은 따로 정하는 날까지 매수보증금을 제외한 잔금을 납부하도록 합니다. 보통 해당 부동산을 낙찰 받은 사람은 특별한 사정이나 문제가 없는 이상 법원에서 정한 잔금납부일 내에 잔금을 납부하고 법원에 소유권이전등기 촉탁신청을 합니다. 낙찰자의 소유권이전동기 촉탁신청을 받은 법원은 낙찰자에게 소유권 이전등기를 해주면서 원칙적으로 등기사항전부증명서에 기재되어 있던 모든 권리들을 말소해줍니다. 이런 점에서 부동산 경매를 통한 취득을 원시취득이라고 하는 것입니다. 그러므로 권리분석의 실수만 없다면 가장 안전하고 확실한 부동산 취득방법이 부동산 경매라고 할 수 있는 것입니다.

짤TIP

촉탁등기라는 것이 있습니다. 보통 등기는 당사자의 신청으로 하는 것이 원칙입니다. 하지만 예외적으로 법률의 규정이 있는 경우 법원 및 그 밖의 관공서가 등기소에 촉탁하여 등기하는 경우가 있습니다. 이런 등기를 가리켜 촉탁등기라고 합니다. 경매에 참가해 부동산을 낙찰 받은 후 경락잔금을 납부하고, 서류를 구비해 소유권이전등기를 신청하게 됩니다. 이때 매각대금을 받은 법원은 소유권이전등기를 등기관에게 촉탁하게 됩니다.

처음부터 끝까지 부동산 경매 절차를 머릿속에 담아 두자!

위에서 우리는 당일 경매진행 절차를 살펴 보았습니다. 그럼, 이제 전체 경매진행절차를 살펴 볼 차례입니다. 전체 경매절차를 하나하나 세세하게 살펴 보면 훨씬 더 많은 절차가 있을 수 있습니다. 하지만 경매진행절차를 지나치게 자세하게 알아 둘 필요는 없습니다. 각각의 절차를 꼼꼼하게 알고 있다고 해서 직접적으로 부동산 경매를 통해 얻고자 하는 투자수익 창출과 별 관계가 없기 때문입니다.

그럼에도 불구하고 전체 경매절차를 짚어 보는 이유는 부동산 경매 절차를 잘 이해하고 있을 경우 각각의 단계에서 효율적으로 대처할 수 있기 때문입니다. 그러니 너무 부담을 가질 필요는 없습니다.

경매절차

경매신청	
↓	
배당요구 종기결정 및 공고	
매각준비	
↓	
매각방법, 매각기일, 매각결정기일의 지정 및 공고와 통지	
↓	
매각실시	
↓	
매각허가 여부의 결정, 즉시항고, 대금지급기한의 지정·통지	-매각기일부터 1주일 내 즉시항고가 없으면 매각허가결정이 확정된다. 이 때 경매계에서 매각허가결정일로부터 3~4일 내에 매수인에게 매각대금을 납부하도록 하는데 통상 대금지급기한은 1개월 정도이다.
↓	
매각대금 납부	
↓	
소유권이전 등기 등의 촉탁 및 인도명령	
↓	
배당기일 지정 및 통지, 배당실시	

입찰 당일 경매 진행절차는?

법률용어가 많아서일까요? 아니면 법원이 관장하는 것이라서 그럴까요? 부동산을 매입하는 하나의 방법으로 경매에 참가하는 것인데도 가슴이 떨리는 경우가 많습니다. 특히, 경매초보자인 경우 그렇습니다. 이런 상황에서 흔들림 없는 평정심을 유지하기 위해서는 평소 어떤 절차를 거쳐 경매가 진행되는지를 익혀 두는 것이 필요합니다. 다음은 입찰 당일 경매 진행절차를 정리한 것입니다.

입찰 당일(기일입찰) 진행 절차

경매법정 도착	→ 취하·변경사항 확인을 위한 매각물건목록 확인(경매법정 게시판)
⇓	
주요사항 고지 (집행관)	→ 매각공고 물건 중 변동사항, 입찰방법 및 입찰시 주의사항, 그밖의 진행사항을 집행관이 고지
⇓	
매각(입찰)개시선언 (집행관)	

⇓

입찰서류 열람	→ 매각물건명세서, 현황조사보고서, 감정평가서
⇓	
입찰표 교부·수령	→ 입찰표 및 입찰보증금 봉투, 입찰대봉투
⇓	
입찰표 등 작성	→ 입찰표 기재대에서 작성(꼭 기재대에서 작성해야하는 것은 아님)
⇓	
입찰표 제출준비	→ 보증금을 보증금 봉투에 넣어 봉인한 후 이를 다시 입찰대봉투에 넣고 기재한 후 봉인
⇓	
봉투 일련번호 및 수취증 날인 수령	→ 입찰대봉투를 입찰함에 넣기 전에 집행관으로부터 봉투의 일련번호를 받고 수취증의 절취선에 날인을 받아 집행관이 분리해 주면 이를 보관함
⇓	
입찰대봉투 투입 (투찰함)	
⇓	
입찰마감	
⇓	
개찰	→ 통상 입찰 마감 후 10~15분 정도 소요
⇓	
최고가매수신고인 선정절차	→ 집행관이 사건번호 순으로 각각의 사건번호에 입찰한 입찰자와 입찰금액을 말함.
⇓	
최고가매수인 선정	→ 최고가격을 써낸 사람을 최고가매수신고인으로 결정
⇓	
입찰종결 및 보증금 반환 등	→ 최고가매수신고인에게 보증금 영수증 교부, 입찰에 떨어진 자를 대상으로 매수신청보증금 반환

짤TIP

입찰 보증금을 입찰 당일 경매법정이 있는 법원 은행에서 찾으려고 하는 사람들이 많습니다. 그러나 이렇게 입찰 당일에 급박하게 입찰보증금을 준비하는 것은 가급적 피하는 것이 좋습니다. 서두르다 보면 입찰보증금이 부족해 큰 낭패를 당하는 경우가 생길 수 있기 때문입니다. 그래서 입찰일 전날 미리 여유 있게 입찰보증금을 수표 한 장으로 준비해 두는 것을 강추합니다.

부동산 경매의 종류는?

부동산 경매란 채무자가 약속한 기일까지 자신의 채무를 변제하지 않아 채권자가 자신의 채권을 확보하기 위하여 채무자 혹은 채무자 이외의 제3자가 채무자를 위해 담보로 제공한 부동산을 압류·환가하여 그 대금으로 자신의 채권을 회수하는 일련의 행위를 의미합니다.

강제경매와 임의경매

우리가 흔히 말하는 부동산 경매는 크게 강제경매와 임의경매로 구분할 수 있습니다. 강제경매는 채무자 소유의 부동산을 압류, 환가하여 그 매각대금을 가지고 채권자의 금전채권의 만족을 얻음을 목적으로 하는 강제집행 절차 중 하나입니다.

강제경매와 임의경매

강제경매	다른 이유로 인해 채권자가 채무명의를 얻어 강제로 진행하는 경매
임의경매	채무자가 채무상환 기일을 지키지 않아 채권자가 임의로 진행하는 경매

이에 비해 임의경매는 채권자가 자신의 채권을 회수하기 위하여 채무자 소유의 부동산에 설정된 저당권, 질권, 전세권 등 담보물권을 실행·환가한 후 그 매각대금으로 금전채권의 만족을 얻을 것을 목적으로 하는 부동산에 대한 강제집행을 뜻합니다.

신경매와 재경매

부동산 경매를 신경매와 재경매로 구분할 수도 있습니다. 신경매란 적법하고 정상적인 과정을 거쳐 경매가 진행되었으나 유찰이 된 경우 혹은 최고가 매수인이 결정되었으나 어떤 이유로 낙찰불허가 또는 낙찰허가가 취소된 경우에 실시하는 경매를 말합니다.

강제경매와 임의경매

신경매가 실시 되는 경우	*유찰된 경우(응찰자가 없는 경우)
	*최고가 매수신고인이게 매각불허가 사유가 있어 매각 불허가 결정이 된 경우
	*매각 이후 해당 부동산의 가치가 현저히 감가될 정도로 훼손되거나 권리관계의 중요한 변화가 발생하여 매각불허가 결정이나 매각허가결정을 취소한 경우

이에 비해 재경매란 특정 부동산을 낙찰 받은 낙찰자가 대금납부

를 하지 않아 법원의 직권으로 다시 이루어지는 경매를 말합니다.

짤TIP

신경매인지 혹은 재경매인지를 구분해야 하는 중요한 이유가 있답니다. 신경매냐 아니면 재경매냐에 따라 입찰보증금과 최저매각가격에 차이가 있습니다.

무슨 말이냐 하면 신경매일 경우에는 최저 입찰가액의 10%가 입찰보증금인데 반해 재경매인 경우에는 입찰보증금이 20% 또는 30%가 됩니다. 최저매각가격 역시 신경매인 경우에는 종전보다 20~30%가 저감되는데 반해 재경매인 경우에는 종전의 최저매각가격이 그대로 유지된다는 차이가 있습니다.

부동산 경매, 반드시 챙겨야 할 공부서류 삼총사!

부동산 경매에서 가장 중요한, 꼭 챙겨야 할 공부서류 삼총사가 있습니다. 매각물건명세서, 현황조사보고서, 감정평가서입니다. 이들 서류는 권리분석을 위해서 매우 중요한 서류들이고 경매와 직접적으로 연결되는 공부서류이기 때문에 반드시 점검해야만 합니다. 하나씩 순서대로 살펴 보도록 하죠. 먼저, 매각물건명세서입니다.

매각물건명세서

법원은 부동산의 표시, 부동산의 점유자와 점유의 권원, 점유할 수 있는 기간, 차임 또는 보증금에 관한 관계인의 진술, 등기된 부동산에 관한 권리 또는 가처분으로서 경락에 의하여 그 효력이 소멸되지 아니하는 것, 경락에 의하여 설정된 것으로 보게 되는 지상권의 개요 등을 기재한 명세서를 작성하고, 그 사본을 경매기일의 1주일 전까지 법원에 비치하여 일반인이 열람할 수 있도록 작성해 놓고 있는데 이를 매각물건명세서라고 합니다. 매각물건명세서는 보통 2장으로 구성되며 간혹 기재할 내용이 많은 경우 3장으로 구성되기도 합니다.

<table>
<tr><td colspan="10">매각물건명세서 예시 ①</td></tr>
<tr><td colspan="10">서 울 동 부 지 방 법 원매 각 물 건 명 세 서</td></tr>
<tr><td>사건</td><td colspan="2">20**타경 0000
부동산임의경매</td><td colspan="2">매각
물건번호</td><td>1</td><td>작성
일자</td><td>20**. 1. 19</td><td>담임법관
(사법보좌관)</td><td>000</td></tr>
<tr><td colspan="3">부동산 및 감정평가액
최저매각가격의 표시</td><td colspan="3">별지기재와 같음</td><td colspan="2">최선순위 설정</td><td colspan="2">20**. 4. 9(근저당권)</td></tr>
<tr><td colspan="10">부동산의 점유자와 점유의 권원, 점유할 수 있는 기간, 차임 또는 보증금에 관한 관계인의 진술 및 임차인이 있는 경우 배당요구 여부와 그 일자, 전입신고일자 또는 사업자등록신청일자와 확정일자의 유무와 그 일자</td></tr>
<tr><td>점유자
성명</td><td>점유
부분</td><td>정보출처
구분</td><td>점유의
권원</td><td>임대차기간
(점유기간)</td><td>보증금</td><td>차임</td><td>전입신고일자
사업자등록신청일자</td><td>확정
일자</td><td>배당요구 여부
(배당요구일자)</td></tr>
<tr><td>000</td><td>미상</td><td>현황
조사</td><td>주거
임차인</td><td>미상</td><td>미상</td><td>미상</td><td>20**.
10.2</td><td>미상</td><td></td></tr>
<tr><td>000</td><td>전부</td><td>권리
신고</td><td>주거
임차인</td><td>20**.
11.4~</td><td>9,000
만원</td><td></td><td>20**.
11.4</td><td>20**.
11.4</td><td>20**.
11.11</td></tr>
<tr><td colspan="10"><비고></td></tr>
<tr><td colspan="10">※ 최선순위 설정일자보다 대항요건을 먼저 갖춘 주택 : 상가건물 임차인의 임차보증금은 매수인에게 인수되는 경우가 발생할 수 있고, 대항력과 우선변제권이 있는 주택·상가 건물 임차인이 배당요구를 하였으나 보증금 전액에 관하여 배당을 받지 아니한 경우에는 배당받지 못한 잔액이 매수인에게 인수되게 됨을 주의하시기 바랍니다.</td></tr>
<tr><td colspan="10">등기된 부동산에 관한 권리 또는 가처분으로 매각허가에 의하여 그 효력이 소멸되지 아니하는 것</td></tr>
<tr><td colspan="10"></td></tr>
<tr><td colspan="10">매각허가에 의하여 설정된 것으로 보는 지상권의 개요</td></tr>
<tr><td colspan="10"></td></tr>
<tr><td colspan="10">비고란</td></tr>
<tr><td colspan="10">△△△으로부터 20**. 10.30 금 7천만 원의 유치권 신고가 있으나, 그 성립여부는 불분명함</td></tr>
<tr><td colspan="10">주1 : 매각목적물에서 제외되는 미등기건물 등이 있을 경우에는 그 취지를 명확히 기재한다.
2 : 매각으로 소멸되는 가등기담보권, 가압류, 전세권의 등기일자가 최선순위 저당권등기일자보다 빠른 경우에는 그 등기일자를 기재한다.</td></tr>
</table>

위의 매각물건명세서 예시에서 볼 수 있는 것처럼 매각물건명세서 첫장에는 매각 대상 사건번호, 등기부상 최선순위 권리, 점유자 및 임차인에 관한 사항, 법정지상권 등에 관한 사항 등 경매참가 시 반드시 알아 두어야 할 내용들이 기록됩니다.

한편, 매각물건명세서 두 번째 장에는 매각대상 부동산의 표시, 감정평가액, 회차, 기일, 최저매각가격, 일괄매각, 제시외 건물 포함 취지, 특별매각조건 등이 기재되는 만큼 입찰 전 이에 대한 자세한 분석이 반드시 선행되어야 합니다.

매각물건명세서 예시② 별지

부동산의 표시

20**타경 0000

[물건 1]
1. 서울 강동구 00동 000-1
대 155㎡
매각지분 경매할 지분 155㎡ 000 소유 전체
2. 서울 강동구 00동 000-1
위 지상 주택
시멘트 블록조 시멘트 기와지붕
단층주택 블록조 스레트 지붕
단층변소 1.8㎡
제시외 2-1 보일러실 블록조 스레트 지붕 단층 3.5㎡
2-2 창고 벽돌조 슬래브 지붕 단층 6.2㎡

감정평가액 400,000,000

회 차	기 일	최저매각가격
1회	20**. 2. 4	400,000,000
2회	20**. 3.20	320,000,000
3회	20**. 4.24	256,000,000
4회	20**. 5.31	204,800,000

일괄매각, 제시외 건물 포함
-대금지급기일(기한)이후 지연이자율 : 연2할
-임대차 : 물건명세서와 같음

현황조사보고서

법원은 경매개시결정을 한 후 지체 없이 집행관에게 부동산의 현상, 점유관계, 차임 또는 임대차 보증금의 수액 기타 현황에 관하여 조사할 것을 명하는데, 집행관이 그 조사내용을 집행법원에 보고하기 위하여 작성한 문서를 가리켜 현황조사보고라고 합니다. 이 현황조사보고서 역시 매각물건명세서와 마찬가지로 그 사본을 매각기일 1주일 전부터 민사집행과(민사신청과)에 비치하고 있어 누구나 열람이 가능합니다.

현황조사보고서를 통해 세심하게 살펴 보아야 할 부분은 점유자와 관련된 항목입니다.

다음의 세 단계를 거쳐 분석하면 됩니다.

첫째, 점유하고 있는 점유자가 임차인인지 아니면 소유자인지 여부,

둘째, 만약에 임차인이라면 등기부상 말소기준권리보다 우선하고 있는지 여부,

셋째, 말소기준 권리 보다 먼저 점유와 전입이 되어 있다면 이제 확정일자까지 말소기준권리보다 우선하는 임차인인지 여부를 단계적으로 검토해 보면 됩니다.

[20**타경 0000]	
부동산의 현황 및 점유관계 조사서(예시)	
1. 부동산의 점유관계	
소재지	1. 서울특별시 강동구 00동 000-2, 103호
점유관계	채무자(소유자) 점유
기타	2회 방문하였으나 폐문부재이고 방문취지 및 연락처를 남겼으나 연락이 없어 주민등록 전입된 세대를 보고함.

임 대 차 관 계 조 사 서				
1. 임차 목적물의 용도 및 임대차 계약 등의 내용				
[소재지] 서울특별시 강동구 00동 000-2, 103호				
1	점유인	000	당사자구분	소유자
	점유부분	미상	용도	주거
	점유기간	미상		
	보증(전세)금		차임	
	전입일자	20**. 2. 9	확정일자	

다만, 한 가지 주의할 것은 법원의 명령에 따라 작성되는 현황조사서를 전적으로 신뢰해서는 안 되고 참고사항 정도로만 여겨야 한다는 점입니다. 무슨 말이냐 하면 현황조사서상 임차인, 보증금 및 점유와 관련된 사항은 임차인 등이 주민등록등본과 임대차 계약서 사본을 통해 권리신고 및 배당요구를 해야만 비로소 법적인 구속력을 갖게 됩니다. 따라서 임차인이 있음에도 불구하고 권리신고 및 배당요구를 하지 않았다면 그래서 법원의 현황조사서를 통해서 임대차 관련 사항을 확인하는 경우라면 신중을 기해야 한다는 것입니다.

감정평가서

집행법원은 감정평가사로 하여금 매각대상 부동산을 평가하게 하고 그 평가액을 참작하여 최저매각가격을 결정하게 되는데 이때 감정평가사가 작성하여 보고한 서류를 감정평가서라고 합니다. 감정평가서에는 감정평가의 근거와 구조, 위치, 시설, 노후화 정도, 환경요인, 대중교통 등에 대한 개략적 사항이 기재되어 있으며 지적도, 위치도, 사진까지 첨부되어 있어 매각대상 부동산을 파악하는데 있어 매우 유용한 서류이다.

감정평가서를 통해 확인해야 할 사항으로는 감정평가가 어느 부분까지 행해졌는지를 우선 점검해야 합니다. 예를 들어 상가나 주택이 경매로 나왔고 창고나 옥탑 같은 부속건물들이 있다면 과연 낙찰을 통해 해당 부속건물에 대한 소유권을 취득할 수 있는지 여부를 어떻게 알 수 있을까요? 답은 간단합니다. 부속건물에 대한 감정평가가 이루어져 있다면 낙찰을 통해 소유권을 확보할 수 있을 것이고 반대로 감정평가에서 제외되었다면 낙찰을 통해 소유권을 확보할 수 없다고 보면 되는 것이기 때문입니다.

또한 대지권이 미등기인 경우 감정평가대상 여부를 통해 완전한 소유권을 확보할 수 있는지를 파악할 수 있으며 토지별도 등기 등이 있는 경우 역시 감정평가서에 이에 대한 사항을 기재하도록 하고 있기 때문에 감정평가서는 입찰 대상 부동산에 대한 매우 유용한 정보의 원천이라고 할 수 있습니다.

감정평가서는 겉표지, 감정평가표, 평가의견, 감정평가명세표,

감정평가요항표, 위치도, 내부구조도, 사진용지 등으로 구성됩니다.

감정평가서 핵심 부분과 내용

항 목	주요 내용
감정평가표	본격적으로 감정평가서의 시작부분. 평가가액과 가격시점이 나타나 있는데 특히 가격시점을 주의해서 보아야 함.
평가의견	평가목적과 평가방법 건축물의 건축물대장 등재 여부 등과 같은 응찰 시 주의해야 할 기타사항을 확인할 수 있음.
감정평가명세표	소재지, 지번, 지목 및 용도, 용도지역 및 구조, 면적과 감정평가액 등이 기재됨.
감정평가요항표	위치와 주위환경, 교통상황, 건물의 구조, 이용상황, 설비내역, 토지의 형상 및 이용상태, 도로상태, 토지이용계획 및 토지 위에 가해지는 공법상 제한상황, 고부와의 차이, 기타 사항이 기재됨.

짤TIP

법원 부동산 경매를 입찰할 때 감정평가서를 대충 보는 경우가 많습니다. 아마도 권리분석할 때 큰 상관이 없다고 생각하기 때문인 것 같습니다. 하지만 꼼꼼한 권리분석을 통해 완전한 소유권을 확보하기 위해서는 감정평가서도 세밀하게 살펴 보아야 합니다.

법원 부동산 경매를 100% 자기자본으로 시작하면 바보다!

부동산을 100% 자기자본만으로 매입해야 한다고 생각하는 사람이 있습니다. 여러분은 어떤가요? 예를 들어 매매가격이 2억 원인 아파트를 매입하면서 자신이 모아 둔 현금과 예금만으로 매입자금을 조달할 수 있어야만 그 아파트를 구입하는 것이 정답일까요? 경우에 따라 조금씩 다를 수는 있겠지만 모르긴 몰라도 대부분 '아니다'라는 대답을 하지 않을까요?

법원 부동산 경매, 100% 자기자본이 있어야 한다?

법원 부동산 경매로 부동산을 취득할 때 역시 자기 자본만 가지고 모든 것을 해결하는 경우는 드물죠. 실제로 경매로 부동산을 낙찰받은 낙찰자들은 정도의 차이만 있을 뿐 대부분 담보대출을 활용하고 있습니다. 그렇다면 어떻게 담보대출을 활용할 수 있을까요?

법원 부동산 경매가 아닌 통상적인 부동산 거래 시 대출을 활용하는 방법은 크게 두 가지입니다. 첫 번째는 기존 담보대출을 새로운 매수자가 인수하는 방법이고, 두 번째는 잔금시점에 새로운 대출을 발생시키는 방법입니다.

그런데 법원 부동산 경매는 낙찰 받은 낙찰자가 이미 있는 종전 소유자의 담보대출을 인수할 수 없습니다. 그래서 경매로 부동산을 취득하는 경우 잔금시점에 새로운 대출을 발생시키는 방법을 활용합니다. 이처럼 법원 경매나 공매로 낙찰 받은 부동산을 담보로 금융기관에서 대출을 받아 낙찰 잔금에 충당하기 위해 대출받는 것을 가리켜 경락잔금대출이라고 합니다.

경락잔금대출 활용 꿀팁!

경락잔금대출도 대출입니다. 법원 경매를 통해 부동산을 취득하는 경우 그 목적이 투자목적인 경우가 많습니다. 그러다 보니 대출을 가볍게 보는 경향이 있습니다. 이는 금리나 상환기간보다 얼마나 대출받을 수 있는 금액이 얼마나 되느냐에만 관심을 갖는 현상을 통해서도 여실히 드러납니다. 단타목적으로 부동산을 낙찰받는 것은 상당한 무리수를 두는 것입니다. 언제나 계획대로 원하는 시점에 낙찰받은 부동산을 처분할 수는 없는 노릇이기 때문이죠. 그런데도 실수요 목적으로 부동산을 낙찰받은 낙찰자들조차 일단 대출을 많이 받고 보자는 식으로 접근하는 경우가 많습니다.

경락잔금대출 포털 광고화면

파워링크 '경락잔금대출' 관련 광고입니다. ⓘ

현대캐피탈 공식 주택담보대출 www.hyundaicapital.com/ld/M2
최대한도조회 · 최저금리확인 · 시세조회
신용등급 영향 없는 한도조회, 최저 3%대 금리, 시세 최대 85% 한도

지지옥션 경락잔금거래소 www.ggi.co.kr
쉽고 빠른 경락잔금대출, 연락처만 입력해도 대출 신청완료,
사이버머니 3만원제공

에스캐피탈 경락잔금대출 www.yesca.co.kr
시세99%까지 경락잔금대출전문, 한도이율불만족건, 부결건환영 , 신용,소득상관없음

벌써대출이? JT친애저축은행 landing.loan.jtchinae-bank.co.kr
월급으로 부족할땐? 직장인에게 꼭 필요한대출! 무방문/무서류/신청당일 5천만원!

자료 : 네이버(www.naver.com)

경락잔금대출은 대출가능금액의 적고 많음에 따라 대출조건이 달라지는 것이 일반적입니다. 즉, 대출을 많이 해주는 금융기관은 그렇지 않은 금융기관에 비해 거의 대부분 대출금리도 높고 상환조건도 나쁜 편입니다. 실수요 목적의 낙찰자라면 대출가능금액이 아니라 대출금리나 상환조건을 따져야 합니다. 그러므로 철저하게 금리나 상환조건에 초점을 맞춰 경락잔금 상품을 비교해 선택하는 것이 바람직하다고 할 수 있습니다.

짤TIP

잔금을 경락잔금대출로 충당하기로 계획하고 법원 경매에 참여해 아파트를 낙찰받았는데 잔금대출이 어려워지는 경우가 있습니다. 대표적인 경우로 정부의부동산 정책발표로 대출조건이 까다로워지는 상황을 들 수 있습니다. 사실 이런 경우는 달리 방법이 없습니다. 그렇기 때문에 경락잔금대출이 불가능하거나 당초보다 대출금액이 줄어드는 만일의 경우를 대비해 차선책을 마련해 두는 것이 좋습니다. 다시 한 번 말씀드리지만 경락잔금대출을 언제든 예고 없이 변할 수 있다는 점을 꼭 기억해 두셔야 합니다.

대항력을 이해하자!

주택임차인과 상가건물 임차인은 일정한 요건을 갖춘 경우 대항력을 갖게 됩니다. 그런데 주택임차인과 상가건물임차인의 대항력은 조금 다릅니다. 따라서 그 차이가 무엇인지 알아 두는 것이 좋습니다.

주택임차인의 대항력

주택임대차의 대항력은 법원 부동산 경매 입찰에 참가하기 위한 권리분석 과정에서 항상 염두에 두어야 하는 중요한 개념입니다. 주택임대차호보법에서 말하는 대항력은 주택 임차인의 경우 보증금을 지불하고 주택에 이사를 한 후 주민등록을 하게 되면 그 다음날부터 그 주택의 소유자가 변경되더라도 제3자에 대하여 임차권으로 대항할 수 있는데 이를 가리켜 대항력이라고 합니다. 즉, 임차인은 자신의 임차보증금을 전부 반환받기 전까지는 집주인이 바뀌었다고 해도 집을 비워줄 필요가 없다는 의미인 것이죠. 다음의 그림을 참고하시면 좀 더 이해하기 쉽습니다.

대항력 있는 임차인

임차인 강력한 점 유 (2019. 1. 4) 전입신고 (2019. 1. 4) 확정일자 (2019. 1. 4)	근저당권 (2019. 3. 4)

그러나 모든 임차인이 대항력을 갖는 것은 아니다. 다음 그림의 경우처럼 만일 임차인이 대항력을 갖추기 전에 즉, 임차인이 주택에 이사(점유)해서 주민등록(전입신고)을 하고 확정일자를 받기 이전에 이미 등기부상 선순위 권리가 설정된 경우라면 경매로 인해 새롭게 바뀐 집주인에게 대항할 수 없습니다.

대항력 없는 임차인

임차인 허약해 점 유 (2019. 3. 4) 전입신고 (2019. 3. 4) 확정일자 (2019. 3. 4)	근저당권 (2019. 1. 4)

상가건물 임차인의 대항력

'상가건물임대차보호법'에 따라 보호를 받기 위해서는 환산보증금 기준을 충족하면서 대항력(대항요건)을 구비하고 있어야 합니다. 그렇다면 상가건물의 대항력(대항요건)이란 어떤 것일까요? '주택임대차보호법'에서 규정하고 있는 대항요건과 동일할까요? 개념상으로는 같습니다. 다만, '주택임대차보호법'의 경우 대항력(대항요건)은 점유와 전입이었지만 '상가건물임대차보호법'에서는 건물의 인도와 사업자등록이라는 차이만 있을 뿐입니다. 따라서 상가건물의 점유와 사업자등록을 신청한 경우 그 다음날부터 제3자에 대하여 대항할 수 있는 효력이 발생하게 됩니다. 대항력이 있는 상가건물 임차인은 설사 소유권지 변동되더라도 바뀐 주인에게 임차권을 주장할 수 있고 잔여 임대차 기간 동안 영업행위를 할 수 있으며 임대차 기간 만료 후에는 보증금을 반환받을 수 있습니다.

짤TIP

대항력을 갖는 상가건물의 임차인이라고 해도 선순위 근저당권자에게는 대항하지 못합니다. 이는 주택임대차보호법과 동일하다는 점을 기억해 두시기 바랍니다.

말소기준권리를 이해하는 것이 핵심이다!

부동산 경매를 통해 새로운 매수자가 되었다고 해서 항상 완전한 소유권을 취득할 수 있는 것은 아니다. 다시 말해 어떤 권리는 인수해야만 하고 또 어떤 권리는 인수할 필요가 없는 경우도 있는데 이처럼 경매로 부동산이 매각될 경우 소유권이전등기와 함께 등기부상의 권리들 중 말소촉탁등기 대상이 되어 등기부상에서 말소되느냐 아니면 말소촉탁등기 대상이 되지 않고 등기부상에 그대로 남아 새로운 매수자에게 인수되느냐 하는 기준이 권리를 가리켜 말소기준권리라고 하는 것이다.

말소기준권리가 될 수 있는 권리는?

모든 등기부상 권리가 말소기준권리가 될 수 있을까? 그렇지는 않다. 일정한 요건을 갖춘 특정 권리만이 말소기준권리가 될 수 있기 때문이다(말소기준권리라는 용어는 법적인 용어는 아니다. 다만, 권리분석에 대한 설명과 이해의 편의를 도모하기 위해서 사용되는 통상적인 용어라는 점은 기억해 두자).

그렇다면 말소기준권리를 구분해야 하는 구체적 실익은 어디에 있을까? 크게 세 가지 정도로 구분할 수 있다.

첫 번째로, 등기부등본 상 각종 권리들의 소멸 혹은 인수의 기준이 된다. 원칙적으로 말소기준권리 보다 후순위인 권리는 소멸되는 것이다.

두 번째로, 주택임차인 혹은 상가임차인의 임대보증금의 인수 여부를 따지는 기준이 된다.

마지막으로, 임차인을 명도해야 하는 경우 인도명령이라는 비교적 편리한 절차를 활용할 수 있는지 아니면 명도소송이라는 비교적 복잡한 절차를 활용해야 하는지에 대한 기준이 된다. 좀 더 쉽게 말하자면 말소기준권리보다 전입일자가 빠른 임차인인 경우라면 명도소송을 해야 하는 것이고 전입일자가 느린 임차인인 경우라면 인도명령을 통해 명도를 할 수 있는 것이다.

그럼 이제 말소기준권리가 될 수 있는 권리를 살펴 볼 차례이다. 어떤 권리가 말소기준권리가 될 수 있을까? 말소기준권리가 될 수 있는 권리는 최선순위 담보물권인 근저당권과 저당권, 최선순위인 가압류와 압류, 최선순위인 담보가등기, 경매개시결정등기(경매기입등기), 배당요구를 한 최선순위 전세권(집합건물 혹은 건물 전체의 전세권인 경우)이 말소기준권리가 될 수 있다. 요약하면 다음과 같다.

말소기준권리가 될 수 있는 권리

1. 최선순위 가압류
2. 최선순위 압류
3. 최선순위 근저당권
4. 최선순위 저당권
5. 최선순위 담보가등기
6. 배당 요구한 최선순위 전세권

짤TIP

말소기준권리라는 개념은 법적인 개념이 아닙니다. 단지 권리분석을 좀 더 편리하게 하기 위해 등장한 개념이라고 보시면 됩니다. 그렇지만 권리분석은 부동산 경매의 시작과 끝이라고 할 수 있을 정도로 중요합니다. 그렇기 때문에 경매강좌·경매 책들이 하나 같이 말소기준권리를 중요하게 다루고 있는 것이죠.

권리분석이란?

권리분석이란 부동산 경매를 통해 부동산을 낙찰받았을 때 낙찰자가 낙찰대금 외에 낙추가로 부담해야 할 권리가 있는지를 미리 분석하는 것을 말합니다. 만일 부동산 경매물건을 낙찰받았을 때 아무런 위험 없이 완전한 소유권을 취득할 수 있다면 권리분석이 필요없을 것이고 그렇다면 인수해야 할 권리를 따지는 인수주의나 인수하지 않아도 되는 권리를 따지는 말소주의 문제는 고려하지 않아도 될 것입니다. 그러나 현실에서는 경매물건을 낙찰받았을 때 완전한 소유권을 취득할 수 있느냐는 매우 중요한 이슈입니다. 그렇기 때문에 권리분석의 다른 이름인 인수주의, 말소주의에 대한 개념을 확실히 이해해 두어야 합니다.

인수주의

인수주의란 말소기준권리 보다 앞선 등기부상 권리(전세권, 지상권, 지역권, 가처분, 소유권이전청구권 보전가등기, 환매등기), 주택임대차보호법 혹은 상가임대차보호법상 소정의 요건을 갖춘 선순위 임차인, 유치권, 법정지상권 등이 매각을 통해 소유권이 변동되더라도 사라지지 않고 새로운 매수자에게 그대로 그 부담이 인수되는 것을 의미합니다.

인수주의 예시

등기사항전부증명서상 권리	등기사항전부증명서상 접수번호	전입/확정일자	순위
주택 임차권	-	2017년 2월 26일	1
근저당권	12540(2018년 1월 5일)	-	2
가처분	17880(2018년 2월 3일)	-	3
지상권	23550(2018년 7월 1일)	-	4

위 표에서 말소기준권리인 근저당권 보다 앞선 권리인 임차권은 경매를 통해 매각이 되더라도 말소되지 않고 새로운 매수자에게 그대로 인수되는데 이를 가리켜 인수주의라고 하는 것이죠.

말소주의

말소주의란 말소기준 권리 이후에 성립된 권리 즉, 위 표의 3순위인 가처분과 4순위인 지상권이 해당되는데, 이처럼 말소기준권리 이후에 성립된 권리들은 매각으로 인해 소유권이 이전될 때 모두 말소대상이 되기 때문에 매수자는 전혀 부담이 없게 됩니다. 다음을 통해 말소주의를 간단하게 이해할 수 있습니다.

말소주의 예시

말소기준권리 (근저당권) 2011. 5. 1	→	전세권 2013. 4. 25	→	주택임차권 전입 : 2014. 1. 5 확정 : 2014. 1. 5

권리분석결과 입찰에 참가하고자 하는 부동산의 권리관계가 위와 같다면 위 물건을 낙찰받는 데 있어 유일한 문제는 단 한 가지, "어떻게 하면 경제적인 금액에 낙찰받아서 투자수익을 거둘 수 있을까?" 하는 것 외에는 전혀 없다고 보면 됩니다. 이처럼 매수자가 낙찰받은 이후 마음 놓고 소리 높여 만세를 부를 수 있도록 해주는 것을 가리켜 말소주의라고 하는 것입니다.

인수주의 및 말소주의 비교

권리의 종류	인수주의	말소주의
지상권, 지역권, 전세권	· 선순위 지상권과 지역권 · 전세권은 배당요구 종기시까지 배당요구하게 되면 소멸	· 후순위 지상권, 지역권, 전세권은 모두 말소
저당권, 근저당권, 유치권	· 유치권은 인수	· 저당권, 근저당권은 말소
임차권	· 선순위인 등기 임차권과 확정일자부 주택임차권, 상가건물임차권은 인수	· 후순위인 등기임차권, 확정일자부 주택임차권, 상가건물 임차권은 말소
가등기	· 선순위 소유권 이전 청구권가등기는 인수	· 후순위 소유권이전청구권가등기와 선순위 담보가등기는 말소
가압류, 가처분, 압류	· 선순위 가처분(예외적으로 후순위 가처분이라도 인수해야 되는 경우가 있음), 전소유자의 가압류*	· 압류, 가압류(전소유자의 가압류는 원칙적으로 제외) 단, 후순위 가처분은 인수되는 경우 있으니 주의 요망

* 실무에서는 말소기준권리 보다 선순위인 전소유자의 가압류는 가압류 외에 다른 선순위 부담이 없는 경우 법원경매계에서 매수인이 인수해야 한다는 조건으로 진행하지 않는 한 원칙적으로 매각으로 소멸시키는 쪽으로 경매를 진행하고 있다.

짤TIP

권리분석은 부동산 경매에서 옥석을 가리는 것이라고 보시면 됩니다. 따라서 권리분석을 잘 못할 경우 낭패를 볼 수 있습니다. 부동산 경매가 분명 저렴한 가격에 부동산을 취득할 수 있는 기회인 것은 맞지만 그렇다고 해서 경매로 나온 모든 부동산이 귀한 부동산은 아닙니다. 이런 점을 감안해 낙찰받았을 때 인수해야 하는 권리가 없는 물건이나 인수하는 것을 감안해 충분히 최저입찰가격이 저감될 때까지 기다렸다 입찰하는 것이 필요합니다.

이런 권리가 있는 부동산은 낙찰받는 것을 피하는 것이 좋다!

경매입찰을 위한 권리분석에서 아무리 강조해도 지나치지 않은 것이 바로 매각이 이루어져도 소멸하지 않는 권리(예고등기는 말소기준권리보다 후순위여도 소멸하지 않는 권리가 됨에 유의)가 아닐까 싶습니다. 따라서 예상외의 낭패를 피하기 위해서는 매각이 이루어져도 소멸하지 않는 권리 즉, 인수해야만 하는 권리를 잘 살펴 보는 것이 중요하죠.(기본적으로 말소기준권리보다 선순위인 권리라면 일단 매각이 이루어져도 인수해야 한다는 생각으로 권리분석을 해야 한다는 점을 기억해 두어야 합니다).

매각이 이루어져도 소멸하지 않는 권리들

매각이 이루어져도 소멸하지 않는 권리들로는 유치권, 전소유자에 대한 가압류, 선순위 가처분, 선순위 가등기, 선순위 용익물권(지상권, 지역권, 전세권), 대항력을 갖춘 선순위 임차인, 선순위 환매등기, 법정지상권, 분묘기지권 등을 들 수 있다. 이 가운데 유치권, 법정지

상권은 원칙적으로 항상 인수되는 권리이므로 권리분석 시 주의해야 한다.

유치권

유치권이란 타인의 물건이나 유가증권을 점유하고 있고, 그 물건이나 유가증권에 관하여 생긴 채권이 변제기에 있을 경우 그 채권을 변제받을 때까지 그 물건이나 유가증권을 유치할 수 있는 권리를 말합니다. 부동산 경매에서 유치권이 발생하는 대표적인 경우로는 건축업자가 건물을 건축하고 공사대금을 받지 못해 그 부동산을 점유한 경우를 들 수 있죠.

사건번호 등	물건내역	감정평가액/ 최저경매가	임대차현황	등기부 종합
2015타경 1257 근린 국민은행 000 ***	서울특별시 강남구 대치동 000-00, 인빌딩 대지 : 240㎡ 건물 : 436㎡ 토지감정 :2,900,000,000 건물감정 :1,400,000,000	4,300,000,000 2,440,000,000 유찰 09. 7. 5	해산물(1층) 점유2013.1.5 1억(550만 원) 해피건설(2층) 채권액으로 점유 배당 2015. 3.2 유치권 신고	저당2010.9.1/23억 국민은행 가압2013.12.29/15억 해피건설 가압2013.12.30/1억 농협(안산) 압류2014.1.3 강남구 임의 2015.1.15 국민은행

위의 경우 해피건설은 서울특별시 강남구 대치동 소재 '인빌딩'에 어떤 공사를 해주고 그 공사대금을 받지 못해 점유하면서 유치권 신고를 한 것으로 보이는데 이와 같은 경우가 바로 유치권이라

고 이해하면 됩니다.

유치권이 성립하기 위해서는 몇 가지 조건이 충족되어야 합니다. 우선, 채권 자체가 점유하고 있는 부동산으로 인해 직접적으로 발생한 것이어야 합니다. 다음으로 해당 부동산을 적법하게 점유하여야 합니다(직접 점유해도 되고 간접점유를 해도 무방). 마지막으로 채무자와 유치권자 사이에 유치권을 배제하는 특약이 없었어야 합니다.

전소유자에 대한 가압류

가압류는 금전채권에 대한 집행보전을 목적으로 하고 있다는 특징이 있어 원칙적으로 매각으로 인해 소멸하게 됩니다. 그러나 전소유자에 대한 가압류는 말소되지 않고 인수되는 경우가 있어 주의가 필요합니다. 물론 법원 실무나 판례는 다른 선순위 부담이 없는 상태이고 법원이 매수인의 인수부담으로 진행하지 않는 이상 원칙적으로 매각으로 인해 소멸된다는 입장이라는 점은 기억해 두시고요. 자, 그림과 같이 소유권 이전에 앞서 가압류가 존재할 경우를 전소유자의 가압류라고 합니다. 이런 가압류는 경매로 인해 소멸되지 않는다는 것입니다.

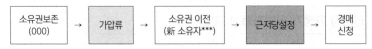

인수주의 및 말소주의 비교

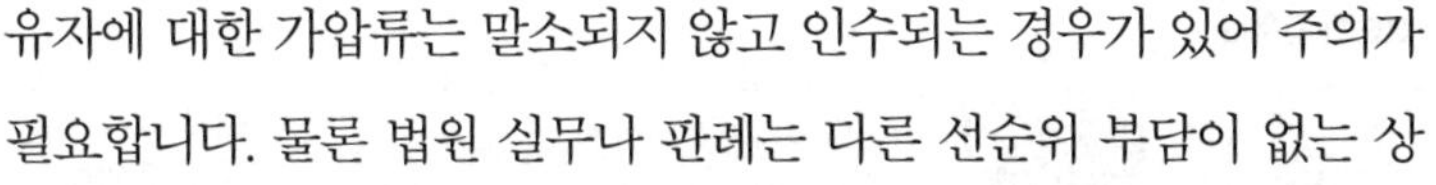

소유권보존 (000)	→	가압류	→	소유권 이전 (新 소유자***)	→	근저당설정	→	경매 신청

선순위 가처분

가처분이란 당사자 사이에 현재 다툼이 있는 권리 또는 법률관계가 존재하고 그에 대한 확정판결이 있기까지 현상의 진행을 그대로 방치한다면 권리자에게 현저한 손해를 입게 하거나 급박한 위험에 처하는 등 소송의 목적을 달성하기 어려운 경우에 그로 인한 위험을 방지하기 위해 잠정적으로 하는 보전처분을 말합니다.

선순위 가처분은 매각으로 인해 소멸하지 않고 매수인에게 인수됩니다. 따라서 등기부상 말소기준권리보다 우선하는 가처분이 있다면 이런 물건은 피하는 것이 상책입니다.

선순위 가처분

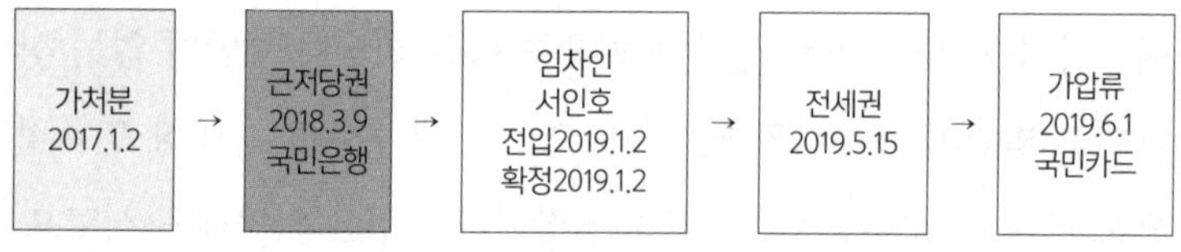

위 그림은 가처분이 선순위인 전형적인 경우입니다. 다시 한 번 강조하지만 선순위 가처분은 피하는 것이 경매 재테크에 좋을 뿐만 아니라 정신건강에도 좋다는 점을 결코 잊어서는 안 될 것입니다.

선순위 가등기(담보가등기 제외)

선순위 가등기라고 해서 모두 인수되는 것은 아닙니다. 담보가등기가 등기부상 최선순위인 경우 스스로 말소기준권리가 되어 말소되기 때문입니다. 그러나 문제는 담보가등기가 아닌 소유권이전청구권부 가등기인 경우입니다. 소유권이전청구권 가등기는 본등기를 하는 데 필요한 형식적 요인이나 실질적 요건이 구비되지 않았을 경우, 미래의 본등기 순위를 보전하기 위하여 사전에 하는 등기를 말합니다. 가등기는 장차 행하게 될 본등기 순위보전이 그 목적이므로 가등기에 기한 본등기가 행해지면 가등기 이후에 등기된 등기부상 권리들은 모두 소멸되는 효과가 있습니다. 따라서 소유권이전청구권부 가등기는 말소되지 않고 매수인에게 인수되는데, 결국 가등기권자가 가등기에 기해 본등기를 하게 되면, 매수인은 소유권을 빼앗기게 되는 것이죠. 따라서 선순위 가등기가 담보가등기라는 확신이 서지 않는 한 이러한 부동산에 입찰하는 행위는 가급적 자제해야 할 것입니다. 그렇다면 담보가등기인지 아니면 소유권이전청구권부 가등기인지 구별하는 방법은 어떤 것이 있을까? 가장 확실한 방법은 가등기권자가 배당요구를 했는지 점검해 보는 것입니다. 배당요구를 했다면 채권을 담보하기 위한 담보가등기라고 보면 되는 것이고 그렇지 않다면 소유권이전청구권부 가등기로 보면 됩니다.

선순위 가등기

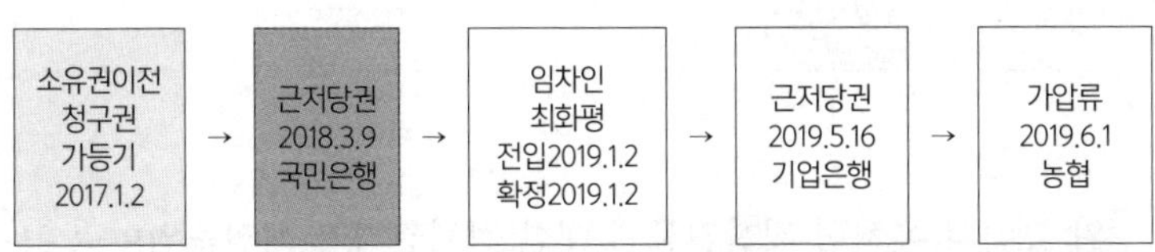

선순위 지상권, 선순위 지역권, 선순위 전세권

선순위인 지상권, 지역권, 전세권은 매각으로 소멸되지 않으며 매수인에게 인수됩니다. 따라서 이러한 부동산 경매물건에 입찰하고자 한다면 반드시 인수해야 할 권리에 대한 내용을 자세히 파악한 후 응찰해야 합니다.

선순위 지상기

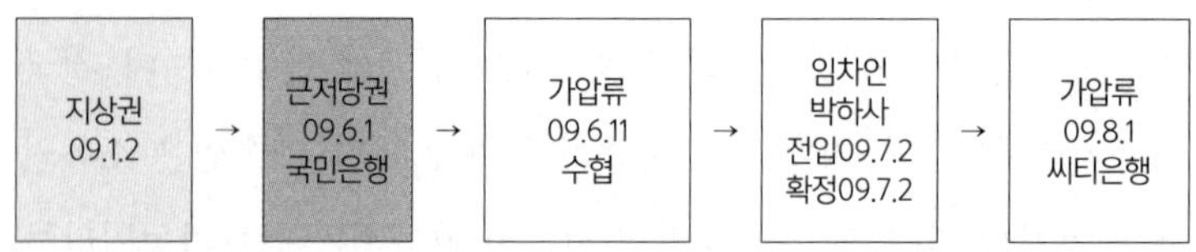

다만, 선순위 전세권이라고 해도 건물 전체에 대한 전세권 혹은 집합건물에 설정된 전세권인 경우이면서 전세권자가 임의경매 신청을 한 경우에는 말소기준권리보다 선순위인 전세권도 소멸합니다.

소멸되는 선순위 전세권

위 그림의 예처럼 집합건물에 대한 전세권자가 최선순위이고 그

전세권자가 경매신청을 한 경우라면 말소기준권리(국민은행 근저당권 2018. 6.1) 보다 선순위라고 해도 매수자에게 인수되지 않고 소멸됩니다.

선순위 임차인(대항력을 갖춘)

선순위 임차인이란 말소기준권리보다 먼저 대항력을 갖춘 임차인을 말합니다. 여기서 먼저 대항력을 갖춘 임차인이란 그림의 경우에서 볼 수 있는 것처럼 주택의 경우는 점유와 전입신고 및 확정일자를 말소기준권리보다 먼저 갖춘 임차인을 의미하며 상가건물 임차인의 경우에는 점유와 사업자등록과 확정일자를 말소기준권리보다 먼저 갖춘 경우를 말합니다.

선순위 임차인

선순위 환매등기

환매등기란 채무자가 채권자로부터 금전을 빌리면서 채무자 소유의 부동산을 채권자에게 이전시킨 후 향후 채무자가 채무를 변제하게 되면 다시 소유권을 채무자에게 이전하기로 하는 등기를 말합니다. 부동산 경매물건에 대한 권리분석에서 주의해야 할 점은 바로 말소기준권리보다 선순위인 환매특약등기가 등기되어 있는 경우입니다. 이 경우 역시 매수인이 꼼짝없이 인수해야 하기 때문이죠.

꼼짝없이 인수해야 한다는 것이 무슨 의미인지 이해하고 계시나요? 쉽게 설명하면 선순위 환매특약등기가 있는 부동산을 낙찰받아 소유권 이전을 받았어도 향후 환매권자가 환매대금을 지급하고 환매권자 앞으로 환매특약에 따른 소유권이전등기를 하게 되면 소유권을 잃는다는 뜻입니다. 그 부동산을 낙찰받은 매수자는 환매권자가 제공하는 환매금액을 받을 뿐이죠.

> **짤TIP**
>
> 권리분석을 어렵게 느끼는 경우가 많습니다. 다행이 유료 경매 사이트들이 경매 권리분석 결과들을 제공하고 있습니다. 좀 더 쉽게 권리분석이 가능해진 부분이 있습니다. 그러나 아무리 경매 전문 사이트에서 제공하는 권리분석이라 할지라도 그것을 100% 신뢰하고 입찰해서는 안 됩니다. 경매정보제공 업체들이 제공하는 정보를 전적으로 신뢰하고 입찰을 했다할지라도 보호를 받을 수 없기 때문이죠. 그렇기 때문에 권리분석은 자신이 전적으로 책임질 준비가 되어 있을 때에만 도전해야 하는 것입니다.

경매정보는 대한민국법원 법원경매정보 인터넷사이트를 활용하자!

인터넷이 아주 밀접하게 우리 생활과 연결되어 있는 지금 부동산 경매정보 역시 아주 손쉽게 접할 수 있는 것이 사실입니다. 가장 대표적으로 경매정보를 구할 수 있는 곳으로 대한민국법원 법원경매정보가 있습니다.

대법원 법원경매정보 활용 꿀팁

대한민국법원 법원경매정보(www.courtauction.go.kr) 사이트에 접속하면 전국의 모든 부동산 경매정보를 아주 손쉽게 찾아 볼 수 있습니다. 물론 비용도 전혀 들지 않죠. 그렇기 때문에 부동산 경매에 관심을 갖고 있다면 자주 접속해서 경매물건을 검색해 보는 습관을 가지는 것이 좋습니다. 다음은 대법원 법원경매정보 홈페이지 화면입니다. 여기서 경매물건을 클릭한 후 이어서 물건상세검색을 클릭합니다.

대법원 법원경매정보 홈페이지 화면

자료 : 대한민국법원 법원경매정보(www.courtauction.go.kr)

물건상세검색을 클릭하면 다음과 같은 화면이 보입니다.

물건상세검색 조건입력 화면

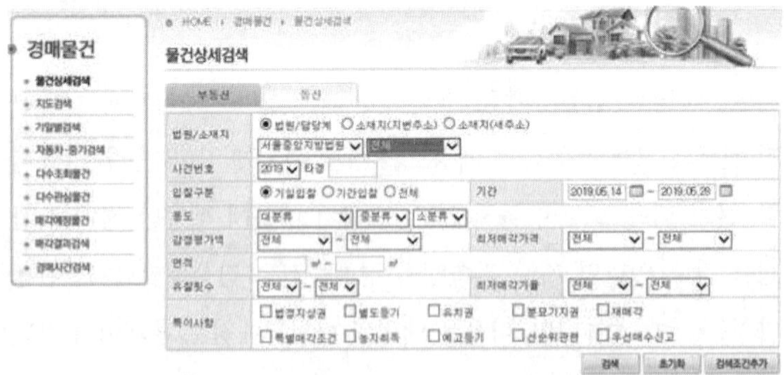

자료 : 대한민국법원 법원경매정보 (www.courtauction.go.kr)

다음으로 창에다 이제 검색하고자 하는 법원을 입력한 후(만일 사건번호로 찾고 싶다면 바로 밑에 사건번호를 기재하고 검색을 클릭하면 됨) 검색을 클릭하면 됩니다. 만일 유찰횟수 혹은 최저매각가격을 지정하고 싶다면 내용을 입력하고 검색을 클릭하면 원하는 결과를 볼 수 있습니다. 자, 여기서는 위 내용 그대로 즉, 서울중앙지방법원의 경매물건을 살펴 보죠.

물건상세검색 결과화면

□	사건번호▲	물건번호 용도	소재지 및 내역	비고	감정평가액▲ 최저매각가격▲ (단위:원)	담당계 매각기일▲ (입찰기간) 진행상태▲
□	서울중앙지방법원 **2014타경21589**	1 근린시설	서울특별시 강남구 청담동 [토지 대 564.3㎡] 서울특별시 강남구 청담동 [건물 철근콘크리트구조 (철근)콘크리트지붕 6층 근린생활시설 지하2층 344.43㎡ 지하2층 42.36㎡ 지하2층 14.04㎡ 지하1층 217.99㎡ 지하1층 166.46㎡ 1층 266.08㎡ 2층 279.85㎡ 3층 292.85㎡ 4층 285.15㎡ 5층 230㎡ 6층 46.57㎡(현황:232.2㎡)] 서울특별시 강남구 청담동 [토지 대 965.1㎡] 서울특별시 강남구 [건물 시멘트벽돌조 슬라브위기와지붕 제2종근린생활시설 1층 187.37㎡ 2층 88.20㎡ 지하 49.32㎡(현황:97.2㎡)]	일괄매각, 제시외 건물 및 수목 포함	52,124,653,720 52,124,653,720 (100%)	경매 1계 2019.05.14 신건
□	서울중앙지방법원 **2015타경101628**	1 아파트	서울특별시 강남구 동 층 호 [집합건물 철골철근콘크리트구조 174.67㎡]		2,400,000,000 2,400,000,000 (100%)	경매 11계 2019.05.23 신건

자료 : 대한민국법원 법원경매정보(www.courtauction.go.kr)

위 그림은 특별한 조건을 지정하지 않고 서울중앙지방법원의 경매물건을 검색한 결과입니다. 이제 다음으로 사건번호 2015타경 101628호 경매물건에 대해 좀 더 자세하게 검토해 보시죠. 박스

부분을 클릭하면 다음과 같은 창이 나타난다. 감정평가액과 최저매각가격, 물건종류와 입찰방법 등 기본적인 사항들을 확인할 수 있습니다. 뿐만 아니라 매각물건명세서, 현황조사서, 감정평가서를 실시간으로 확인할 수 있는 데다 전자지도로 위치를 파악하는 것은 물론, 토지이용계획확인, 등기사항전부증명서의 확인도 가능합니다.

상세정보 확인 화면

검색조건 법원 : 서울중앙지방법원 | 사건번호 : 2015타경 101628

인쇄 < 이전

물건기본정보

사건번호	2015타경 101628 [전자]	물건번호	1	물건종류	아파트
감정평가액	2,400,000,000원	최저매각가격	2,400,000,000원	입찰방법	기일입찰
매각기일	2019.05.23 10:00 경매법정(4별관 211호)				
물건비고					
목록1 소재지	(아파트) 서울특별시 강남구 층 호				
담당	서울중앙지방법원 | 경매11계				

사건접수	2015.07.01	경매개시일	2015.07.02
배당요구종기	2015.09.21	청구금액	1,100,000,000원

내부구조도<1>
관련사진<4>
전경도<1>
위치도<2>

현황조사서 감정평가서 사건상세조회 관심물건등록

: 등기기록 열람 : 전자지도 보기 : 씨:리얼(토지이용계획)

인근매각물건사례

인근매각통계 인근매각물건 인근진행물건

기간	매각건수	평균감정가	평균매각가	매각가율	평균유찰횟수
3개월	4건	1,475,750,000원	1,386,500,000원	0%	1회
6개월	9건	1,961,444,444원	1,840,055,444원	0%	0.9회
12개월	23건	1,923,057,391원	1,828,536,174원	0%	0.8회

※ 인근매각통계에서 12개월간의 매각건수는 6개월, 3개월간의 매각건수가 포함된 통계입니다.
※ 인근매각물건사례는 '서울특별시 강남구 중 아파트'를 조건으로 하는 물건을 대상으로 작성되었습니다.

현황조사서 감정평가서 사건상세조회 관심물건등록 인쇄 < 이전

자료 : 대한민국법원 법원경매정보(www.courtauction.go.kr)

이밖에도 인근지역의 매각물건사례 또한 확인해 볼 수 있습니다.

마지막으로 대법원 법원경매정보 사이트는 이용자의 편의를 위해 '나의경매'라는 메뉴를 제공하고 있습니다.

나의 경매 화면

자료 : 대한민국법원 법원경매정보(www.courtauction.go.kr)

평소'나의경매'에서 '관심물건'과 '나의설정'을 활용하면 소재지, 용도, 최저매각가격에 따라 경매대상 부동산에 대한 다양한 정보를 손쉽게 확보한 후 편리하게 경매입찰에 응할 수 있다는 장점이 있습니다.

짤TIP

대한민국법원 법원경매정보가 제공하는 서비스 가운데 '나의경매' 메뉴는 여러모로 유용합니다. '일정관리' 기능이 있어 경매입찰과 관련된 주요 일정들을 챙길 수 있고, '관심물건'이나 '관심사건'을 등록해 편리하게 관리할 수 있는 것은 물론 '관심분류'를 정해 관심물건으로 저장된 물건을 효율적으로 관리할 수도 있습니다. 다만, '나의 경매' 메뉴를 활용하기 위해서는 회원가입을 미리 해 두어야 합니다.

법원 감정평가액을 100% 신뢰하면 안 되는 이유?

부동산 경매를 입찰할 때 가장 먼저 보는 부분은 아마도 감정평가액일 것입니다. 감정평가액이 곧 시세라는 생각을 하는 경우가 많기 때문입니다. 하지만 감정평가액은 감정평가액일뿐 결코 시세는 아닙니다.

감정평가액, 이것만은 꼭 점검하자!

감정평가액을 볼 때 반드시 점검해야 할 내용이 있습니다. 단순히 참고만 하는 것이 아니라 입찰가액을 결정할 때 반드시 고려해야 하는 것인 만큼 명심해야 하는 것이죠.

첫째, 부동산 경기가 불황인 경우 감정평가액을 신뢰해서는 안 됩니다. 왜 그럴까요?

감정평가를 한 시점부터 법원경매로 부동산을 낙찰받고자 하는 사람들이 입찰하기까지 상당한 시간이 소요됩니다. 그런데 부동산 경기가 불황이라 것은 최초 감정평가시점 대비 입찰시점의 부동산 가격 역시 하락한 상태라는 것을 의미하죠. 당연히 입찰가격도 그에 걸맞게 낮아져야 합니다. 당연히 입찰가액도 감정평가액 보다 낮아져야 하죠.

둘째, 부동산 경기가 호황인 경우 역시 감정평가액을 신뢰해서는 안 됩니다. 부동산 경기가 호황인 경우라면 감정평가시점에 비해 입찰 참가시점의 입찰 참가대상 부동산의 가격도 상승했을 것입니다. 이런 경우라면 입찰가격이 높아져야만 하죠. 다시 말해 입찰가액의 판단 기준이 감정평가액보다 더 높아야 한다는 의미입니다.

셋째, 감정평가의 대상이 어디까지였는지를 살펴 보아야 합니다. 예를 들어 단독주택이 있고, 그 옆에 조그만 창고가 있는데 단독주택만 감정평가가 이루어진 상태로 제시 외 건물(창고)로 기재되어 있다면 낙찰을 받아도 제시외 건물(창고)의 소유권은 확보할 수 없습니다. 이렇게 어디까지 감정평가가 이루어졌는지를 확인함으로써 보다 확실하게 완전한 소유권을 확보할 수 있습니다.

감정평가액의 적정성, 어떻게 확인할 수 있나요?

법원경매에 나온 부동산의 감정평가액을 그대로 시세로 받아들이기 어려운 이유는 감정평가라는 것 자체가 정확한 시세를 파악하기 위한 것이 아니기 때문입니다. 그렇기 때문에 누구도 감정평가액이 시세라고 생각하지는 않습니다. 그럼에도 불구하고 경매초보자들은 감정평가액에 대한 과도한 신뢰를 하는 경우가 의외로 많습니다. 다시 한 번 강조하지만 감정평가액은 절대로 시세가 아닙니다. 이는 감정평가액이 시세와 얼마나 차이가 있는지를 검증해야 한다는 것을 의미하는 것이죠. 이때 거래가 빈번한 경우라면 손품·발품을 팔아 적정 시세를 파악해야 합니다. 공인중개사사무소를 직접 방문해 시세정보를 확인하는 것도 좋은 방법입니다. 하지만 거래 자체가 드물어서 시세 확인이 어려운 경우라면 지역 주민(이장, 통·반장)을 통해 시세정보를 확인해야 합니다. 하지만 이 마저도 어려운 경우의 물건이라면 과감하게 응찰을 포기하는 것이 바람직합니다.

짤TIP

거래사례가 많은 곳은 감정평가액도 시세와 크게 괴리되지 않습니다. 감정평가액이 시세로서의 기능을 일정부분 이상 수행할 수 있죠. 하지만 거래사례가 많지 않은 부동산이라면 감정평가액 자체를 시세로 활용하기 어렵습니다. 그렇기 때문에 거래사례가 얼마나 많은 부동산인지를 먼저 살펴 본 후 감정평가서를 확인하는 것이 좋습니다.

현장답사가 중요한 법원경매!

법원 부동산 경매는 일반적으로 부동산시장에서 부동산이 거래되는 것과 여러 가지 면에서 큰 차이가 있습니다. 그중 하나로 자신이 구입하고자 하는 부동산을 충분히 볼 수 없다는 점을 들 수 있습니다. 법원경매는 종전의 부동산 소유자, 임차인들이 원해서 거래되는 방식이 아닙니다. 그렇기 때문에 자신이 응찰하고자 하는 부동산의 현황을 꼼꼼히 살펴 보기 어려운 경우가 많습니다.

법원경매에 나온 부동산에 대한 현장답사가 중요한 이유

부동산 현장답사는 서류로는 확인할 수 없는 내용들을 보다 자세하게 확인하기 위해 부동산이 입지하고 있는 장소를 확인하는 것입니다. 현장답사를 흔히 발품팔기라고도 하는데 주지하다시피 부동산은 현장답사가 매우 중요합니다. 그런데 법원경매로 부동산을 낙찰받고자 하는 경우라면 현장답사는 일반적인 부동산 거래방식에 비해 훨씬 더 중요하다고 할 수 있습니다. 현장답사를 통해 확인해야 하는 중요한 사항으로 부동산이 입지하고 있는 위치, 해당 부동산의 이용현황, 대중교통접근성, 주변 개발현황, 개발호재 유무 등이 있습니다. 이 외에도 확인해야 할 내용은 많죠. 그런데 법원 경매로 나온 부동산은 그 부동산의 내부 상태에 대한 구체적인 정보를 얻기 어렵습니다. 그래서 아파트 같은 공동주택은 옆 세대나 다른 층의 동일 호수를 확인하고, 상가건물인 경우 다른 층의 동일 호수를 확인함으로써 개략적인 상태를 유추해야 합니다. 법원경매에서 현장답사가 중요성한 이유입니다.

법원경매로 나온 부동산에 대한 현장답사 꿀팁!

법원경매로 부동산을 구입한 경력이 오래된 사람은 현장답사도 나름의 노하우가 있습니다. 건물이 건축된 연도에 비해 외관의 관리 상태는 어떤지, 누수 등 방수문제가 있는지, 낙찰 후 수리비용은 얼마나 예상되는지 등을 꼼꼼히 살펴 봅니다. 뿐만 아니라 난방방식의 종류를 살펴 보기도 합니다. 간혹 도시가스가 들어오지 않은 곳들도 있기 때문이죠.

하지만 초보자는 다릅니다. 그렇기 때문에 현장답사를 위한 체크리스트를 만들어 이를 현장답사 시에 활용하는 것이 좋습니다. 이 때 체크리스트 양식을 사전에 정해진 어떤 기준에 맞출 필요는 없습니다. 자유롭게 자신이 활용하기 쉽게 만들면 됩니다. 예를 들어 체크리스트 항목에 입지여건, 주변지역의 특징, 외관 및 내관(가능한 수준에서 확인), 이용가능한 대중교통시설과 대중교통접근성, 주차장 확보 수준, 매매·임대시세 등이 있으면 좀 더 효과적인 현장답사에 도움이 될 수 있습니다.

짤TIP

사소하지만 실천하면 몇 배 이상 효과를 볼 수 있는 현장답사 노하우가 있습니다. 현징답시를 할 때 혼자 보다 둘, 셋이 함께 하라는 것입니다. 혼자 현장답사를 하면 자신의 관점에서만 입찰 대상 부동산을 관찰하게 됩니다. 그래서 종종 중요한 부분을 놓치는 경우도 있고 자신이 보고 싶은 것만 보는 경우도 많죠. 하지만 여럿이 함께 현장답사를 하게 되면 서로 다른 관점에서 보다 객관적으로 입찰 대상 부동산을 관찰 할 수 있습니다. 그렇기 때문에 가능하다면 혼자 보다는 여럿이 함께 현장답사를 하는 것을 강추합니다.

입찰표는 실수 없이 꼼꼼하게 작성해야 한다!

입찰표는 부동산 경매에 부쳐진 특정 부동산을 얼마의 가격에 응찰하겠다는 것을 기재한 서류입니다. 그렇기 때문에 입찰표 작성은 본질적인 의미에서 경매참가의 시작이라고 할 수 있는 만큼 반드시 그 내용을 꼭 숙지해 두어야 합니다.

입찰표 작성은 이렇게!!

입찰표를 작성하는 경우 다음의 절차에 따라 세심한 접근이 필요합니다.

기일 입찰표 예시

[전산양식 A3360] 기일입찰표(흰색) 용지규격 210mm×297mm(A4용지)

기 일 입 찰 표

① 서울중앙지방법원 집행관 귀하 ②입찰기일 : 2010년 1월 28일

③ 사건번호	2009 타경 12345 호	물건번호	④ 1 ※물건번호가 여러개 있는 경우에는 꼭 기재		
입찰자 ⑤ 본인	성 명	홍 길 동 ㉑		전화번호	010-1234-1234
	주민(사업자) 등록번호	800101-1234567	법인등록 번 호		
	주 소	서울특별시 강남구 역삼동 111-11 부자아파트 1동 101호			
입찰자 대리인	성 명	㉑		본인과의 관 계	
	주민등록 번 호			전화번호	
	주 소				

입찰 ⑥ 가격	천억	백억	십억	억	천만	백만	십만	만	천	백	십	일	
				1	0	0	0	0	0	0	0	0	원

보증 ⑦ 금액	백억	십억	억	천만	백만	십만	만	천	백	십	일	
				1	0	0	0	0	0	0	0	원

보증의 제공방법	⑧ ☑ 현금·자기앞수표 ☐ 보증서	보증을 반환 받았습니다. 본인 또는 대리인⑨ 홍 길 동 ㉑

◉ 주의사항

1. 입찰표는 물건마다 별도의 용지를 사용하십시오. 다만, 일괄입찰시에는 1매의 용지를 사용하십시오.
2. 한 사건에서 입찰물건이 여러개 있고 그 물건들이 개별적으로 입찰에 부쳐진 경우에는 사건번호외에 물건번호를 기재하십시오.
3. 입찰자가 법인인 경우에는 본인의 성명란에 법인의 명칭과 대표자의 지위 및 성명을, 주민등록란에는 입찰자가 개인인 경우에는 주민등록번호를, 법인인 경우에는 사업자등록번호를 기재하고, 대표자의 자격을 증명하는 서면(법인의 등기부 등·초본)을 제출하여야 합니다.
4. 주소는 주민등록상의 주소를, 법인은 등기부상의 본점소재지를 기재하시고, 신분확인상 필요하오니 주민등록증을 꼭 지참하십시오.
5. 입찰가격은 수정할 수 없으므로, 수정을 요하는 때에는 새 용지를 사용하십시오.
6. 대리인이 입찰하는 때에는 입찰자란에 본인과 대리인의 인적사항 및 본인과의 관계 등을 모두 기재하는 외에 본인의 위임장(입찰표 뒷면을 사용)과 인감증명을 제출하십시오.
7. 위임장, 인감증명 및 자격증명서는 이 입찰표에 첨부하십시오.
8. 일단 제출된 입찰표는 취소, 변경이나 교환이 불가능합니다.
9. 공동으로 입찰하는 경우에는 공동입찰신고서를 입찰표와 함께 제출하되, 입찰표의 본인란에는 "별첨 공동입찰자목록 기재와 같음"이라고 기재한 다음, 입찰표와 공동입찰신고서 사이에는 공동입찰자 전원이 간인 하십시오.
10. 입찰자 본인 또는 대리인 누구나 보증을 반환 받을 수 있습니다.
11. 보증의 제공방법(현금·자기앞수표 또는 보증서)중 하나를 선택하여 ☑표를 기재하십시오.

첫 번째로 사건번호와 물건번호를 기재하여야 합니다. 사건번호는 매수하고자 하는 부동산을 특정해주는 의미가 있는 만큼 정확하게 기재해야 하죠. 물건번호는 사건번호만으로 어떤 부동산을 매수하고자 하는 것인지 확인할 수 없는 경우 즉, 하나의 사건에서 둘 이상의 부동산이 개별적으로 입찰에 부쳐질 경우 이를 구분하는 기준이 되는 것입니다.

다음으로 입찰자와 관련된 사항을 기재해야 합니다. 본인이 직접 입찰하는 경우와 대리로 입찰하는 경우에 따라 조금 달라지는데 대리 입찰인 경우 본인 사항 밑에 대리인에 관한 사항도 기재한다는 점을 꼭 기억해야 합니다.

마지막으로 입찰가격, 보증금액과 관련된 사항을 기재해야 합니다. 이때 입찰표는 물건마다 별도의 용지를 사용해야 합니다(일괄매각의 경우는 제외). 보증금액 기재란은 최저매각가격의 10%를 기재하게 됩니다. 그렇다면 최저 입찰가격보다 많은 금액을 보증금으로 넣은 경우는 어떻게 될까요? 당연히 유효한 입찰로 인정받아 낙찰받는데 아무런 문제가 없습니다. 그러나 최저 입찰가격보다 적은 금액을 보증금으로 넣은 경우에는 유효한 입찰로 간주되지 않는다는 점은 주의해야 합니다.

짤TIP

입찰표를 잘못 쓰면 곤란한 상황이 발생할 수 있습니다. 예를 들어 입찰가격을 잘못 기재해 시세보다 높은 가격에 응찰하는 경우 입찰 보증금을 포기해야 하죠. 최저입찰금액에 미달하는 입찰보증금을 넣은 경우라면 유효한 입찰이 될 수 없습니다. 그렇기 때문에 입찰표는 꼼꼼히 작성한 후 잘못 기재된 부분은 없는지 반드시 검토하고 제출하는 것이 좋습니다.

법원경매로 부동산을 낙찰받았다고 당장 주인이 되는 것은 아니다!

법원 부동산경매로 낙찰을 받으면 곧바로 집주인이 되는 것으로 착각하는 경우가 의외로 많습니다. 하지만 낙찰을 받았다고 해서 바로 집 주인이 되는 것은 아닙니다. 실제로 적법하게 낙찰을 받아도 거쳐야 할 단계가 있습니다.

낙찰받아도 일정 기간이 지날 때까지 기다려야한다!

법원 부동산 경매에 참가해 부동산을 낙찰받았다면 매각허가결정을 기다려야 합니다. 즉, 매각허가결정이 나올 때까지는 자신이 주인이라는 생각을 해서는 안 된다는 뜻입니다. 실제로 매각기일부터 1주일 내 즉시항고가 없으면 그때 비로소 매각허가결정이 확정됩니다. 그리고 경매계에서는 이 시점 이후 다시 말해 매각허가결정일로부터 3~4일 내에 매수인에게 매각대금을 납부하도록 합니다. 이 경우 통상적인 대금지급기한은 1개월 정도라고 보시면 됩니다.

여기서 한 가지 궁금해지는 내용이 있을 수 있습니다. 보통 대금 지급기한은 1개월 정도입니다. 그런데 성격이 급한 사람들이 있죠. 1개월 이내 즉, 7일 만에 경락잔금을 납부하고 싶다면 가능할까요? 정답은 가능하다입니다. 이렇게 경락잔금 납부를 서두르는 이유는 보다 빨리 소유권을 확보해 자신이 원하는 용도로 활용하고 싶기 때문입니다.

최종 소유권 이전 시점까지 섣불리 주인행세를 하면 낭패를 당할 수 있다.

낙찰을 받은 이후 바로 낙찰받은 주택이나 상가의 전 주인 혹은 임차인과 접촉하는 경우를 볼 수 있습니다. 그런데 이런 접촉은 예상외로 전 집주인이나 임차인의 반발을 야기할 수 있습니다. 전 주인이나 임차인이 반발하는 경우는 보통 손해를 감수하고 주택이나 상가를 낙찰받은 사람에게 인도해야만 하는 경우입니다. 따라서 이런 경우라면 가급적 감정이 상하지 않도록 조심스럽게 접근해야 합니다. 낙찰을 받았다고 섣불리 주인 행세를 하게 되면 가뜩이나 경제적 손실을 감수해야 하는 마당에 순순히 명도에 응하지 않을 것이기 때문입니다. 따라서 혹여라도 있을지 모르는 전 주인이나 임차인의 반발을 감안해 가급적 충분한 시간을 갖고 명도문제를 해결하는 것이 바람직하다고 할 수 있습니다.

짤TIP

낙찰을 받은 후 전 소유자나 임차인과 접촉하기 좋은 시점이 따로 정해진 것은 없습니다. 상황에 따라 좋은 결과를 기대할 수 있는 접촉 시점이 다르기 때문이죠. 다만, 한 가지 분명한 것은 적어도 매각허가결정 이후 전 소유자 혹은 임차인과 접촉하는 것이 좋다는 것은 염두에 두어야 합니다. 이 시점이 되어야 비로소 전 소유자나 임차인과 관계없이 소유권을 확보할 수 있는 시점이라고 볼 수 있기 때문입니다.

의무가 아닌데도 세입자의 이사비용을 낙찰받은 주인이 주는 이유?

법원경매로 부동산을 낙찰받는 경우 흔히 종전의 부동산 주인이나 임차인에게 이사비용을 지불해야 하는 법적의무가 있는 것으로 생각하는 경우가 많습니다. 실제로는 전혀 그런 의무가 없는데도 말이죠. 그렇다면 무엇 때문에 그런 착각을 하는 것일까요?

낙찰자의 명도 수단인 이사비용

경매 전문가들은 말하죠. "진정한 고수는 명도를 잘하는 사람이다"라고요. 그렇습니다. 부동산 경매를 배우면 배울수록 알다가도 모르는 문제가 바로 명도입니다. 명도는 낙찰받은 부동산을 사용하던 사람을 내보내는 것을 말합니다. 내가 "낙찰받은 부동산에서 나가 달라고 하는 것이 어려울 것이 뭐가 있나?"라고 생각할 수도 있지만 순순히 나가지 않을 경우 따로 법적인 절차를 거쳐야 하는데 이 경우 금쪽같은 시간과 비용이 소요되기 때문에 지혜롭게 명도하는 것이 중요해지는 것이죠. 그렇다면 부동산을 경매로 낙찰받은 사람들은 어떻게 명도를 할까요? 거의 예외 없이 이사비용을 지불하는 선에서 명도를 마무리 합니다. 그런데 바로 이때 재미있는 현상이 발생하곤 합니다. 수십만 원에 불과한 이사비용만 지불하고도 순리대로 명도에 성공하는 경우도 있는데 비해 몇 백만 원을 이사비용으로 지불하겠다고 제시했음에도 불구하고 결국 법적인 절차를 거쳐 명도를 마무리하는 경우도 있기 때문입니다. 가장 지혜로운 명도 수단이면서도 동시에 가장 바보 같은 명도 수단이 될 수도 있는 것이 바로 이사비용을 지불하는 것이라고 볼 수 있습니다.

낙찰자 입장에서도 이사비용 지불이 유리하다?

낙찰자 입장에서 볼 때 적정수준의 이사비용을 지불하고 명도를 하는 것이 가장 좋은 방법이라고 할 수 있습니다. 물론 이사비용을 적정수준 내에서 지불해야 한다는 전제하에서죠. 그렇다면 적정수준의 기준은 무엇일까요? 정해진 기준이나 원칙은 없습니다. 다만, 경매고수들은 명도를 하지 않고 법원에 강제집행을 할 때 소요되는 비용 이내에서 이사비용을 지불하곤 합니다. 강제집행은 법원이 강제력을 동원하여 명도를 위한 정당한 법적 절차를 진행하는 것을 말합니다. 강제집행이 개시되면 종전 소유자나 임차인이 점유하고 있는 부동산을 강제로 명도하게 됩니다. 이렇게 되면 종전 소유자나 임차인은 시쳇말로 길거리로 내쫓기게 됩니다. 다만, 강제집행을 하게 되면 강제집행에 소요된 비용과 강제집행 한 집기나 비품을 일정장소에 보관해야 하기 때문에 보관비용도 납부해야 하고 강제집행 당한 종전 소유자나 임차인이 강제집행된 짐을 찾아가지 않으면 별도 비용으로 유체동산 경매신청도 해야 합니다. 시간도 오래 걸리고 복잡한데다 비용도 의외로 많이 들죠. 그러니 낙찰자 입장에서도 이사비용을 지불하는 것이 유리하다고 할 수 있는 것입니다.

짤TIP

낙찰받은 부동산의 명도가 순리대로 해결되지 않아 강제집행을 했는데 점유자였던 종전 소유자나 임차인과 연락이 되지 않아 강제집행한 짐을 창고에 보관하는 경우가 발생할 수 있습니다. 이럴 경우 2~3개월 정도 창고보관비용을 지급하고 창고에 맡긴 후 다시 유체동산 경매를 신청하여 매각을 해야 합니다. 만약 이때 아무도 낙찰 받는 사람이 없다면 유체동산 경매를 신청한 낙찰자 자신이 낙찰받아 (폐기)처분까지 해야 하는 번거로움이 있습니다. 그렇기 때문에 명도는 법보다 순리대로 하는 것이 좋습니다.

농지의 개략적인 입찰가격 산정방법!

농지를 1차적 용도로 사용하기 위해 취득하는 경우가 아니라면 농지 매수에 따른 수익성 판단은 해당 농지와 인접해 있는 토지로의 용도변경이 가능하느냐에 달려 있다고 할 수 있습니다. 특히 농지 형질변경의 목적이 결국 대지인 경우가 대부분인 만큼 투자대상 농지와 인접해 있는 대지의 가격을 통해 농지의 적정가격을 추출하는 과정을 거치는 것이 바람직하죠.

그런데 농지를 전용하는 경우 전용비용이나 인허가 비용 등이 발생하게 되므로 이런 비용들은 공제해 주는 것이 타당합니다. 따라서 농지의 적정가치는 다음과 같은 식을 통해 구할 수 있습니다.

농지적정가치 = 인접 대지의 가격 - (농지전용비용 + 인허가 위험비용)
= 인접 대지의 가격 - (농지전용부담금+토목공사비) - 인허가 위험비용

위에서 인허가 위험비용은 농지전용이 어려운 지역인 농업진

흥구역 → 농업보호구역→ 농업진흥지역 외 농지의 순서가 되며, 농지전용부담금은 전용면적(㎡) x 전용 농지의 개별공시지가 x 30%(전용부담금이 ㎡당 50,000원을 초과하면 상한액을 50,000원으로 함)가 됩니다. 또한, 토목공사비는 대지조성 토목공사비, 절토, 성토, 옹벽축조, 도로 개설 등 제반비용을 포함하게 됩니다.

그러나 현실적으로 위와 같은 비용들을 정밀하게 계산해 내기 어려운 만큼 실무에서는 경험적으로 투자 대상 농지의 거래가격과 인근 대지가격을 토대로 주택가격 투자가치 산정에서 활용했던 비율K를 추출해 활용합니다. 필자들의 경험을 토대로 볼 때 30~55%를 적용하면 큰 무리가 없을 것으로 보입니다.

즉, 농업진흥구역, 농업보호구역, 농업진흥지역 외 농지의 순서대로 각각 25~30%, 35~40%, 50~55% 정도를 적용하면 된다고 할 수 있죠. 단, 이 수치는 분석 대상 농지가 입지하고 있는 지역의 지역적 특성과 개별적 특성에 따라 오차가 발생할 수 있다는 점은 기억해 둘 필요가 있습니다. 즉, 절대적 수치가 아님을 유념하기 바랍니다.

[사례] 농업진흥지역 외 농지의 토지가 평당 30만원에 매물로 나왔다. 인접한 지역의 대지가격이 평당 100만 원이라고 할 때 이 농지의 적정 투자 가격은 어느 정도 수준이면 적정수준이라고 할 수 있는가?

<풀이>

농지의 적정투자가치 = 인근지역의 대지가격 × 비율K

= (100만 원/평 × 0.50 + 100만 원/평 × 55만 원)/2 = 52.5만 원

짤TIP

농지를 매입하는 경우는 귀농이나 농사를 생업으로 하는 경우, 주말농장으로 사용하기 위한 경우가 대부분입니다. 하지만 농지의 용도는 이것이 전부는 아닙니다. 농지를 농지 이외의 용도로 사용함으로써 경제적 부가가치를 극대화하는 경우도 있기 때문입니다. 그렇기 때문에 농지를 농사를 짓기 위한 토지로만 간주하지 말고 타 용도로 활용할 수 있는 잠재력 있는 토지로 바로 보는 혜안이 필요한 것입니다.

산지의 개략적인 입찰가격 산정방법!

산지(임야)투자가치를 구할 수 있는 가장 손쉬운 방법으로 산지전용에 따른 토지가격 상승을 계산해 활용하는 것을 들 수 있습니다. 즉, 산지전용을 통해 토지 가치를 상승시킨 후 매매한다고 가정함으로써 산지의 적정가격을 구할 수 있게 되는 것이죠. 이 경우 산지전용에 따른 비용이 소요되는데 전용전의 토지 매입가격에 취득세 및 등록세 등 세금, 토목공사비, 대체산림자원 조성비, 각종 인허가 비용이 대표적입니다. 이를 공식으로 나타내면 다음과 같습니다.

산지 전용에 따른 투자수익 = 토지 예상판매가격 - 전용에 따른 총비용(취득가격+취득세 및 등록세+토목공사비+ 대체산림자원조성비+ 각종 인허가 비용)

산지의 전용을 위해서는 전용허가에를 받아야 하고 대체산림자원조성비도 납부해야 합니다. '대체산림자원조성비'는 산지전용 시 허가나 신고를 받은 자가 산림훼손에 대해 단위 면적당 일정금액을 납부하는 것을 말합니다. 산림청장이 부과·징수하며 매년 산림청에서 고시하고 있죠. 2018년 기준 대체산림자원조성비는 다음과 같다.

산림청 고시 제2018 – 14호

<2018년도 대체산림자원조성비 부과기준>

o 대체산림자원조성비 부과금액 계산방법
 대체산림자원조성비 부과금액 = 산지전용·일시사용허가면적×(단위면적당 금액 +해당 산지의 개별공시지가의 1000분의 10)

o 단위면적당 금액
 – 준보전산지 : 4,480원/㎡
 – 보전산지 : 5,820원/㎡
 – 산지전용제한지역 : 8,960원/㎡

o 개별공시지가 일부 반영비율 : 개별공시지가의 1000분의 10
 ※ 개별공시지가 반영 최고액은 단위면적당 금액 4,480원/㎡으로 한정

대체산림자원조성비의 납부는 선납, 후납 및 분할납부 방법에 의합니다. 산지관리법에 의해 산지전용허가·산지전용신고 및 법률에 의하여 산지전용허가 또는 산지전용신고가 의제되거나 배제되는 행정처분을 받고자 하는 경우에는 선납을 해야합니다.

한편, 후납 및 분할납부하는 경우는 일정 기일까지 납부할 것을 조건으로 하거나 산지관리법시행령에서 규정하고 있는 요건에 해당하면서 대체산림자원조성비를 일시에 납부하기 어려운 사유가 있다고 인정되는 때입니다. 이 경우 이행보증금을 예치한 후 3년 이내의 기간 동안 3회 이내로 분할하여 납부하도록 하되, 최종납부

일은 당해 목적사업의 준공일 이전으로 합니다. 분할 납부를 결정한 경우 납부해야 할 대체산림자원조성비의 30%를 당해 목적사업의 착수 전에 납부해야 합니다.

농지의 경우와 다르게 산지와 관련해서 필자는 산지 투자를 위한 비율을 제시하지 않았습니다. 그 이유는 같은 산지라고 해도 그 편차가 너무 큰 차이가 있기 때문입니다. 그러므로 산지를 입찰하고자 한다면 투자기간은 보다 장기적인 관점에서 접근해야 하고, 낙찰받은 이후 활용방안이나 수익창출방안에 대해 보다 깊은 검토가 필요하다고 할 수 있습니다.

짤TIP

사실 산지(임야)는 토지 전문가가 아닌 이상 아무리 발품을 팔아도 적정시세 파악이나 낙찰 후 활용 방안 찾기가 여간 어려운 것이 아닙니다. 그래서 대부분 낙찰받은 이후 개발될 때까지 무작정 기다리게 되는 경우가 의외로 많습니다. 그러나 산지를 낙찰받아 의외의 대박을 터트리는 경우도 적지 않습니다. 산지전용뿐만 아니라 약초를 재배한다든지, 과실수를 심어 가꾸거나 나무를 재배하는 경우가 이에 해당됩니다. 최근에는 보다 특화된 목적으로 산지를 이용하는 추세이다. 시대적 흐름을 잘 파악해 산지를 활용할 수 있는 방법을 모색한다면 기대 이상의 투자수익을 실현할 수 있습니다.

법원경매로 상가건물을 낙찰받고자 하는 경우의 필수 점검 포인트!

상가건물 경매를 통해 수익을 창출하는 많은 투자자들은 임대수익 창출이 우선인 경우가 많습니다. 그러나 그동안 상가시장의 흐름을 통해 볼 때 임대수익과 투자가치라는 두 마리 토끼를 모두 잡는 이른 바 '꿩 먹고 알 먹고'식의 성공을 거두는 경우는 극히 드문 것이 현실입니다. 지나치게 눈앞의 임대수익만을 쫓다 보면 장기적으로 보다 양호한 임대수익을 창출할 수 있는 상가건물을 놓칠 수밖에 없습니다. 따라서 경매 입찰에 앞서 내가 낙찰받고자 하는 상가건물의 미래가치까지 고려해서 분석하는 과정이 반드시 필요합니다.

매수 목적은 무엇인가? : 임대수익 창출 VS 매도를 통한 수익창출

상가건물을 단기차익을 노리고 낙찰받는 경우도 많습니다. 이럴 경우 매매가 이루어지지 않아 어쩔 수 없이 임대로 전환되는 경우도 어렵지 않게 접할 수 있다. 한편, 낙찰 받아서 조금 남기고 처분했는데 몇 년 후 엄청난 임대수익을 창출하는 노른자 상가건물로 변한 것을 보고 속 쓰린 경험을 한 투자자들도 어렵지 않게 접할 수 있습니다. 모두가 처음부터 매수목적을 분명히 하지 않고, 정확한 시세파악이나 미래가치에 대한 분석도 없었기 때문에 발생하는 현상들입니다.

그렇기 때문에 처음부터 매수 목적을 분명히 한 후에 낙찰받는 것이 중요합니다. 사전에 미래가치에 대한 분석이 선행되어야 함은 물론이죠. 만일 현재가격 대비 미래가치가 크지 않을 것으로 예상되지만 가격 측면에서 낙찰 후 수익창출이 가능한 수준으로 충분히 하락한 매물을 낙찰받기 원한다면 낙찰 후 즉시 매도전략을 수립하는 것이 타당합니다. 이때 욕심을 부리기보다는 자금 회전을 위해 수익이 적더라도 신속하게 처분해야 한다는 점을 잊지 말아야 합니다.

한편, 현재 가격 측면에서 큰 수익을 기대하기는 어렵지만 미래가치 측면에서 가격 상승을 기대할 수 있는 상가건물을 낙찰받는다면 낙찰 후 즉시매도전략보다는 낙찰 후 일정기간 보유 후 매도전략을 수립하는 것이 타당합니다. 그러나 본질적으로 상가건물은 안정적임 임대수익 창출에 보다 무게를 두고 투자전략을 수립하는 것이 바람직합니다.

목표 보유기간은?

주택의 경우와 마찬가지로 목표 보유기간 역시 낙찰받기 전에 반드시 고려해야 하는 요소입니다. 목표보유기간은 매수자금과 직접적으로 연결되기 때문입니다. 예를 들어 경락잔금 대출을 받아서 상가건물을 구입했다고 합시다. 상가건물은 주택의 경우보다 높은 이자를 부담하게 되는 것이 일반적입니다. 당연히 주택에 비해 대출이자 부담이 가중될 것이고 이로 인해 장기간 보유하기 부담스러운 상황에 처하기 쉽습니다. 특히 부동산시장이 침체기에 있는 경우라면 더더욱 부담요인으로 작용하게 됩니다. 상황이 이렇게 되면 당초 목표 보유기간을 채우지 못하는 것은 물론 경우에 따라서는 손절매해야 하는 상황에 직면할 수 있죠. 돈 벌자고 시작한 경매가 오히려 돈을 까먹는 원인이 될 수도 있는 것입니다. 아무리 미래가치가 높다고 해도 지금 당장 견딜 수 있는 여건이 되지 않는다면 미래가치 자체도 한여름밤의 장밋빛 꿈에 지나지 않을 것입니다.

그러므로 현실적인 목표보유기간을 설정하는 것이 중요합니다. 당장의 임대수익보다는 미래가치가 높을 것으로 예상되는 상가건물을 낙찰받기 원한다면 더더욱 그렇죠. 물론 소요자금계획을 수립하는 단계에서부터 자금의 성격과 규모를 고려한 목표보유기간을 수립해야 할 것입니다.

상권 호재요인은 있는가.

상권을 크게 움직일 수 있는 호재요인 즉, 미래가치를 담보하는 중요한 요인들로는 신규 역세권 편입 등 교통 편리성 증대, 대규모 입주 등 상권 주변세대 증가, 재개발 혹은 재건축 등을 통한 시세차익

실현 가능성 등을 들 수 있습니다.

교통 편리성의 증대는 사람들을 불러들이는 효과가 있다. 유동인구의 증가는 상권의 파워를 증대시키는 가장 강력한 요인이라는 점에서 교통호재요인이 있는 지역을 주목할 필요가 있습니다. 대규모 입주 등 상권 주변세대 증가는 상권을 보다 활성화시키는 가장 직접적인 요인이 되어준다는 점에서 주목해야 합니다. 상권 주변세대수의 증가는 통상 상가 매출에 곧바로 연결됩니다. 즉, 매출증대 → 상권 활성화 → 임대수요 증가 → 임대가격 상승 → 상가건물의 매매가격 상승이라는 선순환을 기대할 수 있다는 의미죠.

상가건물 투자에 있어 최근까지 가장 대표적인 호재요인 가운데 하나로 손꼽히는 것이 바로 재개발과 재건축입니다. 통상 재개발이나 재건축이라는 호재가 발생하게 되면 상가건물가격이 상승하기 때문이죠. 그러나 이제는 재개발, 재건축이 무조건적으로 주택가격 상승을 견인하는 호재요인이라고 단정지을 수 없습니다.

상가수요가 끊임없이 있는 곳, 국토종합계획, 수도권광역도시계획, 도시기본계획 상 거점지역으로 중요한 역할을 수행할 것으로 기대를 모으는 지역, 자족기능이 뛰어난 지역 등에 소재하고 있어 재개발이나 재건축 후 상권의 파워가 증가할 것으로 예상되는 지역 등에 해당되어야지만 시세차익을 기대할 수 있다고 보고 투자에 임해야 할 것입니다.

그러나 위와 같은 지역은 낙찰경쟁률도 심하고 낙찰가격도 높습니다. 그래서 소액투자자들이 접근하기에는 다소 무리가 따를 수도 있죠. 그렇다면 소액투자자들은 위와 같은 호재요인들이 있는 상가건물에 투자하는 것이 불가능한 일일까요?

전혀 그렇지 않습니다. 틈새를 노리면 충분히 가능하기 때문이죠. 현재 주변의 주거환경이 열악하여 상가건물에 대한 수요가 없지만 장기적인 측면에서 교통편리성 증대요인이 존재하거나, 몇 년 후 입주세대가 큰 폭으로 증가할 것으로 예상되는 곳, 재개발이나 재건축을 통해 불량한 환경이 제거될 가능성이 있는 지역이라면 미래가치가 크게 상승할 수 있는 지역인 만큼 틈새시장으로써 적극적으로 노려 볼 필요가 있는 곳이라고 할 수 있습니다.

상가건물에 대한 수요가 꾸준하게 있는 곳인가?

상가건물에 대한 수요가 꾸준하게 있는 곳은 나름의 특징이 있습니다. 지금 현재 자족기능, 교육인프라, 쇼핑편의시설 등이 잘 갖춰진 우량 주거지역보다는 이러한 조건들을 하나씩 갖춰나가고 있는 지역 일수록 상가건물에 대한 수요가 꾸준하게 증가하게 됩니다. 또한 상권의 규모를 파악하기 위해 가장 효과적이고 공신력 있는 데이터라고 할 수 있는 인구 및 가구수 관련 자료 및 가구수 관련 자료를 적극적으로 활용하는 것 역시 매우 중요합니다. 결국 상권의 파워는 배후세대수와 유동인구에 의해 결정되고 그중에서도 배후세대수는 해당 상가건물이 특급상권에 입지하고 있는 않는 한 임대수익 창출과 직접적으로 연결되기 때문입니다.

우리나라 전체 인구나 가구수와 관련된 자료는 통계청 홈페이지에 접속하기만 하면 아주 상세하게 확인할 수 있습니다. 또한 각

시·군·구 홈페이지에 접속하면 내가 낙찰받고자 하는 주택이 소재하고 있는 시·군·구의 인구 및 가구수를 편리하게 확인할 수 있습니다. 낙찰받기 전 반드시 확인하는 습관을 들이도록 하는 것이 좋습니다.

Chapter 10

내 가게 보증금을 지키는 상가건물임대차보호법의 12가지 핵심 지식

상가건물 임차인이 '상가건물임대차보호법'을 잘 알아 두어야 하는 이유?

'상가건물임대차보호법'은 상가건물 임대차에 관하여 '민법'에 대한 특례를 규정하여 국민 경제생활의 안정을 보장하는 것을 목적으로 삼고 있는 법률입니다. 그렇기 때문에 상가건물의 임차인이라면 누구나 주요내용을 반드시 알아 두어야 합니다.

상가건물임대차보호법의 적용 범위

상가건물임차인이 상가건물임대차보호법에 따라 충분한 보호를 받을 수 있는지 여부는 상가건물임대차보호법 제2조(적용범위)를 통해 확인할 수 있습니다.

상가건물임대차보호법 제2조(적용범위)
① 이 법은 상가건물(제3조제1항에 따른 사업자등록의 대상이 되는 건물을 말한다)의 임대차(임대차 목적물의 주된 부분을 영업용으로 사용하는 경우를 포함한다)에 대하여 적용한다. 다만, 대통령령으로 정하는 보증금액을 초과하는 임대차에 대하여는 그러하지 아니하다.

② 제1항 단서에 따른 보증금액을 정할 때에는 해당 지역의 경제 여건 및 임대차 목적물의 규모 등을 고려하여 지역별로 구분하여 규정하되, 보증금 외에 차임이 있는 경우에는 그 차임액에 「은행법」에 따른 은행의 대출금리 등을 고려하여 대통령령으로 정하는 비율을 곱하여 환산한 금액을 포함하여야 한다. <개정 2010. 5. 17.>

③ 제1항 단서에도 불구하고 제3조, 제10조제1항, 제2항, 제3항 본문, 제10조의2부터 제 10조의8까지의 규정 및 제19조는 제1항 단서에 따른 보증금액을 초과하는 임대차에 대하여도 적용한다. <신설 2013. 8. 13., 2015. 5. 13.>

[전문개정 2009. 1. 30.]

'상가건물임대차보호법'에 따른 보호를 받기 위해서는 우선 임차한 건물이 사업자등록의 대상이 되는 상가건물이어야 합니다. 따라서 세법(법인세법, 소득세법, 부가가치세법 등)상 사업자 등록의 대상이 되는 건물이어야 '상가건물임대차보호법'에 따른 보호를 받을 수 있습니다.

'상가건물임대차보호법'에서는 분명히 세법상 사업자 등록의 대상이 되는 건물이어야 한다고 규정하고 있는데 이는 영리행위를 목적으로 하는 임차인이어야만 보호대상이 된다는 의미입니다. 그렇기 때문에 사업자등록의 대상이 되지 않는 비영리단체는 '상가건물임대차보호법'의 보호대상이 될 수 없는 것이죠. 동창회나 교회가 상가건물임대차보호법의 보호를 받을 수 없는 이유죠.

그러나 영리행위를 목적으로 하는 임차임에도 불구하고 '상가건물임대차보호법'의 적용을 충분히 받지 못하는 경우도 있는데 이와 관련한 자세한 내용은 '상가임대차보호법시행령 제2조'에 규정되어 있습니다. 다음은 상가건물임대차보호법 시행령 제2조의 내용인데 상가건물임대차보호법에서 중요한 의미를 갖는 환산보증금에 대한 규정이라고 보시면 됩니다.

상가건물임대차보호법 시행령 제2조(적용범위)
① 「상가건물 임대차보호법」(이하 "법"이라 한다) 제2조제1항 단서에서 "대통령령으로 정하는 보증금액"이란 다음 각 호의 구분에 의한 금액을 말한다. <개정 2008. 8. 21., 2010. 7. 21., 2013. 12. 30., 2018. 1. 26., 2019. 4. 2.>
1. 서울특별시 : 9억 원
2. 「수도권정비계획법」에 따른 과밀억제권역(서울특별시는 제외한다) 및 부산광역시: 6억 9천만 원
3. 광역시(「수도권정비계획법」에 따른 과밀억제권역에 포함된 지역과 군지역, 부산광역시는 제외한다), 세종특별자치시, 파주시, 화성시, 안산시, 용인시, 김포시 및 광주시: 5억 4천만 원
4. 그 밖의 지역 : 3억 7천만 원
② 법 제2조제2항의 규정에 의하여 보증금외에 차임이 있는 경우의 차임액은 월 단위의 차임액으로 한다.
③ 법 제2조제2항에서 "대통령령으로 정하는 비율"이라 함은 1분의 100을 말한다.
<개정 2010. 7. 21.>

환산보증금은 무엇?

환산보증금은 순수보증금과 월세에 100을 곱해 더한 것을 말합니다.

환산보증금 = (보증금 + 월세) × 100

환산보증금이 중요한 이유는 상가건물임대차보호법을 온전히 적용가능한지 여부를 결정하는 기준이 되기 때문입니다. 물론 환산보증금 이외에도 대항력이라는 요건을 갖춰야지만 '상가건물임대

차보호법'에 따른 보호를 받을 수 있습니다. 하지만 대항력을 갖췄다고 해도 환산보증금 '상가건물임대차보호법'에서 규정한 기준을 초과하게 되면 이 법에 따라 온전한 보호대상이 될 수 없죠. 그래서 환산보증금에 대한 기준을 정확히 알고 있어야 합니다. 그럼, 사례를 통해 환산보증금을 계산해 보시죠.

[사례 1] 서울특별시 강남구 역삼동에 있는 건물을 임차해 커피전문점을 운영하려고 한다. 최우선씨는 자신이 '상가건물임대차보호법'을 적용받을 수 있는지가 궁금하다. 건물의 임차조건은 보증금 5천만 원에 월세 500만 원 이고 현재 건물에는 융자나 기타 제한사항이 하나 없는 깨끗한 상태이다.

* 환산보증금 = 보증금 + 월세 × 100
= 5천만 원 + 500만 원 × 100
= 5억 5천만 원

* 2019년 6월 1일 현재 서울특별시에서 상가건물임대차보호법을 적용받기 위해서는 환산보증금이 9억 원 이하여야 하는데 최우선씨의 환산보증금은 5억 5천만 원 이므로 상가건물임대차보호법의 적용대상이 됩니다.

환산보증금은 계약시점이 아니라 지역은 어디고, 최선순위 담보물권설정일(주로 근저당권)의 설정일은 언제인지에 따라 서로 다른 기준이 적용됩니다. 환산보증금을 따져 보아야 하는 이유는 환산보증금이 일정액을 초과하게 되면 상가건물임대차보호법에 따른 보호를 받는 데 한계가 있기 때문입니다. 그래서 지역에 따라 최초 근저당 설정일에 따라 어떻게 환산보증금이 차이가 나는지를 알아 두어야 합니다. 다음은 환산보증금 기준입니다.

환산보증금 기준

	지역	환산보증금
2002. 11.1~ 2008. 8. 20	서울특별시	2억 4천만 원 이하
	과밀억제권역(서울특별시 제외)	1억 9천만 원 이하
	광역시(군지역과 인천광역시 제외)	1억 5천만 원 이하
	기타지역	1억 4천만 원 이하
2008. 8. 21~ 2010. 7. 25	서울특별시	2억 6천만 원 이하
	과밀억제권역(서울특별시 제외)	2억 1천만 원 이하
	광역시(군지역과 인천광역시 제외)	1억 6천만 원 이하
	기타지역	1억 5천만 원 이하
2010. 7. 26~ 2013. 12. 31	서울특별시	3억 원 이하
	과밀억제권역(서울특별시 제외)	2억 5천만 원 이하
	광역시(군지역과 인천광역시 제외), 안산시, 용인시, 김포시 및 광주시	1억 8천만 원 이하
	기타지역	1억 5천만 원 이하
2014. 1. 1~ 2018. 1. 25	서울특별시	4억 원 이하
	과밀억제권역(서울특별시 제외)	3억 원 이하
	광역시(수도권정비계획법에 따른 과밀억제권역에 포함된 지역과 군지역은 제외), 안산시, 용인시, 김포시, 광주시	2억 4천만 원 이하
	기타지역	1억 8천만 원 이하
2018. 1. 26~ 2019. 4. 16	서울특별시	6억 원 이하
	과밀억제권역(서울특별시 제외)	5억 원 이하
	부산광역시	5억 원 이하
	광역시(「수도권정비계획법」에 따른 과밀억제권역에 포함된 지역과 군지역, 부산광역시는 제외), 세종특별자치시, 파주시, 화성시, 안산시, 용인시, 김포시 및 광주시	3억 9천만 원 이하
	기타지역(광역시의 군 포함)	2억 7천만 원 이하
2019. 4. 17~	서울특별시	9억 원 이하
	과밀억제권역(서울특별시 제외)	6억 9천만 원 이하
	부산광역시	6억 9천만 원 이하
	광역시(「수도권정비계획법」에 따른 과밀억제권역에 포함된 지역과 군지역, 부산광역시는 제외), 세종특별자치시, 파주시, 화성시, 안산시, 용인시, 김포시 및 광주시	5억 4천만 원 이하
	기타지역(광역시의 군 포함)	3억 7천만 원 이하

짤TIP

★ 환산보증금을 초과하는 경우에도 상가건물임대차보호법이 적용되는 사항

☞제3조(대항력 등)

☞제10조(계약갱신 요구 등)

☞제10조의2(계약갱신의 특례), 제10조의3(권리금의 정의 등),

☞제10조의4(권리금 회수기회 보호 등), 제10조의5(권리금 적용 제외)

☞제10조의6(표준권리금계약서의 작성 등), 제10조의7(권리금 평가기준의 고시)

☞제10조의8(차임연체와 해지),

☞제19조(표준계약서의 작성 등)

상가건물임대차보호법에서 말하는 대항력이란 무엇인가?

주택임대차와 마찬가지로 상가건물의 임대차 역시 대항력을 갖춰야 상가건물임대차보호법에서 규정하고 있는 보호를 받을 수 있습니다. 대항력이 무엇인지는 상가건물임대차보호법 제3조에 규정되어 있습니다. 다음은 그 내용입니다.

상가건물임대차보호법 제3조(대항력 등)

① 임대차는 그 등기가 없는 경우에도 임차인이 건물의 인도와 「부가가치세법」 제8조, 「소득세법」 제168조 또는 「법인세법」 제111조에 따른 사업자등록을 신청하면 그 다음 날부터 제3자에 대하여 효력이 생긴다.<개정 2013. 6. 7.>

② 임차건물의 양수인(그 밖에 임대할 권리를 승계한 자를 포함한다)은 임대인의 지위를 승계한 것으로 본다.

③ 이 법에 따라 임대차의 목적이 된 건물이 매매 또는 경매의 목적물이 된 경우에는 「민법」 제575조 제1항·제3항 및 제578조를 준용한다.

④ 제3항의 경우에는 「민법」 제536조를 준용한다.

대항력 요건은?

'상가건물임대차보호법'에 따라 온전히 보호를 받기 위해서는 환산보증금이 기준을 초과해서는 안 되지만 대항력(대항요건)을 구비해야하죠. 그렇다면 상가건물임대차보호법에서 규정하고 있는 대항력(대항요건)이란 무엇일까요? 혹시 '주택임대차보호법'에서 규정하고 있는 대항요건과 동일한 것일까요? 그렇습니다. 개념상으로는 동일하다고 이해하시면 됩니다. 다만, '주택임대차보호법'의 경우 대항력(대항요건)은 점유와 전입이었지만 '상가건물임대차보호법'에서는 건물의 인도와 사업자등록이라는 차이만 있을 뿐입니다. 따라서 상가건물의 점유와 사업자등록을 신청한 경우 그 다음날부터 제3자에 대하여 대항할 수 있는 효력이 발생하게 되는 것입니다.

또한 대항력이 있기 때문에 설사 소유권지 변동되더라도 바뀐 주인에게 임차권을 주장할 수 있고 잔여 임대차 기간 동안 영업행위를 할 수 있으며, 권리금의 회수 기회를 보호받을 수 있으며, 임대차 기간 만료 후에는 보증금을 반환받을 수 있습니다. 그렇기 때문에 대항력을 갖추는 것을 소홀히 해서는 안 되는 것이죠.

짤TIP

상가건물임차인의 환산보증금이 시행령으로 정하는 금액을 초과하는 상가건물의 임차인은 상가임대차보호법에서 규정하고 있는 월세 인상 상한선 제한의 적용을 받지 못합니다. 우리 상가임대차보호법은 시행령으로 상가건물임대인이 임대료를 5%이상 올리지 못하도록 하고 있습니다. 하지만 환산보증금이 시행령으로 정하는 금액을 초과하는 상가건물임차인은 이 보호규정을 적용받지 못합니다. 한편, 상가건물임차인의 환산보증금이 시행령으로 정하고 있는 금액을 초과하는 경우 우선변제권의 보호를 받지 못하기 때문에 전세권 설정 등을 통해 임차보증금을 보호받을 수 있는 방법을 마련하는 것이 좋습니다.

상가건물임대차 계약서도 확정일자를 받을 수 있다!

상가를 임차한 임차인도 임대차계약서에 확정일자를 받을 수 있습니다. 그렇다면 어디서 확정일자를 받을 수 있을까요? 주택임대차의 경우처럼 상가건물 관할 주민센터에서 받으면 될까요? 아닙니다. 상가건물임대차계약인 경우 상가건물의 소재지 관할 세무서에서 확정일자를 받을 수 있습니다. 다음은 관련 내용입니다.

상가건물임대차보호법 제4조(확정일자 부여 및 임대차정보의 제공 등)

① 제5조제2항의 확정일자는 상가건물의 소재지 관할 세무서장이 부여한다.

② 관할 세무서장은 해당 상가건물의 소재지, 확정일자 부여일, 차임 및 보증금 등을 기재한 확정일자부를 작성하여야 한다. 이 경우 전산정보처리조직을 이용할 수 있다.

③ 상가건물의 임대차에 이해관계가 있는 자는 관할 세무서장에게 해당 상가건물의 확정일자 부여일, 차임 및 보증금 등 정보의 제공을 요청할 수 있다. 이 경우 요청을 받은 관할 세무서장은 정당한 사유 없이 이를 거부할 수 없다.

④ 임대차계약을 체결하려는 자는 임대인의 동의를 받아 관할 세무서장에게 제3항에 따른 정보제공을 요청할 수 있다.

⑤ 확정일자부에 기재하여야 할 사항, 상가건물의 임대차에 이해관계가 있는 자의 범위, 관할 세무서장에게 요청할 수 있는 정보의 범위 및 그 밖에 확정일자 부여사무와 정보 제공 등에 필요한 사항은 대통령령으로 정한다.

세무서에 임대차정보를 요청할 수 있다?

상가건물임대차보호법은 상가건물의 임대차에 이해관계가 있는 자가 해당 상가건물 소재지 관할 세무서에서 '상가건물임대차보호법 제4조'의 규정에 따라 해당 상가건물의 확정일자 부여일, 차임 및 보증금 등 정보의 제공을 요청할 수 있습니다. 이때 상가건물의 임대차에 이해관계가 있는 자는 다음의 어느 하나에 속하는 자를 말합니다.

첫째, 해당 상가건물 임대차계약의 임대인·임차인
둘째, 해당 상가건물의 소유자
셋째, 해당 상가건물 또는 그 대지의 등기부에 기록된 권리자 중 법무부령으로 정하는 자
넷째, 법 제5조 제7항에 따라 우선변제권을 승계한 금융기관 등
다섯째, 첫째부터 넷째까지에서 규정한 자에 준하는 지위 또는 권리를 가지는 자로서 임대차 정보의 제공에 관하여 법원의 판결을 받은 자

한편, 해당 상가건물 임대차계약의 임대인·임차인인 이해관계인이 세무서에 열람 또는 교부를 요청할 수 있는 정보는 다음과 같습니다.

1. 임대인·임차인의 인적사항(제3조 제4항 제3호에 따른 정보를 말한다. 다만, 주민등록번호 및 외국인등록번호의 경우에는 앞 6자리에 한정한다)
2. 상가건물의 소재지, 임대차 목적물 및 면적
3. 사업자등록 신청일
4. 보증금·차임 및 임대차기간
5. 확정일자 부여일
6. 임대차계약이 변경되거나 갱신된 경우에는 변경·갱신된 날짜, 새로운 확정일자 부여일, 변경된 보증금·차임 및 임대차기간
7. 그 밖에 법무부령으로 정하는 사항

임대차계약의 당사자가 아닌 이해관계인 또는 임대차계약을 체결하려는 자가 관할 세무서장에게 열람 또는 교부를 요청할 수 정보는 상가건물 임대차계약의 임대인·임차인인 이해관계인이 세무서에 열람 또는 교부를 요청할 수 있는 정보 가운데 첫 번째 항목을 제외한 모두입니다. 임대차계약을 체결하려는 예비 임차인 역시 임대인의 동의를 받아 관할 서무서장에게 정보의 열람 또는 교부를 요청할 수 있다는 사실도 꼭 기억해 두시기 바랍니다.

짤TIP

정부는 2020년까지 상가건물임차인 보호의 기준이 되는 환산보증금제도를 폐지한다고 발표했습니다. 이렇게 되면 임차인들이 상가건물을 재계약할 때 임대료 인상폭이 5% 이내로 적용됩니다. 임차인들의 부담이 크게 경감될 것이기 때문에 경제적 약자인 상가건물의 임차인의 보호에 큰 도움이 될 것으로 보입니다.

상가보증금의 회수!

대항력을 갖춘 상가건물임차인은 경매나 공매 시 후순위권리자나 그 밖의 채권자보다 우선하여 보증금을 변제받을 수 있습니다. 대항력이 있으려면 대항요건을 충족하고 확정일자를 받아야 합니다.

상가건물임대차보호법 제5조(보증금의 회수)

① 임차인이 임차건물에 대하여 보증금반환청구소송의 확정판결, 그 밖에 이에 준하는 집행권원에 의하여 경매를 신청하는 경우에는 「민사집행법」 제41조에도 불구하고 반대의무의 이행이나 이행의 제공을 집행개시의 요건으로 하지 아니한다.

② 제3조제1항의 대항요건을 갖추고 관할 세무서장으로부터 임대차계약서상의 확정일자를 받은 임차인은 「민사집행법」에 따른 경매 또는 「국세징수법」에 따른 공매 시 임차건물(임대인 소유의 대지를 포함한다)의 환가대금에서 후순위권리자나 그 밖의 채권자보다 우선하여 보증금을 변제받을 권리가 있다.

③ 임차인은 임차건물을 양수인에게 인도하지 아니하면 제2항에 따른 보증금을 받을 수 없다.

④ 제2항 또는 제7항에 따른 우선변제의 순위와 보증금에 대하여 이의가 있는 이해관계인은 경매법원 또는 체납처분청에 이의를 신청할 수 있다. <개정 2013. 8. 13.>

―――――――――생략―――――――――

대항력의 요건은 점유와 사업자등록이라고 설명했습니다. 여기서 점유라는 것은 실제로 사용한다는 것을 의미합니다. 즉, 상가를 임차해 실제로 사용하고 있어야 한다는 뜻입니다. 따라서 상가를 임차해 사업자등록을 내고 실제로 사용하고 있는 임차인이 관할 세무서에서 임대차계약서에 확정일자를 받았다면 건물이 경매나 공매로 넘어가는 끔찍한 상황 하에서도 후순위권리자나 채권자들에 우선하여 보증금을 변제받을 수 있게 됩니다.

상가건물임대차보호법에 따라 우선변제 받는 임차인

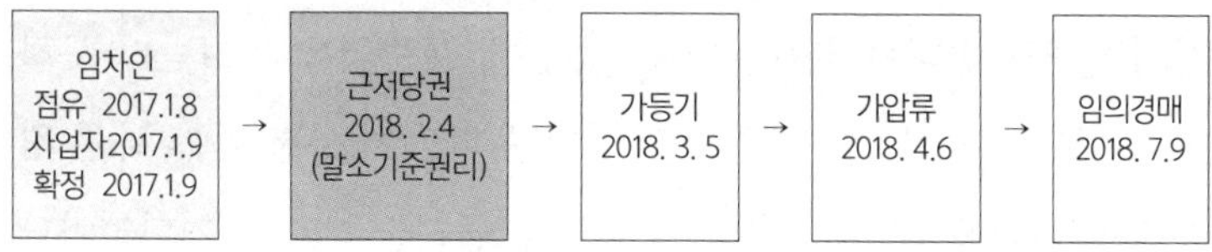

즉, 위 그림과 같은 경우 임차인은 근저당권이나 가등기, 가압류권자에 비해 우선하여 배당받을 수 있는 것이죠.

짤TIP

대항력을 갖추는 데 아무 문제가 없는 경우라 할지라도 대출이 너무 많은 상가건물은 가급적 피하는 것이 좋습니다. 경매나 공매가 되더라도 보증금을 보호 받을 수 있겠지만 시설이나 바닥 권리금, 영업 권리금은 고스란히 손해를 보아야만 하는 경우가 대부분이기 때문입니다.

보증금을 돌려받지 못하고 있어요?

상가건물의 임대차기간이 만료되었는데 보증금을 돌려받지 못하고 있다면 어떻게 할까요? 당장 상가를 빼고 이사를 가야 하는 경우라면 어떻게 해야 할까요? 보증금을 돌려줄 때까지 기다려야만 하는 것일까요? 그렇지 않습니다. 상가건물임대차보호법 제6조에 따른 임차권등기명령 제도를 활용하면 대항력을 유지한 채 다른 상가를 얻어 이사를 할 수 있기 때문입니다.

상가건물임대차보호법 제6조(임차권등기명령)

① 임대차가 종료된 후 보증금이 반환되지 아니한 경우 임차인은 임차건물의 소재지를 관할하는 지방법원, 지방법원지원 또는 시·군법원에 임차권등기명령을 신청할 수 있다. <개정 2013. 8. 13.>

② 임차권등기명령을 신청할 때에는 다음 각 호의 사항을 기재하여야 하며, 신청 이유 및 임차권등기의 원인이 된 사실을 소명하여야 한다.

1. 신청 취지 및 이유
2. 임대차의 목적인 건물(임대차의 목적이 건물의 일부분인 경우에는 그 부분의 도면을 첨부한다)
3. 임차권등기의 원인이 된 사실(임차인이 제3조제1항에 따른 대항력을 취득하였거나 제5조 제2항에 따른 우선변제권을 취득한 경우에는 그 사실)
4. 그 밖에 대법원규칙으로 정하는 사항

------------------------------중략------------------------------

⑤ 임차권등기명령의 집행에 따른 임차권등기를 마치면 임차인은 제3조 제1항에 따른 대항력과 제5조 제2항에 따른 우선변제권을 취득한다. 다만, 임차인이 임차권등기 이전에 이미 대항력 또는 우선변제권을 취득한 경우에는 그 대항력 또는 우선변제권이 그대로 유지되며, 임차권등기 이후에는 제3조 제1항의 대항요건을 상실하더라도 이미 취득한 대항력 또는 우선변제권을 상실하지 아니한다.

⑥ 임차권등기명령의 집행에 따른 임차권등기를 마친 건물(임대차의 목적이 건물의 일부분인 경우에는 그 부분으로 한정한다)을 그 이후에 임차한 임차인은 제14조에 따른 우선변제를 받을 권리가 없다.

------------------------------중략------------------------------

⑧ 임차인은 제1항에 따른 임차권등기명령의 신청 및 그에 따른 임차권등기와 관련하여 든 비용을 임대인에게 청구할 수 있다.

요약하면 상가건물에 대한 임차권등기명령 신청은 임대차계약이 종료된 임차인이면서 보증금을 반환받지 못한 임차인이 할 수 있습니다. 신청은 임차건물의 소재지 관할 법원에 하면 됩니다. 그렇다면 상가건물에 대한 임차권등기명령에 따라 임차권등기를 마치면 보증금을 반환받지 못한 임차인은 어떤 보호를 받을 수 있을까요?

첫째, 대항력과 우선변제권을 갖게 됩니다. 이미 점유와 사업자등록을 하고 임대차계약서에 확정일자를 받았다면 기존의 대항력과 우선변제권이 유지됩니다.

둘째, 임차권등기명령 이후 대항요건(점유와 사업자등록)을 상실해도 이미 취득한 대항력이나 우선변제권이 유지됩니다. 즉, B라는 가게를 새로 얻은 후 대항요건을 갖춰도 종전 가게의 대항력이나 우선변제권이 상실되지 않는다는 뜻입니다.

셋째, 임차권등기명령에 따른 임차권 등기가 되어 있는 상가건물에 다른 임차인이 대항요건을 갖춘다 해도 그 임차인은 상가건물 임대차보호법 제14조(보증금 중 일정액의 보호)에서 규정하고 있는 우선변제를 받지 못합니다.

넷째, 임차권등기에 소요된 비용을 임대인에게 청구할 수 있습니다.

짤TIP

임대차기간이 만료되었음에도 불구하고 임대인이 보증금을 돌려주지 못할 경우 임차인도 상가를 비워주지 않고 장사를 하는 경우가 있습니다. 이럴 때 임차인은 억울하다고 생각할 할 수도 있습니다. 장사가 안 돼 빨리 가게를 빼고 싶은데 임대인이 보증금을 돌려주지 않아 어쩔 수 없이 장사를 해야 하는 경우라면 더욱 그렇죠. 그렇다면 이런 경우 월세는 어떻게 되는 것일까요? 임대인이 보증금을 돌려주지 않아 가게를 빼지 못하는 경우니까 임차인은 월세를 부담하지 않아도 되는 것일까요?

그렇지 않습니다. 월세는 임차인이 부담해야 합니다. 그렇기 때문에 이런 상황이 발생하게 되면 사전에 임대인과 이런 상황에 대비해 별도 약정을 해 두시는 것이 좋습니다.

임대차기간이 어떻게 되나요?

상가건물의 임대차기간은 당사자의 계약에 따르는 것이 우선합니다. 계약은 자유니까요. 하지만 상가건물 임차인은 경제적 약자입니다. 임대차 기간 측면에서 불리한 조건의 계약을 체결할 위험에 노출되어 있죠. 그렇기 때문에 우리 상가건물임대차보호법은 기간을 1년 미만으로 정하거나 기간을 정하지 않은 경우 계약기간을 1년으로 본다고 규정하고 있습니다. 경제적 약자인 상가건물 임차인을 보호하기 위한 취지죠.

상가건물임대차보호법 제9조(임대차기간 등)
① 기간을 정하지 아니하거나 기간을 1년 미만으로 정한 임대차는 그 기간을 1년으로 본다. 다만, 임차인은 1년 미만으로 정한 기간이 유효함을 주장할 수 있다.
② 임대차가 종료한 경우에도 임차인이 보증금을 돌려받을 때까지는 임대차 관계는 존속하는 것으로 본다.

여기서 중요한 포인트 한 가지를 짚고 넘어가 볼까요?

만일 경제적 약자인 상가건물의 임차인이 계약기간을 1년 미만으로 정한 것이 유효하다고 주장한다면 어떻게 될까요?

1년 미만으로 정한 기간의 유효함이 인정될까요? 아니면 1년이 인정될까요?

정답은 1년 미만으로 정한 기간이 인정됩니다. 왜 그럴까요? 굳이 이런 법 규정을 만든 취지를 살펴 보면 유추가 가능합니다. 임대차 기간을 '1년 미만으로 정한 임대차는 1년으로 본다.'고 규정한 이유는 경제적 약자인 상가건물 임차인들이 최소한의 계약기간을 보장받을 수 있도록 하기 위한 것입니다. 그런데 임차인이 그것을 원하지 않는 데도 굳이 보호해주겠다고 나서면 그것이 오히려 임차인의 이익을 해하는 것이 될 수 있지 않을까요?

사실 상가건물임대차보호법에서 규정하고 있는 임대차기간은 상가건물 임차인에게 일방적으로 유리한 규정이고 이를 위반하면 무효가 됩니다. 이런 규정을 가리켜 '편면적 강행규정'이라고 합니다.

짤TIP

우리 상가건물임대차보호법은 권리금을 '임대차 목적물인 상가건물에서 영업을 하는 자 또는 영업을 하려는 자가 영업시설·비품, 거래처, 신용, 영업상의 노하우, 상가건물의 위치에 따른 영업상의 이점 등 유형·무형의 재산적 가치의 양도 또는 이용대가로서 임대인, 임차인에게 보증금과 차임 이외에 지급하는 금전 등의 대가'로 정의하고 있습니다. 또한, 권리금계약을 '신규임차인이 되려는 자가 임차인에게 권리금을 지급하기로 하는 계약'으로 정의하고 있습니다.

재계약 해주실 거죠?

상가건물임대차보호법'은 임차인이 임대차기간이 만료되기 6개월 전부터 1개월 전까지 사이에 계약 갱신을 요구할 경우 임대인은 정당한 사유 없이 거절하지 못하도록 하고 있습니다. 상가건물 임차인을 보호해주기 위한 법규정이라고 할 수 있죠.

상가건물임대차보호법 제10조(계약갱신 요구 등)

① 임대인은 임차인이 임대차기간이 만료되기 6개월 전부터 1개월 전까지 사이에 계약갱신을 요구할 경우 정당한 사유 없이 거절하지 못한다.

② 임차인의 계약갱신요구권은 최초의 임대차기간을 포함한 전체 임대차기간이 10년을 초과하지 아니하는 범위에서만 행사할 수 있다. <개정 2018. 10. 16.>

③ 갱신되는 임대차는 전 임대차와 동일한 조건으로 다시 계약된 것으로 본다. 다만, 차임과 보증금은 제11조에 따른 범위에서 증감할 수 있다.

④ 임대인이 제1항의 기간 이내에 임차인에게 갱신 거절의 통지 또는 조건 변경의 통지를 하지 아니한 경우에는 그 기간이 만료된 때에 전 임대차와 동일한 조건으로 다시 임대차한 것으로 본다. 이 경우에 임대차의 존속기간은 1년으로 본다. <개정 2009. 5. 8.>

⑤ 제4항의 경우 임차인은 언제든지 임대인에게 계약해지의 통고를 할 수 있고, 임대인이 통고를 받은 날부터 3개월이 지나면 효력이 발생한다.

[전문개정 2009. 1. 30.]

다만, 예외적으로 다음의 경우는 상가건물 임차인의 계약갱신 요구를 거절할 수 있습니다. 이 부분은 매우 중요하니 꼭 기억해 두어야 합니다.

임대인이 임차인의 계약갱신 요구를 거절할 수 있는 경우

· 임차인이 3기의 차임액에 해당하는 금액에 이르도록 차임을 연체한 사실이 있는 경우
· 임차인이 거짓이나 그 밖의 부정한 방법으로 임차한 경우
· 서로 합의하여 임대인이 임차인에게 상당한 보상을 제공한 경우
· 임차인이 임대인의 동의 없이 목적 건물의 전부 또는 일부를 전대(轉貸)한 경우
· 임차인이 임차한 건물의 전부 또는 일부를 고의나 중대한 과실로 파손한 경우
· 임차한 건물의 전부 또는 일부가 멸실되어 임대차의 목적을 달성하지 못할 경우
· 임대인이 다음 각 목의 어느 하나에 해당하는 사유로 목적 건물의 전부 또는 대부분을 철거하거나 재건축하기 위하여 목적 건물의 점유를 회복할 필요가 있는 경우
  가. 임대차계약 체결 당시 공사시기 및 소요기간 등을 포함한 철거 또는 재건축 계획을 임차인에게 구체적으로 고지하고 그 계획에 따르는 경우
  나. 건물이 노후·훼손 또는 일부 멸실되는 등 안전사고의 우려가 있는 경우
  다. 다른 법령에 따라 철거 또는 재건축이 이루어지는 경우
· 그 밖에 임차인이 임차인으로서의 의무를 현저히 위반하거나 임대차를 계속하기 어려운 중대한 사유가 있는 경우

한편, 상가건물의 임차인이 보다 안정적으로 상행위를 할 수 있도록 임차인의 계약갱신요구권이 강화되었는데요. 최초 임대차기간을 포함해 전체 임대차기간이 10년을 초과하지 않는 범위 내에서 행사할 수 있습니다. 따라서 2018년 10. 16일 이후 계약이 체결되었거나 연장된 상가건물의 임차인은 10년까지 계약갱신 요구를 할 수 있으며, 갱신되는 임대차는 전 임대차와 동일 조건으로 다시 계약된 것으로 보되 차임과 보증금은 '청구당시의 차임 또는 보증금의 100분의 5의 금액'을 초과하지 않는 범위에서 증감할 수

있습니다.

상가건물의 임대차에 있어서도 주택의 경우와 마찬가지로 묵시의 갱신이 발생할 수 있습니다. 묵시의 갱신은 임대차기간이 만료되기 6개월 전부터 1개월 전까지 사이에 임대인이 임차인에게 갱신 거절의 통지 또는 조건 변경의 통지를 하지 않아 그 기간이 만료된 때에 전 임대차와 동일한 조건으로 다시 임대차가 된 경우를 말합니다. 이렇게 묵시의 갱신이 이루어진 경우 임대차의 존속기간은 1년이며 계약의 해지는 오직 임차인만 할 수 있습니다.

짤TIP

상가건물임대차보호법 제10조의2(계약갱신의 특례)에 따르면 각 지역별 환산보증금 기준을 초과하는 임대차의 계약갱신인 경우 임대인과 임차인은 상가건물에 관한 조세, 공과금, 주변 상가건물의 차임 및 보증금, 그밖의 부담이나 경제사정의 변동 등을 고려하여 차임과 보증금의 증감을 청구할 수 있도록 하고 있으니 기억해 두시기 바랍니다.

내 권리금 회수기회를 방해하지 마세요!

상가건물임차인들이 좀 더 안전하게 권리금을 회수할 수 있게 되었습니다. 상가건물임대차보호법 개정을 통해 임차인들이 신규로 임차인이 되려는 자로부터 권리금을 받는 것을 임대인들이 방해하지 못하도록 그 내용을 더 강화했기 때문입니다.

상가건물임대차보호법 제10조의4(권리금 회수기회 보호 등)

① 임대인은 임대차기간이 끝나기 6개월 전부터 임대차 종료 시까지 다음 각 호의 어느 하나에 해당하는 행위를 함으로써 권리금 계약에 따라 임차인이 주선한 신규임차인이 되려는 자로부터 권리금을 지급받는 것을 방해하여서는 아니 된다. 다만, 제10조제1항 각 호의 어느 하나에 해당하는 사유가 있는 경우에는 그러하지 아니하다. <개정 2018. 10. 16.>

1. 임차인이 주선한 신규임차인이 되려는 자에게 권리금을 요구하거나 임차인이 주선한 신규임차인이 되려는 자로부터 권리금을 수수하는 행위
2. 임차인이 주선한 신규임차인이 되려는 자로 하여금 임차인에게 권리금을 지급하지 못하게 하는 행위
3. 임차인이 주선한 신규임차인이 되려는 자에게 상가건물에 관한 조세, 공과금, 주변 상가건물의 차임 및 보증금, 그 밖의 부담에 따른 금액에 비추어 현저히 고액의 차임과 보증금을 요구하는 행위
4. 그 밖에 정당한 사유 없이 임대인이 임차인이 주선한 신규임차인이 되려는 자와 임대차 계약의 체결을 거절하는 행위

② 다음 각 호의 어느 하나에 해당하는 경우에는 제1항제4호의 정당한 사유가 있는 것으로 본다.

1. 임차인이 주선한 신규임차인이 되려는 자가 보증금 또는 차임을 지급할 자력이 없는 경우
2. 임차인이 주선한 신규임차인이 되려는 자가 임차인으로서의 의무를 위반할 우려가 있거나 그 밖에 임대차를 유지하기 어려운 상당한 사유가 있는 경우
3. 임대차 목적물인 상가건물을 1년 6개월 이상 영리목적으로 사용하지 아니한 경우
4. 임대인이 선택한 신규임차인이 임차인과 권리금 계약을 체결하고 그 권리금을 지급한 경우

③ 임대인이 제1항을 위반하여 임차인에게 손해를 발생하게 한 때에는 그 손해를 배상할 책임이 있다. 이 경우 그 손해배상액은 신규임차인이 임차인에게 지급하기로 한 권리금과 임대차 종료 당시의 권리금 중 낮은 금액을 넘지 못한다.

④ 제3항에 따라 임대인에게 손해배상을 청구할 권리는 임대차가 종료한 날부터 3년 이내에 행사하지 아니하면 시효의 완성으로 소멸한다.

⑤ 임차인은 임대인에게 임차인이 주선한 신규임차인이 되려는 자의 보증금 및 차임을 지급할 자력 또는 그 밖에 임차인으로서의 의무를 이행할 의사 및 능력에 관하여 자신이 알고 있는 정보를 제공하여야 한다.

[본조신설 2015. 5. 13.]

구체적으로 임대인은 임차인이 주선한 신규임차인이 되려는 사람에게 권리금을 요구하거나 권리금을 수수하는 행위, 임차인이 주선한 신규임차인이 되려는 사람이 임차인에게 권리금을 지급하지 못하게 하는 행위, 임차인이 주선한 신규임차인이 되려는 사람에게 주변에 비해 현저히 높은 월세와 보증금을 요구하는 행위, 정당한 사유 없이 임차인이 주선한 신규임차인이 되려는 자와 임대차 계약 체결을 거절하는 행위를 금지하고 있습니다.

만일 위의 사항을 위반해 임차인에게 손해가 발생할 경우 임차인은 그 신규임차인이 임차인에게 지급하기로 한 권리금과 임대차 종료 당시의 권리금 중 낮은 금액을 한도로 임대차 종료일로부터 3년 이내에 임대인에게 손해배상을 청구할 수 있도록 규정하고 있습니다.

다만, 아직 논란의 여지가 되고 있는 부분이 있습니다. 임대인이 '현저히 높은 월세와 보증금을 요구하는 행위'부분인데요. 현저히라는 개념이 모호하기 때문에 여전히 임차인이 권리금의 회수기회를 100% 확실하게 보호받지 못할 가능성을 배제하기 힘든 측면이 있습니다. 이 부분은 꼭 주의를 기울여야 합니다.

짤TIP

상가건물임대차보호법에 의해 권리금 적용이 제외되는 상가건물도 있으니 주의가 필요합니다.

첫째, 임대차 목적물인 상가건물이 '유통산업발전법' 제2조에 따른 대규모점포 또는 준대규모점포의 일부인 경우(다만, '전통시장 및 상점가 육성을 위한 특별법' 제2조제1호에 따른 전통시장은 제외한다)

둘째, 임대차 목적물인 상가건물이 '국유재산법'에 따른 국유재산 또는 '공유재산 및 물품관리법'에 따른 공유재산인 경우 등입니다.

월세 좀 올려야겠어요!, 월세 좀 내려주셔야겠네요!

차임 또는 보증금이 경제사정 혹은 임차건물에 관한 조세. 공과금, 기타 부담 증감으로 인해 상당하지 않을 경우(적절하지 않은 경우로 이해하면 됩니다) 임대인과 임차인은 장래의 차임 또는 보증금에 대한 증감을 청구할 수 있도록 규정하고 있습니다. 그리고 그 구체적인 증감 기준을 '상가건물임대차보호법시행령'에 규정하고 있습니다.

한편, 상가건물임대차보호법시행령은 '차임 또는 보증금의 증액 청구는 청구 당시의 차임 또는 보증금의 100분의 5의 금액을 초과하지 못한다.'라고 규정하고 있습니다. 또한 잦은 차임 증가를 방지하기 위해 임대차계약 또는 약정한 차임 등의 증액이 있은 후 1년 이내에는 증액 청구를 하지 못하도록 규정하고 있습니다.

상가건물임대차보호법 제11조(차임 등의 증감청구권)

① 차임 또는 보증금이 임차건물에 관한 조세, 공과금, 그 밖의 부담의 증감이나 경제 사정의 변동으로 인하여 상당하지 아니하게 된 경우에는 당사자는 장래의 차임 또는 보증금에 대하여 증감을 청구할 수 있다. 그러나 증액의 경우에는 대통령령으로 정하는 기준에 따른 비율을 초과하지 못한다.

☞ 대통령령 : 청구당시의 차임 또는 보증금의 100분의 5

② 제1항에 따른 증액 청구는 임대차계약 또는 약정한 차임 등의 증액이 있은 후 1년 이내에는 하지 못한다.

짤TIP

우리 상가건물임대차보호법은 상가임차인을 보호하기 위해 존재하는 법입니다. 그런데 보호하는 임차인은 임차인으로서 기본적인 의무를 다하는 임차인입니다. 그렇기 때문에 임차인의 차임연체액이 3기의 차임액에 달하는 때에는 임대인은 계약을 해지할 수 있도록 하고 있습니다. 이 부분을 꼭 기억해 두시기 바랍니다.

월차임 전환 시 기준도 정해져 있다고요?

상가건물임대차보호법은 보증금의 전부 또는 일부을 월세로 전환하는 경우 그 기준을 명확히 규정하고 있습니다. 그 기준은 연 1할 2푼과 한국은행 기준금리의 4.5배 중 낮은 비율입니다.

상가건물임대차보호법 제12조(월 차임 전환 시 산정률의 제한)
보증금의 전부 또는 일부를 월 단위의 차임으로 전환하는 경우에는 그 전환되는 금액에 다음 각 호 중 낮은 비율을 곱한 월 차임의 범위를 초과할 수 없다. <개정 2010. 5. 17., 2013. 8. 13.>

1. 「은행법」에 따른 은행의 대출금리 및 해당 지역의 경제 여건 등을 고려하여 대통령령으로 정하는 비율 ☞ 연 1할2푼
2. 한국은행에서 공시한 기준금리에 대통령령으로 정하는 배수를 곱한 비율 ☞ 4.5배

[전문개정 2009. 1. 30.]

시행령에 따라 기준금리가 1.75%라고 가정할 경우 월 차임 전환 계산시 적용되는 비율은 연 1할2푼과 연 7.875% 가운데 작은 연 7.875%가 됩니다.

<예시> 보증금 5천만 원, 월세 20만 원에 상가건물을 임차하여 사무실로 쓰고 있는 진갑수 씨는 최근 경영이 어려워 임대인에게 보증금을 1천만 원으로 감액하고 감액된 만큼 월세를 더 지불하면 어떻겠느냐는 요청을 하였다. 임대인도 흔쾌히 이를 수락하였다. 진갑수씨가 임차조건을 변경함에 따라 매월 납부해야 하는 월세는 얼마일까?

*종전 부담 중인 월세(차임) ; 20만 원
*추가로 부담할 월세(차임) ; [1,000만 원 × 7.875%] / 12개월 = 65,625원(월)
※ 변경 후 매월 지불해야 하는 월세(차임)
20만 원 + 65,625원 = 265,625원

짤TIP

임차인이 다른 임차인에게 자신이 임차한 상가건물을 임대하는 것을 가리켜 전대차라고 합니다. 상가건물임대차보호법은 임대인의 동의를 받은 적법한 전대차계약인 경우 '제 10조(계약갱신의 요구 등)', '제10조의2(계약 갱신의 특례)', '제10조의 8(차임연체와 해지)', '제11조(차임등의 증감청구권)', '제12조(월 차임 전환 시 산정률의 제한)'의 적용 받을 수 있습니다. 또한, 임대인의 동의를 받고 전대차계약을 체결한 전차인은 임차인의 계약갱신요구권 행사기간 이내에 임차인을 대위(代位)하여 임대인에게 계약갱신요구권을 행사할 수 도 있습니다.

상가건물이 경매·공매가 되어도 보증금 중 일정액은 우선 변제받을 수 있나요?

상가 임차인이 '상가건물임대차보호법'에 따라 다른 담보물권자에 비해 경매절차에서 우선하여 보증금을 회수하기 위해서는 먼저 대항요건(대항력)인 점유와 사업자등록을 갖추고 임대차계약서에 확정일자를 받아야 합니다. 또한 일정한 요건을 갖춘 경우 '주택임대차보호법'에서 규정하고 있는 것처럼 환산보증금액이 일정금액 이하인 상가임차인의 경우 낙찰가액의 1/2범위 내에서 일정금액을 최우선 변제받을 수 있도록 규정하고 있습니다.

상가건물임대차보호법 제14조(보증금 중 일정액의 보호)

① 임차인은 보증금 중 일정액을 다른 담보물권자보다 우선하여 변제받을 권리가 있다. 이 경우 임차인은 건물에 대한 경매신청의 등기 전에 제3조제1항의 요건을 갖추어야 한다.

② 제1항의 경우에 제5조제4항부터 제6항까지의 규정을 준용한다.

③ 제1항에 따라 우선변제를 받을 임차인 및 보증금 중 일정액의 범위와 기준은 임대건물가액(임대인 소유의 대지가액을 포함한다)의 2분의 1 범위에서 해당 지역의 경제 여건, 보증금 및 차임 등을 고려하여 대통령령으로 정한다. <개정 2013. 8. 13.>

[전문개정 2009. 1. 30.]

상가건물임대차보호법 시행령에 따라 2014년부터 적용되고 있는 우선변제를 위한 환산보증금과 환산보증금 조건을 충족하는 경우 적용되는 최우선 변제금액 기준은 다음과 같습니다.

지역	환산보증금 기준	최우선 변제금액
서울특별시	6,500만 원 이하	2,200만 원 이하
'수도권정비계획법'에 따른 과밀억제권역 (서울특별시 제외)	5,500만 원 이하	1,900만 원 이하
광역시('수도권정비계획법'에 따른 과밀억제권역에 포함된 지역과 군지역은 제외한다), 안산시, 용인시, 김포시 및 광주시	3,800만 원 이하	1,300만 원 이하
그 밖의 지역	3,000만 원 이하	1,000만 원 이하

짤TIP

하나의 상가건물에 임차인이 2명 이상이고, 그 각 보증금중 일정액의 합산액이 상가건물의 경매·공매 낙찰가액의 2분의 1을 초과하는 경우에는 그 각 보증금중 일정액의 합산액에 대한 각 임차인의 보증금중 일정액의 비율로 그 상가건물의 가액의 2분의 1에 해당하는 금액을 분할한 금액을 각 임차인의 보증금중 일정액으로 봅니다.

<예>
예를 들어 임차인이 A B 두 명이고, 낙찰가액이 6,000만 원인데 최우선 변제금액이 각각 2,200만 원, 1900만 원이라면 최우선 변제금액은 어떻게 될까요?
☞ 6,000만 원의 1/2의 범위인 3,000만 원이 최우선 변제받을 수 있는 한도입니다.

$$\text{A의 최우선변제금액 : 3,000만 원} \times \frac{\text{2,200만 원}}{\text{(2,200만 원 + 1,900만 원)}} = \text{1,610만 원}$$

$$\text{B의 최우선변제금액 : 3,000만 원} \times \frac{\text{1,900만 원}}{\text{(2,200만 원 + 1,900만 원)}} = \text{1,390만 원}$$

상가건물 임대차 분쟁해결은 '상가건물임대차분쟁조정위원회'에서 가능한가요?

상가건물 임대차 분쟁의 해결을 위해 '상가건물임대차분쟁조정위원회'가 법제화되어 운영되고 있습니다. '상가건물임대차분쟁조정위원회'는 차임이나 보증금의 증감 분쟁, 임대차기간 관련 분쟁, 보증금이나 임차한 상가건물의 반환과 관련된 분쟁, 임차항가건물의 유지·수선 의무에 관한 분쟁, 권리금 관련 분쟁, 그밖에 대통령령으로 정하는 상가건물의 임대차분쟁들을 심의하고 조정합니다.

상가건물임대차보호법 제20조(상가건물임대차분쟁조정위원회)

① 이 법의 적용을 받는 상가건물 임대차와 관련된 분쟁을 심의·조정하기 위하여 대통령령으로 정하는 바에 따라 「법률구조법」 제8조에 따른 대한법률구조공단의 지부에 상가건물임대차분쟁조정위원회(이하 "조정위원회"라 한다)를 둔다. 특별시·광역시·특별자치시·도 및 특별자치도는 그 지방자치단체의 실정을 고려하여 조정위원회를 둘 수 있다.

② 조정위원회는 다음 각 호의 사항을 심의·조정한다.

1. 차임 또는 보증금의 증감에 관한 분쟁
2. 임대차 기간에 관한 분쟁
3. 보증금 또는 임차상가건물의 반환에 관한 분쟁
4. 임차상가건물의 유지·수선 의무에 관한 분쟁

5. 권리금에 관한 분쟁
6. 그밖에 대통령령으로 정하는 상가건물 임대차에 관한 분쟁
☞ 임대차계약의 이행 및 임대차계약 내용의 해석에 관한 분쟁
☞ 임대차계약 갱신 및 종료에 관한 분쟁
☞ 임대차계약의 불이행 등에 따른 손해배상청구에 관한 분쟁
☞ 공인중개사 보수 등 비용부담에 관한 분쟁
☞ 법 제19조에 따른 상가건물임대차표준계약서의 사용에 관한 분쟁
☞ 그밖에 제1호부터 제5호까지의 규정에 준하는 분쟁으로서 조정위원회의 위원장(이하 "위원장"이라 한다)이 조정이 필요하다고 인정하는 분쟁

③ 조정위원회의 사무를 처리하기 위하여 조정위원회에 사무국을 두고, 사무국의 조직 및 인력 등에 필요한 사항은 대통령령으로 정한다.

④ 사무국의 조정위원회 업무담당자는 「주택임대차보호법」 제14조에 따른 주택임대차분쟁조정위원회 사무국의 업무를 제외하고 다른 직위의 업무를 겸직하여서는 아니 된다.
[본조신설 2018. 10. 16.]

'상가건물임대차분쟁조정위원회'가 법제화되어 운영되고 있지만 아직까지는 분명한 한계도 있습니다. 상가건물의 임대차 분쟁 당사자인 심의·조정 신청인과 피신청인 중 1명이 조정에 불참석할 경우 참석거부로 인한 조정각하가 되기 때문입니다. 이렇게 되면 조정이 불가능해지죠. 아마도 향후 분쟁당사자가 강제로 참석하는 방향으로 법개정이 이루어질 때까지는 이런 한계가 지속될 것으로 예상됩니다.

짤TIP

상가건물임대차보호법은 일시사용을 위한 임대차임이 명백한 경우에는 적용되지 않으며, 이 법의 규정에 위반된 약정으로서 임차인에게 불리한 것은 효력이 없습니다.

하마터면 부동산 상식도 모르고 집 살 뻔했다

초판 1쇄 인쇄 2019년 11월 22일
초판 2쇄 발행 2019년 12월 30일

글쓴이 김종선 서영철 진변석

펴낸이 박세현
펴낸곳 팬덤북스

기획 위원 김정대 김종선 김옥림
기획 편집 윤수진 오진환
디자인 이새봄
마케팅 전창열

주소 (우)14557 경기도 부천시 부천로 198번길 18, 202동 1104호
전화 070-8821-4312 | **팩스** 02-6008-4318
이메일 fandombooks@naver.com
블로그 http://blog.naver.com/fandombooks

출판등록 2009년 7월 9일(제2018-000046호)

ISBN 979-11-6169-101-5 03320